THREE THEORIES

상식과 현실에 맞는 새로운 대안

경제3론

경제3론

초판 1쇄 2013년 4월 19일

지은이 하정동
발행인 김재홍
기획편집 이현주, 이은주
디자인 권다원
마케팅 이연실

발행처 도서출판 지식공감
등록번호 제396-2012-000018호
주소 경기도 고양시 일산동구 견달산로 225번길 112
전화 031-901-9300
팩스 031-902-0089
홈페이지 www.bookdaum.com

가격 18,000원
ISBN 978-89-97955-59-6 13320

CIP제어번호 CIP2013002147
이 도서의 국립중앙도서관 출판시 도서목록(CIP)은 e-CIP 홈페이지(http://www.nl.go.kr/ecip)에서 이용하실 수 있습니다.

ECONOMY

THREE THEORIES

상식과 현실에 맞는 새로운 대안

경제 3론

| 경제는 상식으로 움직인다 |

하정동 지음

지식공감

　수학을 목적으로 하는 경제 분석은 매우 어리석은 행동이다. 왜냐하면, 결과적이고 양적인 수학적 분석은 현실경제에 전혀 도움이 되지 않기 때문이다. 어떠한 경제주체의 경제행위도 변화시키지 못할 뿐만 아니라, 그 어떠한 경제적 변화도 이끌어 내지 못하고, 단순히 무의미한 미래의 결과론적인 자의적 공상만 할 수 있을 뿐이다. 과거의 데이터를 가지고 공과대학에서나 사용하는 복잡한 수학적 도구를 사용하여, 경제를 분석한다고 하지만, 그것은 실제 경제주체에게 전혀 합리적인 행동방안을 제시해 주지 못하는, 의미 없는 미래 경제의 수치 예상 정도에 불과하다. 예를 들어, 향후 경제성장률이 몇% 증가할 것이니, 감소할 것이니 따위의 결과 예측이 현실경제주체에게 무슨 의미가 있는가? 그리고 대부분 맞지도 않을뿐더러, 설사 맞다 하더라도, 단지 결론을 말하는 것이기 때문에 아무런 의미가 없다.

　경제학은 생산성 향상을 통한 실질적 풍요를 위해, 현실의 경제주체에게 직접적으로 도움이 되는 대안을 제시해야만 한다. 그리고 경제주체의 행위를 더욱더 생산적인 방향으로 변화시켜야만 한다. 즉, 수학계산을 통해 미래의 경제결과를 예측하는 행위 따위는 아무런 의미가 없는 것이다. 중요한 것은 현실이며, 현실적으로 경제주체가 해야 하는 행동에 대한 내용을 언급해야만 한다. 즉, 현실에서 경제주체의 행동이 미래의 결과를 변화시키는 것이지, 단순히 수학적 계산에 의한 측정은 아무 의미가 없다는 것이다. 그러기 위해서는 단순히 수학적 목적으로 한 결과예측적인 주류경제학에서 벗어나, 현실과 상식을 바탕으로 경제의 원인과 과정을 철저히 분석하여, 직접적으로 경제주체의 행위를 변화시킬 수 있는 대안을 제시하고, 그것으로 인해 결과를 변화시키도록 해야만 한다. 즉, 경제학은 단순히 결과를 예측하는 학문이 아니라, 원인과 과정을 파악하여, 경제주체의 행위를 변화시키는 것이다. 그리고 행위에 대한 결과는 단지 받아들일 수밖에 없는 것이다.

따라서 이 책은 작금의 심각한 경제위기를 초래한 수학적 목적에 의한 주류경제학을 비판하고, 이를 맹종하는 시스템을 개혁하여, 상식과 현실에 맞는 새로운 대안을 제시하고자하는 목적으로 구성되었다. 그리고 이 책은 총 3권으로 구성되어 있으며, 제1론: 상식에 의한 경제론(2012년 5월 18일 발행)에서는 상식을 바탕으로 한 개념정의와 기본적인 경제 분석방법을, 제2론: 경제의 제문제(2012년 10월 26일 발행)에서는 제1론에서 정립된 논리의 현실적 적용을, 제3론: 경제학 비판에서는 작금의 주류경제학을 구체적으로 비판하는 내용을 담고 있다. 이 세권의 책은 논리가 연결되어 있으므로 독자들의 이해를 돕기 위해 한 권의 책으로 출판하게 되었다. 그리고 이 책을 통하여 잘못된 맹목적인 관념에서 벗어나 독자 스스로의 눈으로 경제 현실을 바라볼 수 있는 혜안을 얻기를 바란다.

CONTENTS

제2론

경제의 제문제

제3론

경제학 비판

ECONOMICS CRITICISM

제1론
상식에 의한 경제론

경제는 사회적 도덕성에 있다

나는 도덕을 알기 전까지, 무지하고, 이기적이고, 부도덕한 삶을 살아왔다. 남을 함부로 무시하고, 의심하며, 오직 내 자신의 이익을 추구하기 위한 도구로만 생각하였다. 그러나 나는 이 부도덕한 삶을 전적으로 내 자신의 탓으로만 돌리고 싶지는 않다. 나에게 이런 삶을 살게 한 사회에도 책임을 돌리고 싶다. 왜냐하면, 사회는 나에게 도덕을 가르치지도, 강요하지도 않았으며, 오직 맹목만을 가르치고 강요하였기 때문이다.

나는 우리나라의 교육현실을 인재를 키우는 시스템이 아니라 단지 점수로 평가하기 위한 시스템을 가졌다고 생각한다. 왜냐하면 인재를 키우는 시스템이 되려면 가장 우선적으로 가르쳐야 할 것이 도덕이기 때문이다. 도덕이란 단순히 인사를 잘하고, 질서를 잘 지키고, 이런 것들이 아니다. 선한 덕성과 양심을 가지고, 칸트가 말하는 사람을 목적으로 대하는 행동을 하는 것이 도덕이다. 하지만 우리나라는 도덕을 어떻게 취급하고 있는가? 단순히 성적을 내기 위한 도구로 사용하고 있지 않는가? 아니면, 도덕이라는 개념 자체를 망각하고 있지는 않은가? 그럼 내가 진지하게 질문을 하나 해보겠다. 인간이 진리를 탐구하고 그로인해 지식을 획득하기 위해서는 무엇이 필수적으로 있어야 하는가? 단순히 맹목적으로 선생님 말씀을 잘 듣고, 책에 있는 내용을 외우고, 익힌다면 그것이 자신의 지식이 되는가? 그리고 이성과 양심에 충실하지 않고, 쾌락과 욕망에 휩싸인 사람이라면 진리를 탐구할 수 있을까? 나는 도덕적 인성을 가지지 못한 사람은 반드시 무지하며, 무지할 수 밖에 없다고 생각한다. 왜냐하면 자신의 사익을 추구하기 위해 남을 수단적 도구로 취급하는 자는 순수하고 냉철한 이성을 갖지 못하고, 오히려 자신의 욕구충족을 위해 진리를 왜곡하기 때문이다.

따라서 국가와 사회는 인재를 교육함에 있어서 도덕을 가장 중시해야 하며, 도덕을 철저하게 가르쳐야할 뿐만 아니라, 강요해야만 한다.

세상에는 일등과 꼴찌가 존재하지 않는다. 사람마다 각기 능력이 다르기 때문이다. 따라서 이들이 공통적으로 갖춰야 하는 것은, 국·영·수가 아니라, 도덕적 인성이며, 교육은 곧 도덕적 인성을 바탕으로 각자의 능력을 최대화시키는 것이다.

즉, 아이들에게 맹목적으로 지식을 습득하게 히면, 그것은 지식인을 만드는 것이 아니라 주류에 충성하는 꼭두각시를 만드는 교육일 뿐이다.

따라서 지금의 인재를 평가하는 시스템을 개혁해야만한다. 즉, 책에 있는 내용이나 특정한 인물의 주장이나 이론 따위를 맹목적으로 평가하는 시스템을 없애야 한다. 요즘 학생들은 책에 있는 내용은 쉬운 것이고, 책에 없는 내용은 어려운 것이라고 대답을 한다. 이것은 주체적으로 지식을 습득하는 선천적 능력이 부족한 것이 이유가 아니라, 시험제도를 그렇게 운영하기 때문이다. 단지 형식만 공정하고 평가내용은 맹목적인 시험제도가 우리나라 교육시스템이다. 단지 사람을 뽑기 위한 시스템, 정말 이런 고질적인 시스템은 고쳐지지가 않는다. 즉, 틀에 박힌 응용이나 객관식 문제 따위로 아이들의 사고를 고정시키고 있다.

나는 미국이나 유럽의 서방국가 학생들이 주류경제학을 비판하면서, 자신들에게 다양한 경제학을 가르치라고 요구하는 것을 보면서, 우리나라의 학생들은 왜 이렇게 행동을 하지 못하는가에 대해 매우 안타까운 생각이 든다.

학문이 객관화되는 순간에 그것은 기술이지 학문이 아니다. 우리나라 교육은 학문을 기술처럼 가르치고 있다. 이런 인재평가 시스템이 주류의 생각을 맹목적으로 습득하게 만들기 때문에 아이들이 공부할 때, 지겨워하고 힘들어하는 것이다.

지식이라는 것은 단순히 반복해 습득하는 것이 아니라 도덕적 인성을 바탕으로 하여, 스스로 고뇌하며 얻는 것이다. 따라서 나는 이 말을 하고 싶다.

이 세상에 어떠한 지식보다도 자신의 생각이 가장 중요하다. 과거의 위인들이 한 말이나 논리, 이론들도 물론 중요하지만, 가장 중요한 것은 스스로 논리를 세우는 것이야말로 가장 참된 지식이라 본다. 만약 스스로 판단하여, 과거 위인들의 생각과 자신의 생각이 일치한다고 하더라도, 그것은 자신의 것이 되는 것이다. 하지만 맹목적 암기에서 습득된 지식은 단순한 사실의 나열에 불과하며, 시간이 조금만 지나도 망각하게 된다. 왜냐하면, 인간은 스스로 관심이 있는 지식만을 오랫동안 기억하기 때문이다.

따라서 지금 내가 쓴 책도 맹목적으로 읽어서는 안 된다. 왜냐하면, 이 책은 단지 내 생각일 뿐이지, 독자의 생각이 아니기 때문이다.

01

상식의 경제학

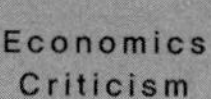

경제 주체는 미분적으로
행동하지 않는다

우리가 지금의 주류경제학을 접할 때, 가장 많이 나오는 경제 개념이 바로 '한계'라는 개념이다. 우리는 단순히 맹목적으로 이 한계 개념을 받아들이고 있어서 흔히들 말하는 기업의 이윤극대화(한계수입과 한계비용의 일치)의 개념을 당연시하고 있다. 그렇다면 기업이 정말 자신의 이윤을 한계수입(marginal revenue: MR)과 한계비용(marginal cost: MC)이 일치할 때까지 생산하여 극대화하는 미분적 행동을 하는지 알아보자.

먼저 주류경제학에서 말하는 이윤극대화는 다들 아는 바와 같이, 기업이 상품을 생산함에 있어, 상품 판매로 인해 추가적으로 얻는 수입이 추가적으로 드는 비용보다 같거나 클 경우, 상품을 생산하는 것이 합리적이라는 말이다. 그러나 이 논리가 과연 상식에 맞을까? 즉, 하나의 상품을 생산하기 위해 투입된 비용보다, 그것을 판매하여 얻을 수 있는 수입이 단 1원이라도 커서, 기업이 상품을 생산한다면, 과연 합리적인 경제 행위라 할 수 있겠느냐는 것이다.

결론부터 말하자면, 인류 역사상 한계수입과 한계비용이 같아질 때까지 생산하여 이윤극대화를 추구하는 기업은 존재한 적도 없었고, 앞으로도 절대 존재하지 않는다는 것이다.

왜냐하면 한계수입=한계비용(MR=MC)이 될 때까지 생산하는 것이, 이윤극대화 행위도 아닐 뿐더러, 합리적인 행위도 아니기 때문이다. 또한, 실제로 기업이 추구하지도, 행위로도 옮길 수가 없는 개념이기 때문이다. 이제 이에 대해 본격적으로 논의해 보자.

예를 들어, 인구 만 명의 도시가 있다고 가정하고 A라는 기업이 B상품을 1개 생산하는 데 드는 단위당 평균 비용이 3,000원이라 하자. B상품에 대한 공급가격은 7,000원, 수요자는 5,000명으로 하는 경우와 공급가격은 5,000원, 수요자는 6,000명으로 하는 경우, 공급가격은 3,000원, 수요자는 만 명으로 하는 경우가 각각 있다면 기업은 어떤 선택을 하겠는가? 당연히 가격을 7,000원에 책정해서, 더 많은 이윤을 얻는 것이 가장 합리적인 행동일 것이다. 과연 이러한 행위가 주류경제학에서 말하는 MR=MC와 관련이 있는지 자세히 살펴보자.

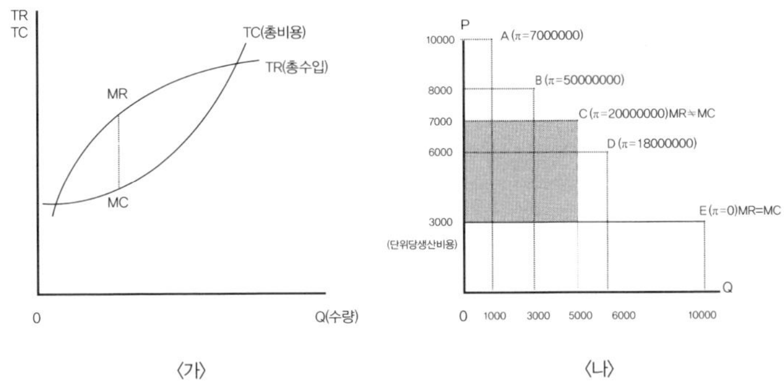

〈가〉그래프는 주류경제학에서 주장하는 한계수입=한계비용(MR=MC)의 이윤극대화를 나타낸 것이고, 〈나〉그래프는 앞에서 예를 든 내용을 사실적으로 표현해 본 것이다. 여기서 중요한 것은 〈나〉그래프에서의 이윤극대화 행위가 MR=MC가 성립이 되지 않음에도 불구하고 이윤극대화를 만족시키고 있다는 것이다. 즉 총수입(total revenue:TR) ― 총비용(total cost: TC)이 최대화되고 있다는 뜻이다. 그리고 MR=MC를 만족하는 E점에서는 이윤이 0인 것을 알 수 있다. 다시 말해, 〈가〉그래프와 〈나〉그 래프 중, 하나는 이윤극대화를 잘못 설명하고 있다는 결론이 성립된 다. 그럼 어느 그래프가 잘못 설명하고 있는 것일까?

당연히 〈가〉그래프이다. 〈가〉그래프는 기업이 이윤극대화를 추구하기 위해 MR=MC에서 생산한다는 의미를 나타내고 있다. 이것이 말이 된 다고 보는가? 과연 세상 어느 기업이 한계비용과 한계수입이 같은 곳에 서 생산한다는 말인가. MR=MC에서 생산하면 반드시 이윤이 0인데 말 이다. 현실적으로 절대 있을 수 없는 경제행위를 나타내고 있다는 것이 다. 그리고 MR=MC까지 생산한다는 말도 잘못되었다. 왜냐하면, 〈나〉그 래프와 같이 현실적으로 기업은 주어진 상황에서 이윤을 최대화하는 행 동을 추구하지, MR=MC까지 생산한다는 논리는 기업이 자신이 생산한 상품의 가격을 어느 정도로 정해서 얼마만큼을 판매하는지 나타낼 수가 없다. 즉, MR=MC까지 생산한다는 논리를 그림으로 표현하면, 〈나〉그 래프에서 A,B,C,D,E 점을 대략적으로 이은 삼각형 모양의 면적이 될 것 인데, 이것만으로 기업의 행동을 알 수는 없는 것이다. 즉, MR=MC에서 든, 까지든 기업이 이윤극대화를 한다는 논리는 있을 수 없는 것이다.

그리고 과거를 잊고 현재만을 생각하자는 한계주의는 전혀 맞지 않는 논리이다. 우리는 어떤 상품을 소비할 때, 그 상품을 소비해서 얻는 효용 이 과거의 동일 상품을 소비해서 얻는 효용보다 크기를 바란다. 우리는 항상 더 좋은 자동차를 타길 원하고 더 좋은 TV, 더 좋은 컴퓨터, 더 좋 은 의료서비스를 원한다. 그리고 기업이 생산 규모를 늘리고, 제품의 성 능을 향상시키는 경제 행위는 무엇을 의미하는가? 단지 현재 시점에서 비용보다 큰 이윤을 추구하기 위함인가? 아니다. 경제 주체는 그것의 실 현 여부를 떠나서, 반드시 과거의 이윤보다 더 큰 이윤을 추구한다.

경제에서 중요한 것은
양이 아니라 질이다

앞에서 논의한 이윤극대화 개념과 더불어, 경제학도라면 쉽게 알고 있는 한계 소비성향에 대해서 살펴보도록 하자. 한계 소비성향이란 추가적으로 얻는 소득 중에서 추가적으로 지출되는 소비의 비중을 의미하는 것으로 대략 소득이 높을수록 한계 소비성향이 낮고, 소득이 낮을수록 한계 소비성향이 높다. 그러나 나는 이 개념이 경제학적으로 그렇게 유용한 개념은 아니라고 생각한다. 그 이유는 다음과 같다.

경제 주체의 모든 소득은 소비와 투자와 저축과 조세로 구성되며, 조세는 다시 소비와 투자와 저축으로 구성되고, 저축은 소비와 투자로 구성된다. 결국 경제 전체의 소득은 소비와 투자로 구성되기 때문이다. 따라서 소득에서 소비와 투자의 절대량이나 비중은 중요하지 않다. 이는 소득이 소비와 투자에 투입되며, 투자도 소비의 한 부분이기 때문이다. 즉, 정말 중요한 것은 바로 소비와 투자의 질이다. 소비가 얼마건, 투자가 얼마건 상관없이 어떻게 쓰여서 얼마만큼의 생산성을 창출할 수 있느냐가 중요한 것이다. 그럼 소비의 질은 무엇인가?

예를 들어, 임금 수준이 낮은 상태에 있는 A 사회의 노동자들은 자신의 소득 중 대부분을 기본 생활에 필수적인 재화 구입을 위해 소비하고,

임금 수준이 높은 B 사회의 노동자들은 자신의 소득 중 기본 생활에 필수적인 재화 이외에도, 더 가격이 높은 자동차, 세탁기, TV, 냉장고, 컴퓨터 등을 소비한다고 하자. 여러분은 A 사회와 B 사회의 노동자 중 과연 누구의 소비의 질이 낫다고 보는가? 생활필수품도 구입하기 빠듯한 A 사회의 노동자이겠는가? 아니면, 발전된 문명의 혜택을 보는 B 사회의 노동자이겠는가? 바로, B 사회 노동자이다. 오늘날의 경영자들은 노동자의 임금을 줄이면, 기업의 생산비용이 낮아져서 자신들에게 이익이 된다고 생각한다. 그럼 상식적으로 생각해보자. 소득에서 대부분을 수요 필요재화(제 3장 참조)를 주로 소비하는 A 사회에서 과연 주로 수요충분재화를 생산하는 기업이 살아남을 수 있을까?

따라서 A 사회보다 B 사회의 생산성이 월등히 높을 것이라 쉽게 짐작할 수 있다.

이제 투자의 질에 대해서 간략히 살펴보자. 가령, A 사회에서의 주식시장에서는 투기로 인해 소수의 대기업에 막대한 자본이 투입되어, 거품을 형성하고 있고, B 사회에서의 주식시장에서는 대기업뿐만 아니라, 성장성이 밝은 중소기업에게까지 골고루 자본이 투입된다고 하자. 과연 A 사회와 B 사회 중 어느 사회가 생산성이 높겠는가? 당연히 B 사회이다.

즉, 소득에서 소비와 투자의 절대량이나 비중 따위는 중요한 문제가 아닌 것이다. 왜냐하면, 앞에서도 언급했듯이 소득은 결국 소비나 투자로 쓰이며, 소비와 투자는 누군가의 소득이 된다. 따라서 누군가의 소득은 또 누군가의 소득으로 계속 돌고 도는 것이기 때문이다. 정말 중요한 것은 소비와 투자가 어떻게 진행되어서, 얼마만큼의 생산을 창출하는가이다. 지금의 세계경제 침체의 이유는 바로 경제 주체들이 투기, 담합, 착취에 빠져 소비와 투자의 질이 매우 낮기 때문이다.

수학에서 벗어나라

앞의 한계 소비성향에 대해서 계속 이야기하자면, 케인즈는 한계 소비 성향으로 투자 승수를 가정하여 고용까지 예측하고 있다. 그럼 이 논리가 나냥한 시를 살펴보사. 넌서 깅세 전체의 소득은 소비와 두자로 구성된다고 앞에서 설명했다. 그리고 여기에 한계 개념을 덧붙이면, 추가적인 소득은 추가적인 소비와 추가적인 투자의 증가분으로 배분된다고 말하고 있다. 즉, $\triangle Y$(소득)$=\triangle C$(소비)$+\triangle I$(투자)가 성립하게 된다. 그리고 $\triangle Y=\triangle C+\triangle I$에서 $\triangle Y$로 나누면 $1=\triangle C/\triangle Y+\triangle I/\triangle Y$가 되고, 이는 $\triangle C/\triangle Y=1-\triangle I/\triangle Y$로 다시 쓸 수 있다. $\triangle C/\triangle Y$는 한계 소비성향을 의미하고 있으며, 케인즈는 $k=\triangle Y/\triangle I$라는 투자 승수를 사용하고 있다.

투자 승수란, 추가적인 투자와 추가적인 소득과의 관계를 나타낸 것으로, 추가적인 투자가 얼마만큼의 유효수요를 창출하는가를 의미하는 것이다. 즉, 투자 승수가 클수록 투자로 인해 유효수요가 더 많이 창출되고, 그로 인해 고용량도 늘어나게 된다는 의미이다.

그리고 투자 승수의 변형식인 $\triangle Y=k\triangle I$를 $\triangle C/\triangle Y=1-\triangle I/\triangle Y$에 대입하면, $\triangle C/\triangle Y=1-1/k$가 도출된다. 케인즈는 이 식을 통해서, 한계 소비성향이 1보다 그리 크지 않으면, 투자가 조금만 변해도 고용은 크게 변

하고, 한계 소비성향이 0보다 그리 작지 않을 때, 투자가 조금만 변하면, 고용도 조금만 변한다고 말하고 있다. 그러면 한번 살펴보자. 가령, 소득이 10이 증가하고, 투자가 3이 늘었다면, 투자 승수 k는 10/3이 되고, 이를 $\triangle C/\triangle Y=1-1/k$에 대입하면, 한계 소비성향은 7/10이 된다. 그러면 한계 소비성향이 1보다 그리 크게 작다고 볼 수 없으므로, 투자가 조금만 증가해도 고용이 크게 증가한다고 말할 수 있다.

하지만 나는 한계 소비성향으로 투자 승수를 통해 고용까지 예측하는 것에 동의할 수 없다.

이에 대한 예를 다음과 같이 들어 보자. A라는 국가의 노동자는 평균 매달 200만 원의 소득을 받아서 150만 원을 지출하다가, 경기침체로 인해 150만 원의 소득을 받아서 120만 원을 지출한다고 하자. 첫 번째 경우의 한계 소비성향은 3/4, 투자 승수는 4이고, 두 번째 경우의 한계 소비성향은 4/5, 투자 승수는 5이다. 즉, 경기가 침체되어 소득이 줄고, 지출도 줄었는데, 한계 소비성향은 더욱 커지고, 투자 승수도 더 커지게 되었다. 이게 상식적으로 이해가 되는가? 오히려 소득이 줄어 소비가 침체되고 기업은 재정적 위기에 처해 있는데, 고용이 더 늘겠는가?

현실적인 예를 하나 더 들자면, 지금의 경제 현실을 생각해 보자. 신자유주의 경제노선으로 인해, 소득격차는 심하고 가계 재정은 무너졌으며 노동자들은 비정규직, 저임금, 고 노동이라는 열악한 상황에 처한 현실에서 과거보다 투자를 더 많이 한다고 과연 고용이 더 늘겠는가? 왜냐하면 확실히 한계 소비성향과 투자 승수는 늘었기 때문이다. 소득은 줄고, 물가는 계속 상승하여 지출은 늘었으니 말이다.

경제가 수학계산처럼 양적 논리로 값이 딱 떨어진다면, 오늘날과 같은 장기적인 경제침체는 일어날 이유가 없는 것이다. 나는 양적인 수학적 논리는 현실 경제에 적용되어서도 안 되고, 적용될 수도 없다고 생각한다.

지금까지 간략히 한계 소비성향을 예로 들었으나, 주류경제학의 모든 이론들은 수학에 매몰된 분석방법으로 인해 질적인 측면을 다루지 못하고 있다. 나는 수학에 조금이라도 의존한(수학적 도구에 의해서 창출된 개념 생산과 그 의미의 확장)모든 경제 개념과 논리는 공상에 불과하며, 실제 경제 주체의 행위에 있어서는 무용지물이라고 본다.

그리고 사실 나는 케인즈가 주장한 것 중, 화폐환상과 야성적 충동과 같은 개념이 가장 현실 경제에 가장 적합하다고 본다. 왜냐하면, 이 두 개념은 수학적 논리가 아니라, 상식에 바탕을 두었기 때문이다. 이에 대해 간략히 설명하자면, 화폐환상이란, 노동자들은 명목임금이 올라가면, 실질임금이 내려간다 하더라도 화폐환상에 빠져 만족한다는 의미이다. 예를 들어, 연봉 4천만 원을 받던 A가 다음 해에 4천2백만 원을 받있다.

면, 물가가 10% 상승한 경우라도, 화폐환상을 일으켜 실제 자신의 소득이 증가한 것처럼 착각을 일으킨다는 것이다. 그러나 실질소득은 줄어들어 실질 구매력은 더 떨어지게 된다. 어떠한가? 매우 현실적인 논리 아닌가?

다음엔, 야성적 충동에 대해 설명하자면, 투자자는 이자율보다는 자신의 직감이나 욕망 등에 의해 투자를 결정한다는 의미이다. 사실 이 개념도 매우 현실적인 것이, 투자자는 이자율이 높든지, 낮든지 간에 자신에게 현재 필요한 투자를 하지, 이자율이 낮다고 무작정 투자를 늘리는 것이 절대 아니기 때문이다. 이것은 지금의 현실 경제상황이 잘 보여주고 있다.

아무리 중앙은행이 머니프린팅을 해서 은행에 저금리로 공급해도 기업이 왜 실물투자를 망설이는가? 굳이 빚을 져가면서 손해 보는 장사를 하지 않겠다는 것 아닌가? 지금 소비가 침체된 상황에서, 선뜻 누가 실물

투자에 나서겠는가?

즉, 이자율이 높든지, 낮든지 간에 어차피 빚은 빚이다.

그리고 지금의 주류경제학은 이자율이 높으면 투자는 줄어들고, 이자율이 낮으면 투자는 늘어난다고 보나, 현실경제는 오히려 그 반대이다. 즉, 투자가 늘면 이자율이 올라가고, 투자가 줄면 이자율이 감소하는 것이 상식이다.

경제는 경제 주체의 의지에 따라 움직인다

우리는 대중매체를 통해 중앙은행이 물가를 낮추기 위해 통화량을 조절하는 것을 많이 보았다. 예를 들면, 지급준비율을 높인다든지 재할인율을 높여서 은행의 대출 규모를 줄이는 정책을 통해, 소비를 감소시켜, 물가를 낮추려는 행동 등을 들 수 있다.

하지만, 대출을 줄여서 투자와 소비가 감소한다고 해도, 물가가 낮아진다는 보장이 없다. 기업이 소비가 감소함에도 불구하고, 신제품을 출시하여, 가격을 높게 책정하면, 물가가 상승하게 되고, 환율의 영향으로도 물가가 상승할 수 있다. 또한 곡물이나 원유, 금속, 가스, 전기와 같은 재화의 가격이 상승하게 되면, 그 자체로도 물가가 상승할 뿐만 아니라, 이 재화를 원료로 하는 재화의 공급가격도 상승하게 된다. 경제 주체는 자신의 생산물 가격을 높이는 것에는 적극적이지만, 가격을 낮추는 데는 소극적이다.

따라서 물가는 경제 주체의 가격 책정 의지에 달려 있는 것이지, 독재가 아니라면 중앙은행이 임의로 조절할 수 있는 게 아니다. 즉, 소비가 감소하면 당연히 물가도 낮아진다는 생각을 하면 안 된다는 것이다. 소비가 감소해도 재화의 가격을 공급자가 높게 책정하고 있으면, 아무 소용이 없기 때문이다. 즉, 소비가 감소해도 공급자가 물건 값을 낮출 이유가 없다면(다시 말해서, 물건 값을 감소시키는 것이 이전보다 얻는 수익이 적다면), 물가를 굳이 낮게 책정할 필요가 없는 것이다.

이번에는 이자율에 대해서 살펴보자. 우리는 흔히 이자율이 상승하면, 저축이 증가하고 소비와 투자가 감소하여 경기가 침체된다고 알고 있다. 하지만 이자율이 상승하면, 채권자의 경우에 이전보다 더 부유해졌기 때문에 소비가 증가하게 되고, 이자율이 상승해도 증가한 저축이 대출을 통해 생산성을 증가시킬 수 있다. 따라서 이자율의 상승이 경기에 어떤 영향을 미칠지는 알 수 없다.

그리고 이자율이 하락하게 되면, 저축이 감소하고, 소비와 투자가 증가하여, 경기를 활성화시킨다고 알고 있다. 하지만 이자율이 하락해도 증가한 투자 중에서 생산성 증가와 관련 없는 투기에 활용되었을 경우, 경기를 활성화시킨다고 볼 수 없으며, 채권자의 경우 이자율이 하락하면, 이전보다 더욱 가난해지므로 소비를 줄이게 된다. 즉 이자율의 상승 또는 하락을 가지고는 경제 현상을 파악할 수 없다.

따라서 경제는 주류경제학이 말하는 것처럼, 이자율이 증가하면 투자가 감소하고……. 이런식이 아니다. 만약 이자율이 감소해서 투자가 증가했다고 가정해보자. 그런데 기업이 재화에 높은 가격을 책정하여 소비가 줄었다면, 이자율이 감소해서 투자가 증가하면, 생산성이 향상된다고 장담할 수 있겠느냐는 말이다.

아무리 이자율을 낮추고, 투자를 늘려도, 공급자가 자신이 생산한 상품에 대해서 수요자의 의도를 무시하고, 가격을 높게 책정할 경우, 아무 소용이 없는 것이다.

그리고 나는 궁극적으로 경제에서 화폐의 역할은 가치교환의 수단에 불과하다고 본다. 즉, 화폐종류가 다르거나 중앙은행이 가치교환의 걸림돌이 될 정도로 통화량을 줄이지 않는 이상, 실물경기에 미치는 영향은 미미하다고 생각한다. 왜냐하면, 아무리 중앙은행이 화폐량을 늘리더라도, 그것이 투자와 소비에 쓰이지 않는다면, 아무 소용이 없기 때문이다. 오히려 금융상품이나 부동산과 같은 자산투기에 쓰인다면, 물가를 상승시켜 실물경기를 더욱 침체시키는 결과를 초래할 뿐이다.

즉, 투기라는 경제주체의 행위에 의해서 경제가 직접적으로 움직이게 되는 것이다. 따라서 화폐는 아무런 역할을 하지 않는다는 것이다. 화폐의 양이 얼마이든 상관없이, 경제주체가 돈을 어떻게 사용하느냐가 중요한 것이다.

예를 들어, 오늘날 실물경기침체를 극복하고자 양적완화정책을 하고 있지만, 실제 경기에 영향을 미치지 못하고 있다. 돈을 찍어서 각 은행에 저금리로 대출해주는 정책을 사용하고 있지만, 누가 굳이 빚을 지면서까지 소비와 투자를 하고자 하겠는가?

노동유연화로 착취당한 수요필요재화도 소비하기에 빠듯한 가계이겠는가? 아니면, 소비가 되지 않는 수요충분재화를 생산하는 기업이겠는가(독자들에게 미안하지만, 이 책을 읽기 전에 제3장 재화시장 부분의 수요충분재화와 수요필요재화의 부분을 먼저 읽기를 바란다)? 심각한 부채와 저임금과 고용불안에 의해 중산층이 무너져 버린 상황에서 누가 빚을 늘려 소비하려 하겠는가(앞에서도 말했지만, 저금리라도 빚은 빚이다)? 오히려 자신이 소비하고자 했던 재화를 줄이는 행동을 하지 않겠는가? 그리고 가계가 소비를 줄이고자 하는 대상은 과연 어떤 재화이겠는가? 바로 대부분 기업이 생산하고 있는 수요충분재화가 아니겠는가? 그럼 경제는 어떻게 되겠는가? 불 보듯 뻔한 것 아닌가?

그리고 기업의 부실채권 등을 중앙은행이 사들이는 것도 실물경기에 영향을 미치지 못한다. 왜냐하면, 부실채권을 매입하여, 기업에게 자금을 공급해도, 가계의 수요충분재화의 소비가 주저앉은 현실경제에서 과연 어느 기업이 실물투자를 하려 하겠는가? 손해 볼 것을 뻔히 알면서, 스스로 짚을 지고 불속으로 들어갈 어리석은 기업이 존재하겠는가? 오히려 공급받은 자금을 사용하지 않고 보유만 하고 있다든지, 아니면 실물투자 대신에 서민을 상대로 한 캐피탈사업과 금융투기에 쓰든지, 아니면 서민상권을 위협하는 수요필요재화사업을 늘리는 행동을 하지 않겠는가?

따라서 이런 유동성 함정의 근본 원인은 가계 착취와 그에 따른 재정 악화로 수요충분재화의 소비감소 때문이다. 즉 화폐 정책이 그나마 통하려면, 가계의 재정이 건전해야 한다는 말이다.

왜냐하면, 통화량을 늘리든 줄이든, 이자율이 높든지, 낮든지 간에 경제주체의 수요필요재화에 대한 소비는 아무런 영향을 받지 않기 때문이다. 즉, 가계 재정이 안 좋으면, 중앙은행은 통화발행 이외에는 아무런 역할을 할 수 없다는 것이다.

경제는 철저하게 상식으로 접근해야 한다. 수학적 공식이나 도구 따위로 분석하려해서는 안 된다. 소득, 소비, 투자, 생산, 물가, 실업 등 모든 경제 문제는 경제 주체의 의도된 가격 책정에 의해 이루어지고 결정된다. 이자율은 단지 문화, 환경, 습관, 종교, 지역, 시기, 평판 등과 같은 하나의 경제 자극에 불과하다. 즉, 2사분면 Y축의 주요 변수 자리로는 어울리지 않는다는 말이다.

그러면 주요 변수는 무엇이겠는가? 바로 가격이다. 경제는 경제 주체의 가격 책정에 따라 움직이는 것이다. 즉, 수요자의 수요가격과 공급자의 공급가격에 따라 경제가 움직이는 것이다. 그리고 이들은 여러 경제 자극에 대한 경제 주체의 의지에 따라 이루어지며, 따라서 경제학의 목적은 경제 주체들의 의지를 최대한 생산적으로 만드는 데 있다.

끝으로 내가 하고 싶은 말은 "상식을 무시하시 말라."는 것이다. 우리는 종종 자신이 잘 알지도, 이해하지도 못하는 것에 지나친 경외감을 가지고 있는 경우가 많다. 즉, 주류경제학이 복잡한 수식과 그래프를 사용하여 난해하게 경제 현상을 분석하면, 사람들은 그것의 진위 여부를 따지는 것이 아니라, 곧잘 경외부터 한다는 것이다. 하지만 내가 생각하기엔, 인간은 그리 어리석지 않다. 인간의 상식적 판단은 특수한 공상을 뛰어넘는 경우가 많다. 이젠 경제학도 새롭게 변모해야 한다. 지금과 같이 경제 현상의 불확실성을 배제하고, 양적인 수학적 도구에 의존하여, 인간의 행위를 예측하고, 분석하려 해서는 안 된다. 인간의 행위는 대략적으로만 파악할 수 밖에 없으며, 그 도구는 반드시 상식적인 가정에 의한 진단이어야 한다. 그리고 경제 주체에게 가장 생산적인 길을 제시해야만 한다.

02

상식적 가정에 의한
접근 방법과 개념

모형의 설정

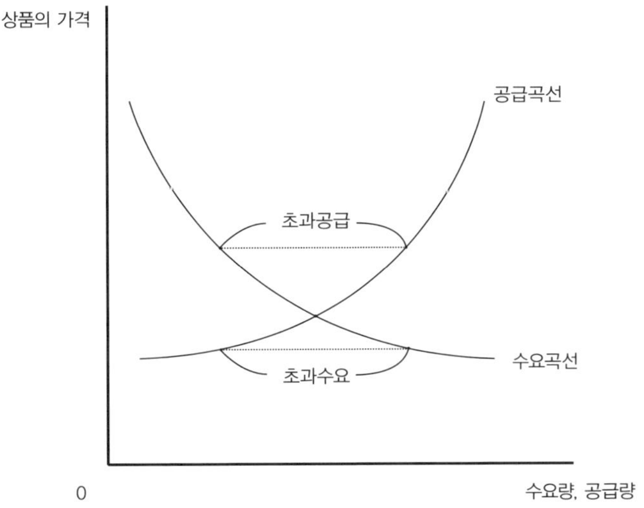

  우리가 알고 있는 경제학의 기본이라면, 당연히 수요와 공급 법칙을 꼽을 수 있다. 즉, 상품의 가격이 올라가면, 수요량은 감소하고, 상품의 가격이 내려가면, 수요량은 증가한다는 의미를 지닌 수요곡선과 상품의 가격이 올라가면, 공급량이 증가하고, 상품의 가격이 내려가면, 공급량이 감소한다는 의미를 지닌, 공급곡선으로 이루어진 2사분면의 그래프를 우리는 상식처럼 받아들이고 있다.

하지만 나는 이 그래프가 우상향하는 공급곡선의 의미가 타당하지 않기 때문에 심각한 오류를 지니고 있다고 생각한다.

여러분은 우상향하는 공급곡선, 즉 상품의 가격이 오르면 공급량이 증가하고, 상품의 가격이 내려가면 공급량이 감소한다는 공급곡선에 동의하는가? 공급자가 공급량을 늘리는 이유가 단순히 상품의 가격이 올라서이겠는가? 아니면, 수요자가 수요하고자 하는 가격이 올라서이겠는가? 당연히, 수요자의 수요가격이 올랐으니까 공급자가 공급량을 늘리는 것이 아니겠는가? 만약 수요가격도 오르지 않았는데 공급가격을 마음대로 올려 버리고, 공급량도 늘린다면, 과연 누가 그 상품을 소비하겠는가? 만약 공급자가 이렇게 행동하면, 바로 망하는 것이다. 상품가격을 올리고 공급량을 줄여 버리는 반대 행동이 더 상식적인 행동 아닌가? 따라서 가격의 개념을 확실하게 구별해 줄 필요가 있는 것이다.

우리는 가격에 대해서 단지 명목적인 상품 가격만을 생각하면 안 된다. 가격이라는 것은 실질적으로 수요자가 의도한 가격과 공급자가 의도한 가격의 변화에 의해 결정된다. 통계수치상 상품 가격이 올라서 공급량이 증가하는 자료들은 그것이 단순히 상품의 가격이 오른 것에 기인한 것이 아니라, 소비자의 수요가격이 오른 것에 기인한 것이다. 즉, 수요가격이 상승하여, 공급량이 증가한 것이지, 단순히 상품의 가격이 올라서 공급량이 증가했다고 보아서는 안 된다. 이런식의 해석은 원인을 무시하는 결과중심적인 해석일 뿐이다.

따라서 수요가격이 명목적인 수치로 나타나지 않는다고 해서, 이것을 경제 현상을 분석하는 데서 제외시키면, 그 제외시킨 이론이나 모형으로는 어떠한 경제 현상도 설명할 수 없다고 본다. 즉, 우리가 상식적으로 알고 있는 수요와 공급 모형은 명백히 잘못된 모형이다.

단순히 가격을 상품의 가격으로 나타낼 것이 아니라, 철저히 수요가격과 공급가격으로 나누어 분석해야 한다는 말이다. 따라서 상품의 가격이 오르면, 공급량도 증가한다는 우상향하는 공급곡선은 단지 통계수치상의 결과적 의미에 불과하지, 인간의 경제 행위를 설명하기에는 부적절하다.

그리고 주류경제학은 가격을 문화나 환경, 종교, 지역, 습관, 평판 등의 하나로 취급하고 있다. 그리고 가격 이외에 모든 변수들을 논의에서 제외시키고, 가격만 변하는 것으로 가정해서 수요와 공급법칙을 설명하고 있다. 이것은 무수한 경제 자극들이 경제 주체의 경제 행위에 영향을 미쳐, 그 결과물로 가격이 나오는 것이기 때문에 매우 비현실적인 논리이다.

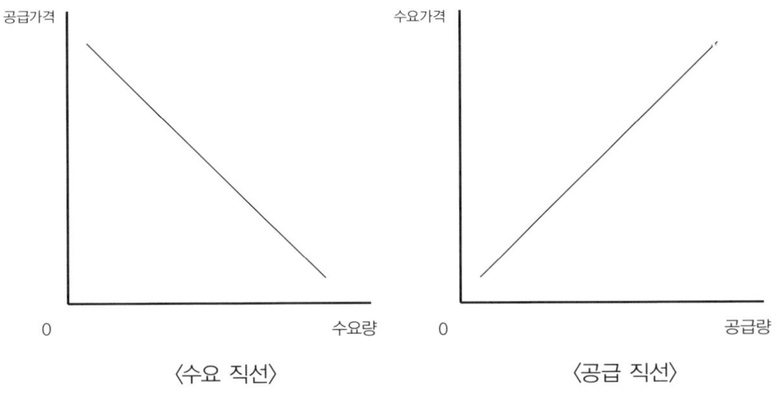

위의 두 그래프와 관련, 이전에 상식처럼 우리가 알고 있던 수요공급법칙과 다른 점은 바로 우상향하는 공급직선의 변수로 수요가격이 있고, 우하향하는 수요직선의 변수로 공급가격이 있다는 것이다. 주류경제학에서의 수요곡선은 수요자의 행동을 의미하고, 공급곡선은 공급자의 행동을 의미하는 것이지만, 여기서는 공급직선과 수요직선 모두 공급자와 수요자의 행동이 포함되어 있으며, 두 직선이 반드시 만나야만 어떤 경

제적 결과가 나오게 된다.

그리고 나는 주류경제학이 주로 표현하는 곡선의 개념에 대해서도 매우 회의적이다(오늘날의 주류경제학을 보면서 미분 가능한 곡선을 만들 목적으로, 가정하고 개념을 생산하는 데 대해 큰 회의감을 가지고 있다). 굳이 인간의 경제 행위를 난해한 곡선으로 표현할 이유가 없다. 정말 2사분면에 변수 한 두 개로 인간의 경제 행위를 정확하게 분석할 수 있다고 생각하지 않는 한, 곡선을 사용할 이유가 없는 것이다. 사실 곡선이냐, 직선이냐를 따지는 것은 물리 수학에 매몰된 사고방식으로서 단지 경제학을 난해하게만 만들 뿐, 현실적으로 아무런 실효성이 없다. 왜냐하면 복잡한 인간의 경제 행위는 어떤 물리, 수학적 공식에 의해 정확히 설명될 수가 없으며, 단지 상식적인 차원의 대략적 예측만이 가능하기 때문이다. 내가 위의 두 개의 그래프에서 나타낸 직선들은 굳이 곡선 따위로 표현할 필요 없이, 사람들이 이해하기 쉽게 표현한 것이다. 이왕이면, 곡선보다는 직선이 분석하기도 쉽고, 이해하기도 쉽기 때문이다. 인간의 경제 행위에 대해 상식적으로 대략적인 진단을 하는데 굳이 불필요한 개념들을 가정하고, 난해한 수학적 공식 따위를 사용할 이유가 없다고 본다.

주요 개념

제1론 상식에 의한 경제론

1. 경제 행위

경제 행위란, 경제 주체들의 행동을 의미하는 것으로서 네 가지의 행위로 이루어져 있다. 네 가지 행위란, 수요량, 공급량, 수요가격, 공급가격을 뜻한다. 이 주요 행위들이 서로 작용하여야만 경제적 결과가 산출된다. 따라서 위 네 가지 행위들로 구성된 상식적 모형이 바로 앞부분의 수요와 공급 모형이다. 즉, 수요직선과 공급직선이 만나는 곳이 바로 경제 행위의 결과를 나타내는 곳이다.

2. 수요직선과 공급직선의 도출(경제주체의 대략적 의도)

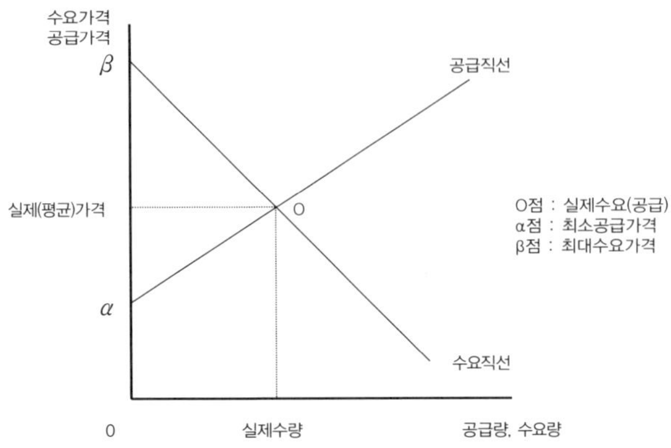

앞부분에서 수요가격을 고려하여, 수요와 공급의 관계를 나타낸 그래프를 하나로 나타내면, 바로 위와 같은 수요와 공급 모형이 만들어진다. 먼저 α점은 공급직선의 Y절편으로서, 공급자가 재화를 공급함에 있어서, 공급하고자 하는 최소의 가격을 의미하므로 최소 공급가격이라 부른다. 그리고 β점은 수요직선의 Y절편으로, 소비자가 재화를 수요함에 있어서 지불하고자 하는 최대의 가격을 의미하므로 최대 수요가격이라 부른다. 따라서 수요자가 최소 공급가격 이하로 수요하고자 하는 행위는 의미가 없으며, 공급자가 최대 수요가격 이상으로 공급가격을 책정하는 행위도 의미가 없는 경제 행위이다. 이 최대 수요가격과 최소 공급가격은 경제자극이 주어지면 수시로 변하게 된다. 따라서 최대수요가격과 최소공급가격은 경제자극에 대한 경제주체의 심리적 마지노선을 의미한다. 이제 수요공급 직선을 예를 들어 도출해 보기로 하자.

A 기업의 〈가〉재화가 한 달 동안 평균 20만 원의 가격으로 12만 개의 수량이 판매 되었다고 가정하고, 최대 수요가격은 30만 원, 최소 공급가격은 10만 원이라고 할 때, 대략적인 수요직선과 공급직선을 구해보면,

먼저 실제(평균)가격과 실제 수량은 각각 20과 12로 나타낼 수 있으며, 이것은 수요직선과 공급직선이 만나는 곳을 의미하게 된다. 그 이유는 반드시 공급자의 실제 공급(재화시장에서는 매출)은 수요자의 실제 수요와 같을 수밖에 없기 때문이다. 가령 A라는 기업의 B상품의 공급가격이 평균 3,000원이고 그 상품을 구입한 사람이 300명이라면, 이 기업의 매출의 크기도 3,000×300=900,000원이고, 그 상품을 소비한 사람의 수요의 크기도 3,000×300=900,000원이기 때문이다. 즉, 수요직선과 공급직선이 만나는 곳은 (평균)공급가격=(평균)수요가격, 공급량=수요량이 반드시 성립하는 곳이며, 이것은 실제 수요(공급)를 의미하며, 앞에서 설명한 경제 행위의 결과를 뜻한다.

그럼 다시 앞으로 돌아가서, 수요직선은 공급가격=기울기×수요량+10, 공급직선은 수요가격=기울기×공급량+30으로 나타낼 수 있으므로, 각 직선의 기울기를 구하기 위하여, 공급가격과 수요가격에는 실제(평균) 가격인 20을 대입하고, 수요량과 공급량에는 실제 수량인 12를 대입하여, 각 직선의 기울기를 구해보면, 수요직선은 −5/6, 공급직선은 +5/6이 도출되어, 이로써 대략적인 수요직선과 공급직선을 나타낼 수 있다. 이런 방법으로 어떠한 경제적 규모에도 상관없이 경제 주체의 대략적인 경제 행위를 의미하는 수요공급 직선을 도출할 수 있다(직선의 근과 절편을 모두 가정하기 때문에 매우 그리기 쉽다).

3. 의도 수요와 의도 공급

의도 수요라는 것은 수요자가 의도한 수요량과 수요가격을 의미하는 것으로, 재화를 구입함에 있어서 수요자가 원하는 실제 수량과 실제 가격을 뜻하는 것이며, 의도 공급이란 공급자가 의도한 공급량과 공급가격을 의미하는 것으로서 재화를 생산함에 있어서 공급자가 원하는 실제 수량과 실제 가격을 뜻하는 것이다.

가령, 앞에서의 수요공급 직선을 활용하여 예를 들자면, 실제 가격 20, 실제 수량 12의 재화시장에서 수요량이 증가하는 경제 자극, 예를 들면 좋은 평판, 광고 행위, 의학적 장점 발견, 문화, 환경, 이자율 하락... 등이 주어졌을 경우, 수요량이 12에서 18로 증가하고, 공급량은 12에서 20으로 증가하고, 수요가격은 20에서 22로 상승하고 공급가격은 20에서 25로 상승할 것이라고 가정했을 때, 수요자의 의도 수요는 의도 수요량인 18과 의도 수요가격인 22를 곱한 396이 되고, 공급자의 의도 공급은 의도 공급량인 20과 의도 공급가격인 25를 곱한 500이 된다. 만약 주류경제학에서 말하는 초과수요와 초과공급이 없는 경제균형이 성립되려면, 수요자의 의도 수요량과 공급자의 의도 공급량이 같아야 되고, 수요자의 의도 수요가격과 공급자의 의도 공급가격 또한 같아야 한다.

따라서 모든 경제 주체가 기계처럼 정해진 작동 시스템에 따라 경제 행위를 하는 것이 아니라면, 균형이라는 개념은 사실상 존재할 수 없다고 보아야 한다.

4. 수요 실패와 공급 실패, 수요자잉여와 공급자잉여

먼저 이 개념들을 설명하기 전에, 앞에서 가정했던 수요공급 직선과 수요증가 자극으로 인해 변화한 경제 주체의 경제 행위에 대해서 그래프로 나타내면 다음과 같다(단. 앞에서의 경제 자극으로 인한 실제 수량은 15. 실제(평균) 가격은 25, 단위당 생산비용은 15로 가정하고, 최대 수요가격은 30에서 35로 증가하고, 최소 공급가격은 10에서 15로 증가했다고 가정하자).

수요자 측면		공급자 측면	
의도 수요	22×18=396	의도 공급	25×20=500
실제 수요	25×15=375	실제 공급	25×15=375
수요 실패	396−375=21	공급 실패	500−375=125
수요자잉여	−3×15=−45	공급자잉여	375−300=75
자극 전 수요	20×12=240	자극 전 공급	20×12=240
자극 후 수요	25×15=375	자극 후 공급	25×15=375
수요 증가	375−240=135	공급 증가	375−240=135

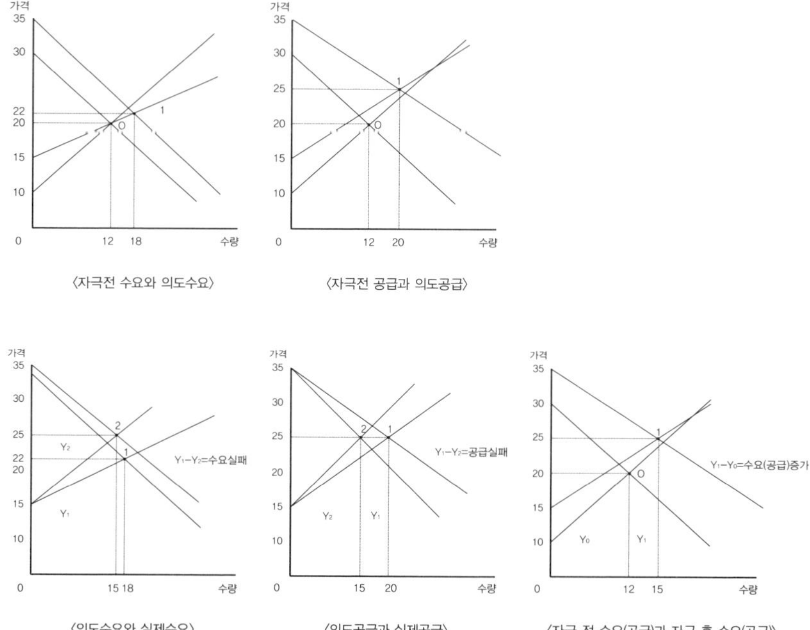

위에서 가정을 정리한 것과, 그래프로 나타낸 것을 비교해보면, 어떻게 가정하느냐에 따라서 정리 결과도 다르게 나타나고, 그래프의 모양도 바

꿔는 것을 알 수 있다.

이 말은 어떤 경제 주체의 경제 행위를 2사분면의 그래프 따위의 규칙성으로 파악하려 하는 것은, 아무 의미가 없다는 것이다. 이는 단지 내 상식에서 나오는 생각을 표현한 것으로 여러분들도 내가 가정한 것들을 얼마든지 비판할 수 있으며, 스스로 주체적으로 자신의 의견을 제시할 수도 있을 것이다.

만약에 의도 수요량, 의도 공급량, 의도 수요가격, 의도 공급가격, 실제 가격, 실제 수량, 최대 수요가격, 최소 공급가격 중 하나라도 수치를 바꿨다면, 그래프 모양이나 위의 정리 내용도 달라졌을 것이다. 따라서 이 책에서는 수학적 의미를 찾으려 해서는 안 된다. 그래프는 단지 분석 과정의 결과를 나타내주면 되는 것이다.

<그래프를 이용한 대략적인 결과 예측>

이 책에서는 내가 실제가격과 수량까지 모두 분석의 편의를 위해 간단한 수로 가정했지만, 좀 더 수요직선과 공급직선을 이용하고 싶으면, 의도수요와 의도공급(매출)을 통해서 결과를 예측하는 것도 그리 나쁘지는 않을 것 같다.

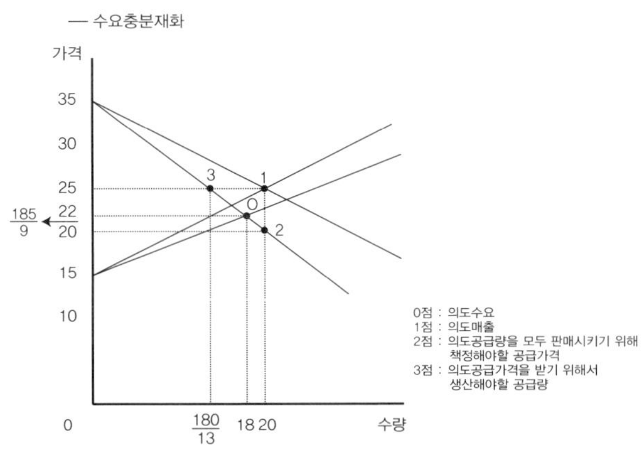

〈의도수요와 의도매출〉

* 공급자가 자신이 의도힌 공급량을 모두 판매하기 위해서는 185/9의 공급가격을 책정하여야
한다. 그리고 공급자가 자신이 의도한 공급가격으로 판매하기 위한 적정한 공급량은 180/13
만큼 생산하여야 한다.

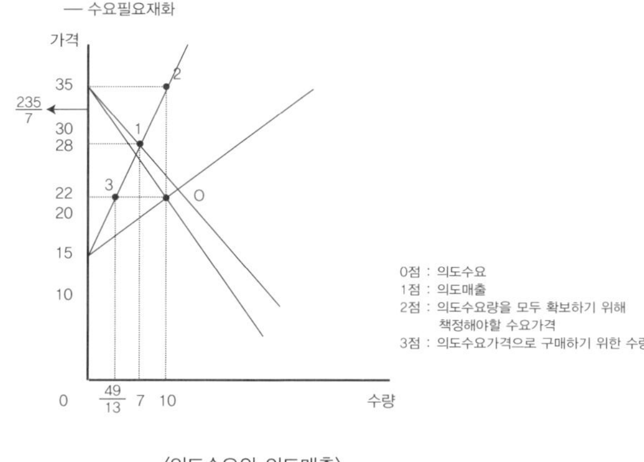

〈의도수요와 의도매출〉

* 수요자가 자신이 의도한 수요량을 모두 확보하기 위해서는 235/7의 가격을 지불해야 한다.
수요자가 자신이 의도한 수요가격으로 구매하기 위해서는 49/13의 수량을 매입해야 한다.

그럼 이제, 수요 실패와 공급 실패에 대해서 알아보자. 수요 실패란 수
요자의 의도 수요에서 실제 수요의 차가 양일 경우를 말하고, 의도 수요
와 실제 수요의 차가 음일 경우 수요 확장이라 한다. 그리고 수요자잉여
가 양일 경우, 잉여적 수요 실패(확장)라고 하고, 수요자잉여가 음일 경우,
비잉여적 수요 실패(확장)라고 한다. 마찬가지로 공급 실패의 경우, 의도
공급과 실제 공급과의 차가 음일 경우를 말하며 공급 확장의 경우는 의
도 공급과 실제 공급과의 차가 양일 경우를 말한다. 그리고 공급자잉여
가 양일 경우, 잉여적 공급 실패(확장)라고 하고, 공급자잉여가 음일 경우,
비잉여적 공급 실패(확장)라고 한다.

다음은 수요자잉여와 공급자잉여에 대해서 알아보자. 우선 위의 정리

에서 나와 있듯이 수요자잉여는 −45, 공급자잉여는 75로 수요자는 비잉여적 수요 실패를, 공급자는 잉여적 공급 실패를 보게 되었다. 그럼 수요자는 왜 비 잉여적 수요 실패를 얻었을까? 우선, 수요자잉여를 파악하기 위해서는 의도 수요 가격과 실제 수요 가격을 파악해야 한다. 위의 정리를 보면 알겠지만, 수요자의 의도 수요 가격은 22인데 반해 실제 수요 가격은 25로, 의도 수요 가격보다 3이 더 높다. 따라서 수요자는 의도 수요 가격보다 3만큼을 더 비싸게 15의 수량을 수요했으므로, −3×15=−45의 수요자잉여 손실을 보게 된다. 하지만 여러분들 중 이 분석 과정을 의아해 하는 사람이 많을 지도 모르겠다. 즉, 수요가격만 3만큼 비싼 것뿐만 아니라, 의도 수요량도 다 못 채우지 않았느냐 하는 것이다. 그럼 상식적으로 한 번 생각해 보자. 우리는 과연 소비를 하지 못한 부분에 대해서 잉여 개념을 논하는 것이 타당한가하는 것이다.

예를 들어, 내가 정말 구입하고 싶은 자동차가 있는데, 그 자동차를 구입하지 못했다면 내 잉여는 감소한 것인가? 또 다른 예를 들면, 슈퍼에서 우유를 구입한다고 할 때, 공급가격이 2,000원인 우유를 나의 의도 수요가격은 1,800원이라 구입하지 않았다고 하자. 그럼 내 잉여가 감소한 것인가? 아니다. 내가 자동차와 우유를 구입하지 못했다 하더라도, 내가 원래 가지고 있던 돈이 소비되는 것이 아니고, 또한 그 돈으로 충분히 다른 재화를 구입함으로써, 잉여를 얻을 수 있는 것이다. 따라서 2,000만 원의 자동차를 구입했는데, 나의 의도 수요가격이 2,200만 원이었다면, 200만 원의 잉여 이익을 얻게 되는 것이다. 그러나 의도수요 가격이 1,800만 원이었는데도 불구하고, 2,000만 원의 자동차를 구입했다면, 나의 잉여 손실은 200만 원이 되는 것이다. 즉, 수요자의 잉여를 파악할 때는 수요한 부분에 대해서만 파악이 가능한 것이다.

마지막으로 공급자잉여에 대해서 알아보면, 공급자잉여는 실제 공급에서 생산비용을 뺀 것을 의미한다. 즉, 앞에서 실제 공급인 375와 의도 공급량 20과 단위당 생산비용인 15를 곱한 300을 빼주면, 75의 공급자 잉여 이익이 생기게 된다.

　따라서 잉여 손실을 본 수요자보다 잉여 이익을 본 공급자가 더욱 수요증가 자극에 대해 합리적인 경제 행위를 했다고 생각할 수 있다. 하지만 실상은 다를 수 있다. 왜냐하면, 공급자의 경제 행위에서 잉여뿐만 아니라, 공급 실패의 규모도 중요하기 때문이다.

03

재화 시장

주요 개념

1. 수요가 공급을 창출한다

혹시 여러분은 '세이의 법칙'이라는 말을 들어 본 적이 있는가? 세이의 법칙이란 '공급이 스스로 수요를 창출한다.'는 의미를 가지는 법칙으로, 부분적인 공급 과잉은 발생될지 모르나, 일반적인 공급 과잉은 절대 발생되지 않는다는 매우 추상적인 의미를 가지고 있다. 즉, 일시적으로 기업의 생산물이 과잉 공급될 수는 있으나, 결국 모든 재고는 소비된다는 뜻이다. 그러나 이 법칙은 수요 필요재화의 경우에는 어느 정도 적용이 가능하나, 수요충분재화의 경우에는 적용되지 않는다. 수요 필요재화의 경우, 재고의 가치가 보존될 경우, 일반적으로 공급 과잉을 일으키지 않지만, 수요충분재화의 경우, 재고로 쌓여 소비되지 않으면, 일반적으로 공급 과잉이 발생하기 때문이다.

그리고 이 세이의 법칙은 이미 20세기 초에 있었던, 대공황에 의해 그 실효성이 사라졌다고 보아야 한다. 이는 대공황이 바로 일반적 공급 과잉에 의해 발생되었기 때문이다. 즉, 제국식민주의가 한창이던 시절에 수많은 기업들은 저임금, 고 노동으로 식민지의 노동자를 착취했을 뿐만 아니라, 자국 노동자들까지 착취하고 있었다. 그리고 그 착취 자본으로 기업들은 생산량을 크게 늘리게 되었지만, 저임금으로 착취당한 노동자들이 그 막대한 상품을 소비할만한 여력이 없었다. 따라서 결국 기업은 막대한 재고 물량을 처리하지 못해 도산하게 되고, 은행 또한 대부금을 받지 못해 함께 도산하고, 투기로 인해 주식시장도 하루아침에 무너진 사건이 바로 경제대공황이다.

즉, 일반적 공급과잉은 소비가 침체되면 항상 발생하는 경제 현상이다. 지금도 많은 기업들이 소비침체로 인해 매출액 대비 적은 이익을 달성하는 것도, 따지고 보면 일반적 공급 과잉이거나, 그것을 회피하기 위해 주문생산방식이나 장기 무이자할부, 가격할인 등을 실행하기 때문이다.

다시 처음으로 돌아와서, '공급이 스스로 수요를 창출한다.'는 것은 공급자가 어떤 재화를 생산하여 공급하면, 그 재화는 반드시 소비된다는 의미를 가지고 있다. 그러나 수요를 예측하지 않는 공급자가 과연 존재할까? 예를 들어, A라는 사람이 자동차를 개발했다고 하자. 그런데 자동차에 대한 수요가 전혀 없다면, 이 자동차라는 재화는 사람들에게 수요가 생길 때까지 영원히 사라지는 것이다. 과연 누가 이런 어리석은 짓을 하겠는가? 다른 예를 들자면, 화폐가 없는 교환경제에서 A는 밀을 생산하고, B는 양털을 생산한다고 하자. A는 양털이 겨울을 보내기 위해 꼭 필요한 것이고, B는 밀을 좋아하지 않고 쌀을 좋아한다고 하자. 그러면 A가 과연 다음 해에 밀농사를 짓겠는가? 어떤 생산자라도 수요가 없는 제품을 생산하지는 않는다. 따라서 공급은 수요에 따라 결정되는 것이지, 공급이 수요를 창출하는 것이 아니다. 수요를 무시한 공급을 한다면 오로지 창고에 막대한 재고물량과 도산만이 있을 뿐이다.

2. 경제 자극

  경제 자극이란 경제 주체의 경제 행위에 영향을 주는 요인들로 이자율, 환경, 습관, 관습, 평판, 소문, 광고 등 무수히 많다. 이런 경제 자극은 수요량과 수요가격, 공급량과 공급가격을 변화시키는 자극으로 분류가 가능한데, 여기서는 크게 네 가지의 경우로 살펴보고자 한다, 즉, 수요량을 증가시키는 자극과 수요량을 감소시키는 자극, 공급량을 증가시키는 자극과 공급량을 감소시키는 자극으로 나누고자 한다.

  예를 들자면, 좋은 소문이나 평판, 명절과 같은 시기, 성능 향상, 광고, 임금 상승 등은 수요량을 증가시키는 경제 자극에 속하며, 나쁜 소문이나 평판, 임금 하락, 문화나 종교적 요인 등은 수요량을 감소시키는 경제 자극에 속하게 된다. 그리고 원유 생산량 증가, 풍년으로 인한 곡물 생산량 증대, 제품 수요량 상승 등은 공급량을 증가시키는 경제 자극으로 볼 수 있으며, 기후에 따른 흉년이나 질병으로 인한 가축 수 감소, 원유 생산량 감소 등은 공급량을 감소시키는 경제 자극으로 볼 수 있다.

3. 수요 필요재화

  수요 필요재화란, 수요가 필요한 상태에 있는 재화로서, 공급가격이 의도 수요가격보다 높을 경우에도, 소비를 해야 하는 재화를 의미한다.

  수요 필요재화는 대체로 공급가격이 내려가면, 수요량은 크게 증가하고, 공급가격이 올라가도 수요량은 크게 감소하지 않으며, 공급량이 증가해도 수요가격은 거의 내려가지 않고, 공급량이 감소하면 수요가격은 크게 올라가게 된다.

  수요 필요재화의 종류로는 주로 전기, 원유, 가스, 곡물과 같은 재료나 부품, 원료, 주식과 관련된 재화들을 들 수 있으며 이 재화들은 수요가

항상 필요한 상태에 있기 때문에, 경제 행위에 있어서 수요자보다는 공급자에게 더욱 유리하다.

이 수요 필요재화는 대부분 한정된 자원에 속하며, 소비 주기(같은 용도의 재화를 재구매할 때까지의 기간)가 비교적 짧고 규칙적이다. 또한 미래 가치저장성이 뛰어나 감가상각의 부담이 거의 없고, 소수의 국가들이 대부분을 생산하고 있기 때문에 판매 경쟁이 비교적 심하지 않아, 공급가격이 비싸다 하더라도, 반드시 소비를 해야 하기 때문이다.

4. 수요충분재화

수요충분재화란, 수요가 충분한 상태에 있는 재화로서, 공급가격이 의도 수요가격보다 높을 경우, 굳이 소비해야 할 필요가 없는 재화를 의미한다. 즉 공급가격이 내려가도 수요량은 크게 증가하지 않고, 공급가격이 올라가면, 수요량은 크게 감소하게 된다. 그리고 수요가격이 오르면 공급량은 크게 증가하고, 수요가격이 내려가도 공급량은 크게 줄지 않는다.

예를 들어, 현재 기업들이 생산하고 있는 대부분의 재화들은 수요충분재화에 속하는 경우로서, 컴퓨터, 세탁기, 냉장고, TV, 휴대폰 등은 이미 사회에서 충분히 수요된 재화를 의미한다. 그리고 수요충분재화는 공급자보다는 수요자가 경제행위에 있어서 더 유리하다. 이것은 수요충분재화는 대부분 대량생산에 소비주기가 비교적 길고 불규칙하며, 미래의 가치저장성이 없어 감가상각이 크고, 판매경쟁이 비교적 심하므로 공급가격이 의도 수요가격보다 높을 경우, 소비자가 굳이 소비할 필요가 없기 때문이다.

지금까지 두 재화에 대해서 알아보았으나, 이 재화들은 고정되어 있는 것이 아니라, 지역이나 문화, 시기별로, 그리고 경제 주체의 소득 수준에 의해서 날라지게 된다.

특히 수요충분성과 수요필요성이 약한 재화들은 재화의 성질이 경제자극에 따라 수시로 바뀐다. 예를 들어, 농수산물과 같이 수요필요성이 약한 재화는 만약 공급가격과 공급량보다 의도수요가격과 의도수요량이 작을 경우, 더 이상 수요필요재화가 될 수 없다. 그리고 이런 재화들의 수요충분성을 더욱 강하게 해주는 것이 바로 소득감소이다. 만약 수요필요성이 강한 재화의 소비에 대부분의 소득이 지출된다면, 수요필요성이 약한 재화는 가격이 비싸든 싸든, 양이 많든 적든지 간에 아무 상관없이 수요충분재화에 속하게 된다. 즉 가스, 석유, 곡물 등의 소비를 제치고, 각종 과일이나 육류 생선 등을 소비하는 경제주체는 거의 없다. 예를 들어, 한국인의 밥상에 쌀밥, 미역국, 김치, 불고기, 해물탕, 김이 있다고 하자. 여기서 경제적으로 가장 중요한 음식은 무엇이겠는가? 가격이 비싼 불고기나 해물탕이겠는가? 아니다. 바로 쌀밥이다. 왜냐하면 가격은 가장 저렴하지만, 수요필요성은 가장 강하기 때문이다. 즉, 쌀의 가격이 저렴하기 때문에 밥상에 각종 반찬이 존재할 수 있는 것이다. 따라서 자본주의는 이런 수요충분재화가 계속 늘어나면, 무너지게 되어 있는 것이다. 작금의 현실경제상황은 자본주의의 종착역에 도착하기 얼마 남지 않은 상태에 있다. 즉, 빵과 물만이 수요필요재화가 될 날이 얼마 남지 않았다는 것이다.

한국	재화
수요충분성이 강한 재화	TV, 냉장고, 세탁기, 에어컨, 전자렌지, 가구류, 컴퓨터, 대형아파트...
수요충분성이 약한 재화	스마트폰, 자동차, 의류.잡화, 외식상품, 각종 가공식품...
수요필요성이 약한 재화	육류, 생선, 과일, 채소, 일반음식, 소형아파트...
수요필요성이 강한 재화	석유, 곡물, 금속, 전기, 가스, 의료, 교육, 주류, 담배...

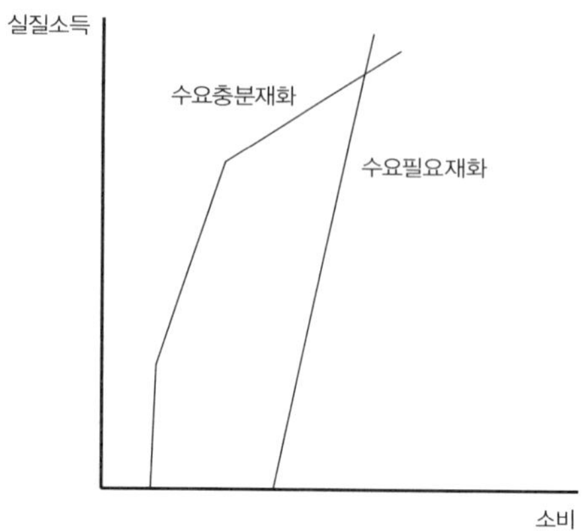

* 실질 소득이 낮을수록 대체로 소비에서 수요필요재화의 부분이 커진다.

위의 표는 내가 우리나라의 재화와 종류를 개인적으로 정리한 것이다.

표를 보면 알겠지만, 수요충분재화는 비교적 가치저장성(미래수요)이 낮을수록, 소비주기가 길수록, 판매경쟁성이 높을수록, 구매경쟁성이 낮을수록 해당되며, 수요필요재화는 그 반대이다.

그리고 소득이 적을수록 대체로 화살표 방향으로 소비가 감소한다(소득이 감소할수록 수요충분재화의 종류와 수량이 늘어난다는 것이다). 즉, 소득이 적을수록 문명의 혜택을 받지 못한다는 것이다.

분석의 가정

　나는 앞에서 인간의 경제 행위를 분석하면서 수학적 도구에 매몰되어 분석하는 방법은 어떠한 경제 현상도 설명할 수 없다고 말했었다. 그리고 경제 현상을 분석함에 있어서는 상식적인 가정을 바탕으로 대략적인 진단만을 내릴 수 있다고 말하였다. 이제 경제 행위에 대한 상식적인 가정을 통해, 경제 현상을 설명하고, 그에 대한 진단을 내려 보고자 한다.

　먼저, 앞에서 설명했지만, 재화를 두 가지로 분류하고 있는데, 수요가 충분한 상태에 있는 수요충분재화와 수요가 필요한 상태에 있는 수요 필요재화가 바로 그것이다.

　내가 재화를 수요 위주로 분류한 이유는, 바로 수요가 공급을 창출하기 때문이며, 모든 경제적 재화는 이 두 가지 재화 중 하나에 속할 수밖에 없다.

　그러면, 수요직선과 공급직선을 각 재화별로 나타내보자. 사실 이 직선들을 더욱 현실적으로 나타내기 위해서는 자료나 시장조사가 가장 유용할 것이다.

　하지만 지금은 분석의 편의를 위해 경제 자극 전의 공급직선과 수요직선의 기울기를 각각 1과 −1로 가정하고자 한다. 그리고 최대 수요가격을 나타내는 수요곡선의 Y절편과 최소 공급가격을 나타내는 공급곡선의 Y 절편을 동일하게 각각 30과 10으로 가정하고자 한다. 단, 단위당 생산비용은 수요충분재화의 경우 15로 하고, 수요 필요재화의 경우 10으로 가정하고자 한다. 왜냐하면, 어느 정도의 시간이 지났을 때는 수요충분재화의 경우, 재화의 특성상 재고로 쌓이게 되면, 손실을 보고서라도 신속하게 처분해야하는 재화이므로, 비록 생산비용이 15이더라도 최소 공급가격은 그보다 낮은 10으로 책정하는 것이 타당하기 때문이다. 그리고 수요 필요재화의 경우, 사실 최소 공급가격이 10보다 커야 하지만, 분석의 편의를 위해 생산비용과 같은 수준으로 가정하였다. 물론, 가정을 어떻게 하더라도 분석의 결론에는 변함이 없다.

수요충분재화

1. 수요증가 자극

수요충분재화 시장에서 수요가 증가하는 경제 자극이 주어지는 경우, 과연 경제 주체는 어떻게 행동할까?

먼저, 앞에서 가정한 공급직선과 수요직선을 살펴보면, 공급직선은 수요가격=1×수요량+10이 되고, 수요직선은 공급가격=−1×공급량+30이 된다. 그리고 이 두 직선이 만나는 곳은 실제 매출(수요)이 된다. 그 크기를 구해보면, 실제 가격은 20, 실제 수량은 10이 되어, 이 두 가지를 곱한 것을 수요증가 자극이 있기 전의 가격과 수량을 나타낸다고 하여, 자극 전 매출(수요)이라 한다.

이제는 수요증가 자극이 주어졌을 때, 상식적인 가정에 의한 경제 주체의 행동을 분석해 보도록 하자. 수요충분재화의 경우, 수요증가 자극에 의해 수요량이 증가했을 때는 공급자는 공급가격을 올리고, 공급량을 증가시키게 된다. 그런데 여기서 중요한 것은 바로 공급가격과 수요가격과의 차이이다.

수요충분재화의 경우, 수요자는 수요량을 증가시켰다고 해서, 수요가격을 크게 올리지는 않는다. 왜냐하면, 가격이 비싸면 굳이 소비할 필요가 없기 때문이다. 하지만 공급자는 수요량이 증가하게 되면, 공급가격을 수요가격보다 크게 올리게 된다. 대부분의 수요충분재화는 판매 경쟁이 심하고, 가치저장성이 뛰어나지 않아 감가상각이 심하고, 고정비용(임금, 시설유지비, 조세 등)이 커서, 단기간에 많은 수익을 올려야 하기 때문이다. 그런데 이런 판매 전략은 사실, 수요 필요재화에서나 통하는 것이지, 수요충분재화를 생산하는 기업에서 이렇게 한다면 큰 피해를 보게 된다. 그 이유를 분석하면서 알아보도록 하자.

그럼 수요증가 자극에 의한 경제 주체들의 행동을 수치로 가정해 보겠다. 우선 수요자의 경우, 수요충분재화에 대한 의도 수요량이 10에서 12로 증가했다고 하자. 그리고 의도 수요량이 증가함에 따라 공급자는 의도 공급가격을 20에서 25로 높이고, 의도 공급량을 10에서 15로 증가시켰다고 하자. 하지만 수요자의 의도 수요가격은 20에서 22로 상승했다면, 경제 자극 후의 실제 가격과 실제 수량은 대략 어떻게 변할 것이라 예상할 수 있겠는가?

여러분이 보면 알겠지만, 공급자가 의도한 공급가격이 25이고, 수요자가 의도한 수요가격이 22이다. 즉, 공급가격이 의도 수요가격보다 높기 때문에 수요충분재화에 대한 수요자의 수요량은 12에서 다시 10으로 내려갈 것이라 생각할 수 있으며, 자극 후의 실제 가격은 25, 실제 수량은 10으로 예상할 수 있다.

물론, 이런 분석 과정은 나의 상식적인 가정에 의한 것으로, 실제 수요량이 10보다 덜 감소할 수도 있고, 더 감소할 수도 있을 것이다. 그리고 수요증가 자극으로 인해 최소 공급가격은 10에서 15로 상승하고, 최대 수요가격은 30에서 35로 증가했다고 가정해보자.

위의 분석 과정을 정리하면 다음과 같이 나타낼 수 있다.

수요자 측면		공급자 측면	
의도 수요	22×12=264	의도 매출	25×15=375
실제 수요	25×10=250	실제 매출	25×10=250
수요 실패	264−250=14	매출 실패	375−250=125
수요자잉여	−3×10=−30	공급자잉여	250−225=25
자극 전 수요	20×10=200	자극 전 매출	20×10=200
자극 후 수요	25×10=250	자극 후 매출	25×10=250
수요 증가	250−200=50	매출 증가	250−200=50

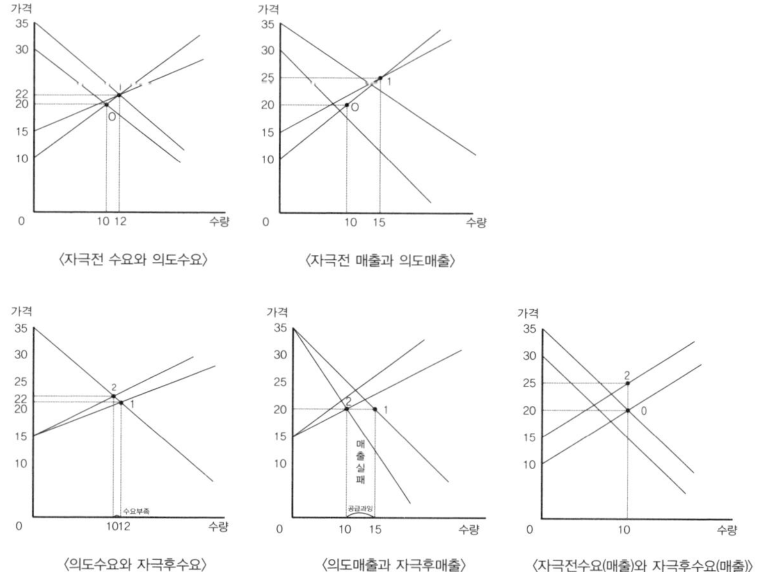

수요충분재화의 경우, 수요증가 자극이 주어졌을 경우 공급자가 수요
가격보다 높은 공급가격을 책정했을 때는, 수요자의 경우 잉여 손실과
수요 실패가 발생하게 되며, 공급자의 경우, 비록 잉여 이익을 얻게 되지

만(자극 전 잉여보다 오히려 적은 잉여를 얻고 있다), 큰 매출 실패를 초래하게 된다. 그럼, 여기서 매출 실패가 일어나면, 기업에 어떠한 영향을 미치게 되는지에 대해 알아보자.

위의 분석에서는 비록 기업에게 수요가격보다 높은 공급가격 책정이 양의 이윤을 주었지만, 그에 반해 엄청난 공급 과잉이 발생된다는 것을 알 수 있을 것이다.

기업의 매출 실패는 대부분 공급 과잉에 의해 발생되며, 공급 과잉이 발생되면, 기업은 차후 신속한 자금조달에 실패하여 생산 계획에 큰 차질을 빗게 되고, 재고 물량에 대한 처리를 위해 큰 비용을 감수해야 한다.

따라서 기업은 물론 이윤 획득도 중요하지만, 향후 자신에게 막대한 타격을 줄 매출 실패를 매우 경계해야 한다.

그럼 매출 실패가 어떠한 영향을 미치는지, 재고처리 과정의 예를 통해 자세히 살펴보자.

기업이 이전보다 성능이 향상된 신제품을 출시한다고 가정하자.

신제품이 출시되기 전, 경제 상태는 앞에서 가정한 것과 동일하게, 수요량 10, 수요가격 20, 공급량 10, 공급가격 20, 단위당 생산비용 15, 최대수요가격 30, 최소공급가격 10으로 가정하자.

① 초기

신제품이 출시되면, 수요충분 재화를 생산하는 기업은 생산비용을 고려하여, 새로운 공급가격을 책정하게 된다. 만약 기업이 수요가격을 고려하는 데 실패하고, 자신의 이윤을 높이기 위해 공급가격을 높게 책정했다면, 다음과 같은 경제주체의 경제행위를 가정할 수 있다. 수요자의 경우, 제품의 성능향상과 기업의 판촉활동으로 인해, 수요량이 자극 전보다 10에서 12로 늘어나고, 수요가격이 20에서 35로 증가했다고 가정하자. 그리고 기업은 공급량을 10에서 15로 늘리고, 공급가격을 20에서 40으로 증가시켰다고 가정하자. 그리고 단위당 생산비용은 20으로 상승하고, 최소공급가격은 30, 최대수요가격은 50이라고 가정하자. 따라서 결국 실제가격 40, 실제수량 10이 성립되었다고 한다면, 다음과 같이 정리할 수 있다.

수요자 측면		공급자 측면	
의도 수요	35×12=420	의도 매출	40×15=600
실제 수요	40×10=400	실제 매출	40×10=400
수요 실패	420−400=20	매출 실패	600−400=200
수요자잉여	−5×10=−50	공급자잉여	400−300=100
자극 전 수요	20×10=200	자극 전 매출	20×10=200
자극 후 수요	40×10=400	자극 후 매출	40×10=400
수요 증가	400−200=200	공급증가	400−200=200

수요자의 경우, 자신이 의도한 가격보다 높은 가격에 제품을 수요했기 때문에, 큰 잉여 손실을 보게 되고, 공급자의 경우는 비록 잉여 이익을 얻었으나, 공급과잉으로 인해 큰 매출실패를 겪게 된다.

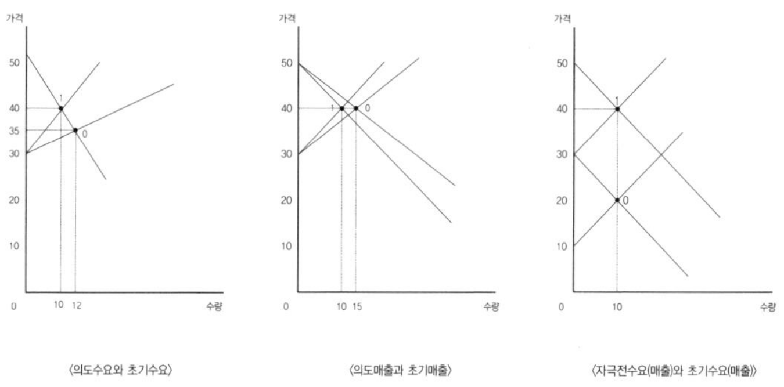

② 중기

　중기에 접어들면, 제품이 출시된 때보다 수요량과 수요가격이 하락하게 된다. 왜냐하면, 수요충분 재화의 특성상 판매경쟁이 심하기 때문에 시간이 지나면, 가치가 급격하게 내려가기 때문이다. 그리고 공급자의 경우도, 생산비용은 생산초기보다 물가상승이나 임금상승의 영향으로 증가할지라도, 재고를 처리하기 위해서나 가치가 떨어진다는 것을 인지하고 있으므로 공급가격을 내리게 된다.

　하지만 공급량은 초기의 재고물량과 더불어 증가하게 된다. 따라서 이와 같은 경제행위를 다음과 같이 가정해보자. 수요량은 12에서 10으로 감소하고, 수요가격은 35에서 30으로 감소하며, 공급가격은 40에서 35로 감소하고, 공급량은 재고물량(5)와 중기 공급량(15)를 합한 20이다. 그리고 단위당 생산비용은 22로 증가하고, 최소공급가격은 25로, 최대수요가격은 45로 가정하며, 결국 실제가격은 35, 실제수량은 8이 성립되었다고 한다면 다음과 같이 정리할 수 있다.

수요자 측면		공급자 측면	
의도 수요	30×10=300	의도 매출	35×20=700
실제 수요	35×8=280	실제 매출	35×8=280
수요 실패	300−280=20	매출 실패	700−280=420
수요자잉여	−5×8=−40	공급자잉여	280−330=−50
초기 수요	40×10=400	초기 매출	40×10=400
중기 수요	35×8=280	중기 매출	35×8=280
수요 감소	400−280=120	매출 감소	400−280=120

　결국, 수요자는 잉여손실을 입게 되고, 공급자의 경우 막대한 공급과

잉으로 인해 큰 매출실패를 겪게 되어, 생산비용을 절감하기 위해, 고용을 감소시키고 임금을 삭감하여, 직원 수를 줄이게 된다. 이를 막기 위해서는 이 시점에서 신제품을 다시 개발하거나하는 수요증가 자극이 있어야 한다.

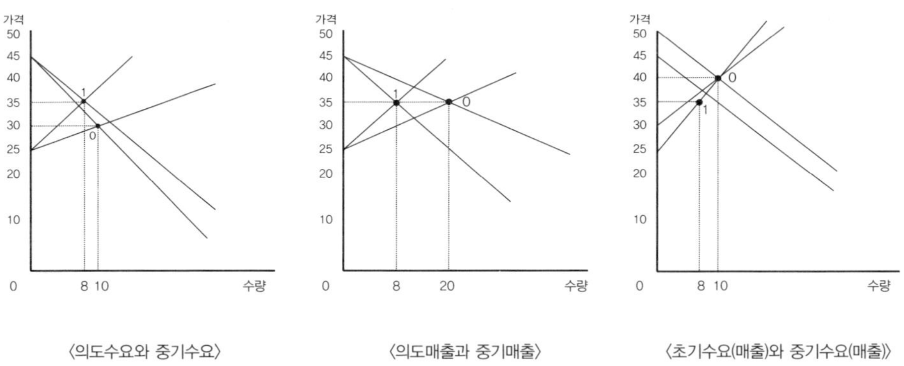

〈의도수요와 중기수요〉　〈의도매출과 중기매출〉　〈초기수요(매출)와 중기수요(매출)〉

③ 후기

중기에서 막대한 공급과잉으로 인해, 기업은 큰 위기에 봉착하게 되어, 공급가격을 더욱 하락시키고, 생산을 크게 줄이게 된다. 그리고 재고물량을 처리하기 위해 생산비용보다 낮은 가격에도 상품을 처분해야하는 상황에 이른다.

수요자의 경우, 기업의 고용감소와 낮은 임금, 대량해고로 인해 소득이 감소하여, 수요가격과 수요량을 더욱 감소시키게 된다. 따라서 이를 대략적으로 수치화하면, 다음과 같다.

수요량은 10에서 8로 감소하고, 수요가격은 30에서 25로 감소하며, 공급량은 재고물량(12)와 후기 공급량(8)을 더하여 20으로 가정하며, 공급가격은 35에서 30으로 감소하여, 결국 실제가격은 30, 실제수량은 5에 거래가 성립된다고 가정하자. 단, 단위당 생산비용은 24로 증가하고 최소공급가격은 20, 최대수요가격은 40으로 가정하자.

수요자 측면		공급자 측면	
의도 수요	25×8=200	의도 매출	30×20=600
실제 수요	30×5=150	실제 매출	30×5=150
수요 실패	200−150=50	매출 실패	600−150=450
수요자잉여	−5×5=−25	공급자잉여	150−192=−42
중기 수요	35×8=280	중기 매출	35×8=280
후기 수요	30×5=150	후기 매출	30×5=150
수요 감소	280−150=130	매출 감소	280−150=130

결국, 공급자는 막대한 매출실패로 인해 도산하거나, 아니면 실물생산보다는 금융투자와 캐피탈사업 쪽으로 눈을 돌리게 된다. 이로 인해 고용은 더욱 악화되고, 소비는 더 감소하여, 경기침체가 지속된다.

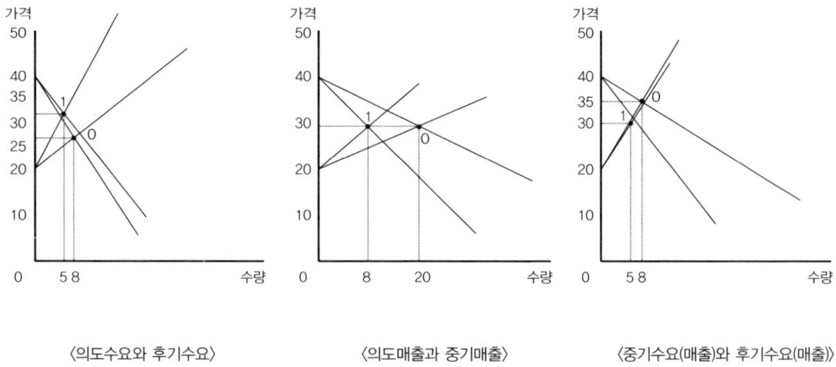

〈의도수요와 후기수요〉　　　〈의도매출과 중기매출〉　　　〈중기수요(매출)와 후기수요(매출)〉

앞에서 수요충분재화에 대해 공급자가 수요가격을 무시하고 공급가격을 책정하게 되면, 수요자 입장에서도 피해가 크지만 공급자 입장에서도 큰 피해를 입게 된다는 것을 알 수 있었다.

그렇다면, 수요충분재화를 생산하는 공급자는 어떻게 행동해야 하는가?

지금과 같이 제품을 출시할 때, 공급가격을 많이 받기 위해서 광고나 전시회 등을 활용해서는 안 된다. 이런 판매 행위는 소수의 수요가격이 큰 소비자들(얼리 어댑터, 고소득층, 혼수장만 등의 계획이 있는 신혼부부들)에게만 효과가 있을 뿐, 다수의 소비를 이끌어 내지 못해, 자칫 막대한 손실을 입을 수 있기 때문이다.

따라서 공급자는 제품을 출시할 때, 광고 행위나 판촉 행사 같은 수요 증가 자극을 주는 동시에 그 시장 상황에 맞는 철저한 시장조사를 통해서, 자신의 이윤을 최대화시킬 수 있는 수요량과 수요가격대를 비교적 정확하게 파악해야 한다. 즉, 철저한 수요파악으로 제1장에서 예시한, 7,000원의 가격 책정으로 단기에 이윤을 최대화하는 것이다. 다시 한 번 말하지만, 수요충분재화는 감가상각이 크고, 경쟁이 심해서 처음에 무리한 공급가격을 책정하여 재고 물량을 늘리는 것은 사멸하는 것과 같다고 할 수 있다.

그럼, 만약 수요충분재화를 생산하는 공급자가 수요의 변화를 비교적 정확하게 예측하여 공급가격을 책정하면, 어떠한 결과가 발생할까?

즉, 의도 수요량이 10에서 12로 상승하고, 의도 수요가격이 20에서 22로 상승한 것을 비교적 잘 파악했다면, 기업은 의도 공급량을 10에서 13으로 증가시키고, 의도 공급가격을 20에서 22로 책정하여, 결국 실제 가격 22, 실제 수량 12가 되었다면, 앞에서 분석한 내용과 어떠한 차이가 있는지 알아보자.

수요자 측면		공급자 측면	
의도 수요	22×12=264	의도 매출	22×13=286
실제 수요	22×12=264	실제 매출	22×12=264
수요 실패	0	매출 실패	286-264=22
수요자잉여	0	공급자잉여	264-195=69
자극 전 수요	20×10=200	자극 전 매출	20×10=200
자극 후 수요	22×12=264	자극 후 매출	22×12=264
수요 증가	264-200=64	매출 증가	264-200=64

표를 보면, 앞에서 수요를 무시한 공급자의 행위와는 비교조차도 되지 않을 만큼, 경제 주체들에게 좋은 영향을 미친 것을 알 수 있다. 즉, 수요자의 수요 실패는 사라졌으며, 경제 전체적으로 수요와 매출이 더 증가하였고, 공급자의 매출 실패도 많이 줄어들었으며, 잉여 또한 크게 늘어났다.

여기서 더 나아가, 만약 기업이 수요증가 자극이 있는데도 불구하고, 공급가격을 올리지 않았다면, 어떻게 될까? 수요량은 10에서 12로 증가하고, 수요가격은 20에서 22로 증가했을 때, 공급자는 공급량을 10에서 13으로 증가시키고, 공급가격을 20으로 올리지 않았을 때, 의도 수요가격보다 공급가격이 더 저렴하기 때문에, 수요량이 12에서 15로 늘어나 오히려, 공급부족 현상이 일어날 수도 있다.

하지만 수요충분재화를 생산하는 기업에게 소비증가로 인한 공급부족 현상은 축복이라 할 수 있다. 결국, 기업이 공급량 부족에 대해 신속하게 대응하였다면, 다음과 같이 나타낼 수 있다.

수요자 측면		공급자 측면	
의도 수요	22×12=264	의도 매출	20×13=260
실제 수요	20×15=300	실제 매출	20×15=300
수요 실패	300−264=36	매출 실패	300−260=40
수요자잉여	2×15=30	공급자잉여	300−225=75
자극 전 수요	20×10=200	자극 전 매출	20×10=200
자극 후 수요	20×15=300	자극 후 매출	20×15=300
수요 증가	300−200=100	매출 증가	300−200=100

　　표를 보면, 공급자가 기업가 정신을 발휘할 경우, 수요자의 경우, 수요
확장과 잉여 이익을 얻게 되고, 공급자의 경우, 매출 확장과 큰 잉여를
얻게 되며, 사회 전체적으로도 큰 매출(수요)증가가 발생하게 되어, 경제는
더욱 활성화된다.

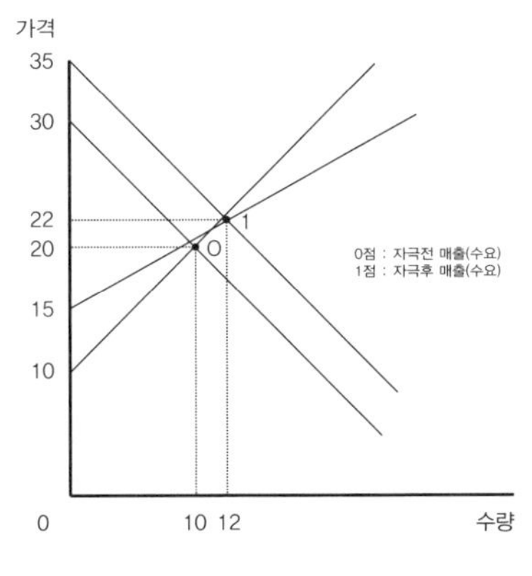

〈수요를 고려한 공급자의 경제행위〉

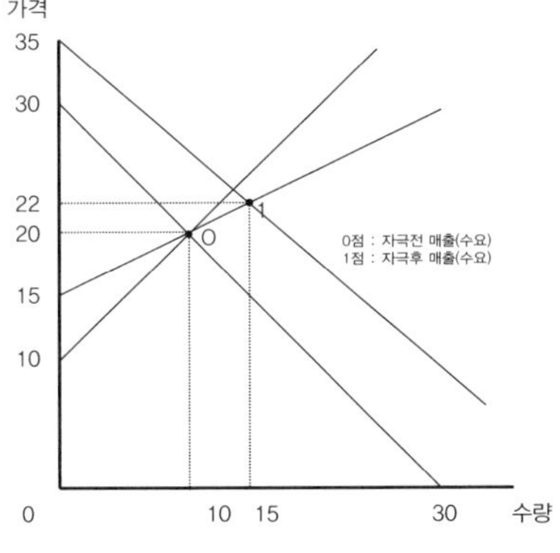

〈공급자가 기업가정신을 발휘할 경우〉

2. 수요감소 자극

　수요충분재화에서 수요감소 자극이 일어날 경우(나쁜 평판과 소문, 소득감소), 공급자의 공급가격의 하락보다는 수요자의 수요가격 하락이 더 큰 폭으로 발생하게 된다.

　따라서 의도 수요량이 10에서 8로 감소하고, 의도 수요가격이 20에서 15로 변하였으나, 공급자는 공급량을 10으로 그대로 유지하여 생산하고, 공급가격을 20에서 18로 낮추는 경제 행위를 하여, 결국 실제 수량이 5, 실제 가격이 18이 성립되었다고 가정하자. 그리고 수요감소 자극이 일어나면, 최대 수요가격이 감소하게 된다. 따라서 최대 수요가격이 30에서 25로 하락했다고 가정하자(여기서 실제 수량 5도 관대한 것이다. 수요충분재화에서 수요감소 자극이 일어났는데, 공급자가 높은 공급가격을 유지한다면, 판매가 전혀 안될 수도 있다는 것을 명심하자).

　그러면 다음과 같이 정리할 수 있다.

수요자 측면		공급자 측면	
의도 수요	15×8=120	의도 매출	18×10=180
실제 수요	18×5=90	실제 매출	18×5=90
수요 실패	120−90=30	매출 실패	180−90=90
수요자잉여	−3×5=−15	공급자잉여	90−150=−60
자극 전 수요	20×10=200	자극 전 매출	20×10=200
자극 후 수요	18×5=90	자극 후 매출	18×5=90
수요 감소	200−90=110	매출 감소	200−90=110

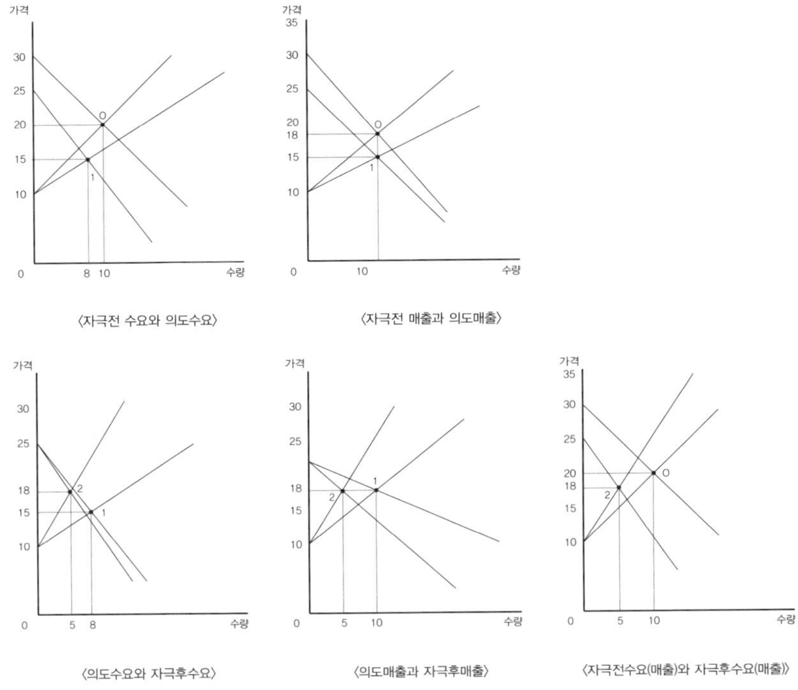

수요충분재화의 경우, 수요감소 자극이 있을 경우, 사회 전체적인 수요와 매출 감소는 어쩔 수 없지만, 공급자가 수요가격을 무시하고, 높은 공급가격을 유지하게 되면, 수요자 측면에서도 손실을 보게 되지만, 공급자의 경우, 막대한 매출 실패와 잉여 손실을 입게 된다. 특히 오늘날과 같이 저임금, 고실업 시대에 중산층이 무너져 버린 사회에서 어느 누가 값비싼 수요충분재화를 구입하겠는가?

성능이 아무리 좋고, 디자인이 아무리 아름다워도, 하루하루 수요 필요재화도 소비하기 빠듯한 실정에, 값비싼 수요충분재화를 구입하는 것은 사치다.

따라서 수요충분재화의 경우, 수요감소 자극이 주어졌을 때도 수요증가 자극이 주어졌을 때와 같이 수요가격을 고려하여 공급가격을 책정해야만 한다.

즉, 수요가격이 15까지 하락한 상태라면, 기업은 수요감소 자극이 있을 경우, 수요충분재화로 이익을 볼 생각을 하면 안 된다. 따라서 공급가격을 15로 책정하게 되면, 실제 수량은 8, 실제 가격은 15가 되어, 앞에서 공급가격이 의도 수요가격보다 높게 책정되었을 경우보다 수요자와 공급자에게 미치는 악영향이 줄어들게 된다.

하지만 단위당 생산비용이 15이므로 기업이 부담을 줄이려면, 생산비용을 절감할 수밖에 없는데, 이럴 때 정부에서 조세감면이나 재정적 혜택을 기업에게 주어야 하는 것이다.

그러나 노동자의 임금을 줄이거나, 하청업체의 납품단가를 인하하는 일은 결코 있어서는 안 된다. 이는 모두 가계의 재정을 악화시켜 소비를 감소시키는 행위이기 때문이다. 즉, 종업원의 임금을 낮춰 버리면, 수요충분재화에 대한 소비가 더욱 감소할 것이고, 또한 하청업체의 납품단가를 인하해 버리면, 그 업체의 재정이 악화되어, 하청업체의 종업원에게까지 피해가 가기 때문이다.

따라서 아무리 수요가 감소하는 자극이 있어도, 가계의 재정을 악화시키는 행위는 결국 부메랑이 되어, 기업의 수요충분재화 판매에 큰 악영향을 미치게 된다.

지금과 같이 가계의 재정이 악화되고, 소비가 장기간 침체에 빠진 이유는 바로 기업이 수요충분재화를 생산하고 판매하는 과정에서 수요가격을 무시한 공급가격의 책정으로 인해 재정이 부실하게 된 것에 대해 가계의 재정을 악화시키는 임금삭감, 비정규직 확대, 납품단가 인하 등으로 대응했기 때문이다.

결국, 이러한 대응으로 기업의 실질적인 판매 실적이 더욱 악화되었다.

그리고 오래전부터 전 세계적으로 일자리 창출문제가 심각하게 대두

되고 있으나, 이를 해결하는 방안을 제대로 모색하지 못하고 있는 실정이다.

나는 일자리 창출문제는 수요충분 재화의 소비 활성화 없이는 절대 해결될 수 없다고 본다. 왜냐하면 대다수의 일자리는 수요충분 재화로 인해 만들어지기 때문이며, 실물경기가 침체된 사회에서는 결코 양질의 일자리는 나올 수 없기 때문이다.

즉, 우선 소비가 되어야, 기업이 투자와 생산을 하기 위해서 일자리가 생긴다는 것이다.

3. 한미 FTA

FTA를 맺게 되면, 관세가 낮아지거나 없어지기 때문에 수요충분 재회의 공급가격이 낮아진다. 미국에서 생산된 자동차를 대표적인 예로 들 수 있는데, 비교적 국산자동차보다 성능이 뛰어나고 한국인의 수입차에 대한 동경적 인식을 감안했을 때, 국산 자동차의 판매량은 크게 감소할 수밖에 없을 것 같다. 특히 고급차의 경우, 가격에서 거의 차이가 나지 않을뿐더러, 주요 고객층의 의도수요가격이 높기 때문에, 외산 고급차가 빠르게 시장을 잠식할 것으로 보이며, 만약 외국기업의 저가형 자동차가 서민층을 공략할 경우, 국내기업은 품질로 승부를 볼 수밖에 없을 것이다.

하지만, 정말 중요한 것은 누구의 상품이 많이 팔리고, 덜 팔리고의 문제가 아니라, 양국의 실물경제를 살려보겠다고 맺은 FTA도 결국 가계가 소비하지 않으면, 아무 소용없는 것이다. 지금은 초반이라, 일부 의도수요 가격대가 큰 소비자의 기대가 크겠지만, 그 효과도 잠시 뿐일 것이라고 생각한다. 왜냐하면, 자동차는 수요충분 재화이기 때문에 특히 대기업은 소수의 의도수요가격이 큰 소비자를 주로 상대를 하면, 결코 살아남을 수 없기 때문이다.

우리는 경제문제를 좀 더 근원적으로 살펴볼 필요가 있다. 지금 미국이나 우리나라나 심각한 가계부채와 빈부격차, 저임금, 비정규직 문제로 몸살을 앓고 있다. 그리고 기업의 재정도 어려운 상황이기에 실질임금이 늘어난다는 전망도 하기 힘들다.

경제는 크게 노동, 생산, 투자, 소비로 나눌 수 있는데, 신자유주의는 이 네 가지 중에서 노동과 소비를 무시했다. 공급만 하면 소비가 될 것이라 생각하고 있는 것이다. 하지만, 노동자를 저임금과 유연화로 착취하는 바람에, 실물경기가 완전히 주저앉아 버렸다.

나는 FTA에 대해서 반대하지 않는다. 왜냐하면 자유무역은 어쩔 수 없는 시대적 흐름이기 때문이다. 하지만 그것도 소비를 하는 사람이 있어야만, 가능한 것 아닌가?

소비가 없으면, 결국 공급도 사라지는 것이며, 이에 따라 자유무역도 별 의미가 없는 것이다.

나는 가계재정이 심각하게 훼손된 상황에서, 자동차나 여러 공산품과 같은 수요충분 재화의 전망을 그리 밝게 보지 않는다.

우리는 지금 FTA를 가지고 의견을 대립할 때가 아니라, 경제 대공황에 대해서 진지하게 생각해 볼 필요가 있는 시기이다.

4. 가계부채

우리나라의 가계부채는 이미 1,000조 원을 돌파했고, 그 증가속도는 가히 폭발적이다. 그리고 가계부채 중 60% 이상이 부동산담보대출로 인한 것이다. 따라서 사람들은 이렇게 이야기들을 한다. "우리나라 가계부채는 건전하다."고 말이다.

하지만 이런 말들은 부재가 소비에 얼마나 큰 악영향을 미치는지를 과소평가한 것이다. 인간은 항상 소비를 결정할 때, 현재 자신이 유용 가능한 자본을 가지고 결정하지, 높은 자산 가치를 보유하고 있는 것과는 거의 관련이 없다.

가령, 주말에 쇼핑을 한다고 가정하자. 100만 원을 쓸 여유가 있는 사람과 10만 원을 쓸 여유가 있는 사람의 소비 형태는 완전히 다를 수 있다.

그리고 한국에는 이런 말이 있지 않은가? "남자는 항상 지갑에 돈이 있어야 한다."고 말이다. 왜 이런 것일까? 여성들이 들으면 기분 상할 지도 모르지만, 지갑에 돈이 있는 남자와 지갑에 돈이 없는 남자의 행동이 다르다는 것이다. 즉, 지갑에 유용할 자본이 많은 남자보다, 지갑에 유용할 자본이 적은 남자는 소비제약에 의해 행동이 크게 위축될 수밖에 없다는 것이다.

따라서 나는 가계가 무엇보다 가용할 돈이 많아야 한다고 생각한다. 왜냐하면, 이것이 소비에 결정적으로 영향을 미치기 때문이다. 가계가 현재 사용할 자금이 없으면, 오늘 먹을 것을 내일 먹고, 오늘 입을 것을 내일 입게 되며, 결국 자본주의는 무너지는 것이다.

따라서 주택담보대출이든 뭐든 간에, 가계가 부채를 가지고 있다는 사실 하나로 소비는 제약을 받게 되며, 결국 그 소비제약에 가장 직접적으로 피해를 보는 경제주체는 바로, 수요충분 재화를 생산하는 기업이다. 그리고 이로 인해, 기업은 매출과 이익이 줄게 되고, 결국 생산비용을 절감하는 유인을 찾게 되고, 그 대상은 종업원이 되는 것이다.

즉, 은행의 무분별한 가계대출이 실물소비를 악화시키고, 기업의 재정을 악화시켜, 결국 노동자들까지 피해를 보게 만드는 것이다. 문제는 이 노동자들의 대부분이 원래 가계대출과 상관없는 사람들이라는 것이다. 즉, 은행의 생산을 무시한 대출이 다수에게 악영향을 미치는 파급효과를 발생시키게 되는 것이다.

그리고 현재 서민의 고금리 대출의 용도가 대부분 생필품을 구입이라는 점도 큰 문제이다. 어쩌면, 이는 당연한 현상으로 가계는 대체로 수요충분 재화를 구입하기 위해서는 부채를 잘 만들지 않기 때문이다. 즉, 이것은 지금의 경제상황이 매우 안 좋다는 것을 방증하는 것이다.

중산층은 무너지고, 수요필요 재화를 소비하는 데 가계부채가 늘어나고, 그 수요필요 재화의 가격은 계속 상승하고, 가계는 낮은 임금을 받으면서, 소득의 대부분을 수요필요 재화에 사용하면, 결국 수요충분 재화를 생산하는 기업은 엄청난 재정적 위기에 빠지게 되는 것이다. 이런식으로 침체의 경제순환은 더욱 깊어지는 것이다.

그럼 가계부채를 해결하는 방법은 없을까?

솔직히 정부가 가계부채를 탕감하는 것이 경제를 살리는 데 가장 효과적이겠지만, 그것은 모든 가계가 정부에 빚을 지고 있는 때나 가능하지, 다른 경제주체가 채권자일 경우, 현실적으로 매우 어려울 것이다.

그리고 이를 해결하는 방안으로 금리인상을 주장하는 목소리도 들리는데, 지금 경제상황에서 금리인상을 하면 절대 안 된다. 만약 금리를 인상하게 되면, 채무자는 더욱 가난해지기 때문에, 오히려 더 큰 실물소비의 감소를 불러일으키게 되고, 더 나아가 서민 대출자는 더욱 높은 금리에 의해 실질 구매력이 떨어지게 되며, 기업의 재정은 더욱 악화되게 된다. 그리고 이자율을 높인다고 해서, 물가가 낮아진다는 보장도 없다.

왜냐하면, 노동착취로 인해 중산층이 무너진 작금의 가계재정으로는 수요필요 재화를 소비하기에도 빠듯하며, 이자율이 올라가든지 내려가든지 간에 수요필요 재화에 대한 소비에는 아무 영향을 받지 않기 때문이다.

즉, 가계재정이 건전해야 그나마 이자율 정책도 통하는 것이다. 따라서 수요충분 재화의 소비를 포기하는 대가로 주어지는 것이 바로 이자율이다.

그리고 오히려 물가는 소비를 줄이거나, 통화량을 감소시키는 것보다, 경제주체의 의지에 의해 결정된다. 예를 들어, 수요충분 재화의 공급가격을 낮추었는데도 불구하고, 가계의 수요충분 재화에 대한 의도수요가격이 매우 낮게 형성되었다면, 기업은 차라리 공급가격을 낮추는 것을 포기하고, 오히려 소수의 소득이 높은 고객이나, 얼리 어답터, 신혼부부들과 같이 구매계획이 있는 사람들을 상대로 판매하는 것이 더 이익이 될 것이며, 물가는 아무런 영향을 받지 않는다.

또한, 수요필요 재화의 공급가격이 상승하게 되면, 대부분 재화의 물가에 영향을 미치게 되며, 시장에서 화폐의 역할이 가치교환의 수단이라 할지라도, 그 수량이 한정되어 있어서, 양이 부족하거나 종류가 다르다면, 실물가치에 영향을 주게 되므로, 환율에 의해서노 물가가 영향을 받게 된다.

또한, 지금과 같이 투기가 심각하고, 그 투기가치로 대출받은 거품통화가 이미 시중에 넘쳐나고 있으며, 또한 가계재정이 악화된 상황에서는 통화량 정책은 무력할 수밖에 없다.

따라서 내가 생각하기에는, 가계부채는 어떤 정부정책으로 해결될 수 있는 문제가 아니라, 투기를 없애고, 가계의 실질소득을 높여, 점진적으로 해결하는 것이 정답이다.

수요필요재화

1. 공급증가 자극

앞에서 수요충분재화를 분석했을 때는, 수요 자극을 위주로 살펴보았고, 이제 수요 필요재화를 분석할 때는 공급 자극을 위주로 살펴보도록 하겠다. 그 이유는 앞에서도 말했지만, 수요충분재화의 경우는 공급자가 수요자의 행동을 우선시해야 하며, 수요 필요재화에서는 수요자가 공급자의 행동을 우선시해야 하기 때문이다.

이제 수요 필요재화 시장에서 공급증가의 경제 자극이 주어진 경우, 경제 주체의 행위에 대해서 살펴보도록 하자.

수요 필요재화에서의 공급증가 자극으로는 크게 두 가지 경우로 나누어 볼 수 있다. 즉, 수요자가 수요 필요재화를 더 요구하기를 원하는 경우와 공급자가 수요자의 의사와 관계없이 생산을 더 많이 하는 경우가 그것이다.

전자의 경우는 수요충분재화를 생산하는 기업이 생산을 더 많이 하기 위해, 수요 필요재화를 더 많이 구입하려는 경우이고, 후자의 경우는 원유 산유국들이 이전보다 생산량을 늘리기로 합의했다든지, 옥수수, 밀, 콩과 같은 곡물의 생산량이 늘어났다든지 하는 경우를 들 수 있다.

먼저, 전자의 경우에 경제 주체의 경제 행위 변화를 가정해 보면, 수
요자가 더 많은 수요를 충족시키기 위해, 공급자가 공급량을 증가시키는
경우로서, 공급자가 이전보다 공급가격을 더 올릴 수도 있고, 아니면 고
정시킬 수도 있다.

하지만 수요 필요재화의 경우 거의 실시간으로 경매를 통해 가격을 결
정하므로, 수요량이 늘어나게 되면, 구매 경쟁이 심하기 때문에 수요가
격은 크게 오를 것이라 쉽게 짐작할 수가 있다. 이 부분에 대해서는 뒤에
서 분석하기로 하고. 우선 여기서는 공급자가 가격을 정하는 경우로 분
석해 보겠다.

그럼, 경제 주체의 행동 변화를 예측해 보면, 의도 수요량이 10에서
12로 증가하고, 의도 수요가격이 20에서 22로 증가하고, 의도 공급가격
이 20에서 25로 증기히고, 의도 공급량이 10에서 12로 승가하여, 결국
실제 수량은 12, 실제 가격은 25에 거래가 되었다고 가정하자. 그리고
수요증가로 인해 최소 공급가격은 10에서 15로 증가하고, 최대 수요가격
은 30에서 40으로 증가했다고 가정하자. 그럼, 이 분석과정을 정리하면
다음과 같다.

수요자 측면		공급자 측면	
의도 수요	22×12=264	의도 매출	25×12=300
실제 수요	25×12=300	실제 매출	25×12=300
수요 확장	300−264=36	매출 실패	0
수요자잉여	−3×12=−36	공급자잉여	300−120=180
자극 전 수요	20×10=200	자극 전 매출	20×10=200
자극 후 수요	25×12=300	자극 후 매출	25×12=300
수요 증가	300−200=100	매출 증가	300−200=100

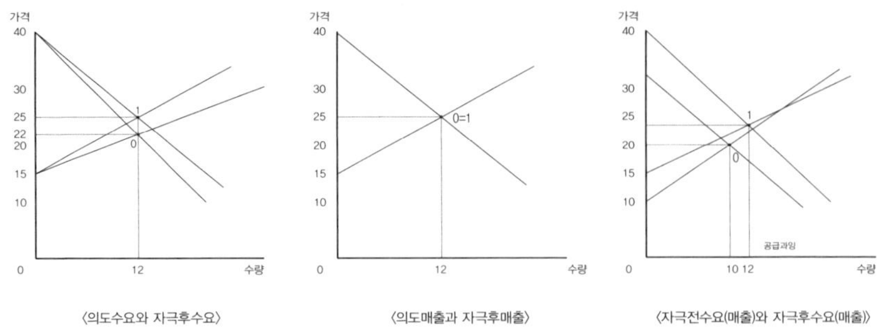

〈의도수요와 자극후수요〉　　〈의도매출과 자극후매출〉　　〈자극전수요(매출)와 자극후수요(매출)〉

이제 후자의 경우를 살펴보자. 후자의 경우는, 수요자의 의도와는 관계없이 공급량이 늘어났을 때를 의미하므로, 전자와 비교하여 경제 주체가 어떤 행위를 하게 되는지 예측해 보자.

수요 필요재화의 공급량이 많아진다면, 과연 공급가격이 급락하게 될까? 여러분은 어떻게 생각하는가? 아무리 수요 필요재화라도, 공급량이 많으면 가격이 급락할 것이라고 생각할 것이다. 그러나 대부분의 수요 필요재화는 생산지역이 한정적이고, 판매 경쟁이 심하지 않다. 또한 가치저장성이 뛰어나 미래수요가 충분히 확보되고, 소비주기가 비교적 짧고 규칙적이기 때문에 가격이 급등하면 급등했지, 급락할 경우는 거의 존재하지 않는다.

만약 가격이 크게 내려가는 경우가 있다면, 그것은 급등했던 수요 필요재화의 가격에 한한다. 즉, 생산량이 많아도 재고로서의 가치가 떨어지지 않기 때문에, 같은 값이면 서로 구입하려고 할 것이며 가격이 떨어질 리는 없다는 것이다. 따라서 생산량이 많다 하더라도 충분한 수요가 있기 때문에, 공급가격은 이전에 급등했던 가격이 아닌 이상, 떨어질 이유가 없다고 보아야 한다. 오히려 생산량이 조금 증가하더라도 공급가격을 조금 올려 이익을 볼 수 있는 재화이다.

이제 경제 주체의 행동을 가정해 보자. 공급량이 10에서 12로 증가했다고 가정했을 때, 의도 수요가격은 20에서 18로 떨어지고, 의노 수요량은 10에서 12로 증가 했다고 하자. 하지만 공급가격을 이전과 변함없이 20으로 고정시켰음에도 불구하고, 결국 실제 수량 12, 실제 가격 20에 거래가 성립되었다고 하자. 이런 가정을 한 이유는 앞에서도 말했듯이, 공급량이 늘어나서 수요자가 의도 수요가격을 낮추었다고 하더라도, 공급자는 굳이 의도 수요가격과 같은 수준으로 거래할 이유가 없는 것이며, 오히려 공급가격을 이전보다 올리지 않은 것만 하더라도, 수요자 입장에서는 그리 나쁜 거래조건이 아니기 때문이다.

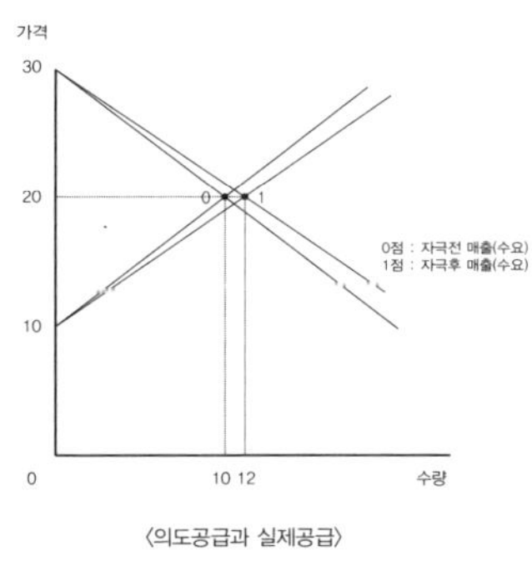

〈의도공급과 실제공급〉

* 수요필요재화의 경우 단지 공급량이 늘어났다고해서 최소공급가격과 최대수요가격이 변하지 않는다.

수요자 측면		공급자 측면	
의도 수요	18×12=216	의도 매출	20×12=240
실제 수요	20×12=240	실제 매출	20×12=240
수요 확장	240−216=24	매출 실패	240−240=0
수요자잉여	−2×12=−24	공급자잉여	240−120=120
자극 전 수요	20×10=200	자극 전 매출	20×10=200
자극 후 수요	20×12=240	자극 후 매출	20×12=240
수요 증가	240−200=40	매출 증가	240−200=40

　수요 필요재화시장에서 공급증가 자극이 주어진 경우, 먼저 전자의 경우에 수요자는 의도 수요가격보다 높은 가격을 주고서라도 수요 필요재화를 구입하게 되어 잉여손실을 얻게 되고, 공급자의 경우, 의도 수요가격보다 높은 공급가격을 책정했음에도 불구하고, 목표한 매출을 달성하고, 큰 이윤을 남기게 된다.

　그리고 현실적인 예를 들어, 요즘 우리나라에서 큰 이슈가 되고 있는 대학등록금 문제를 예로 들어보겠다. 학벌주의가 강한 한국에서 대학등록금은 강한 수요 필요성을 가지고 있다. 따라서 대학등록금이 매우 높은 수준을 유지한다면, 가계재정은 더욱 악화되는 것은 물론, 그로 인해 소비가 감소하여, 수요충분 재화를 생산하는 기업에 직접적으로 큰 타격이 돌아가게 된다. 즉, 높은 수준의 대학등록금이 경제를 침체시키는 요인이 되는 것이다.

　그러면, 대학등록금은 어떻게 가격이 급상승 할 수 있었을까? 그것은 바로 수요필요재화이기 때문이다. 즉, 대학에서 등록금을 아무리 많이 올리더라도, 학생들이 수요해야하는 재화이기 때문이다. 그리고 이런 현상은 선호도와 인지도가 높은 대학에 집중되고 있다. 즉, 학생들이 선호할수록, 대학등록금의 수요 필요성은 더욱 강해지고, 이로 인해 등록금의 인상 폭이 더욱 커지게 되는 것이다.

　또한, 오늘날 한국사회에서 심각하게 대두되고 있는 것이 보편적 복지 문제이다. 지금 많은 국민들은 보편적 복지에 찬성하고 있으나, 작금의 한국의 경제사정을 감안해 볼 때 시기상조가 아닌가 싶다. 왜냐하면, 재원마련을 어떻게 할 것인가가 가장 중요한 관건이며, 결국 조세의 항목을 늘리든지, 아니면 세율을 높여서 대응해야 하는데, 조세 증가는 가계의 가처분 소득을 감소시키고, 기업의 고정비용을 상승시켜, 소비를 감소시키고 물가를 상승시키는 유인으로 작용하기 때문이다. 이는 가뜩이나 침체해 있는 경기를 더욱 침체시키는 결과를 초래하게 된다.

그리고 보편적 복지의 장점이라면, 가계의 수요필요 재화의 소비에 대한 비용을 줄인다는 것인데, 문제는 복지라는 것은 공공성을 요구하기 때문에, 의료나 교육, 급식 등과 같은 분야로 제한되며, 실제로 수요필요 재화의 공급가격이 상승하게 되면, 가계의 재정적 어려움은 여전할 것이다.

따라서 지금은 보편적 복지보다는 선택적 복지를 강화하면서, 일단 경제 시스템을 개혁하는 데 먼저 힘을 쏟아야 할 것 같다.

그리고 다시 본론으로 들어가서 후자의 경우, 수요자는 비록 의도 수요가격보다 공급가격이 높더라도, 늘어난 공급량을 모두 요구하게 되며, 이로 인해 공급자는 큰 이윤을 획득하게 된다. 그리고 수요자의 경우도 비록 잉여 손실을 보게 되었지만, 과거와 같은 가격 수준으로 더 많은 물량을 확보했으므로, 만족한 거래를 했다고 볼 수 있다.

2. 공급감소 자극

앞에서 논의한 공급증가 자극은 경제 전체적으로 수요와 매출의 크기를 늘려, 긍정적인 영향을 많이 주게 된다. 하지만 그와는 정반대로 경제위기와 직결되는 것이 바로 수요 필요재화의 공급감소 자극이다.

우리는 과거 오일쇼크를 통해서 공급자가 생산량을 줄이게 되면, 경제에 어떠한 부정적 파급효과가 일어나는지 잘 알고 있다. 뿐만 아니라, 흉년으로 인해 곡물가가 폭등하는 경우나, 우리나라에서 구제역으로 인해 돼지고기 값이 폭등하는 경우를 많이 보았을 것이다. 즉, 수요 필요재화에 공급감소 자극이 주어지면, 공급가격 폭등으로 이어진다.

따라서 이를 바탕으로 경제 주체들의 행동 변화를 예측해 보면, 공급량이 10에서 7로 감소하였을 때, 의도 공급가격은 20에서 28로 상승하고, 의도 수요량은 10으로 고정되어 있고, 의도 수요가격은 20에서 22로 상승했다고 할 때, 결국 실제 가격은 28, 실제 수량은 7에 거래가 성립되었다고 가정하자. 그리고 최소 공급가격은 10에서 15로 상승하고, 최대 수요가격은 30에서 35로 상승했다고 가정하자.

이 가정을 정리하면 다음과 같다.

수요자 측면		공급자 측면	
의도 수요	22×10=220	의도 매출	28×7=196
실제 수요	28×7=196	실제 매출	28×7=196
수요 실패	220-196=24	매출 실패	0
수요자잉여	-6×7=-42	공급자잉여	196-70=126
자극 전 수요	20×10=200	자극 전 매출	20×10=200
자극 후 수요	28×7=196	자극 후 매출	28×7=196
수요 감소	200-196=4	매출 감소	200-196=4

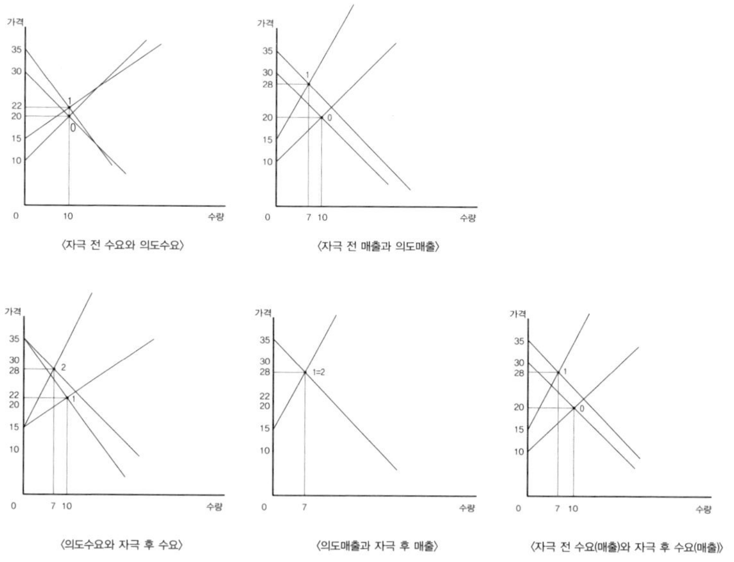

수요 필요재화에 공급감소 자극이 일어나면, 수요자의 경우, 수요 실패와 큰 잉여손실을 보게 되고, 공급자의 경우는, 큰 잉여 이익을 얻게 된다. 하지만 중요한 문제는 이런 현상이 일시적이 아니라 오랫동안 지속된다면, 수요 필요재화를 소비하여 수요충분재화를 생산하는 기업들에게는 생산비용 부담이 크게 늘어나, 제품의 공급가격을 상승시켜야 하는 압력을 받게 된다는 점이다. 그리고 수요충분재화의 공급가격이 상승하게 되면, 판매량이 급감하게 되고, 기업은 엄청난 재고처리 비용의 부담과 큰 매출 실패를 겪게 되어, 차후 생산 계획에 큰 차질이 발생하고, 생산비용을 절감해야 하는 압력을 받게 되는데, 이때 종업원의 임금삭감, 대량해고, 비정규직 확대, 납품단가 인하 등의 행태가 발생하고 또한 이러한 악순환이 되풀이된다.

결국 이런 현상들이 지속되면, 애초에 수요 필요재화를 생산했던 생산국까지 타격을 입게 된다. 따라서 수요 필요재화에 대한 공급감소 자극이 오랜 기간 지속될 경우에는 수요자이든, 공급자이든 모두 큰 피해를 볼 수밖에 없다.

가격 적응이란?

주로 수요 필요재화에서 나타나는 경제 현상으로서, 경제 주체는 가격이 오를 경우, 처음에는 큰 거부감을 느끼지만, 시간이 지날수록, 거부감은 둔화되어, 결국 높은 가격 수준으로 적응하는 현상을 '가격 적응'이라 한다.

즉, 수요 필요재화의 공급감소 자극 등으로 인해 가격이 오를 경우, 그 상승한 가격이 수요자에게 적응되어, 이후에도 큰 거부감 없이 높은 가격 수준으로 유지되는 것을 말한다. 예를 들어, 원유, 육류, 곡물과 같은 재화를 들 수 있다.

가격적응에 대해서 분석하기 위해 다음과 같이 가정할 수 있다.

수요필요 재화에 대해 흉년이나 질병으로 인해 생산량이 감소하는 공급감소 자극이 가해져 가격이 급등하면, 가격적응 현상이 일어나게 된다. 먼저 자극 전의 가정은 앞의 예와 같이 실제가격은 20, 실제수량은 10, 최소공급가격은 10, 최대수요가격은 30, 단위당 생산비용은 10으로 동일하게 가정하도록 하자.

① 초기

수요필요 재화에 대해 공급감소 자극이 주어진 경우, 공급가격이 폭등하게 되면, 수요자 입장에서는 처음엔 큰 거부감을 느끼게 되어 소비를 크게 줄이게 된다.

이에 따라 공급가격이 20에서 30으로 높아졌고, 공급량이 10에서 7로 감소하였으나, 수요자의 큰 거부반응으로 인해 실제가격은 30, 실제수량은 5에서 거래가 성립되었다고 가정하자. 보통 수요 필요성이 약한 재화의 소비가 크게 감소하며, 원유나 금속, 곡물과 같은 수요 필요성이 강한 재화는 가격이 폭등해도 소비를 크게 줄일 수 없다(단, 최소공급가격은 10에서 15로 상승하고, 최대수요가격은 35로 상승하였다고 가정하자. 그리고 단위당 생산비용과 의도수요량과 의도수요가격은 자극 전과 동일하다고 가정하자).

수요자 측면		공급자 측면	
의도 수요	20×10=200	의도 매출	30×7=210
실제 수요	30×5=150	실제 매출	30×5=150
수요 실패	200−150=50	매출 실패	210−150=60
수요자잉여	−10×5=−50	공급자잉여	150−70=80
자극 전 수요	20×10=200	자극 전 매출	20×10=200
자극 후 수요	30×5=150	자극 후 매출	30×5=150
수요 감소	200−150=50	매출 감소	200−150=50

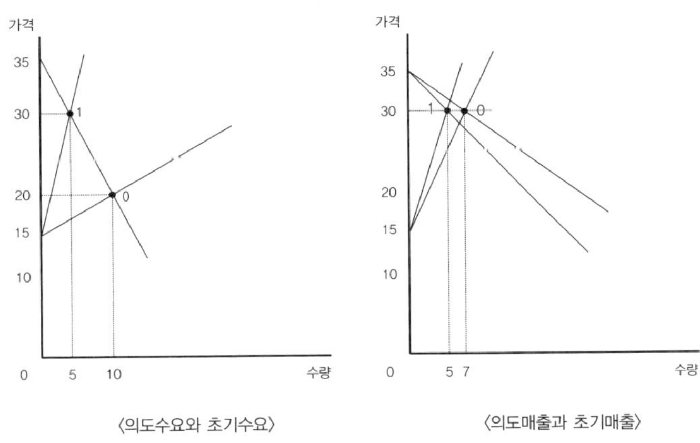

〈의도수요와 초기수요〉 〈의도매출과 초기매출〉

② 중기

처음에는 거부감이 컸으나, 시간이 지나면서 거부감은 점차 해소되기 시작한다. 따라서 중기가 되면, 의도공급가격은 그대로이고, 공급량은 초기의 재고물량(2)과 중기의 공급량(7)을 더한 9가 된다. 그리고 의도수요가격은 거부감이 작아짐에 따라 20에서 25로 상승하고, 의도수요량은 초기에 소비하지 못한 양을 감안하여 12로 가정하자(단위당 생산비용은

12로 증가하고, 최소공급가격은 20, 최대수요가격은 40으로 상승했다고 가정하자). 그리고 실제가격은 30, 실제수량은 9에 거래가 성립되었다고 가정하자.

수요자 측면		공급자 측면	
의도 수요	25×12=300	의도 매출	30×9=270
실제 수요	30×9=270	실제 매출	30×9=270
수요 실패	300−270=30	매출 실패	0
수요자잉여	−5×9=−45	공급자잉여	270−108=162
초기 수요	30×5=150	초기 매출	30×5=150
중기 수요	30×9=270	중기 매출	30×9=270
수요 증가	270−150=120	매출 증가	270−150=120

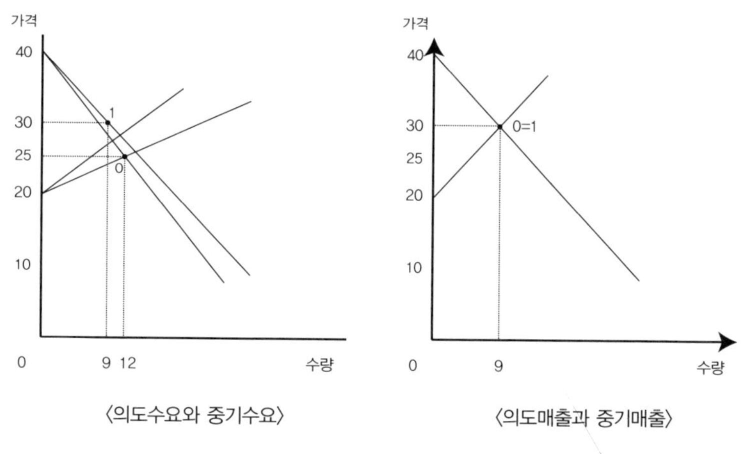

〈의도수요와 중기수요〉　　　〈의도매출과 중기매출〉

③ 후기

후기에는 공급감소 자극이 사라졌음에도 불구하고, 높은 가격이 유지된다. 따라서 공급자는 공급가격을 30에서 35로 증가시키고(중기에 공급가격이 30일 때, 모두 소비가 되었으므로 중기의 공급가격을 유지할 이유가 없다), 공급량은 지극 전 수준으로 돌아왔다. 의도 수요량은 중기에서 요구하지 못한 양을 고려하여 12로 가정하고, 의도수요 가격은 중기와 동일하다고 가정하자.

따라서 실제가격은 35, 실제수량은 10에서 거래가 성립되었다고 한다면, 다음과 같이 나타낼 수 있다(단위당 생산비용은 14로 증가하고, 최소공급가격은 25, 최대수요가격은 45가 되었다고 가정하자).

수요자 측면		공급자 측면	
의도 수요	30×12=360	의도 매출	35×10=350
실제 수요	35×10=350	실제 매출	35×10=350
수요 실패	360−350=10	매출 실패	0
수요자잉여	−5×10=−50	공급자잉여	350−140=210
중기 수요	30×9=270	중기 매출	30×9=270
후기 수요	35×10=350	후기 매출	35×10=350
수요 증가	350−270=80	매출 증가	350−270=80

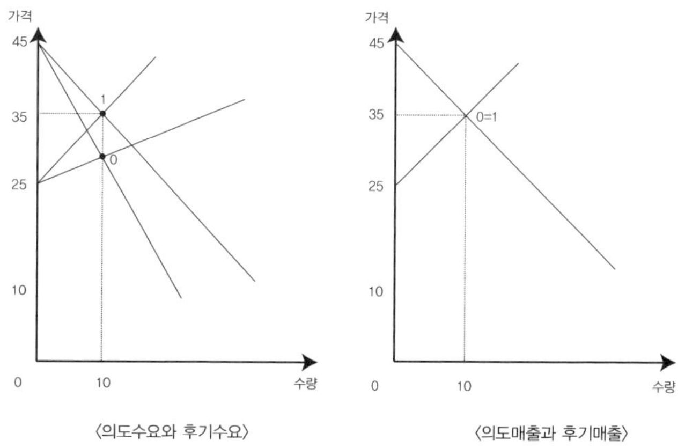

〈의도수요와 후기수요〉　〈의도매출과 후기매출〉

3. 민영화

나는 수요필요성이 강한 재화에 대해서 민영화하는 것에는 회의적이다. 왜냐하면, 이 재화들은 민영화가 되어, 공급가격이 상승할 경우, 가계나 기업에게 엄청난 재정적 부담을 주기 때문이다.

예를 들어 의료, 교통, 수도, 전기, 가스, 석유등의 재화의 공급가격이 민영화로 인해 상승하게 되면, 가계는 가격이 오른 수요필요재화로 인해, 수요충분재화의 소비를 줄이게 된다. 또한 가계의 수요충분재화에 대한 소비감소는 기업의 의도이윤과 의도매출에 악영향을 미쳐, 큰 재정적 위기에 처하게 되고, 기업은 생산비용을 감소시키기 위해, 임금을 삭감하고, 고용을 줄이는 방법으로 대응하게 된다. 또한 수요필요재화의 공급가격상승은 이를 원료로 하는 다른 재화의 공급가격까지 상승시키기 때문에, 경기를 더욱더 침체시키게 된다.

나는 자본주의는 주어진 자본으로 최대의 생산과 소비를 창출하는 것이라 생각한다. 따라서 최대의 생산과 소비의 걸림돌이 되는 논리와 제도는 모두 잘못되었다고 생각한다. 즉, 노동과 소비를 무시하는 신자유주의는 가장 반자본주의적인 시장 논리이다.

이는 자본주의 시장경제를 더욱 신속하게 무너뜨리고 있으며, 결국 신자유주의로 인해 모든 경제주체는 다시 대공황을 겪게 될 것이다. 자본주의는 자본을 관리하고 통제하는데서 최대의 생산성을 창출하는 것이지, 무분별하게 자본을 확장하고, 가치를 만들고 결정하는 것은 자본주의 경제 상태가 아니라, 홉스가 말하는 무질서한 약육강식의 '만인의 만인에 대한 투쟁 상태' 일 뿐이다.

그리고 민영화를 주장하는 사람들은 국유화는 무조건 비효율적이라고 말을 한다. 하지만 그것도 재화의 특성마다 다른 것이다. 수요필요재화는 효율 따위를 따지는 재화가 아니라, 관리와 통제를 해야 하는 재화이다. 그리고 수요필요재화를 민영화로 바꿔, 공급가격이 올라가면 더 큰 비효율을 초래한다. 따라서 비록 민영화를 한다 하더라도 정부가 가격통제를 엄격하게 한다면 모르지만, 그게 아니라면 심각한 경제문제를 일으키게 된다.

앞에서도 말했지만, 수요충분재화의 가격이 올라가는 것과 수요필요재화의 가격이 올라가는 것은, 사회경제적으로 미치는 파급효과 자체가 틀리다.

왜냐하면, 수요충분재화는 비싸다면 안사면 그만이지만, 수요필요재화는 비싸도 소비해야 하기 때문이다. 이런 것들이 쌓여, 지금 자본주의 시장 경제체제가 몰락의 길을 걷고 있는 것이다. 앞에서 언급한 대학등록금문제도 학교기 마음대로 가격을 올리게 해서는 안 되며, 반드시 통제를 가하여야 한다.

04

담합 시장

가격담합

1. 수요충분재화

나는 재화시장은 크게 두 가지 시장, 즉 담합이 없는 시장과 담합이 있는 시장으로 나뉜다고 생각한다. 현실적으로 재화시장에서 나타날 수 있는 형태는 주류경제학이 분류하고 있는 완전경쟁, 독과점이 아니라, 담합을 하느냐, 아니면 담합을 하지 않느냐로 나뉜다고 보기 때문이다. 그리고 담합은 공급가격 담합, 공급량을 담합, 공급가격과 공급량 모두에 대한 담합으로 분류할 수 있다고 생각한다.

가격담합이란 공급자가 수요자의 경제 행위와 상관없이, 공급가격을 의도 수요가격보다 상승시키는 행위를 의미한다. 즉, 수요자의 수요량에 구애받지 않고, 공급자들이 자신의 상품 가격을 의도 수요가격보다 높은 수준에 고정시키는 경제행위로서, 가격담합이 이루어지면 수요직선은 고정된 공급가격 수준에서 수평이 된다.

그러면, 먼저 수요충분재화의 경우, 공급자가 가격담합을 실행에 옮기면, 어떠한 경제 현상이 일어나는지 알아보자(담합 전 수요공급 직선에 대한 가정은 편의상 제3장의 가정대로 사용하겠다).

　　이어서 각 경제 주체들의 경제 행위의 변화를 가정해보겠다. 공급자들이 공급가격을 수요와 관계없이 25로 상승시키는 가격담합을 실행했을 경우, 공급량은 10, 수요량도 10, 수요가격은 20으로 변함이 없다고 한다면, 결국 수요충분재화의 경우, 공급가격이 수요가격보다 높을 경우, 수요량이 크게 감소하게 되므로, 실제 가격은 25, 실제 수량은 5로 감소한다고 가정할 수 있다.

　　이제 이 경제 행위의 가정을 정리하면 다음과 같다.

수요자 측면		공급자 측면	
의도 수요	20×10=200	의도 매출	25×10=250
실제 수요	25×5=125	실제 매출	25×5=125
수요 실패	200−125=75	매출 실패	250−125=125
수요자잉여	−5×5=−25	공급자잉여	125−150=−25
담합 전 수요	20×10=200	담합 전 매출	20×10=200
담합 후 수요	25×5=125	담합 후 매출	25×5=125
수요 감소	200−125=75	매출 감소	200−125=75

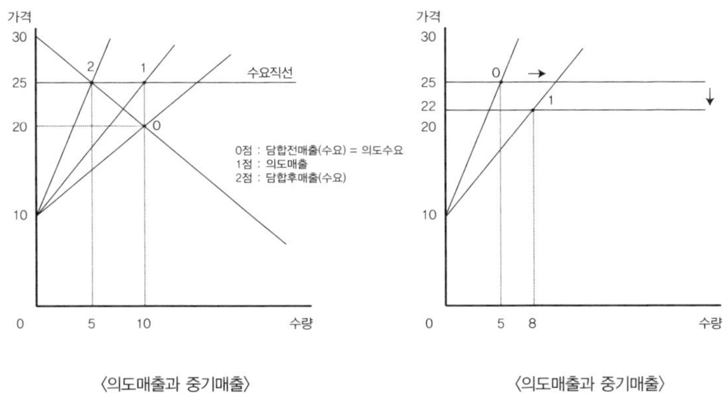

〈의도매출과 중기매출〉　　　　〈의도매출과 중기매출〉

＊ 만약 25에서 판매가 저조할 경우, 가격을 좀 더 내려서 담합을 하면 아래와 같을 것이다.

수요충분재화의 경우, 공급자가 가격담합을 통해 공급가격을 상승시키게 되면, 수요자의 수요량이 크게 감소하여, 수요자의 경우, 큰 수요 실패와 잉여 손실을 입게 되고, 공급자의 경우에도 큰 매출 실패와 잉여 손실을 입게 된다.

따라서 공급자가 수요충분재화에 대해서 가격담합을 실행하게 되면, 사회 전체적으로 물가만 상승하고 수요량은 줄어들어 수요자나 공급자 모두 큰 피해를 볼 뿐만 아니라, 소비를 감소시켜 경기 침체의 원인이 된다.

2. 수요 필요재화

수요 필요재화의 경우, 공급자가 공급가격을 담합하게 되면, 어떠한 경제적 결과가 나타나는지 예측해 보자.

만약 공급자가 공급가격을 20에서 25로 담합하고, 나머지는 자극 전과 모두 동일하다면, 즉 공급량 10, 수요가격 20, 수요량 10에서, 결국 실제 수량 10, 실제 가격 25에 거래가 성립되었다면, 다음과 같이 정리할 수 있다.

수요자 측면		공급자 측면	
의도 수요	20×10=200	의도 매출	25×10=250
실제 수요	25×10=250	실제 매출	25×10=250
수요 실패	250−200=50	매출 실패	0
수요자잉여	−5×10=−50	공급자잉여	250−100=150
담합 전 수요	20×10=200	담합 전 매출	20×10=200
담합 후 수요	25×10=250	담합 후 매출	25×10=250
수요 증가	250−200=50	매출 증가	250−200=50

수요 필요재화의 경우, 공급자가 공급가격을 담합하게 되면, 수요자의 경우, 큰 잉여 손실을 입게 되고, 공급자는 큰 잉여이익를 얻게 된다. 그리고 사회 전체적으로 수요량은 그대로이나 물가만 상승하게 되어, 가계의 재정은 더욱 악화되고, 소비감소로 인한 경기침체는 더욱 심각해진다.

또한, 수요 필요재화의 공급가격이 상승할 경우, 그 자체로도 물가상승의 요인이 될 뿐더러, 그것을 재료나 부품으로 하는 수요충분재화의 공급가격까지 상승시켜, 사회 전체적으로 물가상승의 부담은 더욱 커지게 된다.

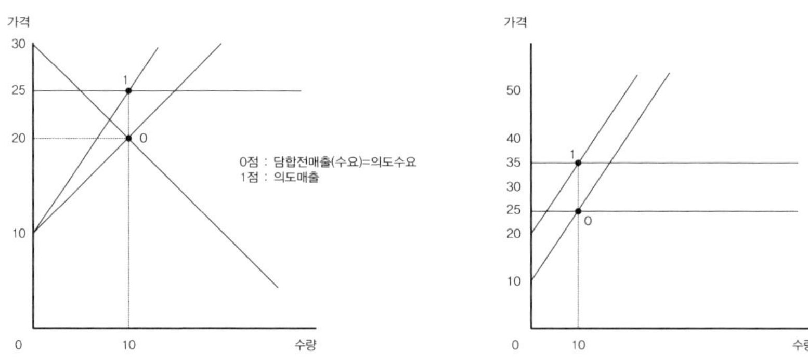

* 만약 좀 더 이윤을 얻고 싶다면, 공급가격을 높여 담합을 할 것이다.

생산담합

1. 수요충분재화

생산담합이란, 수요자의 수요가격과 상관없이, 공급자가 공급량을 감소시키거나 올리는 담합행위를 말한다. 따라서 공급직선은 담합한 공급량에서 수직이 된다(현실적으로 수요충분재화에 대한 생산담합은 실행하기도 불가능할 뿐더러, 실행한다 하더라도 공급자에게 이익이 되지 않기 때문에 사실상 논의의 필요성은 없다고 본다). 보통 공급자가 공급량을 담합하는 행위는 공급량을 감소시켜, 상품의 가격을 높게 받기 위해 실행하게 된다. 따라서 공급량을 감소시키는 경우만을 살펴보기로 하자.

만약, 수요충분재화를 생산하는 기업이 공급량을 10에서 8로 감소시키는 생산담합을 하고, 공급가격을 20에서 25로 올렸다면, 어떠한 경제적 결과가 발생하는지 알아보자. 물론 수요자의 수요량과 수요가격은 10과 20으로 고정인 상태이고, 결국 실제 가격은 25, 실제 수량은 5에서 거래가 성립되었다고 가정한다면, 다음과 같이 나타낼 수 있다.

수요자 측면		공급자 측면	
의도 수요	20×10=200	의도 매출	25×8=200
실제 수요	25×5=125	실제 매출	25×5=125
수요 실패	200−125=75	매출 실패	200−125=75
수요자잉여	−5×5=−25	공급자잉여	125−120=5
담합 전 수요	20×10=200	담합 전 매출	20×10=200
담합 후 수요	25×5=125	담합 후 매출	25×5=125
수요 감소	200−125=75	매출 감소	200−125=75

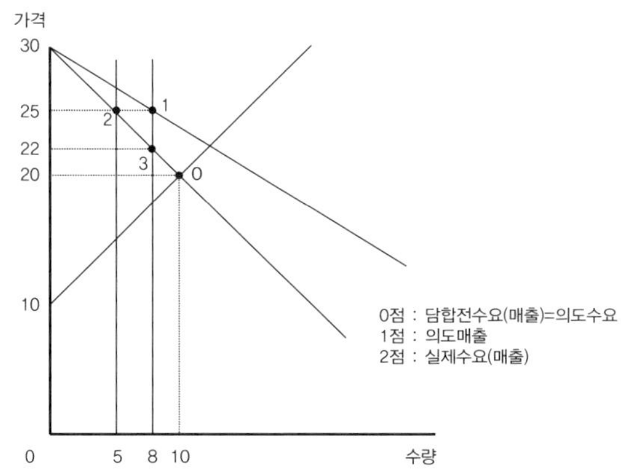

* 만약 의도공급량을 모두 처분하기 위해서는 공급가격을 22로 낮출 수밖에 없다. 따라서 수
 요충분재화를 생산하는 공급자가 생산담합을 하는 것은 의미가 없다고 보아야 하며, 오히려
 큰 손실을 보게 된다.

수요충분재화의 경우, 공급자가 생산담합을 하게 되면, 수요자의 경우 잉여 손실과 수요 실패가 발생하고, 공급자의 경우에는 위의 분석 가정 상 약간의 이윤을 얻었지만(사실 앞에서 논의한 가격담합 때보다. 공급 과잉이 작기 때

문이며, 담합 전보다 잉여기 그게 줄었으므로 좋은 상황이 아니다), 큰 매출 실패를 얻게
되며, 사회 전체적으로도 매출과 수요가 크게 감소하여 물가만 상승시켜
경기를 침체시킨다.

2. 수요 필요재화

수요 필요재화를 생산하는 공급자가 공급량을 줄이는 담합을 하는 경
우, 어떠한 경제적 결과가 나타나는지 살펴보자.

수요 필요재화의 경우는 보통 공급가격이 경매방식을 통해 결정되므
로, 공급가격을 담합할 필요까지는 없으나, 담합한다 하더라도 충분히
담합가격을 받을 수 있다. 여기서 경매방식으로 가격을 결정하는 수요
필요재화의 경우, 재화는 구매 경쟁이 강하기 때문에, 공급자가 담합가
격을 정하는 것 보다는 구매자들의 경매시장에서의 투기 심리를 기대하
는 것이 훨씬 이익이 될 수 있다.

예를 들어, 과거 오일 쇼크의 경우, 원유 산유국들이 공급량을 줄임으
로써 가격이 단기간에 폭등한 사례를 보면 알 것이다.

따라서 이번에는 가격을 정하는 경우와 경매를 통한 거래방식을 간략
히 살펴보도록 하겠다. 수요 필요재화의 생산담합시 경제 주체들의 행위
를 가정해 보면, 공급자가 공급량을 10에서 8로 줄이는 생산담합을 한
후, 공급가격을 20에서 25로 올렸을 경우, 결국 실제 가격은 25, 실제
수량은 8에 거래가 성립되었다고 할 때 다음과 같이 나타낼 수 있다.

	수요자 측면		공급자 측면
의도 수요	20×10=200	의도 매출	25×8=200
실제 수요	25×8=200	실제 매출	25×8=200

수요 실패	0	매출 실패	0
수요자잉여	−5×8=−40	공급자잉여	200−80=120
담합 전 수요	20×10=200	담합 전 매출	20×10=200
담합 후 수요	25×8=200	담합 후 매출	25×8=200
수요 증가	0	매출 증가	0

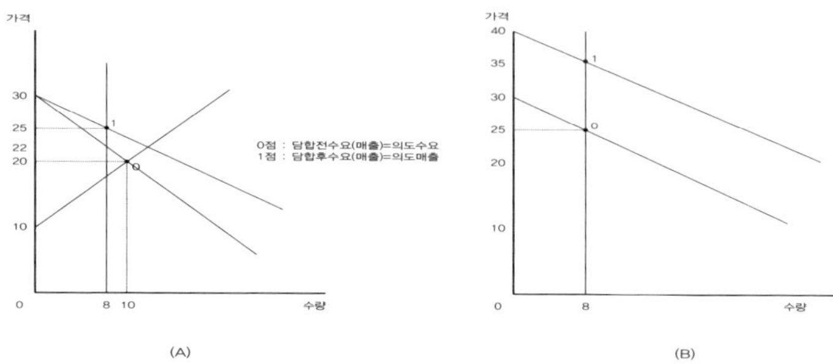

(A) 만약 가격을 정하지 않고, 경매 방식으로 거래를 했다면 다음과 같이 예상할 수 있다.

(B) 수요필요재화를 공급하는 공급자는 공급량을 줄이는 담합을 했을 경우, 경매시장에서의 구매 경쟁으로 인해 수요가격은 크게 상승하게 된다.

수요 필요재화의 경우, 생산담합을 하게 되면, 수요자의 경우에는 큰 잉여 손실이 발생하게 되고, 공급자의 경우에는 큰 잉여 이익을 얻게 된다. 그리고 공급가격을 굳이 정하는 것보다는 경매를 통해, 수요자의 구매경쟁을 통한 투기 심리에 의해서 공급자는 더욱 큰 이익을 얻게 된다는 것도 알 수 있었다.

하지만, 공급자의 이익이 커지면 커질수록 수요자의 잉여 손실도 커지기 때문에, 결국 이와 같은 현상이 지속될 경우, 수요자의 재정이 악화되어 수요국의 물가상승에 따른 경기침체가 일어나게 되며, 이로 인해 수요 필요재화의 수요량도 감소하게 되어, 공급자에게도 피해가 가게 된다.

완전담합

1. 수요충분재화

완전담합은 앞에서 언급한 가격담합과 생산담합을 합친 경제 행위로서, 공급자가 수요자의 경제 행위와는 상관없이, 공급가격과 공급량을 자유롭게 정하는 담합행위를 의미한다. 따라서 수요직선은 수평, 공급직선은 수직이 되며, 최대 수요가격과 최소 공급가격이라는 의미가 적용되지 않는다.

그럼, 먼저 수요충분재화의 경우, 공급자가 수요를 무시하는 완전담합을 실행했을 경우에 대해서 살펴보자.

만약, 공급자가 공급량을 10에서 8로 감소시키고, 공급가격을 20에서 25로 증가시키는 완전담합을 했을 경우, 결국 실제 가격은 25, 실제 수량은 5가 성립될 것이라고 가정할 수 있으며, 다음과 같이 나타낼 수 있다.

수요자 측면		공급자 측면	
의도 수요	20×10=200	의도 매출	25×8=200
실제 수요	25×5=125	실제 매출	25×5=125
수요 실패	200−125=75	매출 실패	200−125=75
수요자잉여	−5×5=−25	공급자잉여	125−120=5
담합 전 수요	20×10=200	담합 전 매출	20×10=200
담합 후 수요	25×5=125	담합 후 매출	25×5=125
수요 감소	200−125=75	매출 감소	200−125=75

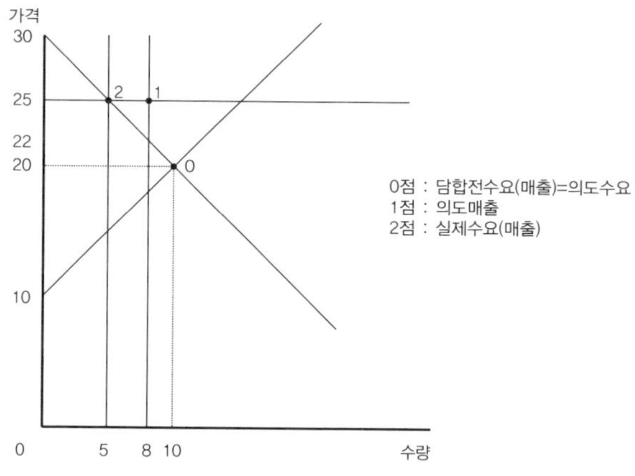

수요충분재화의 경우에, 완전담합을 하게 되면, 사회 전체적으로 수요 (매출)가 감소하고 수요자의 경우, 큰 수요 실패와 잉여 손실을 보게 된다. 또한 공급자의 경우도, 큰 매출 실패에 직면하게 되며, 큰 잉여 손실을 입게 된다.

따라서 현실적으로 앞에서 논의한 생산담합과 같이 완전담합은 수요 충분재화를 생산하는 공급자에게는 발생하지 않으며, 만약 발생하더라 도 금방 와해되어 버린다.

2. 수요 필요재화

수요 필요재화의 경우 공급가격을 올리고 공급량을 줄이는 경우는 이익을 크게 남길 것이라는 걸 쉽게 짐작할 수 있다. 하지만 만약 공급량을 늘리고 공급가격을 올리는 완전담합을 할 경우, 과연 어떻게 예상할 수 있겠는가?

앞에서 계속 가정하기를, 수요 필요재화도 분석의 편의를 위해 자극 전이나 담합 전과 같은 경우, 실제 수량을 기준으로 판단했지만, 수요 필요재화의 경우, 대부분 의도 수요량이 공급량보다 크다고 볼 수 있다. 즉, 현실적으로 실제 수량이 10이라도 의도 수요량은 그것보다 많은 재화가 수요 필요재화인 것이다.

따라서 지금 분석하려는 공급량을 늘리고 공급가격을 올리는 완전담합의 경우도 가장 중요한 것은 의도 수요량인 것이다.

이제 공급자가 완전담합을 실행했을 때를 가정하여, 경제 행위를 예상해 보겠다. 공급자가 공급량을 10에서 12로 늘리고, 공급가격을 20에서 25로 상승시키는 완전담합을 했을 경우, 의도 수요량이 15이고, 수요가격이 20이라면, 결국 실제 수량 12, 실제 가격 25에 거래가 성립되게 된다.

수요자 측면		공급자 측면	
의도 수요	20×15=30	의도 매출	25×12=300
실제 수요	25×12=30	실제 매출	25×12=300
수요 실패	0	매출 실패	0
수요자잉여	−5×12=−60	공급자잉여	300−120=180
담합 전 수요	20×10=200	담합 전 매출	20×10=200
담합 후 수요	25×12=300	담합 후 매출	25×12=300
수요 증가	300−200=100	매출 증가	300−200=100

수요 필요재화의 경우, 완전 담합이 일어나게 되면, 사회 전체적으로 수요(매출)가 증가하게 되지만, 물가상승으로 인해, 수요자의 경우 큰 잉여 손실을 입게 된다. 그리고 공급자의 경우, 의도한 매출을 달성하는 동시에 큰 잉여 이익을 얻게 된다.

하지만 수요 필요재화를 생산하는 공급자가 완전담합을 하게 되면, 큰 이익을 보게 되나, 정말 명심해야 할 것은 목전의 이익에 눈이 어두워 불공정한 경제 행위를 해서는 안 된다는 것이다.

이제까지 수요충분재화와 수요 필요재화의 담합에 대한 분석해 보았다. 수요충분재화의 경우, 공급자가 단기 수익을 추구하는 행동을 할 때, 수요자는 물론 자신 또한 엄청난 피해를 보게 되며, 수요 필요재화의 경우, 공급자가 단기수익을 추구하기 위해 담합행위를 하면, 큰 이익을 얻을 수 있으나 그로 인해 수요자는 큰 잉여 손실을 입게 되고, 결국 수요자의 재정이 악화되면서, 수요 필요재화에 대한 소비가 감소하게 되어, 자신도 큰 피해를 입게 된다.

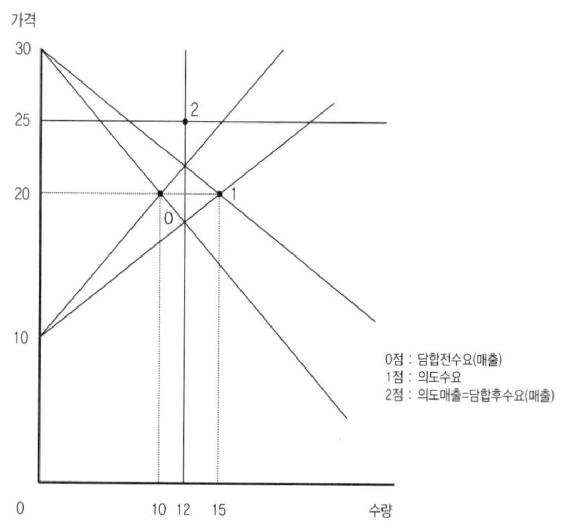

05

노동 시장

착취적 노동시장

1. 노동수요 증가 자극

나는 노동시장을 착취적 노동시장과 생산적 노동시장으로 분류한다.

먼저, 착취적 노동시장이란, 오늘날과 같이 저임금, 고실업 상태의 노동시장을 의미하며, 큰 임금격차, 낮은 평균임금 수준, 심각한 실업률 등으로 인해 대략적으로 노동에 대한 의도 수요량보다 의도 공급량이 많아, 낮은 수요가격으로도 의도 수요량을 달성할 수 있는 노동시장을 의미한다.

이제, 이 착취적 노동시장에서 노동수요 증가 자극이 주어졌을 경우, 경제 주체의 행동은 어떻게 이루어지는지 살펴보도록 하자(분석의 편의를 위해, 수요공급 직선에 대한 가정은 앞에서 논의한 재화시장과 동일하게 하고 평균임금과 격차를 고려하여, 최소 공급가격은 착취적 노동시장에서는 10으로, 생산적 노동시장에서는 15로 가정하자).

만약에 착취적 노동시장에서 노동수요 증가 자극이 주어졌을 경우, 의도 노동수요량이 10에서 12로 증가하고, 의도 노동수요 가격은 20에서 22로 증가하고, 의도 노동공급량은 10에서 15로 증가하고, 의도 노동공급 가격은 20에서 25로 증가했다고 가정하여, 결국 실제 고용량은 12,

실제 임금은 22에서 결정이 되었다면, 왜 이런 경제 주체의 행동 변화가 일어났겠는가(고실업, 저임금의 노동시장에서는 수요증가자극이 주어지더라도, 최대 수요가격과 최소 공급가격이 크게 올라가지 않기 때문에 최대 수요가격은 30에서 32로 증가하였고, 최소 공급가격은 10에서 12로 상승했다고 가정하자).

그 이유는 바로, 저임금, 고실업 상태에서는 노동 수요량이 증가했을 때, 노동 공급가격과 노동 공급량은 크게 증가하지만, 노동 수요량과 노동 수요가격은 대체로 그 수준보다 낮게 증가하기 때문이다. 즉, 임금이 낮고 실업자가 많은 착취적 노동시장에서는 수요자 입장에서 굳이 높은 수요가격을 제시할 필요가 없다는 것이다. 이 분석 과정의 결과를 나타내면 다음과 같다.

수요자 측면		공급자 측면	
의도 수요	22×12=264	의도 매출	25×15=375
실제 수요	22×12=264	실제 매출	22×12=264
수요 실패	0	공급 실패	375−264=111
수요자잉여	0	공급자잉여	−3×12=−36
자극 전 수요	20×10=200	자극 전 매출	20×10=200
자극 후 수요	22×12=2	자극 후 공급	22×12=264
수요 증가	264−200=64	공급 증가	264−200=64

그러나 노동 수요증가 자극에도 불구하고, 수요자가 의도 수요가격을 이전 수준과 똑같이 고정시켰을 경우 의도 수요량이 10에서 12로 증가하고, 의도 수요가격은 20으로 변함없으며 의도 공급량은 10에서 14로 증가하고, 의도 공급가격은 20에서 25로 증가했다고 가정할 때, 결국 실제 고용량은 12가 되고 실제 임금은 20이 성립되었다면, 다음과 같이 나타낼 수 있다.

수요자 측면		공급자 측면	
의도 수요	20×12=240	의도 매출	25×14=350
실제 수요	20×12=240	실제 매출	20×12=240
수요 실패	0	공급 실패	350−240=110
수요자잉여	0	공급자잉여	−5×12=−60
자극 전 수요	20×10=200	자극 전 매출	20×10=200
자극 후 수요	20×12=240	자극 후 공급	20×12=240
수요 증가	240−200=40	공급 증가	240−200=40

만약, 노동수요 증가 자극에도 불구하고, 수요자가 의도 수요가격을 이전보다 하락시켰을 경우 의도 수요량이 10에서 12, 의도 수요가격은 20에서 18로 하락하였으며, 의도 공급량은 10에서 12로 증가하고, 의도 공급가격은 20에서 25로 증가한다고 가정하여, 결국 실제 고용량 12, 실제 임금 18에 고용이 결정되었다면, 다음과 같이 정리할 수 있다(고실업 저임금 상태이므로 빈부격차도 크고 평균임금보다 임금 수준이 낮아도 충분한 노동력이 확보되기 때문에 의도 수요량은 달성하게 된다).

수요자 측면		공급자 측면	
의도 수요	18×12=216	의도 매출	25×12=300
실제 수요	18×12=216	실제 매출	18×12=216
수요 실패	0	공급 실패	300−216=84
수요자잉여	0	공급자잉여	−7×12=−84
자극 전 수요	20×10=200	자극 전 매출	20×10=200
자극 후 수요	18×12=216	자극 후 공급	18×12=216
수요 증가	216−200=16	공급 증가	216−200=16

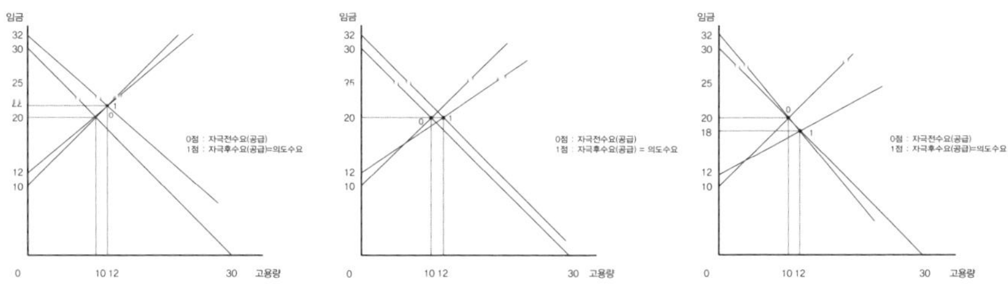

　저임금, 고실업의 착취적 노동시장의 경우, 노동수요 증가 자극이 주어진 경우, 수요자는 낮은 수요가격으로도 의도한 수요량을 달성할 수 있지만, 공급자의 경우, 큰 공급 실패와 잉여 손실을 보게 된다. 그리고 임금 수준이 낮을수록 잉여 손실이 더욱 늘어나게 된다. 하지만 사회 전체적으로 수요(공급)증가가 발생하게 되어, 소비를 더욱 증가시키게 된다. 그리고 의도수요 가격이 높을수록, 보다 많은 수요(공급)가 발생하여, 경기를 더욱 활성화시킬 수 있다. 따라서 착취적 노동시장에서 노동수요증가 자극이 발생하는 것만으로도 경제에 도움이 된다고 볼 수 있다.

상대적 박탈감이란?

빈부격차가 큰 사회에서는, 노동자는 상대적 박탈감에 의해 자신의 의도공급가격보다 낮은 수준의 수요가격을 제시하는 기업에는 노동력을 공급하고자 하지 않는다. 특히 교육에 많은 비용을 지출하였다든지, 과거 임금수준이 높아 높은 삶의 질을 누렸거나, 그런 삶을 추구하는 사람이 많을 수록 상대적 박탈감은 더욱 심하게 나타난다. 특히 중.소기업의 경우, 회사 재정상태가 좋지 않아 직업 안정성이 낮고, 높은 수요가격을 제시하지 못할 경우, 자국민을 고용하지 못하고 의도공급가격이 낮은 외국인 노동자를 주로 고용하게 된다.

이로인해, 자국 실업률은 더욱 상승하게 되고, 의도공급가격이 높은(특히 고비용을 교육에 지출한)많은 사람들이 일자리를 자발적으로 포기하게 된다. 따라서 이를 대략적으로 수치화해서 나타내보면 다음과 같다.

만약 높은 공급가격을 의도하는 노동자의 경제행위를 의도공급가격 25, 의도공급량 15라고 가정하고 이에 반해 재정상태가 좋지 않은 기업의 수요가격을 20, 의도 수요량을 12라고 한다면, 결국 실제 임금 20, 실제 노동량 5에 고용이 성립되게 되고, 나머지 수요부족량은 의도공급가격이 낮은 외국인 노동자를 고용하게 된다.

2. 노동수요 감소자극

착취적 노동시장의 경우, 노동수요가 감소하는 자극이 발생하게 되면, 다음과 같이 예측해 볼 수 있다. 노동수요 감소자극으로 인해 수요량이 10에서 8로 감소하고, 수요가격이 20에서 18로 하락하더라도, 의도 공급량은 10에서 12로 늘어날 것이며, 의도 공급가격은 20에서 25로 증가할 것이다. 결국 실제 임금은 18, 실제 고용량은 8이 될 것이라고 예상할 수 있다. 이것을 정리하면 다음과 같다.

수요자 측면		공급자 측면	
의도 수요	18×8=144	의도 매출	25×12=300
실제 수요	18×8=144	실제 매출	18×8=144
수요 실패	0	공급 실패	300−144=156
수요자잉여	0	공급자잉여	−7×8=−56
자극 전 수요	20×10=200	자극 전 매출	20×10=200
자극 후 수요	18×8=144	자극 후 공급	18×8=144
수요 증가	200−144=56	공급 증가	200−144=56

　착취적 노동시장에서 노동수요 감소자극이 일어날 경우, 수요자의 경우는 의도한 임금 수준과 고용 수준을 달성하지만, 공급자의 경우 큰 공급 실패와 잉여 손실을 입게 된다. 그리고 사회 전체적으로 노동수요(공급)가 감소하여, 경기를 침체시키는 작용을 하게 된다.

생산적 노동시장

1. 노동수요 증가자극

생산적 노동시장이란 고임금, 저실업 상태의 노동시장으로서 평균임금 수준이 높고, 임금 격차가 작으며, 실업률이 낮은 시장을 말한다. 또한 의도 수요량이 의도 공급량보다 많고, 수요가격이 공급가격보다 낮을 경우, 의도 수요량을 달성하기 힘든 노동시장을 의미한다. 그러면, 생산적 노동시장에서 노동수요 증가 자극이 주어졌을 경우, 경제 주체의 행위의 변화를 가정해 보도록 하자.

노동 수요량이 10에서 12로 증가하고, 노동 공급가격이 20에서 25로 증가하고, 노동 수요가격은 20에서 22로 증가하고, 노동 공급량이 10으로 변화가 없고 실제 임금은 22, 실제 고용량은 7에서 고용이 성립되었다고 가정하자.

그러면 왜 이런 결과가 나오는 것일까? 고임금, 저실업의 생산적 노동시장에서는 공급자의 경우, 수요가격이 의도 공급가격보다 낮을 경우, 자신이 원하는 임금 수준의 일자리가 많으므로 굳이 취업할 이유가 없기 때문이다. 위 가정을 정리하면 다음과 같다(최대 수요가격은 30에서 35로, 최소 공급가격은 15에서 20으로 상승했다고 가정하자).

수요자 측면		공급자 측면	
의도 수요	22×12=264	의도 매출	25×10=250
실제 수요	22×7=154	실제 매출	22×7=154
수요 실패	264−154=110	공급 실패	250−154=96
수요자잉여	0	공급자잉여	−3×7=−21
자극 전 수요	20×10=200	자극 전 매출	20×10=200
자극 후 수요	22×7=154	자극 후 공급	22×7=154
수요 증가	200−14=46	공급 증가	200−154=46

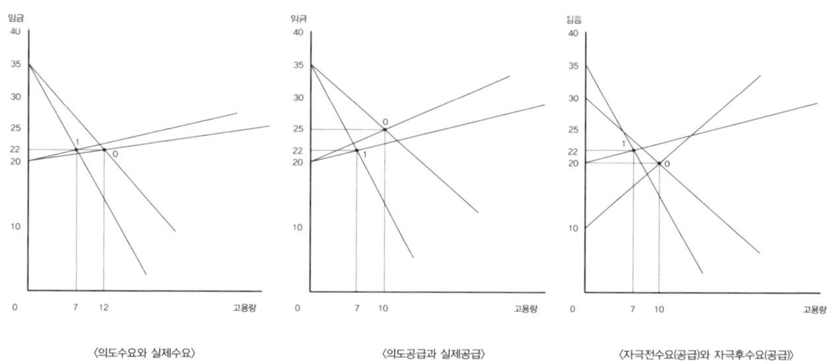

　　생산적 노동시장에서 수요증가 자극이 주어졌을 때, 수요자는 공급가격보다 낮은 수요가격을 책정했을 경우, 큰 수요 실패를 얻게 되고, 공급자는 공급 실패와 잉여 손실을 입게 된다. 또한 사회 전체적으로 수요와 공급이 감소하여 경기를 침체시킨다.

　　그리고 무엇보다도 중요한 것은 수요자의 수요 실패가 매우 크다는 것이다. 앞에서 논의했던 재화시장에서는 공급자의 매출 실패가 차후 의도한 생산 계획에 막대한 차질을 초래한다고 하여, 매우 경계해야 한다고 말한 적이 있었다. 그리고 지금 노동시장에서는 기업에게 의도 수요량 부족의 노동수요 실패가 일어날 경우에 재화시장에서의 매출 실패와 더불어, 기업의 의도 생산계획에 큰 차질을 빚게 된다.

따라서 이와 같은 피해를 막기 위해서는 수요자가 생산적 노동시장에서 공급자의 공급가격을 제대로 파악해야할 필요가 있다.

2. 노동수요 감소자극

생산적 노동시장에서 노동수요를 감소시키는 자극이 주어진 경우, 다음과 같이 예측해 볼 수 있다. 만약 노동수요 감소자극으로 인해 수요자는 수요량을 10에서 8로 감소시키고, 수요가격을 20에서 18로 내렸으며, 공급자는 공급가격과 공급량을 각각 20과 10으로 고정시켰다면 결국 실제 임금은 18, 실제 고용량은 5에서 고용이 성립될 것이라 가정할 수 있다.

수요자 측면		공급자 측면	
의도 수요	18×8=144	의도 공급	20×10=200
실제 수요	18×5=90	실제 공급	18×5=90
수요 실패	144−90=54	공급 실패	200−90=110
수요자잉여	0	공급자잉여	−2×5=−10
자극 전 수요	20×10=200	자극 전 공급	20×10=200
자극 후 수요	18×5=90	자극 후 공급	18×5=90
수요 증가	200−90=110	공급 감소	200−90=110

생산적 노동시장에서 수요 감소자극이 주어진 경우, 수요자가 수요가격을 공급가격보다 감소시켰을 경우, 수요량 감소로 인해 큰 수요 실패를 겪게 되고, 공급자도 큰 공급 실패와 잉여 손실을 보게 된다. 그리고 사회 전체적으로 노동에 대한 수요와 공급이 크게 감소하여, 소비와 생산을 위축시킴으로써 경제위기가 발생하게 된다.

따라서 이와 같은 피해를 막기 위해서는 노동수요 감소자극이 주어진다 하더라도, 생산적 노동시장에서는 수요자가 함부로 노동수요 가격을 내려서는 안 된다.

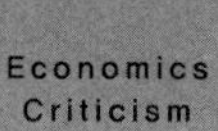

최저임금제와 노동유연화

1. 최저임금제

앞에서는 노동시장별로 경제 주체의 행동을 중심으로 분석하였으나, 이번에는 제도를 바탕으로 분석해 보도록 하자.

현재, 임금과 고용에 관련된 시스템으로서 대표적인 것이 바로 최저임금제와 노동유연화 시스템이다.

최저임금제는 말 그대로, 임금의 하한선을 그어, 그 이하로 임금을 책정하는 것을 금지시키는 시스템이고, 노동유연화는 대표적인 신자유주의 경제논리를 대변하는 시스템으로서, 기업은 주주의 이익을 위해 행동해야 하며, 수익성 향상을 위해 생산비용을 절감하는 방법으로 기업에게 임금 책정과 고용과 해고에 대한 재량을 확대하는 의미를 가지고 있다. 그럼, 이런 시스템들이 실제 우리 사회에 끼친 영향이 무엇인지 살펴보도록 하자.

먼저, 최저임금제에 대해서 살펴보면, 최저임금을 어느 수준으로 정하느냐가 가장 중요한 문제일 것이다. 따라서 최저임금이 평균임금과 격차가 크냐, 크지 않느냐에 따라 어떠한 경제적 결과가 나타나는지 살펴보도록 하자.

1) 낮은 수준의 최저임금제(착취적 최저임금제)

먼저 임금 수준이 낮아 최저임금이 평균임금과 격차가 큰 경우에 대해서 살펴보겠다. 만약 생산적 노동시장에서 평균임금과 격차가 큰 최저임금제가 시행되면, 어떠한 경제적 결과가 나타나는지 알아보자.

① 시스템 정착 초기

먼저 시스템 정착 초기에는, 기업은 낮은 임금으로 인한 공급량의 감소를 염려하여 수요가격을 크게 낮추지는 않는다. 그리고 이전보다 임금 수준이 하락했으므로 수요량을 늘리고자 할 것이다. 그럼 다음과 같이 예상할 수 있다.

수요가격은 20에서 18로 감소하고, 수요량은 10에서 12로 증가하며, 공급가격은 20, 공급량은 10으로 각각 변함없다고 할 때, 결국 실제 고용량이 8, 실제 임금이 18이 성립된다고 가정하자(최대 수요가격은 30에서 28로 조금 하락했고, 최소 공급가격은 15로 변함없다고 가정하자).

수요자 측면		공급자 측면	
의도 수요	18×12=216	의도 공급	20×10=200
실제 수요	18×8=144	실제 공급	18×8=144
수요 실패	216−144=72	공급 실패	200−144=56
수요자잉여	0	공급자잉여	−2×8=−16
제도 전 수요	20×10=200	제도 전 공급	20×10=200
제도 후 수요	18×8=144	제도 후 공급	18×8=144
수요 감소	200−144=56	공급 감소	200−144=56

따라서 수요자의 경우, 큰 수요 실패를 겪게 되고, 공급자의 경우 잉여 손실과 공급실패를 겪게 된다. 이로 인해, 가계 재정은 악화되고, 특히 임금 수준이 낮아져 수요충분재화에 대한 소비가 감소하고, 기업 또한 큰 수요 실패로 인해 향후 생산계획에 큰 차질을 초래하게 되고, 수요충분재화에 대한 소비감소로 인해 생산비용을 절감해야 하는 유인이 커지므로, 이전보다 최저임금제를 더 적극적으로 활용하기 시작한다.

〈시행초기〉

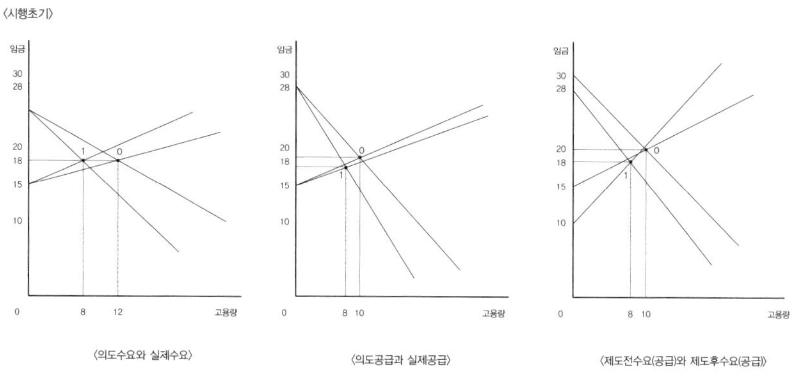

② 시스템 정착기

시스템 정착기가 되면, 기업은 악화된 재정을 회복하기 위해 이전보다 수요가격을 더 낮추고 수요량을 감소시키며, 가계의 경우 이전의 임금수준보다 낮더라도, 재정악화를 극복하기 위해 시스템 초기의 실제임금 수준에서 만족하고 공급량을 다시 늘린다.

즉, 수요가격은 18에서 15로 하락하고, 수요량은 8에서 6으로 감소하며, 공급가격은 20에서 18로 하락하고, 공급량은 8에서 12로 증가하여, 결국 실제 임금은 15, 실제 고용량은 6이 성립되었다고 가정하자(최대 수요가격은 28에서 25로 감소하고, 최소 공급가격은 15에서 13으로 감소했다고 가정하자).

수요자 측면		공급자 측면	
의도 수요	15×6=90	의도 공급	18×12=216
실제 수요	15×6=90	실제 공급	15×6=90
수요 실패	0	공급 실패	216−90=126
수요자잉여	0	공급자잉여	−3×6=−18
정착 초기 수요	18×8=144	정착 초기 공급	18×8=144
정착기 수요	15×6=90	정착기 공급	15×6=90
수요 감소	144−90=54	공급 감소	144−90=54

따라서 시스템 정착기에 들어서면, 공급자의 경우 큰 공급 실패와 잉여 손실을 보게 되고, 이전보다 더 낮은 임금 수준으로 인해 수요충분재화에 대한 수요가 더욱 감소하여, 기업의 재정은 더욱 악화되고, 이로 인해 임금 수준을 더욱 낮추고, 수요량을 더욱 감소시키게 된다.

〈시스템정착기〉

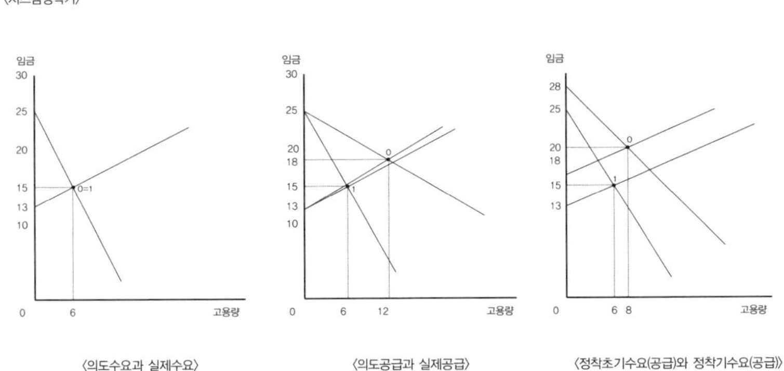

③ 시스템 활성기

시스템 활성기가 되면, 기업은 악화된 재정을 회복하기 위해, 이전보다 수요가격과 수요량을 더욱 낮추게 된다. 그리고 가계는 재정악화로 인해 낮은 임금 수준에 승복하고, 이제까지 부족했던 공급량을 모두 쏟는다.

즉, 수요가격은 15에서 12로 감소하고, 수요량도 6에서 5로 낮아지고, 공급가격은 18에서 15로 낮아지고, 공급량은 8에서 16으로 상승하게 되어, 결국 실제 임금은 12가 되고 실제 고용량은 5가 성립하게 된다(최대 수요가격은 25에서 20으로 낮아지고, 최소 공급가격은 13에서 10으로 낮아졌다고 가정하자).

수요자 측면		공급자 측면	
의도 수요	12×5=60	의도 공급	15×16=240
실제 수요	12×5=60	실제 공급	12×5=60
수요 실패	0	공급 실패	240−60=180
수요자잉여	0	공급자잉여	−3×5=−15
정착기 수요	15×6=90	정착기 공급	15×6=90
활성기 수요	12×5=60	정착기 공급	12×5=60
수요 감소	90−60=30	공급 감소	90−60=30

위의 분석을 정리하면, 평균임금과 격차가 큰 최저임금제를 시행할 경우, 제도 정착초기에는, 기업이 노동자의 반대를 염려하여, 소극적인 행동을 하지만, 노동자의 재정이 악화되고 수요충분재화에 대한 소비가 감소하면 기업은 최저임금제를 그 이전보다 더 적극적으로 활용하기 시작한다. 그리고 이런 악순환이 계속되면서, 결국 착취적 최저임금제로 인해 생산적 노동시장은 착취적 노동시장으로 변하게 된다.

따라서 평균임금과 격차가 큰 낮은 수준의 최저 임금제는 멀쩡한 경제

사회도 피폐하게 만든다.

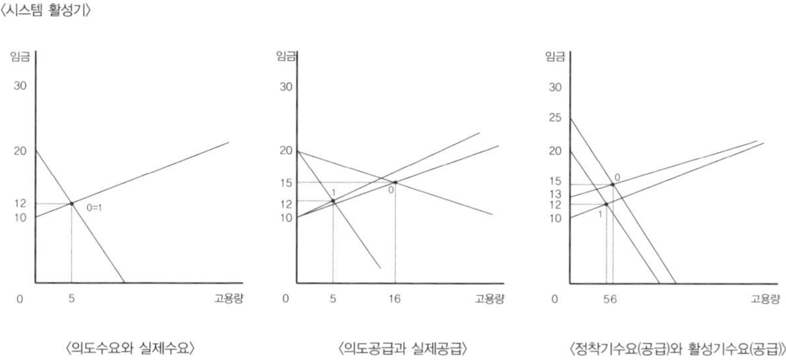

2) 높은 수준의 최저임금제(생산적 최저임금제)

① 시스템 정착 초기

만약 평균 임금과 격차가 작은, 높은 수준의 최저임금제가 착취적 노동시장에 실행된다면, 어떠한 경제적 현상이 나타날지 예상해 보자. 먼저, 시스템 정착 초기에 높은 수준의 최저임금제가 시행되면, 수요자의 수요가격이 크게 오르게 된다. 이에 수요자는 큰 불만을 가지게 되며, 이로 인해 수요량을 줄여 버린다.

즉, 공급가격이 20에서 25로 상승하고, 공급량이 10에서 15로 증가하지만, 수요가격은 20, 수요량은 10으로 각각 변함이 없다고 가정하자. 따라서 결국 실제 임금 25, 실제 고용량 8이 성립되었다면, 다음과 같이 나타낼 수 있다(최대 수요가격은 30에서 35로 증가하고, 최소 공급가격은 10에서 15로 증가했다고 가정하자).

수요자 측면		공급자 측면	
의도 수요	20×10=200	의도 공급	25×15=375
실제 수요	25×8=200	실제 공급	25×8=200
수요 실패	0	공급 실패	375−200=175
수요자잉여	−5×8=−40	공급자잉여	0
제도 전 수요	20×10=200	제도 전 공급	20×10=200
정착 초기 수요	25×8=200	정착 초기 공급	25×8=200
수요 감소	0	공급 감소	0

제도 정착 초기에는 수요자의 반발로 수요자와 공급자 모두 피해를 보게 되지만, 높은 수준의 최저임금제 시행으로 인해 점차 수요충분재화에 대한 수요가 높아지게 된다(실제 임금 20 사회보다는, 실제 임금 25 사회가 임금 수준이 높으므로, 수요충분재화에 대한 수요가 더 높아질 것이다). 이로 인해, 수요충분재화를 생산하는 기업의 재정이 점차 좋아지게 되고, 원래의 수요량을 회복하게 된다.

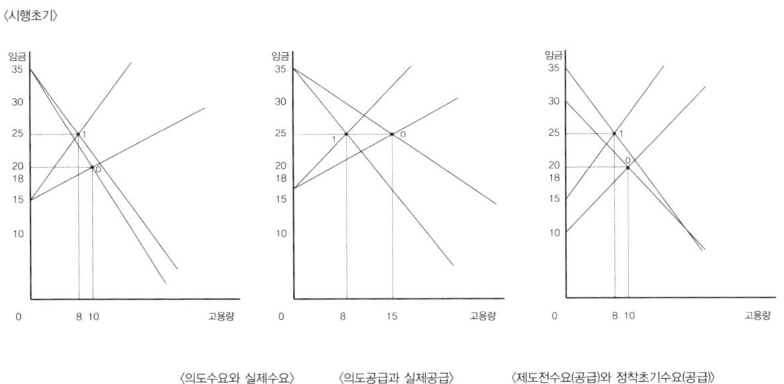

〈의도수요와 실제수요〉   〈의도공급과 실제공급〉   〈제도전수요(공급)와 정착초기수요(공급)〉

② 시스템 정착기

시스템 정착기는 다음과 같이 예상할 수 있다. 공급가격은 25로 변함이 없다고 가정하고, 공급량은 8에서 15로 증가하고, 수요가격은 20에서 25로 상승했으며, 수요량은 8에서 10으로 늘어났을 때, 결국 실제 임금은 25가 되고 실제 노동량은 10이 되었다고 가정하자(최대 수요가격은 35 그대로이고, 최소 공급가격은 15에서 20으로 상승했다고 가정하자).

수요자 측면		공급자 측면	
의도 수요	25×10=250	의도 공급	25×15=375
실제 수요	25×10=250	실제 공급	25×10=250
수요 실패	0	공급 실패	375−250=125
수요자잉여	0	공급자잉여	0
정착 초기 수요	25×8=200	정착 초기 공급	25×8=200
정착기 수요	25×10=250	정착기 공급	25×10=250
수요 증가	250−200=50	공급 증가	250−200=50

따라서 정착 초기보다 수요와 공급이 증가하고, 수요자잉여 손실도 없어지며, 공급 실패도 줄어들었다. 그리고 가계의 재정이 좋아지면서 수요충분재화에 대한 수요가 많아지고, 기업의 재무적 상황도 호전되면서, 더 많은 고용을 하게 되고, 더 높은 임금을 지급하게 된다.

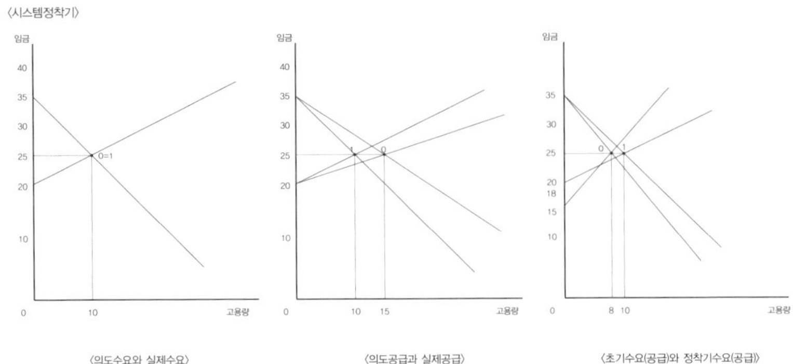

③ 시스템 활성기

높은 수준의 최저임금제가 활성기에 접어들면, 다음과 같이 예상해 볼 수 있다.

공급가격은 25에서 30으로 증가하고, 공급량은 10에서 15로 증가하며, 수요가격은 25에서 28로 상승하고, 수요량은 10에서 12로 증가한다고 할 때, 결국 실제임금 28, 실제 고용량 12가 성립되었다고 가정하자 (최소 공급가격은 20에서 25로 증가하고, 최대 수요가격은 35에서 40으로 상승했다고 가정하자).

수요자 측면		공급자 측면	
의도 수요	28×12=336	의도 공급	30×15=450
실제 수요	28×12=336	실제 공급	28×12=336
수요 실패	0	공급 실패	450−336=114
수요자잉여	0	공급자잉여	−2×12=−24
정착기 수요	25×10=250	정착기 공급	25×10=250
활성기 수요	28×12=336	활성기 공급	28×12=336
수요 증가	336−250=86	공급 증가	336−250=86

따라서 정착기보다 더욱 좋은 경제 상황이 되며, 이런 현상이 계속 지속되면, 가계의 소득과 소비는 더욱 증가하고, 기업의 생산력 또한 더욱 좋아져, 결국 실업률이 낮고, 임금 수준이 높은 생산적 노동시장이 형성된다.

〈시스템 활성기〉

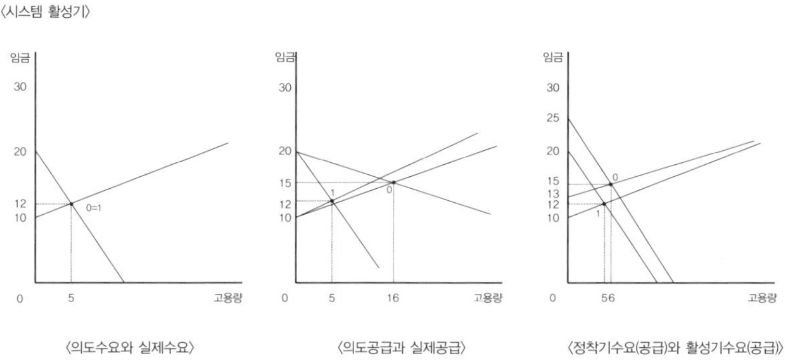

2. 노동유연화 시스템

노동유연화란 기업에게 고용과 해고, 근로시간, 임금 수준 등 노동 관련 경제 행위에 대한 재량을 확대해 주는 개념이다. 즉, 기업은 이윤 확보나 비용절감을 위해 자유롭게 근로자들을 고용, 해고할 수 있으며, 임금조정이나 근로시간 등을 자유롭게 운영할 수 있다.

그럼, 과연 착취적 노동시장에서 노동유연화 시스템이 경제적으로 어떠한 현상을 발생시키는지에 대해서 살펴보자.

노동유연화 시스템을 작용되면, 기업은 기존의 임금 수준을 낮추려 할 것이고, 높은 임금 수준으로 고용되어 있던 정규직 위주의 노동자를 해고하여, 낮은 임금으로 비교적 해고가 자유로운 비정규직 노동자들을 고용하려 할 것이다. 또한 이전보다 고용을 줄이고, 소수의 인원으로 초과근무를 할당하여, 비용을 절감하고, 이윤을 극대화하려 할 것이다.

따라서 이런 현상들을 대략 수치로 나타내보면, 노동유연화 정책들로 인해 노동수요가격은 20에서 15로, 수요량은 10에서 8로 감소하고, 공급가격은 20, 공급량은 10으로 변함이 없다고 했을 때, 결국 실제 임금은 15, 실제 고용량은 8이 성립되게 된다. 그리고 최대 수요가격은 30에서 25로 감소하고, 최소 공급가격은 10으로 변함이 없다고 가정하자.

수요자 측면		공급자 측면	
의도 수요	15×8=120	의도 공급	20×10=200
실제 수요	15×8=120	실제 공급	15×8=120
수요 실패	0	공급 실패	200−120=80
수요자잉여	0	공급자잉여	−5×8=−40
제도 전 수요	20×10=200	제도 전 공급	20×10=200
제도 후 수요	15×8=120	제도 후 공급	15×8=120
수요 감소	200−120=80	공급 감소	200−120=80

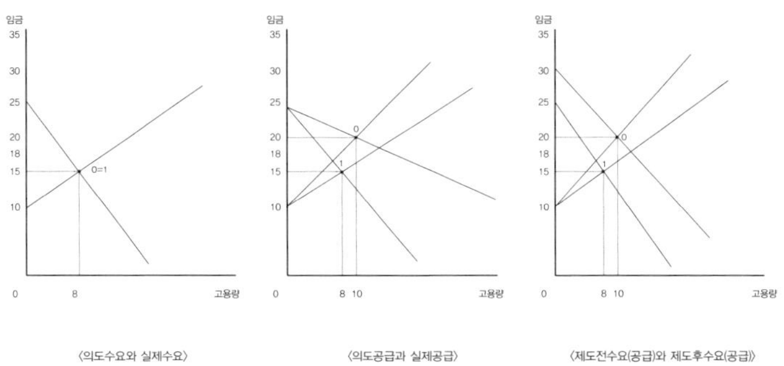

노동유연화 정책이 실행되게 되면, 사회 전체적으로 노동수요와 공급이 크게 감소하고 공급자 입장에서는 큰 잉여 손실이 발생하게 된다. 그리고 노동유연화 정책은 주로 재정 상태가 안 좋은 기업들이 생산비용

을 더 절감하기 위해 노동자를 착취하는 시스템으로서, 결국 오늘날과 같이 소득격차가 심하고, 저임금에 고용이 불안정한 경제 상황으로 만든 주역이다. 이로 인해 노동자들은 저임금, 고 노동에 시달리고 있으며, 소비감소로 인해 결국 기업들도 큰 피해를 입고 있다.

따라서 지금은 한 시간 노동할 때가 아니라, 한 시간 소비할 때이다. 생산된 재화가 제때, 제값에 소비되지 않는다면, 노동의 대가도 낮아지고, 기업도 큰 피해를 보게 되는 것이다.

아울러 나는 아무리 생각해봐도 주주 자본주의, 노동유연화로 대변되는 신자유주의 경제노선을 이해할 수가 없다. 노동자를 착취해서, 자신들의 이익을 추구하면 된다는 식의 논리가 타당한 것인가?

'부'라는 것은 그 가치를 인정해 주는 자가 있을 때나 가능한 것이다. 중산층이 무너지고, 빈부격차가 심해져, 결국 자본주의가 무너지는 날에는 아무런 의미가 없다.

그리고 자본주의가 가장 경계해야 할 것이 바로 자본의 집중이다. 왜냐하면, 자본이 집중되게 되면, 그 막대한 자본을 실물소비와 투자와 생산에 사용하기에는 한계가 있어, 투기적으로 활용될 가능성이 크기 때문이다.

그리고 과연 상위 10%에게 대부분의 자본이 몰려 있는 것이 합리적인 자본주의라 할 수 있는가? 봉건 농노제를 극복하고, 자본주의 시장경제를 했건만, 지금은 도리어 자본의 노예가 되어, 예전의 농노제 사회로 회귀하고 있다.

06

투자 시장

투자와 생산

1. 투기의 의미

우리는 대중매체를 통해 거품이라는 말을 많이 접하고 있다. 그러나 거품이 무엇인지에 대해서는 구체적으로 알려진 바가 없다. 단지 주식시장이나 부동산시장에 거품이 끼어 있다는 정도로만 알고 있을 뿐이다.

나는 거품이란 '투자와 생산의 관계를 통해, 자산 가치가 실물생산 가치를 넘었을 때'를 의미한다고 생각한다. 예를 들어, 실물생산가치가 1,000억 원인 자산에 자본이 투입되어, 1조 원의 자산 가치를 형성했다면, 9,000억 원의 거품이 형성된 것이라 볼 수 있다.

따라서 나는 투자시장에서 투자는 자산에서 실물생산 가치를 이끌어내는 것이고, 투기는 자산의 실물생산 가치를 넘어 가치거품을 만드는 것이라 생각한다. 즉, 자산의 실물생산 가치를 넘는 투자 행위는 투기인 것이며, 투기는 생산성을 증가시키는 것이 아니라, 거품을 키우는 투자 행위인 것이다.

따라서 경제 주체의 투자 행위에서 투기의 비중이 클 경우, 생산성은 투기가 존재하지 않던 상태보다 낮을 수밖에 없는 것이다. 왜냐하면 경제 전체의 소득은 결국 소비와 투자로 쓰이게 되며, 만약 투기가 존재하지 않는다면, 그 투기의 크기만큼 소비나 다른 생산적인 투자에 쓰일 수 있기 때문이다.

따라서 투자에서 투기의 비중이 늘어나면 늘어날수록 경제거품은 커지고 생산성은 악화될 것이다.

2. 투자시장의 유형

1) 생산경제 투자시장

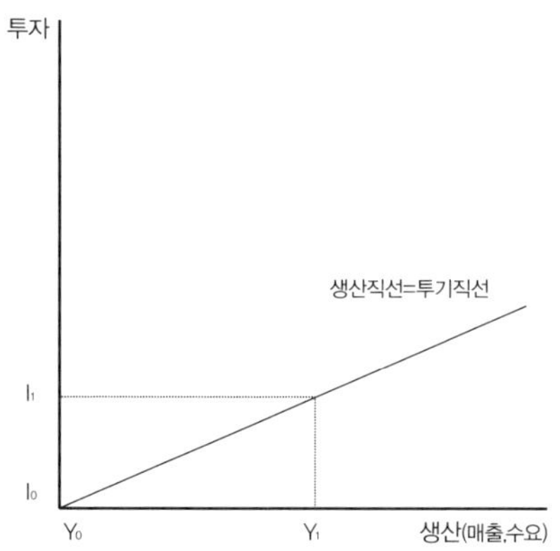

생산경제 투자시장이란 투자 행위에서 투기가 없는 투자시장의 상태를 의미하는 것이다. 위의 그래프는 바로 투자와 생산과의 관계를 나타낸 것으로 생산직선과 투기직선으로 이루어져 있다. 그리고 생산직선은 투자가 생산에 미치는 효과를 의미하는 것이다. 만약 투기가 없는 생산경제 상태에서 투자자본이 투입되면, 그 투입된 자본이 모두 실제 실물생산에 활용된다는 의미이다.

2) 투기 경고 투자시장

만약 투기가 없던 생산경제 상태에서 투기가 발생한다면, 투자시장은 투기 경고 상태에 접어들게 된다. 논의에 앞서 투기직선에 대해 설명하자면, 투기직선은 투기가 존재하면 생산직선보다 시계 반대방향에 위치하게 된다. 왜냐하면 투기직선은 바로 그 투자시장 상황에서 실제 발생하는 생산의 크기를 나타내주는 직선으로서, 투기직선이 존재하게 되면, 생산에 악영향을 미치기 때문이다. 즉, 생산직선 상에서 달성할 수 있는 생산을 투기가 존재함으로써 달성할 수 없게 된다.

따라서 투기 경고 상태에서 I_2만큼의 투자를 증가시켜, Y_1의 생산량을 달성하고자 하였다면, 투기직선에 의해 Y_2의 생산을 달성하여, 생산 실패를 일으키게 된다.

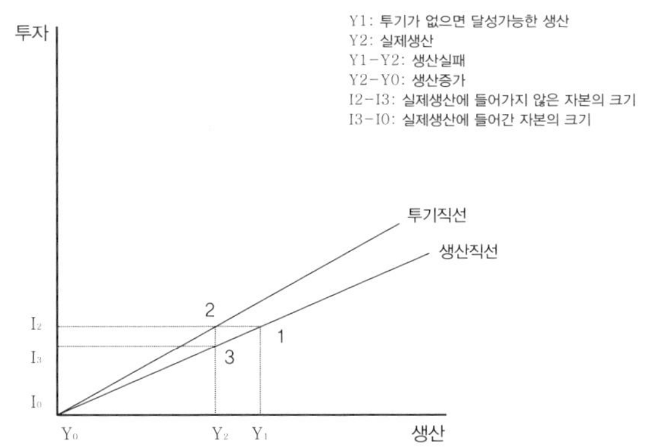

3) 투기 심각 투자시장

앞의 투기 경고 상태에서 투기가 더욱 심각해지면, 투기직선의 기울기는 더욱 가파라지고, 더 큰 생산 실패와 가치 거품을 발생시키게 된다.

나는 제1장에서 한계 소비성향과 투자 승수에 대해서 비판한 적이 있었다. 그 이유는 바로 이 세 가지 그래프가 잘 보여준다. 다음 부분에서 설명하겠지만, 생산경제 → 투기 경고 → 투기 심각 상태로 갈수록, 빈부 격차도 심하고, 임금 수준도 낮아지며, 저축이 줄어들기 때문에, 한계 소비성향은 더 커지게 되고, 투자 승수도 커지게 된다. 즉, 경기가 침체될수록 투자 승수가 높아지는, 말도 안 되는 논리가 생기게 된다. 따라서 내가 수학에서 벗어나야 한다는 것을 주장하는 이유도 투기라는 질적인 측면을 다루지 못하면, 경제 현상을 제대로 설명할 수 없기 때문이다.

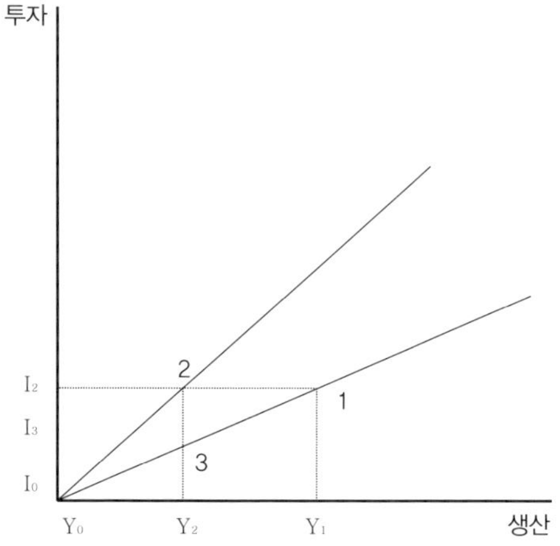

각 투자시장의 분석

1. 생산경제 투자시장

생산경제 투자시장에서는 위에서 말한 것처럼 투기가 없기 때문에, 투자가 증가하면 기업의 자본력이 향상되어 의도한 생산계획을 실행하기 위해 시설을 확충하고, 고용을 늘리게 된다. 그리고 기업이 수요가격을 고려하여 공급가격을 책정한 재화를 판매한다면, 의도 매출과 의도 이윤을 달성하게 된다. 또한 기업의 실적이 좋아짐에 따라 주가도 올라갈 뿐더러 고용이 늘어나고 임금이 상승하여 가계의 소득이 늘어나 수요 충분채재화에 대한 소비가 증가하는 식으로 순환하게 된다.

그러나 이런 선순환이 지속되기 위해서는 세 가지의 조건이 있다. 첫째는, 기업이 수요를 고려하여 공급가격을 책정해야 한다는 것이다. 앞에서도 말했지만, 이자율을 아무리 낮추고, 투자를 아무리 증가시켜도 단기수익에 눈이 멀어, 가격 책정을 잘못하면 아무 소용이 없는 것이다. 즉, 기업이 수요충분재화에 대한 이윤극대화 행위을 하라는 것이다. 수요를 제대로 파악하지 않고, 단기수익을 위해 처음부터 높은 가격을 책정하면, 이윤극대화는 실패하는 것이다. 둘째는 고용을 늘리고 임금 수준을 높여야 하는 것이다. 가격을 아무리 낮게 책정하더라도, 수요자가 비싸게 인식하면 소비가 되지 않는 것이다. 다시 한 번 말하지만, 기업 재정이 어렵다고 임금을 함부로 낮추어서는 안되며 정부는 최대한 지원을 해야 한다.

마지막은 투자 자본이 집중되게 해서는 안 된다는 것이다. 투기로 인해 자본이 소수의 대기업에 집중되면, 수많은 중소기업의 재정과 생산성이 악화되고, 이는 바로 가계 소득에 큰 악영향을 미치므로, 결국 대기업마저도 소비감소로 인해 직접적으로 큰 곤경에 처하게 된다.

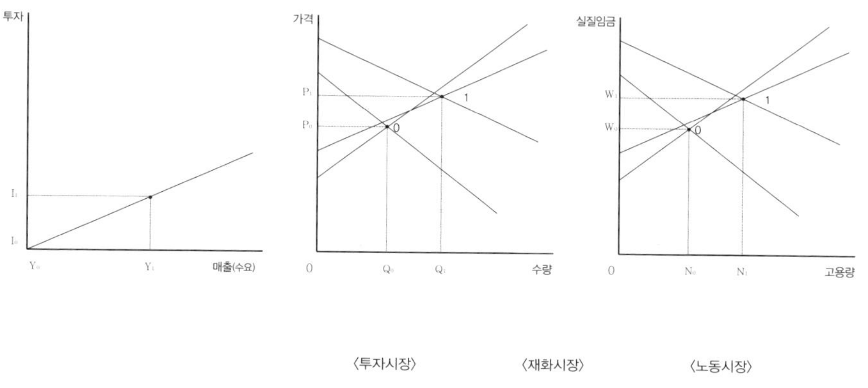

2. 투기 경고 투자시장

만약 생산경제에서 기업이 수요를 무시한 공급가격 책정이나, 고용과 실질임금을 늘리지 않았을 경우, 아니면 투자 자본이 소수의 기업에 집중되었다면, 투기 경고 상태로 변하게 된다.

투기 경고 상태에서는 정부는 경기침체를 막기 위해 저금리를 책정하고, 가계는 저축보다 금융이나 부동산 투기에 눈을 돌리게 된다. 만약 기업이 다시 높은 공급가격을 수요충분재화에 책정했다면, 소비는 더욱 감소하고 기업은 매출 실패와 적은 이윤을 얻게 되며, 의도한 생산계획을 실행할 수 없게 된다. 따라서 이를 만회하기 위해 생산비용을 절감하는 방법으로 고용과 실질임금을 증가시키지 않고, 금융시장으로 눈을 돌려 자본을 조달하고 다시 신제품에 대해 수요가격을 고려하지 않은 공급가격을 책정하여 큰 재정적 위기에 처하게 되면, 고용이 감소되고 실질임금을 하락시켜 투기가 심각한 투자시장으로 옮겨가게 된다.

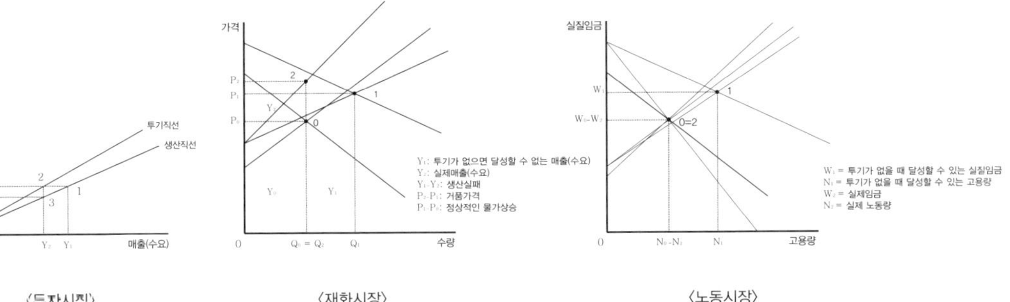

3. 투기 심각 투자시장

투기 경고 상태에서 기업은 또다시 높은 공급가격을 책정하고, 소비감소로 인해 재정이 악화되어, 실물생산보다는 자산 투자와 캐피탈 사업에 집중하며, 문어발식 확장을 하게 된다. 이로 인해 실물부문에서의 대량해고와 임금 삭감이 진행되고, 저임금, 고 노동의 비정규직 위주로 고용이 이루어진다. 그리고 가계의 재정은 더욱 악화되어 수요충분재화에 대한 소비가 감소하고 기업은 자신의 주가를 유지, 상승시키기 위해 자본을 투입하고, 다른 기업의 부풀려진 자산에도 투자하게 되어, 거품은 더욱 커진다.

또한 기업은 부풀려진 주가로 증자를 하고, 대출을 받고, 증자된 주식은 또다시 투기에 의해 거품을 형성한다. 투기로 인해 통화량은 계속 늘어나고, 자산 가치는 계속 부풀려지는 것이다. 부동산 같은 경우에도 특히, 우리나라는 영토가 좁기 때문에, 수요 필요재화의 성격을 갖고 있어, 투기에 의한 통화량 증가는 부동산 가격의 급등을 초래하고 다른 실물 재화의 가격까지 계속 상승시키게 된다.

앞에서도 말했지만, 정부의 통화정책이 의미가 없는 원인 중 하나가 바로 투기 때문이다. 부동산 시장이나 금융시장에서 투기에 의해 부풀려진 자산 가치로 거래를 하기 때문에, 계속 물가가 상승하고 통화량이 늘어나는 것이다. 이미 시중에 거품 통화가 엄청나게 풀려 있다. 물가가 상승하면, 통화량이 늘어나야 하는 건 당연하나, 실물생산과 관련 없는 투기로 인해, 물가와 자산의 가치는 치솟고, 노동의 가치는 떨어지고 있다.

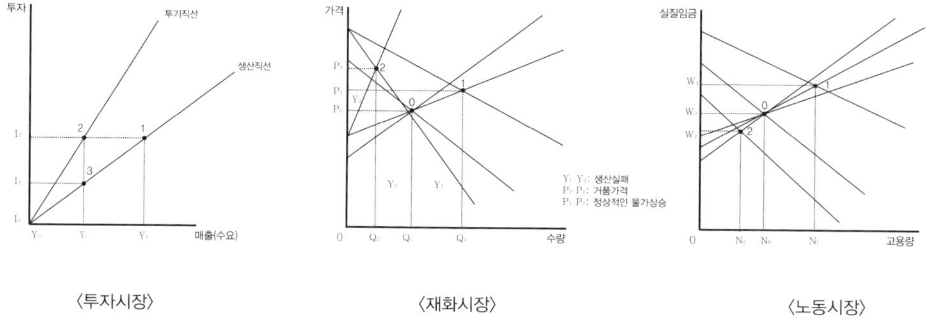

〈투자시장〉　　　　　〈재화시장〉　　　　　〈노동시장〉

실제 실물 재화의 소비량은 줄었는데, 물가 급등으로 인해 GDP가 증가할 수도 있다. 따라서 우리가 실제 체감하는 소비 수준과 명목 GDP는 엄청난 괴리를 보이게 된다. 만약, GDP 측정에 실제매출(수요)액 이외에, 다른 경제적 가치를 넣는다면, 그 괴리의 규모는 더욱 커지게 된다.

07

경제 순환

투자시장의 개혁

1. 현실

나는 오랫동안 경제가 살아나고 있다는 말을 들어본 적이 없다. 단지 "주가가 올라가고 있다 그래서 경기가 곧 다시 회복될 것이다."라는 말은 자주 들었다. 그러면 과연 주가가 오르는 것이 생산성과 관련이 있을까?

나는 투기가 팽배한 지금의 주식시장에서는 관련이 없다고 생각한다. 실물소비와 생산가치 투자로 가야할 자금들이 자산 거품을 만들고 있는데 어떻게 생산성이 증가한다는 말인가? 오히려 감소하지 않으면 다행이다. 따라서 "주가가 올라서 생산성이 증가해 경기가 활성화 될 것이다."라는 말은 투기가 거의 없는 생산경제 상태에서나 가능한 말이다.

그리고 심각한 문제는 오늘날 많은 경제 주체들이 투기의 실체에 대해 전혀 파악하지 못하고 있다는 점이다. 단지 전문가의 조언, 기업의 실적 또는 정보에 의존해서 투자를 하거나, 아니면 EPS, PBR, PER 등과 같은 평가지표를 고려하여 투자를 하면, 그것이 합리적인 투자 방법인 줄 알고 있다. 하지만 투자자들의 호가에 의해서 가격이 결정되는 주식시장은 근본적으로 투기 심리에 의해서 움직일 수밖에 없는 구조를 가지고 있다.

예를 들어, 일반 개인 투자자 대다수가 소량의 주식을 각자 보유하는 형태를 띤다. 이것은 대량의 주식을 보유하고 있는 소수의 기관이나 전문 투자자들보다, 주당 희망이익이 매우 크다는 것을 뜻한다. 따라서 아무리 조언이나 정보, 기술 등에 의존해서 투자를 하였더라도, 결국은 현실적으로 투기 심리에 의해 행동할 수밖에 없다는 것이다.

그리고 주당 희망이익이 큰 일반 개인 투자자들보다 기관이나 외국인 같은 전문 투자자들은 매도와 매수에 있어서 행동 범위가 훨씬 넓고 신속하기 때문에, 결국 대다수의 일반 개인 투자자들은 자금을 모두 탕진하게 되고, 운이 좋아 이익 실현을 하더라도 낮은 수준에 그치게 된다.

또한 일반 개인 투자자들의 존재는 전문 투자자들이 투기 행위에 더 집중할 수밖에 없도록 만드는 유인으로 작용한다. 아무리 투자 감각이 뛰어나고, 기업의 성장성과 미래예측 능력이 탁월한 전문 투자자라 할지라도, 수익을 목적으로 달려든 개미들을 그냥 지나칠 리가 없기 때문이다. 즉, 뛰어난 투자 능력을 지닌 이들 전문 투자자자들은 개미 투자자들을 투기의 수단으로 활용하게 된다는 것이다.

또한, 호가에 의한 시가총액은 기업 가치를 나타내는 지표일 수 없다.

예를 들어, 시가총액이 1,000억 원이고 주식 수량은 100만주이고, 주가는 10,000원인 A회사 주식이 하루에 2만주가 거래되어, 15%의 상한가를 기록했다면, 결국 2만주의 거래량으로 인해 시가총액은 1,150억 원으로 상승한 것이 된다. 즉, 소수의 거래(2%)만으로 나머지 98%의 주식의 가격이 모두 상승한 것이다. 만약 투기 심리에 의해 상승세가 계속 이어진다면, 시가총액은 급등할 것이며, 단기간에 회사가치가 몇 배로 상승할 수 있다는 것이다. 이렇게 소수의 거래만으로 전체의 주가가 변동되게 되면, 실제로 투입된 자본은 얼마 되지 않는데, 가치만 부풀려지게 된다. 그리고 이 부풀려진 주식가치로 은행에서 대출을 받거나, 증자를 하게 되며, 그 증자된 주식을 투자자들이 매수하는 방식으로 거품은 계속 커지게 된다.

이러한 시스템으로 인해, 실물소비와 생산, 저축은 줄어들고, 투자가 반드시 필요한 주식에 자본이 투입되지 않는다. 또한 자본이 들어간다 하더라도, 투기 심리에 의해 과다 투자되어 거품이 될 가능성이 매우 높을 것이다.

이것은 결국, 주주입장에서나 기업입장에서 바람직한 것이 아니다. 또한, 주식이 매수세를 탓을 때는 시가총액이 급등하다가 매도세를 타게 되면, 시가총액이 급락하는 시스템은 투자자와 기업에게 너무 큰 부담이 된다. 만약 매도세로 인해 주가가 급락하면, 기업은 자사주를 매입하여 가격을 안정시키게 되고, 그로 인해 생산에 투입되어야 할 막대한 자본이 주식시장에 투입될 수도 있는 것이다.

그런데 문제점은 주가가 상승할 때는 경제 주체가 소극적이지만, 주가가 내려갈 때는 적극적이라는 데 있다. 이런 성격으로 인해 주가는 실제 경기와는 상관없이 계속 상승하는 경향이 보이게 된다.

예를 들어, 요즘과 같은 장기침체의 경제위기에도 불구하고, 주가지수가 올라가는 것을 보면, 주식시장과 실제 시장상황과의 괴리가 얼마나 큰 지 알 수 있다.

그리고 주식은 기업의 경영권을 담보하는 것으로, 주가가 상승한 것이 기업에게는 공짜점심일 수가 없는 것이다. 즉, 주가가 급등하여 시가총액이 커지면 커질수록 기업입장에서는 경영권의 위협을 받으면서도, 언제 터질지 모르는 거품 폭탄을 안고 있는 것과 마찬가지인 것이다. 따라서 기업에게 정말 이익이 되는 것은 주식이나 사채를 발행해서 자본을 조달하는 것이 아니라, 생산한 상품을 제 값에 파는 것이다.

2. 방안

　나는 자본주의 사회에서 투자시장의 존재 목적은 불확실한 상황에 자본을 투입하여, 생산을 최대화하는 것이라 생각한다. 따라서 투자시장이 역할을 제대로 하려면, 현실의 경제 문제를 개선해야 한다고 본다. 하지만 지금의 투자시장의 모습은 심각한 투기로 인해 그 목적을 전혀 실현하지 못하고 있으며, 오히려 경제를 위험에 빠뜨리고 있다.

　지금 세계 각국에서 자국의 금융시장을 적극적으로 개혁하고 있지만, 금융시장이 제 역할을 하려면, 기존 시스템을 새롭게 바꿔야 한다고 생각한다. 즉, 실물생산과 관련 없거나, 그 가치를 뛰어 넘는 파생금융상품을 없애고, 특히 경제 주체의 기대에 주가가 의해서 결정되지 않고 어떤 합리적인 기준에 의해 평가되어야 한다고 생각한다.

　나는 이 합리적인 기준이 기업의 생산 가치를 그나마 가장 잘 나타내는 결과물인 '매출액'이라고 생각한다. 즉, 매출액이 증가하면, 기업의 주가는 올라가는 것이고, 매출액이 감소하면 기업의 주가는 내려가게 되어, 기업의 생산력을 높이고, 투자자들도 투기가 아니라 기업의 생산성과 발전가능성을 고려하여 투자할 수 있는 시스템을 만들어야 된다고 생각한다.

　따라서 나는 매출액에 의한 주가결정 시스템을 제안하고 싶다. 이 주가결정 시스템의 핵심 내용은 두 가지다. 첫째는, 주가는 매출액을 주식 수량으로 나눈 것으로 하고, 주가를 올리거나 내려서 거래할 수 없도록 한다. 둘째는, 주가는 주기적으로 매출액이 재평가될 때 변동되게 한다는 것이다.

A 기업

	2011년 매출액	2012년 매출액
1월	100억	120억 ➜ 주가 12200원
2월	130억	150억 ➜ 주가 12400원
3월	100억	130억 ➜ 주가 12700원
4월	120억	
5월	150억	
6월	100억	
7월	80억	
8월	70억	
9월	100억	
10월	100억	
11월	80억	
12월	70억	

예를 들어, 위의 표처럼 만약 1년 매출액을 기준으로 매월 주가를 재평가한다면, A 기업의 2011년 총매출액은 1,200억 원이고, 발행주식수는 100만주라고 했을 때, 주가는 12,000원이 된다. 다음해 2012년 1월에는 전년 1월보다 20억 원의 매출이 증가했으므로 12,200원이 되고, 2월에는 전년 동월보다 매출액이 20억 원이 증가하여, 12,400원이 되고, 3월에는 전년 동월보다 매출액이 30억 원이 증가했으므로, 12,700원이 된다. 이런식으로 주가를 책정하게 되면, 대략 다음과 같은 다섯 가지 긍정적인 효과가 나타난다.

첫째, 투자의 안정성이 크게 향상된다는 점이다. 과거의 투기 심리에 의해서 수시로 변화하던 주식가격이 기업의 매출액에 의해 변화함으로써 투자자의 예측가능성이 향상되고, 특히 매출액을 통해 우량기업과 부실기업을 확실하게 구분할 수 있으며, 또한 주식가격이 갑자기 폭등하거나 폭락하는 변수가 거의 없어지므로, 더욱 안정적이고 합리적인 투자를 할 수 있게 된다. 이로 인해 위험중립자인 경제 주체까지 주식투자에 더 많이 참여하게 된다.

둘째, 여러 중소기업에게도 자본이 골고루 투입될 수 있다. 규모가 작고, 생산량이 적더라도 기업의 재정이 건전하고 미래성장성이 높다면 충분히 투자 매력이 있기 때문이다.

셋째, 고용과 임금 수준이 상승한다. 여러 중소기업의 재정 상태가 좋아지고, 생산성이 증가하여 고용량이 증가하고, 임금 수준이 높아질 뿐만 아니라, 가계의 재정이 안정되어 소비와 저축이 더욱 늘어나게 된다. 이로 인해 대기업의 재정상태도 크게 좋아지며, 매출액을 늘리기 위해 시설확장이나 품질 향상에 더욱 노력하고 고용을 확대하는데도 힘을 쓰게 된다.

넷째, 기업가정신 확산에도 기여한다. 기업에게 순이익보다는 매출액을 늘리는 유인을 제공함으로써, 수요충분재화에 대한 수요를 고려한 공급가격 책정과 고용을 늘리고 임금을 상승시키는 등의 경제 행위를 실행하게 할 수 있는 원동력이 될 수 있다. 즉, 경영자가 기업가정신을 발휘할 수 있도록 이끌 수 있다는 것이다.

다섯째, 실질적으로 더 많은 자본금이 기업에 투입되게 된다.

만약 매출액을 주식물량으로 나누게 되면, 호가에 의해 적은 거래량으로 부풀려진 시가총액에서 얻는 자본금보다 더 많은 자본금이 기업에게 들어 올 수 있게 된다.

소비주기

소비주기란, 소비자가 같은 용도의 재화를 재구매할 때까지의 기간을 의미한다. 가령, 자동차를 구입하고, 5년 뒤 다른 자동차를 구입하였다면, 소비주기는 5년이 된다. 그럼 이 소비주기란 개념이 왜 중요한 지에 대해 설명하겠다.

예를 들어, 전혀 교역이 되지 않는 A와 B라는 사회가 있는데, A사회에서의 냉장고 소비주기는 평균 5년이고, B사회에서의 냉장고 소비주기는 평균 10년이라고 하자. 갑 회사는 A사회에, 을 회사는 B사회에 냉장고를 생산, 판매한다고 가정한다면, 과연 어떤 사회에서 많은 매출과 이윤을 얻을 것인가(단, 구매자 수와 냉장고의 가격은 동일하며, 두 회사의 초기 자본과 기술력도 동일하다고 가정하자)? 상식적으로 생각해도, 갑 회사가 소비주기가 짧은 A사회에서 많은 이윤을 얻게 된다는 것을 짐작할 수 있다. 즉, 갑과 을의 매출과 이윤의 차이는 시간이 지날수록 더욱 커지는데, 처음에는 갑 5년, 을 10년 이렇게 5년 차이지만, 그 다음은 각각 10년과 20년이 되어 10년 차이, 또 그 다음은 각각 15년과 30년이 되어 15년 차이, 이런식으로 소비주기 차이가 점점 벌어지게 된다. 따라서 15년이 지나면, A사회 소비자들은 벌써 냉장고를 3번 재구매했지만, B사회는 아직 1번밖에 재구매가 되지 않는 상태에 머무르는 것이다. 그럼, 이것은 경제적으로 무엇을 의미하는 것인가?

같은 자본력과 기술력을 갖고 동시에 출발한 회사들이, 소비자의 소비주기에 의해 완전히 다른 수준의 회사가 된다는 걸 예상할 수 있다. 그리고 3번 재구매된 A사회의 냉장고 품질이 1번 재구매된 B사회의 냉장고 품질보다 월등히 앞설 거라는 것도 쉽게 짐작할 수 있다. 이로 인해 A사회 수요자의 삶의 질이 B사회 수요자의 삶의 질보다 풍요로울 것이라 생각할 수 있다. 따라서 재화의 소비주기가 짧다는 것은 그 사회의 경제 주체에게 큰 이익이 된다는 것을 알 수 있으며, 이와 반대로 소비주기가 길다는 것은 소비가 침체되어 있어, 성장성이 낮다는 것을 의미하고 있음을 알 수 있다.

따라서 우리나라의 기업들도 소비자의 소비주기를 단축해나가는 판매전략을 선택해야 한다. 만약 자사의 TV를 3년 보고 자회사의 다른 TV를 구입한다면, 감가상각을 고려한 가치를 보상해 주는 것이 바람직하다. 물건을 사서 오래 쓰는 것이 결코 생산자나 소비자에게 이로운 일이 아니기 때문이다.

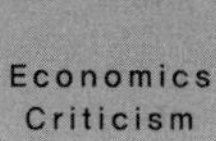

침체의 경제 순환

앞에서 논의한 경제 주체의 소비주기가 길 경우, 경제는 침체된다는 것을 알 수 있었다. 그러면 경기침체를 의미하는 긴 소비주기의 원인은 무엇일까? 그것은 바로, 앞에서 논의한 수요충분재화를 생산하는 기업이 수요가격을 무시하고 공급가격을 책정했을 경우와, 수요 필요재화의 공급가격이 높을 경우를 들 수 있다.

1. 수요충분재화에서의 수요가격을 무시한 공급가격 책정

소비주기를 늘리는 요인 중 하나는 바로 수요충분재화를 생산하는 기업이 제품을 출시할 때, 수요가격을 무시한다는 것이다. 현실에서 수요충분재화를 생산하는 대부분의 기업들이 처음 제품을 출시할 때, 공급가격을 높게 책정하여, 수요가격대가 높은 소수의 소비자를 상대로 판매하고, 시일이 지나면서, 재고상품을 점차 가격을 내려 판매하는 과정들은 얼핏 보면, 매우 합리적인 판매 전략인 것 같다. 그러나 이런 판매 전략은 수요 필요재화에서나 적용되는 것이지, 수요충분재화에서는 기업에게 큰 매출과 이윤을 보장하지 않는다. 오히려 막대한 재고처리 비용과 꾸준히 지출되는 상당한 고정비용과 시간의 낭비로 인해 기회수익의 상실을 가져온다.

앞에서도 말했지만, 재화의 성질은 고정되어 있는 것이 아니라, 시기나 지역 등에 따라 항상 변할 수도 있고, 또한 변하는 것이다. 예를 들어 컴퓨터, 냉장고, TV, 세탁기 등의 재화는 1980년, 1990년대만 해도 한국에서는 수요 필요재화의 성격을 가지고 있었으나, 점차 가계에 널리 보급되면서, 수요충분재화로 그 성격이 바뀌게 되었다. 하지만 과거에 기업들이 수요 필요재화를 판매하는 전략을 오늘날에도 변함없이 적용하고 있다. 즉, 과거처럼 광고나 판촉 행사 등을 통해 판매가 촉진된다고 생각하여, 현재도 그렇게 실행하고 있는 것이다.

그런데 실상은 어떠한가? 수많은 기업들이 판매 부진으로 인해 큰 재정적 위기에 처해 있지 않은가? 이렇게 기업들이 재정에 어려움을 겪게 되면, 결국 생산비용을 줄이기 위해 종업원의 임금을 삭감하거나 저임금으로 고용하게 되고, 그렇게 되면 가계의 소비주기가 더욱 길어져, 경제는 더욱 침체의 늪으로 빠지게 된다.

따라서 기업이 수요충분재화에 대해 수요가격을 무시하여, 공급가격을 책정하게 되면, 다음과 같은 경제침체의 순환이 발생하게 된다.

기업의 수요충분재화에 대한 높은 공급가격 책정 → 판매 부진으로 인한 재고 증가 → 의도 매출과 의도 이윤 달성 실패 → 재고 처리를 위한 가격할인이나 할부정책 사용 → 꾸준히 지출되는 임금, 조세, 시설유지비 등의 막대한 고정비용으로 인한 낮은 수익 획득 → 재정 악화로 인해 신제품 생산에 큰 차질 발생 → 생산비용 절감을 위한 임금 삭감, 하청업체에 대한 납품단가 삭감 → 가계의 소득감소로 인한 수요충분재화에 대한 소비주기 상승 → 다시 반복된 수요가격을 무시한 공급가격 책정 → 더욱 심각해진 재고 증가 → 의도 매출, 의도 이윤 달성 실패 → ……

(반복)……생산비용 절감만으로 재정 손실을 감당하지 못할 경우, 실물생산보다는 금융시장에 집중 캐피탈 사업 확대, 무분별한 사업 확장 → 서민 상권 몰락과 가계재정 악화로 인해 수요충분재화에 대한 소비주기가 더욱 길어짐 → 반복된 수요충분재화의 높은 공급가격 책정 → 생산비용 회수 불능, 고정비용 지급 불능, 부채 상환 불능으로 인한 주가 폭락 → 기업 도산 → 은행 도산 → 자본주의 시스템 종식의 순으로 진행될 수 있다.

2. 수요 필요재화의 가격조절 실패

만약, 수요 필요재화에 대한 공급감소 자극(흉년, 질병, 담합)으로 인해 공급가격이 올라가는데 그것에 대한 조절이 실패했을 경우, 기업의 생산비용은 증가하게 되고, 그 비용을 절감하기 위해 고용을 줄이고, 임금을 삭감하게 된다. 이로 인해 기업이 생산하는 재화의 가격은 오르고, 가계의 재정은 악화되어, 수요충분재화에 대한 소비주기가 더욱 길어져, 경제가 침체의 늪에 빠지게 된다.

여기서 수요 필요재화에 대한 가격조절에 실패한 예로서, 바로 과거 70년대의 오일 쇼크를 들 수 있다. 그 당시 세계경제는 중동 산유국의 저렴한 원유가격에 의해 한창 높은 성장을 하고 있었다. 하지만 중동 아랍 국가와 이스라엘의 갈등 과정에서 서구 국가들이 이스라엘을 지원함으로써, 중동 산유국들은 그 정치적 보복으로 원유 생산량을 줄이는 데 합의하기에 이른다. 이 사태 발생 후 세계경제는 심각한 물가상승으로 인하여, 생산비용을 절감하기 위해 임금삭감, 대량해고, 고용 축소등으로 대응하여, 그로 인해 소비가 크게 위축되고, 결국 수많은 기업들은 공급 과잉으로 인해 무너지게 되었다.

그러면, 이 오일 쇼크로 인한 스태그플레이션을 해결할 방법은 무엇이었겠는가? 과연 수학적 도구 따위로 이 문제를 해결할 수 있었겠는가?

앞에서도 말했지만, 수요 필요재화는 생산자가 수요자보다 경제 행위에 있어서 더 우위에 있기 때문에 그 당시 오일 쇼크를 해결하려면, 중동 산유국과 서방국가의 정치적 갈등을 해결하는 길밖에 없었다. 왜냐하면 그 당시 저렴한 중동산 원유는 서방국가의 고성장에 있어서 마치 혈액과 같은 핵심적인 수요 필요재화였기 때문이다. 따라서 스태그플레이션의 가장 큰 원인은 바로 수요 필요재화의 공급가격 상승이라는 것을 알 수 있다. 즉, 소비가 감소하는데도 불구하고, 물가는 계속 치솟는 스태그플레이션은 우리사회에 흔히 일어나는 경제현상이지, 특수한 현상이 아니다.

우리는 오랫동안 스태그플레이션 상황에서의 경제 행위를 지금도 하고 있는 것이다.

3. 분석

만약 수요필요재화에서 공급 감소자극이 일어났을 경우, 수요자가 공급가격 상승의 가격 조절에 실패했을 경우, 경제에 어떠한 영향을 미치는지 초기 – 중기 – 후기로 나누어 살펴보자. 그리고 수요 필요재화는 구매경쟁이 심하기 때문에 대부분 경매방식으로 거래를 하므로 이 방식을 사용하여 분석해 보자(기본 가정은 앞의 재화시장과 동일하다).

① 초기

수요 필요재화에서 공급감소 자극이 일어났을 경우, 공급자의 경우 자극 전과 비슷한 수준의 잉여 이익을 추구한다고 가정했을 경우, 의도 공급가격을 20에서 22로 상승시키고, 공급량은 공급 감소자극으로 인해 10에서 8로 감소하게 된다.

그리고 수요자의 수요가격은 자극 전과 같이 20, 수요량은 10이라 했을 때, 공급량이 수요량보다 적으므로 수요자의 구매경쟁은 더욱 심해져서, 결국 실제 가격은 28, 실제 수량은 8에 거래가 성립되었다고 가정하자. 이를 다음과 같이 나타낼 수 있다.

수요자 측면		공급자 측면	
의도 수요	20×10=200	의도 공급	22×8=176
실제 수요	28×8=224	실제 공급	28×8=224
수요 실패	224−200=24	공급 실패	224−176=48
수요자잉여	−8×8=−64	공급자잉여	224−80=144
자극 전 수요	20×10=200	자극 전 공급	20×10=200
자극 후 수요	28×8=224	자극 후 공급	28×8=224
수요 증가	224−200=24	매출 증가	224−200=24

따라서 초기에 수요자는 큰 잉여 손실을 입게 되고, 공급자는 큰 잉여 이익과 매출신장을 얻게 된다. 그리고 수요 필요재화의 공급가격이 상승함에 따라 소비국의 경제는 더욱 침체된다.

② 중기

초기에 이어, 공급 감소자극이 계속 이어지면, 다음과 같이 가정해 볼 수 있다. 공급자는 초기의 공급가격에 만족하거나 조금 더 이익을 볼 심산으로, 의도 수요가격을 28에서 30으로 올리고, 공급량을 예전과 그대로 8이라고 하며, 수요자의 수요가격은 초기에 형성되었던 28이고, 의도

수요량은 초기에 구매하지 못한 양과 합쳐서 8에서 12로 상승했다고 했을 때, 결국 실제 가격 40, 실제 수량 8에 거래가 성립되었다고 가정하자. 그리고 수요경쟁으로 인한 재화가격 급등으로 인해 최대 수요가격(자국 소비자에게 얻을 수 있는 최대 가격을 뜻한다.)은 30에서 50으로 상승하고, 최소 공급가격은 10에서 20으로 상승했다고 가정하자.

수요자 측면		공급자 측면	
의도 수요	28×12=336	의도 매출	30×8=240
실제 수요	40×8=320	실제 매출	40×8-320
수요 실패	336-320=16	매출 확장	320-240=80
수요자잉여	-12×8=-96	공급자잉여	320-80=240
초기 수요	28×8=224	초기 매출	28×8=224
중기 수요	40×8=320	중기 매출	40×8=320
수요 증가	320-224=96	매출 증가	320-224=96

중기에 이르면, 초기보다 수요자의 잉여 손실은 더욱 커지고, 공급자의 잉여 이익은 크게 늘어나게 되며, 수요자의 소비국의 경기는 더욱더 침체된다.

③ 후기

중기에서부터 공급감소 자극이 계속 이어지면, 공급자의 경우 의도 공급가격을 40에서 45로 상승시키고, 공급량은 이전과 같이 8로 변함이 없다고 하고, 수요자의 경우 수요가격을 중기의 실제 가격과 같이 40으로 하고, 수요량을 초기와 중기에 구매하지 못한 수량까지 모두 의도하여, 8에서 14로 상승시키게 되어, 결국 실제 가격 60, 실제 수량 8에 거래가 성립되었다고 가정하자.

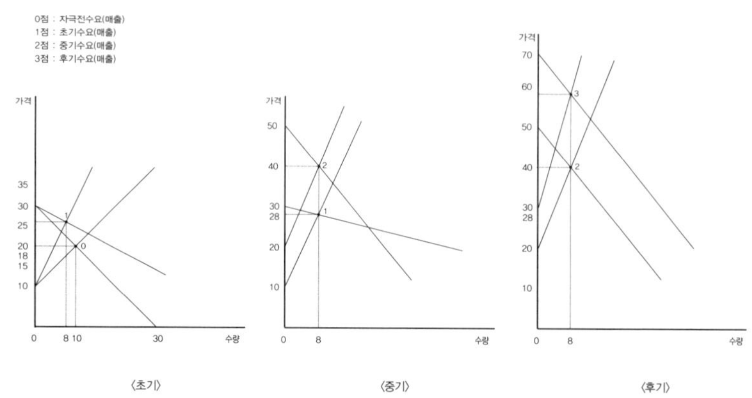

* 수요필요재화의 공급감소자극으로 인해 실제가격이 급등하는 것을 알 수있다.

그리고 중기에서의 재화가격 급등으로 인해 최대 수요가격은 50에서 70으로 상승하고, 최소 공급가격은 20에서 30으로 상승했다고 가정하자.

수요자 측면		공급자 측면	
의도 수요	40×14=560	의도 매출	45×8=360
실제 수요	60×8=480	실제 매출	60×8=480
수요 실패	560−480=80	매출 확장	380−360=120
수요자잉여	−20×8=−160	공급자잉여	480−80=400
중기 수요	40×8=320	중기 매출	40×8=320
후기 수요	60×8=480	후기 매출	60×8=480
수요 증가	480−320=160	매출 증가	480−320=160

후기가 되면, 수요자는 중기보다 더 큰 잉여 손실과 수요 실패를 입게

되고, 공급자는 더 큰 잉여 이익과 매출 신장을 얻게 된다. 그러면, 왜 이런 현상이 일어날까?

　무슨 이유 때문에 공급자가 막대한 이윤을 얻을 수 있는가? 그것은 바로 수요 필요재화이기 때문이다. 즉, 수요자가 비록 높은 가격에 재화를 구입하더라도, 자국 소비자들에 대한 공급가격을 높임으로써 충분히 보상을 받을 수 있기 때문이다. 따라서 가격이 계속 오르는데도 불구하고, 의도 수요량이 줄지 않은 것도 바로 이 때문이다. 결국 이와 같이 수요 필요재화의 공급가격이 급등하게 되면, 피해를 보는 것은 소비국의 경제주체들이다.

생산의 경제 순환

1. 수요충분재화에 대한 수요가격을 고려한 공급가격 책정

수요충분재화를 생산하는 기업이 철저한 시장조사를 통해 수요가격을 고려한 공급가격을 책정했다면, 경제는 어떻게 변하겠는가? 여기서 수요가격을 고려하여 공급가격을 책정했다는 의미는 기업이 주어진 상황에서 이윤극대화 행위를 할 수 있는 수요량과 수요가격을 비교적 정확하게 파악했다는 말이다. 오늘날과 같이 가계재정이 무너진 상황에서는 수요충분재화에 대한 수요가격이 예상외로 매우 낮을 수도 있을 것이다. 하지만 수요충분재화는 단기간에 판매하지 않으면, 기업에게 더욱 불리하게 작용하므로, 낮은 공급가격을 책정해서라도 처분해야 한다.

즉, 오늘날과 같이 신자유주의 경제노선으로 인해 중산층이 무너졌을 때는 수요충분재화를 통해서 큰 수익을 올리겠다고 공급가격을 높게 책정해서는 안 된다. 앞에서도 말했지만, 지금 대부분의 가계는 수요 필요재화를 소비하기도 빠듯하기 때문이다.

각설하고, 수요충분재화에 대한 수요가격을 고려한 공급가격 책정이 성공한 사례에 대해 알아보자. 여러분은 스마트폰 시장이 한국에서 어떻게 급성장할 수 있었다고 생각하는가? 한국 사람들이 호기심이 많아서 항상 새로운 것을 추구하니까 급성장 할 수 있었을까? 아니다. 바로 수요자의 의도를 잘 파악하여, 판매 전략을 실행했기 때문이다. 만약 높은 가격을 고수하고, 2년 약정제와 같은 요금 제도를 선택하지 않았다면, 오히려 판매 부진으로 인해 실패한 재화로 낙인이 찍혔을 것이다.

왜냐하면, 스마트폰이 기존의 휴대폰보다 뛰어난 성능을 가지고 있다 하더라도, 의도 수요가격보다 공급가격이 높게 형성되어 있었다면, 대다수 소비자 입장에서 굳이 소비할 필요가 없는 재화이기 때문이다. 즉, 제품을 아무리 잘 만들어도, 가격 책정을 잘못하면 아무 소용이 없다는 것이다. 하지만 과거의 휴대폰 판매에 대한 학습효과인지 몰라도, 기업들은 주 고객층이 소득이 낮은 젊은 층이라는 것을 알고, 다양한 요금 제도를 이용하여, 단기간에 낳은 판매량을 올릴 수 있었던 것이다.

만약에 초반에 수요가격대가 높은 사람들을 상대하겠다고, 가격을 높게 책정한 상태로 오랫동안 유지했다면, 지금과 같이 시장규모도 크지 않았을 것이고 기능도 급속하게 발전되지 않았을 것이다. 하지만 기존의 휴대폰 요금보다 조금 더 부담하는 정도로 가격을 책정하여 고객들에게 큰 호응을 얻은 것은 훌륭한 판매 행위라 볼 수 있다.

따라서 수요충분재화에 대한 수요가격을 고려한 공급가격을 책정하게 되면 판매량이 증가하고, 의도 매출과 의도 이윤을 달성할 수 있으며, 이로 인해 의도한 생산계획을 실행하여 시설을 확장하고 고용을 확대하고 임금을 상승시켜, 수요충분재화에 대한 소비가 증가함으로써, 결국 기업의 생산성은 크게 향상되고, 고임금·저실업 시대를 맞게 된다.

2. 수요 필요재화의 가격조절

수요 필요재화의 공급가격 상승으로 스태그플레이션이 발생했을 경우, 침체된 경제 순환처럼 가격조절을 하지 않고, 단순히 가격 책정을 경매시장에 맡겨 버리면, 앞에서 분석한 것과 같이 침체의 늪에서 빠져나올 수 없다.

오늘날과 같은 글로벌 무한경쟁시대에서 수요충분재화의 경우, 판매경쟁이 치열하면, 가격도 내려가고, 기술개발도 빨라져, 소비자의 효용이 증대되고, 소비가 증가하여, 생산성이 증대되는 효과를 볼 수 있지만, 수요 필요재화의 경우, 가격이 구매경쟁으로 인한 투기에 의해 급등하게 되면, 그 자체로도 경제 주체에 부담이 되지만, 수요충분재화의 가격까지 끌어올리기 때문이다.

따라서 수요 필요재화의 가격 급등을 막기 위해서 생산국과 소비국이 WIN-WIN이 되는 협상을 해야 한다. 왜냐하면, 수요 필요재화의 가격 급등은 결국, 소비국의 경기침체로 이어지고, 소비국의 경기침체는 수요 필요재화에 대한 수요 감소로 이어지기 때문이다. 즉, 수요자와 생산자는 서로 원만한 합의를 통해 공급가격만큼은 조절해야한다. 그렇지 못할 경우, 사회에 미칠 부정적인 파장의 대가는 훨씬 클 것이다. 지금은 위기를 공감하고 국가 간 합의를 반드시 이루어야 하는 시점이다.

3. 가계 소득을 줄여 소비주기를 단축시킬 것

앞에서 기업의 임금삭감행위에 대해 비판했지만, 부득이하게 임금을 삭감해야한다면, 정부가 지원을 해야 한다. 특히 저임금에 시달리는 저소득층에 대해 임금지원과 조세감면을 강력히 시행하고, 비정규직 일자리를 완전히 소멸시켜야 한다. 비정규직이라는 것은 노동자에게 심각한 고용불안을 주기 때문에, 소비를 증가시키는 데 매우 치명적이다. 따라서 소비에 걸림돌이 되는 장애물은 모두 치워야한다. 지금의 세계경제가 장기침체에 빠진 이유도 바로 신자유주의로 인해 단기수익과 투기에 빠져, 노동과 소비를 무시했기 때문이다.

4. 투자시장을 개혁해야 한다

지금의 경제위기를 극복하기 위해서는 견실한 중소기업을 많이 만들어야 한다. 이를 위해서는 가장 중요한 것이 투자시장을 개혁하는 것이다. 앞에서 투자제한을 주장한 이유가 바로, 경제 주체의 투기 심리에 의해 주가가 결정되는 것이 아니라, 기업의 생산가치에 따라 주가가 결정되어, 결국 투자가 되어야할 기업에 자본이 투입되도록 하기 위함이다. 즉, 주기적으로 발표되는 기업의 생산가치가 주가로 반영되기 때문에, 아무리 중소기업이라 할지라도, 생산가치가 높으면, 주가는 올라가게 되고, 주식 수요도 증가하게 된다. 이로 인해 중소기업에 자금이 충분히 투입되면, 생산이 증가하여 고용된 노동자들의 임금도 상승하게 되고, 또한 생산시설을 늘림으로써, 소비를 더욱 증가시키고 고용도 확대할 수 있다.

결국, 가계의 소득이 늘어나서 수요충분재화에 대한 소비가 증가하면, 대기업에게도 큰 이익이 된다. 즉, 투자시장을 개혁함으로써 중소기업뿐만 아니라 대기업도 큰 이익을 보게 된다.

가계를 살리지 않으면, 경제침체에서 벗어날 수 없다

지금의 장기 경제침체는 금리를 낮추거나 통화량을 늘린다고 해결되는 것이 아니다. 무엇보다 가계의 재정이 건전해야만 한다. 왜냐하면, 경기가 활성화 되려면 수요충분재화에 대한 소비가 늘어나야 하는데, 주주자본주의와 노동유연화로 인하여 가계의 재정이 안 좋은 상황에서 기업의 투자를 늘려, 경기를 활성화 시키겠다는 것은 전혀 통할 수가 없기 때문이다. 그 이유는 기업도 마땅히 실물투자할 곳이 없기 때문이다. 즉, 양적완화해도 그 돈을 갚을 여력이 없는 가계와 마땅히 실물투자를 할 곳이 없는 기업으로 인해 기업이나 은행에 투입된 자금들은 실물소비와 투자에 사용되지 않고, 금융시장에서의 투자자들의 투기심리를 자극하는 역할만을 하게된다. 즉, 아무런 실질적인 효과가 발생되지 않고 오히려 거품만 키우게 되는 것이다.

대공황이 발생한 근본적 원인이 무엇인가? 바로 투기와 가계착취 때문이다. 지금 이 상태로 계속 경제가 침체된다면 다시 한 번 대공황이 찾아오지 말라는 법도 없을 것이다. 가계가 소비하지 않는데 무슨 정책이 통하겠는가? 경제주체들이 투기에 빠져있는데 무슨 정책이 소용있겠는가?

결국 투기만 부추기고 물가만 상승시켜 침체된 실물경기에 더욱 안 좋은 영향이 미칠것이다. 따라서 정부의 통화정책도 가계의 살림이 안정되었을때나 효과가 있는것이다. 지금은 기업이 수요충분재화를 생산하여,

이익을 얻을 수 있는 경제 상황이 아니다. 왜냐하면 가계를 너무 착취했기 때문에, 이미 수요충분재화에 대한 가계의 의도수요가격은 기업이 받아들일 수 없을 정도로 내려갔기 때문이다. 예를들어 그나마 수요가 있는 스마트폰도 2년, 3년이란 약정을 걸어야 겨우 팔리는 시대가 지금의 경제상황이다. 또한 서민 가계소득의 대부분이 수요필요재화의 소비가 목적이다. 그리고 이런 현상은 앞으로 더욱 심해질 것이다. 왜냐하면 수요필요재화의 가격은 계속 올라가고, 가계의 실질소득은 줄어들 것이며, 이로 인해 수요충분재화의 종류와 수량이 더욱 늘어날 것이기 때문이다.

자산가치를 높이면
소비가 활성화 될 것이란 생각에서 벗어나라

한국은 다른 서방국가보다 경제적 규제가 심하다. 즉, 투기나 담합에 대해서 규제가 심하며, 나는 이를 매우 긍정적으로 평가해야 한다고 본다. 그러나 잘못한 것이 있는데, 바로 부동산이다. 정부는 부동산 투기를 전혀 막지 못했다. 우리는 이 점을 너무나 잘 알고 있다. 지금 호가에 의해 소수의 거래가격이 다수의 가격을 결정하는 주식가격결정시스템과 부동산의 가격결정시스템이 매우 흡사하다는 것은 잘 알고있을 것이다. 즉, 부동산의 경우에도 소수의 거래가격이 그 주변일대의 가격에 영향을 준다는 사실을 말이다. 그리고 중요한 것은, 우리나라는 영토가 좁기 때문에 부동산은 수요필요재화의 성격이 강하며, 특히 투기에 신경을 썼어야 했다. 그러나 투기로인해 지금의 부동산 가격은 크게 부풀려져 있다. 그리고 거품이 낀 부동산 가격은 우리나라의 경제를 크게 위험에 빠뜨리는 결과를 가져왔다. 그 이유는 간단하다.

예를들어 A와 B라는 회사원이 있는데, A는 5000만 원의 원룸 전세에 살고, 통장잔고에 3억이 있다. B는 5억 5천만 원의 아파트를 은행에 2억의 담보대출을 받아 구입하며 살고 있고, 통장잔고에 100만 원이 있다고 가정해보자. A와 B의 소비의 질은 어떻겠는가? 상식적으로 생각해도 A가 훨씬 좋을 것이다. 그리고 만약 부동산 투기에 의해 C가 살던 집값이 2억에서 5억으로 급등했다고 하자. 그러면 C가 그 집을 팔거나, 굳이 빚을 내어 담보대출을 받아서 소비를 늘릴까? 정말 땅값이 올라 크게 이익을 보지 않는 이상(집이 2채 이상이라든가, 대지를 소유하고 있다든가) 소비 패턴에 거의 영향을 주지 않는다고 보아야한다. 그리고 부동산시세가 올라 크게 이익을 보는 사람도 대부분 원래 소득이 많은 계층이므로 소비변화가 적다.

따라서 투기로 인해 부풀려진 부동산가격으로 무분별하게 주택담보대출을 허용하고, 그로 인해 특히 수요충분재화의 소비가 감소하면서, 오히려 수많은 기업까지 큰 피해를 보게되었다. 따라서 자산가치와 상관없이 소비를 증가시키고, 질을 향상시키려면, 가계가 보유하고 있는 돈이 많아야한다. 지금도 여러 사람들이 우리나라의 가계부채 대부분이 주택담보대출이고, 크게 걱정할 만한 수준은 아니라고 판단하고 있다. 그러나 이 가계부채 자체가 지금 실물소비를 감소시키고 있으며, 결국 소비와 투자감소로 인해 주식과 함께 부동산 가격도 내려갈 것인데, 크게 걱정할 수준이 아니라니, 나는 이해하기 힘들다. 나는 지금이라도 대비를 철저히 해야 된다고 본다.

제6장에서 투자시장개혁과 같은 맥락으로, 부동산가격 결정시스템 자체를 바꿔야한다. 즉, 부동산의 철저한 생산가치의 분석을 통해 공시지가를 결정하고, 그 공시지가로 거래되게 해야한다. 그리고 그 공시지가를 정부가 보증을 해야한다. 따라서 부동산 불패신화 따위는 없애야하

며, 가계의 소비와 질을 높이는데 힘을 쏟아야 한다.

지금은 자본주의를 위한 새로운 변화가 필요할 때이다

나는 자본주의 시장체제에서 가장 중요한 경제행위는 돈을 어떻게 쓰는가라고 생각한다. 앞에서도 말했지만, 자본이 실물생산과 관련없는 투기에 쓰일 때는, 시중에 거품통화를 늘리고, 자산가치를 부풀리며, 물가를 상승시켜 가계의 재정을 힘들게 하고, 소비를 감소시켜 기업의 생산성을 낮게하며 실물경기를 침체시키는 역할을 하게된다. 그리고 지금의 주식·부동산 가격결정시스템은 경제주체를 도박과 투기의 유혹에 가장 쉽게 빠지게하는 구조를 사시고 있다.

아무리 인간이 경제가치를 결정한다 하더라도, 수요와 공급에 의해 가격이 결정되는 일반재화와는 달리, 투기심리에 의해 소수가 다수의 가격까지 결정하는 부동산과 주식 같은 자산은 반드시 그 가치를 가장 합리적인 기준에 의해 평가를 받게 해야한다. 그렇지 않으면 투기로 운영되지 않을 수 없으며, 인간은 투기와 도박에 빠지게 되면 생산을 망각하게 되는 법이기 때문이다. 즉, 모든 경제위기는 바로 투기에 의한 생산의 망각 때문인 것이다.

그러면 자산의 가치결정의 가장 합리적인 기준은 무엇인가? 그것은 바로 실물생산성이다. 어떤 자산도 그 자산의 실물생산가치를 넘어서는 안된다. 그 생산가치를 넘어가는 순간, 경제는 투기로 인해 생산을 망각하게 되는 것이다. 그리고 은행의 대출형태도 바꾸어야 한다. 지금의 은행들은 대출의 용도에 대한 생산성을 고려하지 않고, 담보가치만 보고 대출을 해주고 있다. 그 담보가치란 것이 투기에 의해 부풀려졌을 때는 거품가격으로 대출이 되며, 그 거품통화는 또다시 부동산이나 금융시장에 투기로 쓰이게 된다. 왜냐하면 담보대출을 통해 불어난 엄청난 거품통화는 실물소비와 실물투자와 같은 실물부분이 가계재정이 몰락한 상태에서는 거의 받아내지 못하기 때문이다. 또한 앞에서도 말했듯이 투기로 부풀려진 자산으로 대출받은 사람은 생산을 망각하고, 자산투기에 다시 손을 뻗기 때문이다.

오히려 또 다른 자산을 투기할 목적으로 대출받을 가능성이 매우 큰 것이다. 결국, 투기로 인해 가격거품이 생기고, 이 거품으로 다시 대출받고, 대출받은 돈으로 다시 다른 자산에 투기를 하고, 이런 행위로 인해 시중에 통화량은 넘쳐나고, 물가는 상승하며, 가계는 소비를 줄이고, 기업의 재정 또한 크게 악화가 되는 것이다. 이로 인해, 임금삭감과 대량해고사태와 낮은 고용이 이루어져, 사회는 빈부격차가 심해지고 저임금·고실업 사회로 변하게 된다.

이제는 새로운 경제가치를 창출시켜야한다. 언제까지 환경을 오염시키면서 경제행위를 할 수는 없는 것 아닌가. 인류는 아직 태양을 효율적으로 이용하지 못하고 있으며, 그 이유는 착취와 투기가 경제성장의 걸림돌로 작용하고 있기 때문이다. 그리고 경제주체는 자신에게 있는 돈을 계속 불리고 싶어한다. 따라서 경제주체의 그 의지를 투기가 아닌 가장 생산적인 방향으로 이끌어야 한다.

남이 잘 사는 사회를 만들어야한다

나는 도덕이 곧 효율이라고 생각한다. 왜냐하면, 내가 앞에서 주장한 수요충분재화에 대한 수요고려와 수요필요재화에 대한 공급가격을 조절하고, 노동자의 임금을 인상시키고 비정규직을 없애며, 투자시장을 개혁하라는 것들은 모두 자신의 이익을 목적으로 남을 대하는 것이 아닌, 남을 목적으로 대하는 경제행위인 것이다. 사람은 누구나 욕구와 쾌락을 추구하며, 그것은 본능이다. 하지만 이 본능을 목적으로 행동한다면, 그것은 도덕적인 행동이라 볼 수 없다.

인간이 위대할 수 있는 것은, 도덕적으로 살 수 있기 때문이다. 따라서 우리는 반드시 추구하는 것과, 목적하는 것을 구별해야 한다. 즉 행동의 결과와 동기를 구별해야 하는 것이다.

기업은 이윤을 추구하는 경제주체이지 이윤을 목적으로 하는 경제주체가 아니다. 만약 기업이 자신의 이윤을 목적으로 하게 되면, 반드시 다른 경제주체를 수단적 도구로 대하여야 하며, 도구로 대우받는 경제주체도 그 기업을 사신의 이익을 위한 수단적 도구로 취급할 것이다. 이런 사회에서 신뢰란 존재할 수 없다. 이로 인해 세상은 온갖 불신과 권모술수가 판치는, 그 누구도 인간으로서 존중받지 못하고 도구로 전락하고 마는 도구사회가 될 것이다.

오늘날의 경제위기는 모든 경제주체들이 돈의 노예가 되어, 자신의 이익을 위해 사람을 도구로 대하고, 자신도 도구로 취급받는 투기, 담합, 착취의 경제행위를 했기 때문이다. 그리고 결국 가계가 무너지기 시작하면서, 기업도 매우 어려운 지경에 처한 상황이다.

따라서 이 세상은 절대 나 혼자서는 잘 살수 없다. 남이 잘 살아야 나도 잘 살수 있다. 남이 잘 사는 세상을 만들어야 한다.

ECONOMICS CRITICISM

제2론
경제의 제문제

　지금 세계 경제는 큰 위기에 봉착해있다. 높은 실업과 낮은 소비와 투자·투기의 팽배로 인해 자본주의는 몰락 직전의 상황에 부닥쳐 있다. 세계경제는 이런 상황을 타개할 어떠한 대책도 마련하지 못하고 있으며, 최근에 또다시 화폐로 위기를 해결하고자 하는 움직임이 나타나고 있다.

　지금의 자본주의의 위기는 바로, 착취와 투기에 의해서 비롯된 것이지만, 우리는 주류경제학을 맹종한 나머지 인간의 의지에 의해 발생된 일을 화폐로 해결할 수 있다고 착각하고 있다. 통화량을 늘리거나 이자율을 낮추면 침체되었던 경기가 금방 살아날 것처럼, 경제정책을 취하고 그것을 학생들에게 교육시키고 있다. 하지만, 역사상 화폐로 경제문제를 해결한 적은 없다. 화폐정책이 경제주체의 의지에 동기로 작용해야 하기 때문이다. 화폐는 단지 경제주체의 경제행위를 위한 수단적 도구에 불과하며, 그 자체로 어떠한 실물경제도 변화시킬 수 없다.

　단지 결과적으로, 낮은 이자율은 대출받은 사람에게 이자 부담을 덜어주고 저축하는 사람들에게 이자수익을 감소시키며, 높은 이자율은 대출받은 사람에게 이자 부담을 높여주고 저축하는 사람들에게 이자수익을 올려주는 역할을 할 뿐인 것이다. 그리고 통화량은 말 그대로 돈의 양일 뿐이며, 이자율과 마찬가지로 경제주체의 경제행위를 위한 수단적 도구에 불과하며, 그 어떠한 실물경기도 변화시킬 수 없다. 애초에 이들은 실물경기를 변화시키는 개념들이 아니며, 경기를 조절하는 데 사용할 수도 없다.

　주류경제학은 경제를 거꾸로 보고 있는 것이다. 즉, 경제는 경제주체의 의지를 중심으로 작동하며, 화폐는 수단적 도구일 뿐이다. 따라서 지금의 경제위기를 해결하기 위해서는 경제주체의 의지인 투기와 착취를 없애지 않으면, 결코 해결할 수가 없다.

그러기 위해서는 먼저 제도를 개혁해야만 한다. 특히 부동산, 주식, 파생금융상품 등의 자산투기와 원유, 곡물, 각종 원자재 등의 실물투기에 대한 거래시스템을 생산성 향상에 맞게 혁신해야 하며, 노동유연화와 낮은 수준의 최저임금제를 수정해야 한다. 그리고 지금의 수학을 목적으로 하는 주류경제학을 대체할, 상식에 의한 새로운 경제학을 주류로 대체해야만 한다. 아무리 제도가 좋아도 그 안에서 행동하는 구성원이 잘못된 생각을 가지고 있으면 아무 소용이 없기 때문이다. 그 이유는 주류경제학은 수학에 복종하여 경제주체의 눈을 추상적으로 너무 단순화 시켜 버렸기 때문이다.

앞에서 말한, 이자율이나 통화량정책이 바로 경제현상을 너무 쉽게 생각하기 때문에, 발생하는 것이다. 즉, 돈을 찍어 저리로 은행에 공급하면 기업과 가계가 투자와 소비를 더 늘리겠지, 이자율을 낮춰주면 기업과 가계가 투자와 소비를 더 늘리겠지, 부동산 투기로 인해 시가 6억짜리 아파트가 10억으로 뛸 것인데, 담보대출을 좀 많이 해줘도 어차피 돈을 떼일 염려가 없잖아! 이런 생각들이 모두 경제를 단순하게 보기 때문에 발생하는 것이다.

이제, 이번 경제위기를 자본주의에 대한 혁신의 계기로 삼아, 여러 경제제도와 경제교육에 대한 새로운 패러다임을 설정하여야 한다.

01

경제 행위

경제행위의 과정

경제주체의 경제행위를 구성하는 네 가지 요소는 수요자의 수요가격과 수요량, 공급자의 공급가격과 공급량이다. 네 가지 요소가 작용하여야만 어떤 경제적 결과가 나오게 되며, 경제주체는 어떤 상품을 공급하거나 수요함에 있어 이 요소를 항상 염두에 두고 있어야 한다. 그리고 네 가지 요소에 의해서 경제는 움직이게 된다.

그리고 이 경제행위에 영향을 주는 경제자극으로는 이자율, 광고, 평판, 문화, 지역, 환율, 종교, 습관, 가치관 등이 존재하며, 경제주체는 어떤 상품을 공급, 수요하고자 할 때는 이런 경제자극에 의해서 수요량과 수요가격, 공급량과 공급가격을 의도하게 되고, 결국 경제주체가 의도한 네 가지 요소에 의해 어떤 경제적 결과(실제가격, 실제수량)가 나오게 된다.

따라서 경제에서 상품의 가격이라는 것은 신이 정해주거나, 하늘에서 갑자기 떨어지는 게 아니라, 경제주체의 경제행위에 의한 의도에 의해서 산출되며, 경제에 있어서 독립변수가 아니라, 종속변수에 해당된다.

상품에 대한 경제자극 → 경제주체의 의도(수요량, 공급량, 수요가격, 공급가격) → 경제적 결과(실제가격: 상품의 가격, 실제수량: 판매량, 수요량)

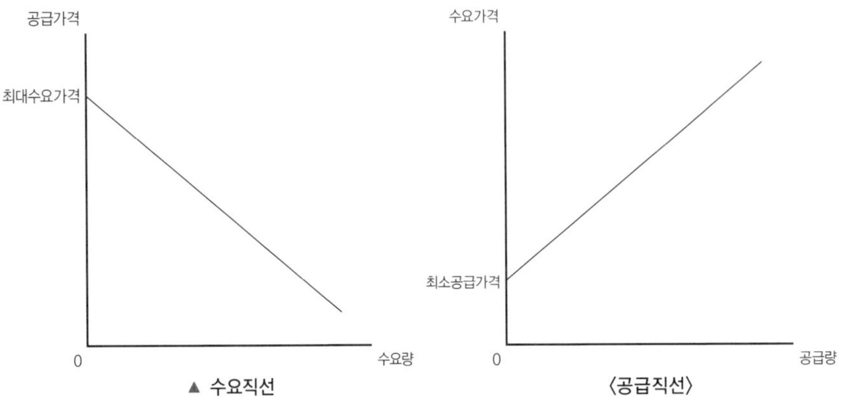

＊ 최대수요가격 이상의 공급가격 책정을 의미가 없으며 최소 공급가격 이하의 수요가격 책정도 의미가 없다.

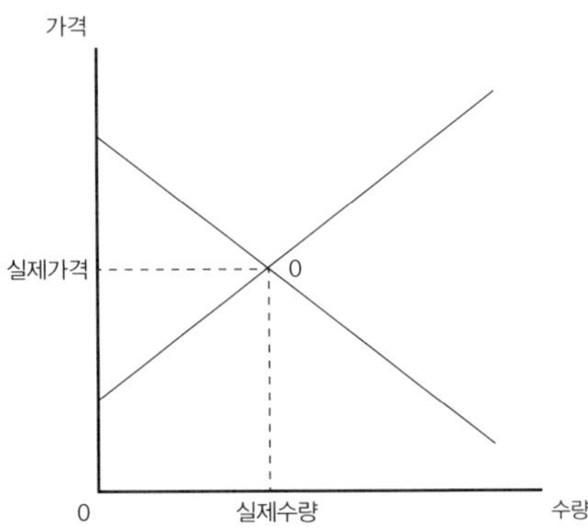

＊ 0점은 공급가격=수요가격 공급량=수요량이 성립하므로 이것은 공급자와 매출과 수요자의 수요를 의미하며 상품에 대한 실제가격과 실제수량을 의미한다.

· 독립변수: 경제자극에 대한 경제주체의 의도

· 종속변수: 실제 가격과 실제수량

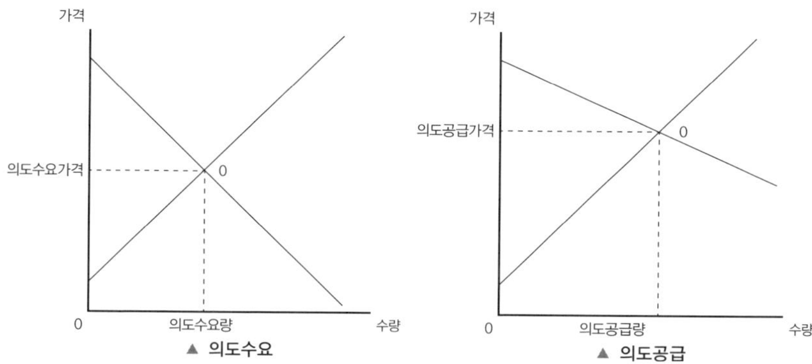

＊ 두 직선이 반드시 만나야만 경제행위를 구성하는 네 가지 요인들이 만나야만 경제직 결과가
산출된다.

· 의도수요: 수요자가 상품에 대해 의도한 가격과 수량. 즉, 공급자가 원하는 상품에 대한 실제
가격과 실제수량

· 의도공급: 공급자가 상품에 대해 의도한 가격과 수량. 즉, 공급자가 원하는 상품에 대한 실
제가격과 실제수량

재화의 성질

수요필요재화

모든 재화의 공급자는 반드시 수요를 고려하며, 항상 경제행위를 함에 있어서 수요자와 공급자가 동등한 환경에서 행동하는 것이 아니라, 재화의 성질에 따라 유불리가 결정된다.

수요필요재화란 수요가 필요한 상태에 있는 재화로서, 상품에 대해 공급자가 의도한 공급가격이 그 상품을 수요하고자 하는 수요자의 의도한 가격보다 높다고 해도, 수요자는 그 상품을 소비해야 하는 재화를 의미한다. 예를 들어, 전기나 가스, 석유, 수도, 교통, 교육, 의료, 곡물, 각종 원자재와 같은 재화들은 수요자가 비싸다고 느끼더라도 공급자가 책정한 가격에 소비를 해야 하는 재화들이다.

즉, 상식적으로 수도료가 비싸다고 수돗물을 사용하지 않을 수 없으며, 전기료가 비싸다고 전기를 사용하지 않을 수 없으며, 기름 값이 비싸다고 차를 타지 않을 수 없으며, 쌀값이 비싸다고 밥을 먹지 않을 수 없는 것이다.

따라서 수요필요재화는 경제주체가 경제행위를 함에 있어서, 수요자

보다는 공급자에게 유리하다는 것을 알 수 있다. 그리고 상품의 가치저
장성이 클수록, 소비주기가 짧을수록, 판매경쟁이 낮을수록, 구매경쟁이
높을수록 수요필요성은 강해진다.

수요충분재화

수요충분재화는 수요가 이미 충분한 상태에 있는 재화를 의미하며,
상품에 대한 공급자가 의도한 가격이 수요자가 의도한 가격보다 높을 경
우, 수요자 입장에서 굳이 소비할 필요가 없는 재화를 말한다.

예를 들어, 컴퓨터, 에어컨, TV, 냉장고, 세탁기, 자동차, 조선, 스마
트폰 등 사회에서 이미 수요가 충분한 상태에 있는 재화들을 의미한다.
즉, 집에 장롱이 있는데, 굳이 내 의도수요가격보다 비싼 장롱을 구매할
이유도 없으며, 집에 냉장고도 있는데 굳이 의도수요가격보다 비싼 냉장
고를 구매할 이유도 없으며, 아직 사용하고 있는 스마트폰이 있는데, 굳
이 비싼 새 스마트폰을 사용할 이유도 없는 것이다.

따라서 수요충분재화는 경제행위에 있어서, 공급자보다는 수요자가 유
리하다 하겠다. 그리고 이런 재화들은 성질이 고정되어 있는 것이 아니
라, 문화, 습관, 전통, 가치관, 종교, 소득수준 등에 의해 수시로 바뀌게
된다. 또한, 수요필요재화와는 다르게, 상품의 가치저장성이 낮을수록,
소비주기가 클수록, 판매경쟁이 높을수록, 구매경쟁이 낮을수록 수요충
분성은 강해진다.

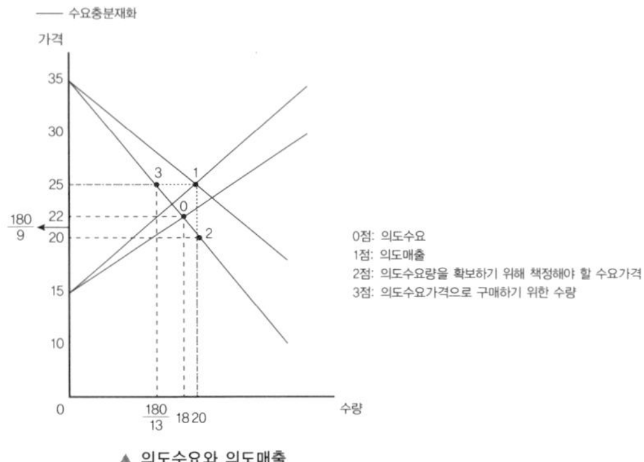

▲ 의도수요와 의도매출

* 공급자가 자신이 의도한 공급량을 모두 판매하기 위해서는 185/9의 공급가격을 책정해
  야 한다. 그리고 공급자가 자신이 의도한 공급가격으로 판매하기 위한 적정한 공급량은
  180/13만큼 생산해야 한다.

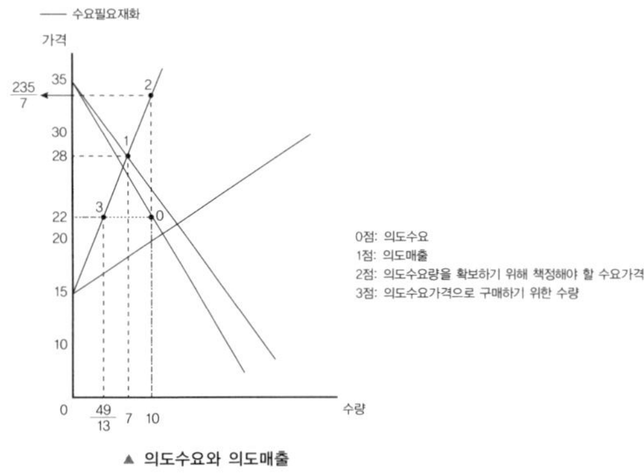

▲ 의도수요와 의도매출

* 수요자가 자신이 의도한 수요량을 모두 확보하기 위해서는 235/7의 가격을 지불애야 한다.
* 수요자가 자신이 의도한 수요가격으로 구매하기 위해서는 49/13의 수량을 매입해야 한다.

한　국	재　화
수요충분성이 강한 재화	TV, 냉장고, 세탁기, 에어컨, 전자렌지, 가구류, 컴퓨터, 대형아파트 …
수요충분성이 약한 재화	스마트폰, 자동차, 의류, 잡화, 외식상품, 각종 가공식품 …
수요필분성이 약한 재화	육류, 생선, 과일, 채소, 일반음식, 소형아파트 …
수요필요성이 강한 재화	석유, 곡물, 금속, 전기, 가스, 의료, 교육, 주류, 담배 …

위의 표는 우리나라의 재화와 종류를 개인적으로 정리한 것이다. 수요충분재화는 비교적 가치지장성(미래수요)이 낮을수록, 소비주기가 실수록, 판매경쟁력이 높을수록, 구매경쟁성이 낮을수록 해당되는 반면, 수요필요재화는 그 반대이다.

그리고 소득이 적을수록 대체로 화살표 방향으로 소비가 감소한다(소득이 감소할수록 수요충분재화의 종류와 수량이 늘어난다는 것이다). 즉, 소득이 적을수록 문명의 혜택을 받지 못한다는 것이다.

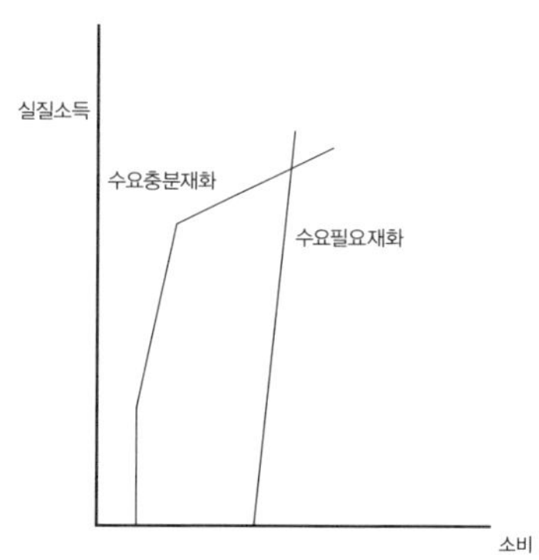

* 실질소득이 낮을수록 대체로 소비에서 수요필요재화의 부분이 커진다.

무역 수지

앞에서 살펴본, 경제행위의 과정과 재화의 성질을 이용하여 최근 유럽 경제위기를 예시로 무역수지에 대해서 살펴보도록 하자.

독일과 그리스를 예를 들어, 독일의 제조업은 그리스의 관광산업보다 수요필요성에서 우위를 보인다. 왜냐하면, 그리스는 독일만큼 제조업이 발달하지 못했으며, 일반적으로도 관광업보다는 수요필요성이 크기 때문이다.

예를 들어, 집에 15년 사용한 냉장고(5년 쓴 컴퓨터, 15년 쓴 장롱, 10년 본 브라운관 TV, 10년 탄 자동차)를 새것으로 교체하는데 돈을 쓰겠는가? 아니면, 지중해로 휴양을 떠나는데 돈을 쓰겠는가?

여행매니아가 아니라면, 낡은 집안 살림을 교체하는데 돈을 더 쓸 것이라 예상할 수 있을 것이다. 그리고 독일은 예전에 쓰던 마르크화보다 저평가된 유로화를 쓰고, 저임금정책을 펼쳐서, 수출품의 가격경쟁력을 높이게 되지만, 그리스의 경우, 예전에 쓰던 자국화폐보다 고평가된 유로화를 쓰게 되면서, 기존보다 물가가 상승하게 되어, 관광업에 대한 수요충분성이 예전보다 더욱 강화되었다.

즉, 독일의 제조업은 경쟁력이 강화됐지만, 이와 반대로 그리스의 관광업은 물가상승으로 인해 경쟁력이 약화되어, 두 나라의 주요산업의 유·불리는 더 극명하게 갈리게 된다.

예를 들어, 그리스 관광에 예전에는 100유로가 들었다면, 유로존 진입 후, 물가상승으로 인해 120유로가 든다면, 그리스의 관광업은 침체될 수밖에 없는 것이다. 그것에다 글로벌경기침체와 독일의 저임금정책까지 더해져, 관광업은 더욱더 쇠퇴할 수밖에 없었던 것이다.

즉, 가뜩이나 검소한 국민성을 가진 독일국민이 기존보다 소득이 줄면, 가장 큰 피해를 받는 경제주체는 누구이겠는가? 바로 수요충분재화를 생산하는 경제주체가 될 것이며, 따라서 관광을 주업으로 하는 남유럽국가의 수입은 크게 줄어들 것이 자명한 것이었으며, 그로 인해 관광을 기반으로 하는 산업까지 침체를 벗어 날 수 없었던 것이다.

시금의 남유럽국가의 재성위기는 방만한 재정운영과 투기의 탓도 물론 있겠지만, 가장 큰 원인은 바로 이런 교역대상의 특성과 경쟁력에 의한 유·불리에서 생겨난 것이다. 이로 인해 극심한 무역수지 불균형이 나타나게 되고, 독일은 채권국으로 그리스나 스페인은 채무국의 입장이 될 수밖에 없었던 것이다.

따라서 지금의 유로존의 문제를 해결하려면, 이런 무역수지 불균형의 문제를 해결해야만 한다. 단순히 구재금융을 한다든지, 긴축정책을 요구하는 것은 사실상 실효성이 없다. 왜냐하면, 구재금융을 하더라도 극심한 경기침체로 인해 소비와 투자가 침체되고, 미래의 전망도 어두운 상황에서 은행에 돈을 공급한들, 그 돈은 쓰이지 않게 되는 유동성 함정에 빠지게 되며, 긴축정책을 요구하게 되면, 침체된 경기에 찬물을 껴 얻는 행동이 될 것이기 때문이다.

그리고 구제금융이 받는다 하더라도 그것은 극심한 경기침체로 인한 소득감소에 의한 수요필요재화의 소비목적으로 쓰일 공산이 크며, 그것은 수요충분성이 강한 관광업을 살리는 것과는 거리가 멀다.

즉, 외국인이 직접 그리스나 스페인에 가서 휴양을 하고 그곳에서 많은 지출을 하지 않는 이상, 유로존 문제는 해결하기 어렵다는 것이다. 그리고 또 다른 방안으로 그리스가 유로존을 탈퇴하여, 자국화폐의 가치를 떨어뜨려 부채를 청산하는 방법이 있으나, 이것도 잠시 동안만 효과가 있을 뿐, 근본적인 해결방안이 되지 않는다고 보인다.

왜냐하면, 첫째는 화폐 가치하락으로 인해 수입물품가격이 상승하고 그에 따라 인플레이션이 진행된다는 점이고, 둘째는 환율상승으로 인해 자국 상품의 가격하락에 따른 관광수입증대와 수출증대 효과가 기대된다는 점이다. 그러나 여기서 중요한 것은, 첫 번째 현상은 반드시 일어나는 것이지만, 두 번째 현상은 일어난다는 보장이 없다는 데 있다. 왜냐하면, 첫 번째 효과에 의해 자국 상품가격이 덩달아 상승할 공산이 크며, 또한 그리스는 제조업이 발달하지 못해 환율상승에 따른 수출증대효과를 보기 힘들며, 설사 아무리 물가가 낮아진다 하더라도 글로벌경기침체로 인해 모든 국가들이 소비와 투자가 저조한 시점에서 그리스의 관광업이 그리 호황을 누릴 것 같지 않기 때문이다.

예를 들어, 집을 사야 하는데 돈을 모아야 한다. 자동차를 사야 하는데 돈을 모아야 한다. 돈을 모으려면 소득에서 지출을 줄여야 하고, 관광은 여러 재화 중에서 지출감소대상의 제1순위에 해당된다.

즉, 앞에서도 말했지만, 여행매니아가 아니라면 관광은 수요충분성이 매우 강하기 때문에 글로벌경기침체가 해소되고 경기가 호황을 누리며 외국인의 소득이 증대되고, 투자와 소비가 살아나지 않는 한, 좋은 전망을 할 수 없다. 따라서 그리스가 유로존을 탈퇴한다 하더라도 통화가치하락에 따른 이점을 받지 못할 공산이 크다는 것이다. 그리고 시간이 지날수록, 경기침체로 인해 화폐가치는 계속 떨어지게 되고, 이로 인해 물가는 폭등하며, 경기는 완전히 바닥을 칠 수 있다.

결국, 은행부실이 예견될 때, 많은 돈을 맡긴 사람들이 돈을 인출하기 위해 은행으로 달려가며, 이 광경을 보고 다수의 소액채권자들도 은행에서 돈을 인출하기 시작한다. 즉, 뱅크런으로 인해 경제가 완전히 마비될 수 있는 것이다.

한 국가가 글로벌경제위기에서도 그나마 피해를 줄이려면, 제조업이든 뭐든 간에 최소 한 두 가지의 수요필요재화를 생산하거나, 수요충분재화에 대한 가격경쟁력이나 기술경쟁력을 갖춰야한다. 하지만 그리스가 독일과 같이 제조업으로 가격경쟁과 기술경쟁을 할 형편도 안 되며, 자원도 풍족한 것이 아니라서, 수요필요성이 강한 산업을 발전시킬 수도 없기 때문에, 매우 어려운 지경에 놓여 있다.

따라서 지금의 유로존 문제는 어느 국가의 유로존 탈퇴 여부로 해결되는 것이 아니라, 직접적인 무역수지 개선이 없을 경우, 결국 소비감소로 인해 독일, 프랑스와 같은 국가들도 침체국면에서 벗어날 수 없는 것이다. 왜냐하면, 독일이 호황을 누렸던 것도 남유럽국가들이 자신들의 상품을 소비해주었기 때문에 가능한 것이었으며, 지금의 불황국면에 접어든 것도 남유럽국가의 소비감소 영향이 매우 크기 때문이다.

그러면, 직접적인 무역수지 개선이 있으려면 어떻게 행동해야 하는가? 지금과 같이 채권을 매입해주고, 시중은행에 돈을 공급하면, 유럽경제위기가 나아질까?

나는 매우 힘들다고 본다. 이 문제를 해결하려면, 순차적으로 세 가지의 조치가 취해져야 한다고 생각한다.

첫째, 정책동일성을 추구하고, 국가이기주의에서 탈피해야 한다. 지금 유로존은 단일통화를 사용하고 있다. 단일통화를 사용하려면, 무엇보다 중요한 것이, 미국처럼 한나라와 같이 움직여야 한다는 것이다. 즉 강력한 중앙정부나 중앙은행을 중심으로 정책이 동일해야 한다는 것이다. 앞에서도 말했듯이 지금의 유럽위기에 가장 큰 원인은 바로, 국가마다 다른 경제정책을 취했기 때문이다. 독일은 저임금정책을 취하여 수출경쟁력을 높이고, 남유럽국가는 복지정책을 취하여 심각한 무역수지 불균형이 나타난 것이 아닌가. 따라서 국가마다 다른 정책으로 인해 경제적인 유·불리가 정해져서는 안 된다는 것이다. 즉, 제조업이 강한 독일은 남유럽국가에 수출로 인해 막대한 이윤을 얻고, 상대적으로 수요충분성이 강한 관광업을 중심으로 하는 남유럽국가의 경우, 막대한 부채를 얻는 상황을 만들면 안 된다는 것이다. 따라서 무역수지를 개선하기 위해서는 국가이기주의에서 탈피해서, 벌어들인 만큼 쓴다는 생각으로, 어느 국가가 무역흑자를 얻었으면, 어느 정도 적자국을 위해 소비를 해야 한다는 것이다.

둘째, 제도의 혁신이 뒷받침이 되어야 한다. 아무리 구성원들이 올바른 사고를 가지고 있어도, 제도가 잘못되면 소용이 없는 것이다. 뒤에서 자세히 말하겠지만, 투기를 조장하는 부동산시장과, 주식시장의 거래시스템을 혁신해야 하며, 허구적인 가치를 생산하는 수많은 금융상품을 제거하여, 생산성을 향상을 위한 투자시스템으로 탈바꿈해야만 한다. 그래서 유망한 기업에게 투자금이 적절히 분배되도록 해야 한다.

마지막으로, 경제주체의 수요필요성을 회복해야한다. 즉, 기업의 투자에 대한 희망과 가계의 실물소비향상을 이끌어 내야 한다는 것이다. 이를 위해서는 위의 두 가지 조건이 실현되어야 함은 물론, 단순히 은행에서 돈을 빌려주는 것이 아니라, 직접적으로 국가에서 지원을 해야 한다는 것이다. 예를 들어, 정부가 직접 유망한 기업에 투자와 보조를 아끼지 않아야 하며, 가계의 실물소비향상을 위해 높은 임금수준과 안정적인 일자리를 제도적으로 보장해야만 한다.

결론적으로 위 세 가지가 이루어져야만 경제위기가 극복될 수 있는 것이다. 그리고 경제가 조금씩 회복되고 기업이 미래에 대한 투자에 좋은 전망을 가지기 시작하면, 그때에 사용하는 것이 화폐정책이다. 즉, 경제주체의 수요필요성이 살아날 때 화폐정책은 그나마 효과를 볼 수 있는 것이다.

02

물 가

물가의 결정

"소비가 감소하면, 가격은 내려간다." 과연 맞는 말일까? 많은 사람들이 이 질문에 대해 당연한 말을 왜 물어보느냐는 반응을 보일 것이다. 하지만, 실제 경제작동방식은 우리가 상식처럼 알고 있는 것과는 크게 다를 수 있다. 이를 설명하기 위해, 앞에서 말한 재화의 특성별로 구분하여 살펴보기로 하자.

먼저, 수요충분재화의 경우 예를 들어 말하면, A라는 기업이 신제품인 냉장고(수요충분재화)를 판매한다고 가정해보자.

A 기업은 냉장고의 공급가격을 100만 원에 책정하고 시장에 공급을 했으나, 경기침체로 인해 판매량이 저조하다면, 과연 A 기업은 공급가격을 내리는 결정을 쉽게 할 수 있을까? 절대 쉽게 할 수 없다.

만약 A 기업이 적은 판매량으로 인해 실적이 저조하여, 공급가격을 100만 원에서 90만 원으로 낮게 책정하여 판매한다 하더라도, 이미 수요가 충분한 상태에 있는 냉장고를 통해서 더 많은 이윤을 얻는다는 보장이 없다.

예를 들어, 100만 원의 가격을 책정해서 한 달에 1,000대를 판매하였는데(총 생산비용은 대당 80만 원이라고 가정하자), 90만 원의 가격을 책정하였더니 다음 달에는 1,200대를 판매했다면, 100만 원을 책정했을 때 얻는 이윤은 20×1,000=2억 원이고, 90만 원을 책정했을 때 얻는 이윤은 10×1,200=1.2억 원이 된다.

비록 가격을 낮춰서 더 많은 판매량과 매출을 기록했지만, 오히려 이전과 비교해 막대한 잉여손실을 입게 된다. 따라서 소비량이 준다고 해서 함부로 가격을 내릴 수 없다는 것이다.

다음은 수요필요재화의 경우, 과연 소비가 감소하면 가격은 내려가는지를 알아보자.

수요필요재화 중, 가치저장성이 낮은 채소나 과일 같은 재화들은 소비량이 줄게 되면, 수요충분성을 가지기 때문에 가격을 낮춰서라도 신속한 소비가 요구되므로 비교적 위의 명제가 적용된다고 봐야 할 것이다. 하지만, 그 이외에 재화들은 가치저장성이 크기 때문에 소비량이 준다고 해서 가격을 낮출 이유는 없다. 오히려 소비량이 줄어, 매출과 이윤이 감소하는 상황을 극복하고자, 가격을 올릴 수도 있는 재화이다. 아니, 가격을 올려서 대응하는 것이 공급자에게 훨씬 이익이 된다. 왜냐하면, 수요필요성이 크기 때문에 가격이 오른다고 해도 충분한 소비량이 확보되기 때문이다. 즉, 괜히 공급자에게 유리한 재화가 아니라는 것이다(우리가 알고 있는 하이퍼인플레이션은 수요필요재화를 공급하는 공급자의 의도공급가격 폭등을 의미하는 것이다. 예를 들어, 하이퍼인플레이션을 설명할 때, 주로 교과서나 여타 경제서적에서 가장 많이 나오는 장면이 무엇인가. 바로 사람들이 리어카에 돈을 잔뜩 싣고 빵가게로 가는 장면이다. 왜냐하면, 빵이 어느 재화보다도 수요필요성이 가장 강하기 때문이다).

즉, 물가는 경제상황에 맞는 공급자의 이윤극대화 추구에 의해 결정되고, 그에 따라 가격이 오를 수도 내릴 수도 있는 것이다(물론 경매시장은 수요자가 가격을 결정하지만, 이들도 판매를 목적으로 하는 공급자에 해당된다). 따라서 주류경제학이 말하는 물가를 잡기 위해 중앙은행이 통화량을 줄이고 고금리

정책을 써서 소비와 투자를 줄여 물가를 잡겠다는 정책은 실제 경제상
황에서는 통할 리가 없다는 것이다. 즉, 물가는 경제주체의 경제행위에
대한 정부의 직접적 개입이 없는 상황에서, 중앙은행의 화폐정책과 같은
간접적 개입만으로는 조절할 수 없다는 것이다.

투 기

물가결정에 대해서 알아보았다. 이제는 물가에 영향을 미치는 요인들에 대해서 알아보자. 앞에서도 말했지만, 물가에 영향을 미치려면, 실질적으로 공급자의 이윤극대화 추구에 영향을 끼쳐야 한다. 즉, 상품공급자의 의도를 바꿀 수 있어야 한다는 것이다.

여기에서는 공급자의 의도를 변화시키는 요인 중 투기에 대해서 살펴보기로 하자.

투기는 거품을 일으키는 경제행위를 말하며, 거품이란 정상적인(생산적인) 경제행위로 인한 물가상승 이외에, 투기로 인한 추가적인 물가상승을 말한다. 투기에는 우리가 흔히 알고 있는 부동산, 주식, 환율, 파생금융상품과 같은 자산투기와 상품에 대한 담합, 곡물이나 원자재시장에서의 경매투기와 같은 실물투기로 나눌 수 있다. 여기서는 부동산과 경매투기에 대해서 살펴보자.

부동산

먼저 부동산 투기가 물가에 미치는 영향에 대해서 살펴보면, 부동산은 실물생산에 있어서 반드시 필요하며, 부동산 투기로 인해 토지나 건물, 임대료 값이 상승하면, 공급자는 생산비용이 증가하기 때문에 이전보다 더 많은 이익을 얻어야만 한다. 그러기위해서는 상품에 대한 공급가격을 상승시키거나, 아니면 더 많은 판매량을 기록해야만 한다.

여기서 중요한 문제는, 부동산의 가격결정은 주식의 가격결정과 마찬가지로 소수의 거래가 다수의 가치를 결정짓기 때문에, 소수의 부동산거래만으로 그 일대의 부동산가격이 모두 상승하게 된다는 데 있다. 그리고 그 대상은 상품을 공급하는 기업뿐만 아니라, 상품의 수요를 담당하는 가계에도 큰 영향을 미치게 된다.

먼저, 수요충분재화를 판매하는 공급자에 대해서 살펴보자.

예를 들어, 건물을 임대하여 TV를 판매하고 있는 A 기업은 부동산 투기로 인해 임대료 값이 상승하여 이전보다 더 많은 수익을 거둬야 하는 상황에 있다고 가정하자.

A 기업이 평소보다, 더 많은 이윤을 내기 위해서는 TV는 수요충분재화이므로 가격을 낮춰서 판매량이 는다는 보장도 없으며, 만약 가격을 낮춰 매출이 는다 해도 이윤이 더 적을 공산이 크다. 그렇게 되면 가격을 올려야하는 상황에 처하게 되는데 이때는 판매량이 더욱 저조해지며 자칫 도산할 가능성이 크고, A 기업은 건물에서 나갈 수밖에 없다. 또한, 부동산 투기로 인해 집값이 상승하면 가계에도 큰 부담을 주게 된다.

물론 집을 소유하고 있는 소유자라면, 집값 상승으로 인해 자산가치가 늘게 늘겠지만, 집값 상승으로 자산가치가 느는 것과 실제 소비를 많이 하는 것은 거의 상관관계가 없다.

예를 들어, B씨는 자신이 소유한 아파트 가격이 부동산 투기로 인해 3억에서 5억으로 뛰었다면, B씨는 그 이전보다 실물소비를 늘리겠는가? 아닐 것이다. 왜냐하면, 아파트 값이 뛰었어도, 그 아파트를 팔아야 통장 잔고가 증가하는 것이며, 생존을 위해 수요필요성이 강한 아파트를 팔 수도 없을뿐더러 군이 수요충분재화를 소비하기 위해 아파트를 담보로 대출받아 빚을 져가면서까지 소비할 필요도 없기 때문이다. 즉, 집에 5년 된 TV를 보고 말지, 비싼 돈을 주고 최신형 TV를 군이 빚을 져가면서까지 구입할 이유는 없다는 것이다.

따라서 소비에 직접적으로 영향을 미치는 것은 바로 자산가치가 아니라 경제주체의 소득수준과 통장 잔고이다. 즉, 지금 당장 쓸 돈이 많아야 수요충분재화에 대한 소비가 는다는 것이다.

따라서 부동산 투기로 인해 가격이 상승하면 수요충분재화를 공급하는 기업은 이전보다 더 높은 이윤을 얻어야 하며, 이를 위해서는 상품의 공급가격을 낮춰 판매량을 늘리든지, 아니면 상품의 공급가격을 올려야 하는데, 두 방안 모두 실효성이 없으며, 결국 생산비용을 절감하기위해서 노동자를 해고하거나 임금을 삭감해야 한다.

그리고 가계 또한 투기로 급등한 부동산을 구입하기 위해서는 이전보다 지출을 줄여야 하며, 수요충분재화를 생산하는 기업의 임금삭감으로 인해 소득이 줄게 된다. 그리고 가계의 지출삭감의 대상은 당연히 수요충분재화가 될 것이며, 이로 인해 가장 큰 피해를 보는 경제주체는 수요충분재화를 생산하는 기업이 된다.

하지만 문제는 많은 수요충분재화의 공급자가 부동산가격이 상승하면, 상품의 가격을 올리는 것으로 대응하며, 결국 막대한 손실을 입고 도산하게 된다는 데 있는 것이다. 그런데 그럴 수밖에 없는 것이, 이전보다 이윤을 적게 획득하는 것을 감수하고 상품의 가격을 낮추거나 유지한다 해도, 수요충분재화는 판매량이 는다는 보장이 없으며, 더군다나 부동산 투기로 가격이 급등하면, 가계의 지출도 줄기 때문에 사면초가의 상황에 처하게 된다.

이번에는 수요필요재화를 공급하는 경제주체에게 부동산 가격이 상승하면 어떠한 영향이 미치는지 살펴보자. 부동산 가격이 상승하면, 수요필요재화를 공급하는 경제주체도 위와 마찬가지로 이전보다 수익을 더 거둬야 하는 이유가 생기게 되며, 이를 위해서는 기존 판매량보다, 더 높은 판매량을 기록하든지, 아니면 재화의 가격을 높여 대응해야 한다.

여기서 중요한 문제는 수요필요재화의 종류인데. 가치저장성이 낮은 채소나 과일 같은 재화들은 신속한 판매가 관건이므로, 가격을 높여서 대응할 것인지, 아니면 가격을 낮춰서 판매량을 높일 것인지, 각 경제상황에 맞게 대응을 해야 한다.

만약, A가 수박 장사를 한다고 하자. 날씨가 무덥고 휴가철인데다가 폭염으로 인해 수박공급량이 적다면, 가격을 낮춰서 대응하는 것보다는 가격을 높여서 더 많은 이윤을 추구할 것이다. 그리고 B가 바나나 장사를 한다고 하자. 높은 공급가격으로 인해 소비가 되지 않아 보관시기가 길어져 상품가치가 없어질 공산이 크다면, 가격을 낮춰 재고를 소진시키려 할 것이다. 그 이외의 수요필요재화는 가치저장성이 높아, 공급가격을 낮춰 대응하기보다는 오히려 공급가격을 높여 대응할 것이다. 왜냐하면, 높은 수요필요성으로 인해 공급가격이 높아도 꾸준히 소비가 되기 때문이다. 즉, 괜히 가격을 낮춰서 낮은 수익을 거둘 필요가 없다는 것이다.

따라서 부동산 가격이 상승하면, 수요필요재화의 경우는 공급가격이 상승할 공산이 매우 크다. 이는 고스란히 수요필요재화 자체의 물가상승도 의미하지만, 그것을 부품이나 원료로 하는 다른 재화들의 물가상승을 의미하기도 하는 것이다. 즉, 부동산 투기로 인해 가격이 상승하면, 수요충분재화와 수요필요재화의 공급가격이 모두 상승하게 되며, 이는 경기침체로 이어진다.

실물투기

실물투기는 각종 원자재, 곡물의 현·선물시장에서의 경매거래에 의해 발생되게 된다. 경매란 일반적인 판매행위와는 다르게 수요자가 가격을 결정하는 거래시스템이다. 따라서 경매의 대상이 되는 재화는 수요필요재화이다. 수요자가 가격을 결정한다는 것은 거래를 마치는 것과 같기 때문에 수요자 입장에서는 기본적으로 충분한 수요가 확보되는 재화를 구입할 수밖에 없기 때문이다.

따라서 공급자가 가격을 정하는 수요충분재화는 충분한 수요확보가 보장되지 않기 때문에 경매에 의해 거래될 수 없는 것이다(만약, TV나 냉장고, 자동차 등을 경매거래한다고 생각해보자. 과연, 공급자가 자신이 의도한 이윤과 매출을 달성할 수 있을까. 가능성이 거의 없을 것이다. 왜냐하면, 처음에는 소수에 의도수요가격이 높은 소비자들이 높은 가격을 주고 상품을 구입할 것이지만, 대다수 소비자의 의도수요가격은 공급자의 의도공급가격보다 낮을 것이 자명할 것이기 때문이다. 또, 당장 필요도 없는 재화를 비싸게 주고 구매할 이유가 없다. 그리고 이런 현상은 가계의 소득수준이 낮으면 낮을수록 더욱 심각할 것이다. 그렇게 되면, 기업은 매우 낮은 가격에 상품을 판매하게 되고, 자칫 도산할 수도 있는 것이다).

문제는 경매시스템이 수요자가 가격을 결정하는 것이라면, 공급자는 자신이 유리한 수요필요성이 강한 재화에 대한 거래를 굳이 수요자에게 왜 맡기는가에 있다.

왜 일까? 팔로 때문일까? 아니면 스스로 팔기 귀찮아서 일까?

아니다. 공급자가 가격을 결정하더라도 수요자들이 물건을 사고자 몰려들 것이기 때문이다. 즉, 근본적인 이유는 자신이 직접 가격을 책정해서 파는 것보다는 경매시장에서 수요자의 투기기대에 의존하는 것이 자신에게 더 이익이 되기 때문이다.

왜냐하면, 경매시장에서 수요자도 판매를 목적으로 하는 공급자이며 결국 최종소비자는 소비를 목적으로 하는 가계이기 때문에, 충분한 수요가 확보되는 수요필요재화를 구입하기 위해서는 높은 값을 지불할 수밖에 없을 것이다. 이는 거의 공급자의 의도공급가격을 뛰어 넘는 수준에 이를 공산이 크기 때문이다. 왜냐하면, 높은 값을 지불해도 낙찰받은 물건을 자국 소비자에게 비싸게 팔면 되기 때문이다. 이것이 국제원유값이나 곡물 값, 각종 원자재값이 폭등하는 근본적 원인이다. 이런 재화들의 공급가격이 상승하면, 앞에서도 말했듯이 수많은 재화의 공급가격까지 끌어올리게 된다.

그리고 또 다른 문제는 수요자의 투기기대에 영향을 미치는 자극이 제공되면, 위에서 열거한 재화들의 가격이 폭등한다는 것이다. 가령, 양적완화를 한다든지, 고용지표가 나아졌다든지, 부동산, 주식 등의 거래가 활성화 되어, 성기회복의 조짐이 보인다는 소식이 나자마자, 원유 값이나 곡물 값도 덩달아 상승하게 된다. 이런 현상은 조금 나아진 경제지표의 발표가 투기기대를 자극하여, 오히려 경제회복에 걸림돌이 되는 꼴을 보여준다.

이렇게 되면, 결국 경매거래에 참여하는 경제주체도 큰 타격을 입게 된다. 이런 현상을 막기 위해서는 원유, 곡물, 금속과 같은 수요필요성이 강한 재화의 거래방식을 경매방식이 아니라, 국제적 합의에 의해 가격을 정하는 방식으로 바뀌어야 한다.

환 율

　이번에는 환율이 물가에 어떠한 영향을 미치는지 살펴보기로 하자. 앞에서도 말했듯이 환율이 상승하든지, 하락하든지 간에 물가에 영향을 미치려면 실질적으로 공급자의 의도에 영향을 끼쳐야 한다.

　먼저, 환율이 상승했을 때를 살펴보자. 환율이 상승하면, 자국화폐 가치가 떨어지게 되며, 이로 인해 상대적으로 수입물품의 공급가격이 비싸진다. 그럼, 과연 지금까지 했던 말이 다 맞을까? 대답은 맞을 수도 있고, 맞지 않을 수도 있다. 왜냐하면, 수입물품이 어떤 것이냐가 중요하기 때문이다. 즉, 수입품이 수요충분성을 가지고 있느냐? 아니면 수요필요성을 가지고 있느냐에 따라 가격이 결정되게 된다.

　만약에 수입품이 수입국에 수요충분성을 가지고 있는 TV나 냉장고, 자동차 등이라고 했을 때, 환율에 의해서 자신의 수출품의 가격이 상승하는 것을 반기는 기업은 단 한 곳도 없을 것이다. 왜냐하면, 수요충분재화는 가격경쟁력과 기술경쟁력이 판매의 주요 요인인데 가격경쟁력에서 뒤떨어지면, 자칫 판매량이 급감할 수도 있기 때문이다. 특히 오늘날과 같이 노동유연화와 장기 경기 침체로 인해 가계의 소득이 줄고, 실업이 높은 상황에서는 기술경쟁력보다는 가격경쟁력이 더욱 판매에 영향을 끼치게 된다. 따라서 환율이 상승해도 수요충분재화의 수입물품의 공급가격은 상승하지 않는다고 보아야하며, 만약 공급가격을 상승시켰다면, 엄청난 손실을 볼 수밖에 없을 것이다.

다음은 수입물품이 수요필요재화의 경우에 대해서 살펴보도록 하자. 가치저장성이 낮은 수입과일이나 채소 등은 경제상황에 따라 가격을 올리거나 내릴 것이지만, 그 밖에 가치저장성이 높은 재화들은 공급가격이 반드시 올라가게 된다. 왜냐하면, 외국시장에서 물품을 팔아서 받은 화폐는 자국보다 가치가 낮은 화폐인데, 그것을 자국의 화폐로 바꾸면, 손해를 보기 때문이다. 그런데 수요필요재화는 어차피 가격이 상승해도 꾸준한 수요가 보장이 되기 때문에, 굳이 자국의 환율하락으로 인한 경제적 손실을 볼 필요가 없는 것이다. 따라서 수요필요성이 강한 수입물품의 공급가격이 상승하게 되고, 이로 인해 이 재화를 원료나 부품으로 하는 재화들까지 가격이 상승하여, 경기는 침체된다. 그리고 경기침체의 정도는 아무래도 수요필요재화를 많이 수입하는 국가가 클 것이다.

다음은 환율이 하락하게 되면, 물가에 어떠한 영향을 미치는지 알아보자.

과연, 환율이 하락하게 되면, 자국 상품의 가격에 비해 수입물품의 가격이 상대적으로 낮아질 것인가? 이 문제도 위와 마찬가지로 재화의 특성으로 판단할 수 있다.

먼저, 수요충분재화의 경우, 수입물품의 경우에는 수출국의 환율상승으로 인해 가격경쟁력이 높아질 것이며, 이는 환율하락을 겪고 있는 수입국가의 수요충분재화의 판매량 감소로 이어질 가능성이 크다. 따라서 수입물품의 가격경쟁력에 맞서기 위해 수입국가의 수요충분재화의 공급가격도 같이 내려갈 확률이 크다.

다음은 수요필요재화의 경우를 살펴보면, 수요필요재화를 수출하는 경제주체는 자국의 환율상승으로 인해 더 싸게 팔수 있는 여건이 마련되어 있어도, 굳이 충분한 수요가 보장되어 있는 재화에 공급가격을 내릴 이유가 없는 것이다. 오히려 환율 이외의 다른 변수에 의해 공급가격을 올릴 수도 있을 것이다. 따라서 환율하락은 수요필요재화의 공급가격에 영향을 미치지 못한다.

정리하자면, 환율상승 때에는 수요충분재화의 물가에 미치는 영향이 미미하며, 수요필요재화에서의 물가상승을 유발시키게 되고 경기를 침체시킨다. 그리고 환율하락 때에는 수요충분재화에서는 물가가 낮아질 것이며, 수요필요재화에서는 물가에 미치는 영향이 미미할 것이다. 하지만, 이 현상도 국가마다 어느 재화를 수출, 수입하는지에 따라 다른 영향이 발생하게 된다. 이에 대해서는 뒷장의 화폐 부분에서 자세히 살펴보도록 하겠다.

금리와 통화량

　우리는 흔히 이자율이 낮아지면, 소비와 투자가 늘어나 물가가 상승하고, 이자율이 높아지면, 소비와 투자가 감소하여 물가가 하락한다고 알고 있다. 그러나 물가는 공급사의 이윤극내화 추구에 의한 의노에서 설정되는 것이고, 만약 이자율이 물가에 영향을 미치려면, 공급자의 이윤극대화 추구를 위한 의도공급가격에 영향을 미쳐야 한다.

　그러면, 과연 이자율이 의도공급가격에 영향을 미치는지에 대해 자세히 살펴보도록 하자.

　이자율이 하락하면 기업이나 가계가 돈을 대출 받을 때 드는 비용이 하락하게 된다. 하지만, 문제는 금리가 낮다고 기업이나 가계가 투자나 소비를 늘리는가에 있다. 나는 그런 생각에 매우 회의적이다. 왜냐하면, 금리가 낮다고 기업이나 가계가 자신이 필요한 금액이상을 대출 받을 이유가 없기 때문이다. 그 이유는 금리가 아무리 낮더라도 갚아야 하는 빚이기 때문이다.

　세상에 어느 경제주체가 필요도 없는 돈을 빚을 져가면서까지 대출받는단 말인가? 상식적으로 이해가 안 되는 논리이다. 경제주체가 돈을 빌리는 이유는 단 한 가지다. 자신이 꼭 수요해야할 필요성이 있을 때만이다. 만약 위의 논리가 맞는다면, 고금리 사채를 끌어 쓰는 중소기업을 운영하는 기업인과 생계를 유지하는 서민층은 무엇이란 말인가? 즉, 금리가 아무리 높든지, 낮든지 간에, 경제주체의 수요필요성에 의해 투자와 소비가 결정되는 것이지, 금리의 역할은 매우 미미한 수준일 뿐이다. 그리고 현실에서도 증명되지 않는가? 세계 각국이 거의 제로 수준의 금리를 취하고 있는데, 실물경기가 어떠한가? 소비와 투자가 늘고 있는가? 그로 인해 물가가 폭등하는가? 아니지 않는가.

우리는 절대로 경제현상을 단순하게 생각해서는 안 된다. 경제는 수학공식이 아니다. 인간이 하는 사익추구행위이다. 즉, 경제는 철저하게 상식으로 접근해야 한다는 것이다. 그래야만 대략적으로 비슷하게나마 예측과 분석이 가능한 것이다.

이번에는 통화량이 과연 물가에 어떠한 영향을 미치는지 한번 알아보자.

보통 통화량정책은 물가를 낮추기 위해 쓰이기 때문에 이 부분만 논의하도록 하겠다. 중앙은행은 공개시장조작, 재할인율, 지급준비율 등의 장치를 가지고 통화량을 조절하는데, 시중은행에 이 장치들로 대출을 줄일 것을 요구하여, 민간의 소비와 투자가 감소하게 되면, 물가가 하락할 것이라 생각하고 이와 같은 정책을 쓰게 된다. 그런데 눈치가 조금 빠른 독자라면, 통화량을 줄이는 정책이 물가에 영향을 미칠 수 없다는 것을 금방 알 수 있을 것이다. 왜냐하면, 앞에서 말해왔듯이 소비나 투자가 감소해도 물가가 내려간다는 보장이 없기 때문이다. 그리고 물가를 낮추려고 대출을 줄이려는 대안은 너무 대가가 크다.

만약 대출을 줄이는 정책을 펼쳤다가 실물경기를 더욱 악화시키면, 높은 실업과 수많은 기업 경영에 악영향을 미칠 것이다. 즉, 통화량을 줄여서 물가를 잡겠다고 기업과 가계를 위험에 빠뜨린다는 것이다. 그리고 통화량을 줄여 은행이 대출을 줄인다 하더라도, 소비와 투자가 감소한다는 보장도 없는 것이다. 왜냐하면, 앞에서도 말했지만, 소비와 투자는 금리나 통화량에 의해 영향을 받는 것이 아니라, 경제주체의 의도, 즉 수요필요성에 의해 영향을 받는 것이기 때문이다.

예를 들어, A 기업이 B사업에 투자하기 위해 1,000억이 필요하다고 가정하자. 그리고 1,000억은 A 기업의 생존에 꼭 필요하다면, 은행이 대출을 해주지 않는다 해도, 주식시장에서 유상증자를 하든지, 채권시장에서 어음을 발행한다든지, 아니면 고금리 사채를 사용하든지 간에, 어떻게든 자본조달을 하려 할 것이다. 즉, 은행이 대출해주지 않음으로써, 기업은 자본조달에 어려움을 겪게 되고, 급기야 고금리 사채까지 쓰게 된다면, 기업은 더욱 큰 곤경에 처하게 되고, 오히려 경기회복에 독이 된다는 것이다. 가계노 마잔가지이다.

기본적인 생계유지를 위해, 아니면 여러 긴박한 상황에 의해 수요필요성이 강한 재화를 구입해야 하는데, 은행이 돈을 빌려주지 않는다고 그냥 지켜보고만 있을 수 있을까? 고금리의 사채를 끌어 쓰더라도 소비를 하려 할 것이다. 그리고 그렇게 되면, 가계는 부채부담에 더욱 시달리게 된다. 따라서 통화량이라는 것은, 단지 경제주체의 경제행위에 대한 결과일 뿐인 것이다.

끝으로, 물가란 공급자의 의도공급가격을 의미하는 것이기 때문에, 굳이 금리나 통화량이 아니더라도 얼마든지 여러 경제자극에 의해 변할 수 있다. 솔직히 내 생각은 금리나 통화량은 물가와 거의 상관관계가 없으며, 설사 통화량을 줄이고, 금리를 높여서 물가를 낮추거나 물가상승률을 낮춘 통계자료가 존재한다 하더라도, 그 자료는 잘못 측정되었거나, 분명 다른 요인에 의해서 일거라 생각한다.

담 합

담합은 복수 이상의 공급자가 수요자의 의도와 상관없이 상품의 가격이나 수량을 정하여, 판매하는 경제행위로써, 일종의 가격거품을 발생시키는 투기에 해당된다. 문제는 담합도 그 대상이 매우 중요한데, 결론부터 말하자면, 수요충분재화의 대한 담합은 실효성이 없으므로 물가에 별다른 영향을 끼치지 못하지만, 수요필요재화에 대한 담합은 직접적으로 물가에 큰 영향을 끼치게 된다. 이제 그 이유에 대해서 살펴보겠다.

먼저, 수요충분재화를 공급하는 공급자들이 수요자의 의도수요가격을 뛰어넘는 공급가격 담합을 했다고 가정해보자(의도수요가격과 같거나, 낮은 공급가격책정을 담합이라 볼 수는 없다).

예를 들어, TV를 생산하는 A 기업과 B기업이 가격을 담합하여, 100만 원에 판매를 한다고 가정하자. 그런데 가격이 너무 비싸 소비자들이 소비를 하지 않는다고 한다면, 과연 A, B기업의 가격담합이 유지될 수 있을까? 아마도 유지되기 힘들 것이다. 왜냐하면, 이미 수요가 충분한 TV를 신속하게 판매하여 자금을 마련하지 않게 되면, 향후 의도한 생산계획에 차질이 생기게 되고, 다른 경쟁업체와의 기술경쟁이나 가격경쟁에서 불리할 수밖에 없기 때문이다. 또한, 경쟁업체인 C, D, E, F 등의 기업이 가격을 낮춰 버리면, 판매량이 그쪽으로 몰리게 되어, 막대한 피해를 볼 수 있다. 그리고 담합한 A, B기업의 제품의 품질이나 평판 등이 조금 달라서, 한쪽으로 판매량이 더 높아지면, 담합은 오래 유지하지 못한다.

즉, 수요충분재화는 대부분 소비주기가 길고 판매경쟁이 심하고, 감가상각이 커서 가치저장성이 없기 때문에, 제품을 개발해 신속하게 판매하지 않으면, 재고로 쌓이게 되고, 제품의 생산비용도 제대로 받지 못하는 가격으로 팔아야 할 처지에 놓이게 된다.

따라서 충분한 수요가 보장되지 않는 수요충분재화에 대한 공급가격 담합은 금방 와해되어 버린다. 즉, 수요충분재화에 대한 담합은 실효성이 없으며, 그 담합가격은 물가에 별다른 영향을 미치지 못한다.

하지만, 수요필요재화에 대한 공급가격 담합은 이야기가 달라진다. 소비주기가 짧고, 판매경쟁이 낮고, 구매경쟁이 심하며, 가치저장성이 높고, 충분한 수요가 보장된 수요필요재화에 대한 공급가격 담합은, 물가상승에 큰 영향을 미치게 된다.

예를 들어, 원유를 공급하는 A, B기업이 공급가격을 담합했다고 가정하자. 원유는 수요자가 자신이 의도한 수요가격보다 비싸더라도 소비해야하는 재화이기 때문에 A, B기업은 막대한 이윤을 얻을 수 있다. 또한, C, D와 같은 경쟁업체가 있다 하더라도, 이들 기업 또한 A, B기업의 담합가격보다 가격을 낮게 책정하여, 가격경쟁을 유도하는 것보다는, 같이 공급가격을 맞춰 이전보다 더 많은 수익을 얻으려 할 것이다. 즉, 소수기업의 공급가격 담합이 다른 기업의 공급가격까지 같이 끌어올리게 되는 암묵적인 담합이 진행되게 된다.

따라서 수요필요재화의 공급가격 담합은 그 자체만으로도 물가상승을 의미할 뿐만 아니라, 그것을 부품, 원료로 하는 다른 재화의 공급가격을 상승시키게 되며, 경기를 더욱 침체시키게 된다.

체감 물가

소비자의 체감물가와 정부가 조사한 소비자 물가와의 차이가 나는 이유는 무엇일까? 이는 정부가 물가측정에 수요충분재화를 포함시켰기 때문이다.

요즘 같은 경기침체기에 정부의 물가조사가 소비자의 체감물가보다 낮게 나오는 이유는 바로, 수요필요재화의 가격이 올라가는데 반해, 수요충분재화의 가격은 내려가서, 이것이 모두 반영되었기 때문이다.

이에 대해 자세히 설명하자면, 수요충분재화의 공급가격은 소비자에게 큰 부담으로 작용하지 않는다. 왜냐하면, 수요충분재화를 수요함에 있어 소비자는 자신의 선택에 의해 수요를 결정하기 때문에, 체감물가에 크게 영향을 주지 못한다. 그러나 수요필요재화의 공급가격은 소비자의 필요에 의해 수요 되기 때문에, 체감물가에 크게 영향을 미친다.

예를 들어, A가 냉장고를 구매했다고 가정하자. 냉장고의 공급가격은 100만 원이고 A의 냉장고에 대한 의도수요가격은 110만 원이라 하자. 그래서 자신이 의도한 가격보다 저렴하기 때문에 이참에 집에서 쓰던 낡은 냉장고를 교체할 작정으로 구매했다고 하자. 그럼 냉장고의 공급가격에 대해 A가 큰 부담을 느꼈을까? 아니다. 냉장고의 가격이 전보다 올랐

던지, 내렸든지 간에, A는 자신의 의도수요가격보다 저렴했기 때문에 냉장고를 자신의 선택에 의해 구매를 했던 것이다. 이는 A에게 부담이라 볼 수 없으며, 오히려 선택에 의한 효용이익을 얻었다고 보는 것이 맞는 것이다.

하지만, 만약 A가 밀가루를 구매했다고 가정해보자. 밀가루의 공급가격은 5천 원이고, 이 가격은 전보다 500원이 오른 가격이었으며, A는 밀가루의 가격에 대해 비싸다고 생각하지만, 수요필요성이 강하여 자신의 의도수요가격보다 비싸다 하더라도 구매를 했다면, A는 큰 부담을 느낄 것이다. 왜냐하면, 자신의 의도를 뛰어넘어, 선택이 아니라 필요에 의해 구입했기 때문이다. 즉, 앞에서의 냉장고를 구매했을 때와 밀가루를 구매했을 때의 A의 체감물가는 전혀 다른 것이다. 왜냐하면, 수요충분재화는 비싸면 안 사면 되기 때문에, 소비자에게 미치는 체감물가에 영향은 미미하다.

그래서 실제 소비자에게는 신제품TV가 200만 원이든, 300만 원이든지 전보다 가격이 크게 상승했든지 하락했든지 간에, 그것이 중요한 것이 아니다. 어제보다 휘발유 값이 30원 더 올랐느냐, 채소와 과일값은 얼마나 올랐느냐? 이런 것들이 더욱 체감물가에 영향을 크게 미치는 것이다. 즉, TV나 냉장고나, 자동차 가격이 휘발유나 전기료, 수도료, 쌀값, 밀가루 값들보다 물가의 등락차이가 클지 몰라도, 소비자 입장에서는 수요필요재화의 물가 등락차이가 낮다 하더라도, 훨씬 부담스럽다는 것이다. 왜냐하면, 자신의 의지보다는 필요에 의해서 구매를 해야 하기 때문이다.

한 가지 예를 들자면, 많은 사람들이 지금의 일본은 디플레이션을 겪고 있다고 말하고 있다. 그리고 실제 조사에서도 그렇게 나오고 있는 실정이다. 그런데 문제는 과연 일본국민이 그렇게 생각하고 있는가이다.

즉, 재화를 구입하는데 물건값이 싸다고 여기는가이다. 물가가 싸다고 생각하는 사람은 단 한명도 없을 것이다. 왜냐하면, 위에서도 말했지만, 물가를 측정할 때, 수요충분재화를 포함시켰을 경우, 일본과 같이 장기 경기 침체에 빠진 나라에서 당연히 디플레이션이라는 조사결과가 나오는 것이 자명한 것이며, 그것에다 지속적인 엔화강세로 인해, 수요충분재화의 가격이 더욱 떨어졌을 것이며, 또한 수요충분재화가 재고로 쌓이게 되면 가격이 급락하기 때문이다. 즉, 물가를 측정할 때는 수요충분재화를 포함시키게 되면, 오히려 체감물가를 왜곡시키는 결과를 초래한다는 것이다.

분명 일본에서도 수요필요재화의 가격은 올랐을 것이고, 일본국민의 체감물가는 상승했을 것인데, 수요충분재화의 가격을 그것에다 포함시키다보니, 오히려 체감물가의 상승을 상쇄시키는 결과를 초래하게 된다는 것이다. 그리고 체감물가라는 것은 자신의 소득수준과 비교해서 나오는 것이기 때문에, 가령, 일본이 장기 경기 침체로 인해 기존의 수요필요성을 가지고 있던 재화들이, 수요충분성을 가지게 되면, 가격이 내려가게 되고, 이것은 체감물가에 반영시켜서는 안 된다. 즉 물가를 측정할 때, 항목을 경제상황에 따라 수시로 바꿔야 한다는 것이다. 왜냐하면, 재화의 특성이 고정되어 있지 않기 때문이다. 따라서 소비자의 체감물가를 비슷하게 측정하려면, 수요필요재화만을 대상으로 하여야 한다.

빈부 격차

가계의 상위 20%의 평균 소득이 500만 원이고, 전체 평균소득이 250만 원인 A경제와 가계의 상위 20%의 평균소득이 400만 원이고, 전체평균소득이 250만 원인 B경제는 어떤 차이점이 있을까(소득수준 이외에 모든 경제조건은 같다고 하자)?

우선, A경제는 B경제보다 빈부격차가 크다는 것을 알 수 있다. 그러면, 이런 빈부격차가 과연 물가에 어떠한 영향을 미칠 수 있는지 알아보자. 기업은 자신의 이윤극대화를 추구하며, 만약, 소비량이 줄어든다 하더라도, 상품의 가격을 무작정 낮추는 것이 아니라, 가격을 낮춰서 얻을 때의 이윤과 가격을 유지하거나, 높여서 얻을 때의 이윤을 비교하게 된다.

빈부격차가 심해지면, 상위소득계층의 상품에 대한 의도수요가격과 중하위 소득계층의 상품에 대한 의도수요가격은 크게 차이가 나게 되므로, 기업은 더욱 상품의 가격을 낮출 이유가 사라지게 된다. 즉, A경제와 B경제 중에 물가가 더 높은 경제사회는 바로 빈부격차가 심한 A 경제가 되는 것이다.

예를 들어, TV를 생산하는 C기업이 공급가격을 책정할 때, 당연히 의도수요가격대가 상위평균소득이 높고 빈부격차가 심한 A경제의 수요자들을 대상으로 가격을 책정하게 되면, 아무래도 상위평균소득이 낮은 B 경제의 수요자들을 대상으로 하는 것보다 가격이 높을 것이다. 그리고 이런 현상은 고가의 상품이나 신제품의 수요충분재화에서 두드러질 것이다. 왜냐하면, 고가의 상품에 대한 선호도가 아무래도 B경제보다는 A 경제가 높을 것이기 때문이다. 그런데 중요한 것은, 상품에 대한 감가상각이 A 경제와 B 경제보다는 더 클 것으로 생각할 수 있다는 것이다.

왜냐하면, 비록 A 경제와 B 경제가 평균임금수준은 같을지라도, 빈부격차가 심한 A 경제의 경우, B 경제보다, 빈곤층의 분포도 더 크기 때문에, 일정량의 소비가 진행되고 나서, 상품에 대한 수요자의 의도수요가격이, 소득수준이 골고루 분포된 B 사회보다 아무래도 낮을 것이기 때문이다. 즉, 빈부격차가 심한 A 경제는 B 경제보다 신제품을 출시할 때나, 고가의 제품이나 고급과일과 같은 재화들의 가격이 빈부격차가 작은 B경제보다 높을 것이며, 그리고 시간이 지나고, 상품들이 재고로 쌓이게 되면, 감가상각이 더 큰 경우도 A 경제가 된다는 것이다.

그리고 또 다른 중요한 문제는 바로, 빈부격차가 심한 A 경제가 B 경제보다 상품이 재고로 쌓일 공산이 더 크다는 것이다. 왜냐하면, 상품이 출시되었을 때, 아무래도 기업들이 상위평균소득이 높은 A 경제에 더 높은 공급가격을 책정할 것이고, 수요가 충분히 된 후, 가격을 낮춰서 재고를 처리하고자 할 때, 빈곤층의 수가 B 사회보다 더 많기 때문에, 상품에 대한 의도수요가격대가 공급가격보다 낮게 형성되어, 재고량은 B 사회보다, 더 많을 공산이 크다.

즉, A 경제의 기업은 처음에 출시된 가격보다, 재고를 처리할 때의 가격의 차이가 B경제보다 크다는 것이다. 왜냐하면, B 경제는 소득수준이 비슷하기 때문에, 출시가격도 A 사회보다 더 낮을뿐더러, 가격이 낮아져도, 가격대마다 어느 정도 충분한 수요가 형성되기 때문이다. 즉, A 경제의 기업은 결국 재고를 처리함에 있어, B 경제의 기업보다, 가격을 더 크게 낮추어야 하며, 어쩌면 생산비용도 제대로 받지 못하고 큰 적자까지 볼 수도 있다. 그리고 그렇게 되면, A 경제의 기업은 생산비용을 줄이기 위해 임금을 삭감하고, 고용을 줄이고, 해고를 늘리는 선택을 하게 되며, 이는 더 경기를 침체시킨다. 결국 이대로 악순환이 계속 지속이 되면, A 경제의 빈부격차는 더욱더 심해질 것이며, 평균소득도 낮아질 것이고, 과거보다 소득수준이 하향평준화가 되어, 오늘날과 같은 지경에 이르게 된다.

따라서 물가를 안정시키기 위해서는 빈부격차를 해소하는 것이 중요하며, 그리고 빈부격차가 심하면 심할수록, 수많은 소비자는 재고소비자로 전락하게 된다. 즉, 빈부격차가 심하면, 기업의 이윤은 물론, 가계의 풍요에도 큰 타격을 주게 된나는 것이다.

03

화 폐

금 리

  우리는 흔히 은행이 금리를 낮추면, 저축에 대한 이자수익이 줄어들고 대출에 대한 이자비용이 낮아지기 때문에, 가계와 기업이 대출을 늘려 소비와 투자가 활성화될 것이라 생각한다. 그리고 은행이 금리를 높이면 저축에 대한 이자수익이 늘어나고, 대출에 대한 이자비용이 높아지기 때문에 가계와 기업이 대출을 줄여 소비와 투자가 침체된다고 알고 있다. 하지만, 이것은 매우 잘못된 생각이다. 왜냐하면 앞장에서도 말했듯이, 은행의 이자율은 기업과 가계의 투자와 소비의 직접적인 동기가 아니기 때문이다. 단지 경제행위에 영향을 미칠지, 안 미칠지 모르는 경제자극에 불과하며, 경제주체의 투자와 소비의 동기는 바로 수요필요성이다. 즉, 이자율이 경제주체의 수요필요성에 영향을 미쳐야지만 소비와 투자를 변화시킬 수 있는 것이다.

  그럼 이자율이 경제주체의 수요필요성에 영향을 미치는 경우에는 어떤 것이 있는지 알아보자.

  이에 대해서는 크게 세 가지로 나눌 수 있는데 첫째, 이미 채무, 채권 관계에 있고 변동금리를 적용받는 경우와 둘째, 낮은 이자율이 필요이상의 소비와 투자를 이끌어 낼 수 있는 상황이 되어야 하며, 셋째, 높은 이자율이 필요 이상의 소비와 투자를 줄일 수 있는 경제상황이 되어야 한다.

먼저 첫 번째 경우를 살펴보면, 이자율이 상승하면, 채권자의 경우 예전보다 부유해졌으므로 소비가 늘 것이고, 채무자의 경우 예전보다 더 가난해졌으므로 소비가 줄 것이다. 그리고 이자율이 하락하면, 아마 그 반대에 해당될 것이다. 결국, 채권, 채무관계만으로는 이자율의 등락이 실제 경기에 어떠한 영향을 미치는지 알 수 없다. 그리고 소비와 투자는 여러 경제요인에 의해 영향을 받기 때문에 아무리 변동금리라 할지라도 변화폭이 작을 경우, 소비와 투자에 별다른 영향을 미치지 못한다.

둘째는, 낮은 이자율이 필요이상의 소비와 투자를 이끌어 내야 한다는 것이다. 즉, 이자율이 낮다고 빚을 더 내어 투자와 소비를 늘린다는 것이다. 하지만, 앞장에서도 말했지만, 이런 논리가 비상식적일 뿐만 아니라, 특히 경기가 침체되고 노동유연화로 가계가 착취당하는 오늘날 경제현실에서는 더욱 실현가능성이 없다. 그러면 경기가 호황이고, 가계의 직업 안정성과 높은 소득이 보장될 때는 저금리 때문에 빚을 더 내어 투자와 소비를 늘릴까? 하지만, 이 문제는 단순히 금리문제로 단정할 수 없으며, 경제주체의 성향이나 직관, 욕망 등의 야성적 충동에 의해서 결정이 된다고 보는 것이 타당할 것이다.

만약 위험기피자라면, 금리가 낮고 경기가 아무리 호황이라도 자신이 계획한 투자 이외에는 하지 않으려 할 것이고, 위험애호가는 금리가 높고 불황이더라도 미래를 지극히 낙관하여 자신이 계획한 이상으로 투자를 할 수 있기 때문이다. 즉, 낮은 이자율은 단지 돈을 빌리는 사람에게 적은 이자비용으로 부담을 덜어주는 역할에 불과한 것이지, 돈을 빌리는 동기라고는 볼 수 없다는 것이다.

셋째는, 높은 이자율이 필요 이상의 소비와 투자를 줄일 수 있느냐는 것이다. 즉, 금리가 높다고 필요한 투자나 소비를 줄이고 저축을 늘리는

가이다.

　예를 들어, 기업이 꼭 투자해야 할 사업이 있는데, 금리가 높다고 투자를 포기하고 보유한 자본을 저축하겠는가? 가계가 교통, 통신, 전기, 가스, 수도, 석유, 곡물 등의 수요필요성이 강한 재화의 소비를 줄이고, 단지 금리가 높다고 저축을 늘릴 수 있겠는가? 아마 이런 현상들이 실현되려면, 금리가 매우 높아야 할 것이다. 즉, 필요한 투자나 소비에서 얻는 이익보다 금리로 인한 이자수익이 높아야 한다는 것인데, 전혀 타당성이 없는 논리이다.

　저축이 무엇인가? 최소한 경제주체의 소득 중 수요필요재화의 소비를 감한 부분이다. 즉, 수요충분재화의 소비 포기에 대한 대가가 바로 저축을 함으로써, 얻을 수 있는 이자수익이란 것이다. 오늘날과 같이 경기가 침체되고, 경제주체의 재징이 어려울수록 소득에서 수요필요재화의 소비 비중이 커지게 되고, 그만큼 저축은 줄 수밖에 없는 것이다. 즉, 이자율이 낮든지, 높든지 상관없이 경제주체의 수요필요성에 의해서 저축의 양이 결정된다는 것이다.

　따라서 이자율을 가지고는 앞장에서 말한 물가라든지, 실물경기에 미치는 영향을 알 수도 없고, 조절할 수도 없으며, 단지 채권, 채무관계에 있는 경제주체의 이자 부담에 대한 증감만을 이야기할 수 있을 뿐이다.

통화량

우리는 흔히 통화량이 늘어나면, 시중에 돈이 많이 풀리게 되어, 돈의 보유가치가 떨어져 소비와 투자가 증가하고 물가가 상승한다고 알고 있으며, 통화량이 줄어들면, 돈의 보유가치가 상승하여, 소비와 투자가 줄고 물가가 하락한다고 알고 있다. 그런데 우리는 너무 쉽게 경제를 말하고 있는 것 같다. 왜냐하면, 금리나 통화량은 말처럼 쉽게 실물경기에 어떠한 영향을 미치는지 절대 단정 지어서 말할 수 없기 때문이다.

그러면, 내가 말한 위의 내용이 과연 맞는 말일까? 아니다. "통화량이 늘어나면 경제가 어찌 될 것이다. 통화량이 줄어들면 경제가 어찌 될 것이다."라는 것 자체가 잘못된 것이다. 도대체 통화량이 왜 늘어나고, 어떻게 늘어나고, 무엇 때문에 늘어나는지가 중요한 것이지, 단순히 추상적으로 늘어난다거나 줄어든다거나 라고 말하면 안 된다는 것이다. 통화량도 금리와 마찬가지로 그것의 증감을 결정하는 요인은 바로 경제주체의 화폐에 대한 수요필요성이기 때문이다.

예를 들어, 중앙은행이 경기침체를 막기 위해 통화량을 늘리고 싶다고 해서 늘려지던가? 아무리 부실채권을 사주고 머니 프린팅을 해서 은행에 저리로 공급을 해도 기업과 가계가 돈을 빌리러 오지 않는데 통화량이 늘어나겠는가? 설사, 돈을 빌린다는 사람들도 가난한 서민층이 기본생계유지를 위해 대출을 받는다든지, 아니면 주식이나 부동산, 금융 파생상품투기에 빠진 사람들이 주로 대출을 받을 것이다. 그리고 기업에게 자금이 들어간다 하더라도, 지금과 같이 극심한 경제위기상황에서 설불리 그 돈을 투자에 쓰는 기업은 단 한 곳도 없다. 즉, 돈을 공급해봤자 유동성 함정에 빠진다는 것이다. 즉, 지금 같은 시기에 과연 누가 실물투자를 늘리고 빚내서 소비를 늘리겠는가?

따라서 통화량은 결과지 원인이 아니다. 경제주체의 경제행위가 있고 나서, 통화량이 늘든지 줄든지 하는 것이지, 통화량이 늘어나고, 줄어서 그것이 경제주체의 경제행위에 영향을 미치는 것이 아니다. 왜 거꾸로 경제를 보고 있느냐는 것이다. 즉, 경제주체가 경제행위를 하기 위해서 돈이 필요한 것이지, 돈이 경제행위를 하게 하는 게 아니란 것이나[우리가 흔히 알고 있는 화폐수량설(통화량×화폐유통속도=GDP)은 단지 경제주체의 경제행위에 대한 결과를 나타내는 것에 지나지 않을 뿐, 경제를 변화시키는 원인이 아니다. 즉, 경제주체의 경제행위가 있고 난 다음에야 비로소 알 수 있다는 것이다. 따라서 이것을 토대로 경제를 분석하려한다면, 반드시 왜곡된 결과를 가져오게 된다].

통화량을 조절해서 경제를 조절하는 정책은 중앙은행이 할 수 없는 행위이다. 즉, 시중에 있는 돈을 강제로 회수해서 가치교환의 걸림돌이 될 만큼 없애버리지 않는 한, 물가든 실물경기든 경제에 영향을 미치는 것은 불가능하다.

화폐는 궁극적으로 가치교환의 수단일 뿐이다. 화폐가 무슨 경기의 호·불황을 조절하고, 물가를 높였다가 낮추었다가 하는 게 아니다. 중앙은행은 단지 경제주체가 경제행위를 함에 있어서, 화폐가 이전보다 더 필요하면 더 찍어주면 되는 것이다. 이게 통화량이다. 통화량이 무슨 큰 경제적 의미가 있는 게 아니다.

예를 들어, 요즘 유럽경제위기를 들자면, 유럽중앙은행이 남유럽국가의 채권매입을 해주고, 머니 프린팅해서 시중에 자금을 공급해주어도 경기가 살아나기는커녕, 오히려 부채만 더욱 늘어나는 실정이다. 도대체 왜 이런 현상이 나타나는 것일까? 주류경제학을 맹종한 나머지 화폐로 실물경제를 해결할 수 있다고 착각하기 때문이다. 내가 앞장에서 유럽문제를 해결하려면, 무역수지 불균형이 해소 없이는 불가능하다고 말한 것이 괜히 해본 말이 아니다.

돈을 아무리 공급해주어도 실물경기침체로 인해 돈을 빌려서 투자와 소비를 늘리려는 경제주체도 없으며, 설사 돈을 빌렸다 하더라도 마땅히 쓸 곳이 없다. 왜냐하면, 무역을 해서 이익을 볼 처지가 아니기 때문이다. 그리고 쓸 곳이 있다 하더라도 경제주체의 수요필요재화구입에 주로 쓰이게 된다. 즉 생존유지비용으로 쓰이고 있다는 것이다.

따라서 한 국가가 수요필요재화를 생산하거나, 그렇지 않으면 수요충분재화에 대한 가격경쟁력이나 기술경쟁력이 없으면, 돈을 아무리 퍼부어도 소용이 없는 것이다.

통화량 정책이라는 것은 존재하지 않는다고 본다. 그리고 통화량이 중요하다는 통화주의자들의 주장을 내 상식으로는 이해하기 힘들다. 왜냐하면, 은행이 화폐를 시중에 푼다는 논리가 말이 안 되기 때문이다. 즉, 비행기를 타고 하늘에서 돈을 뿌려버리지 않는 이상, 경제주체의 의도를 고려하지 않고, 단순히 통화량을 늘린다는 논리가 이해가 안 된다는 것이다.

즉, 통화량이 늘어나면 시중에 돈이 많이 풀리게 되면서 돈에 대한 보유가치 낮아지게 되어 소비와 투자가 증가하고…… 이런식의 논리는 도대체 어디서 나온 것인가. 앞에서 경제자극을 운운하면서 이자율은 언급하고, 통화량을 언급하지 않는 까닭이 여기 있는 것이다.

예를 들어, 세계 각국이 오랫동안 경기침체에서 벗어나고자, 통화량을 늘리는 정책을 취해왔다. 그런데 과연 사람들은 이런 정책으로 인해 돈이 흔해지니, 돈의 보유가치가 떨어져 소비와 투자를 늘렸는가? 지금 우리는 돈이 넉넉하다고 느끼는가? 아니지 않는가. 낮은 소득과 높은 실업, 그리고 높은 물가로 인해 경제적으로 큰 어려움에 처해 있지 않은가. 즉, 실질적으로 민간의 소득이 늘어나야지, 단순히 중앙은행이 통화량을 늘리는 정책을 실행한다고 해서, 소비와 투자가 늘어나는 것이 아니다. 따라서 통화량과 같은 경제주체의 경제행위의 결과를 가지고는, 경제현상을 제대로 설명할 수가 없는 것이다.

그리고 지금의 부실채권을 사주고 저리로 시중은행에 화폐를 공급하는 양적완화정책은 엄격히 말하자면, 통화량 정책이 아니다. 왜냐하면, 정부나 중앙은행이 다른 국가나 기업, 은행의 부실채권을 사주는 것은, 일종의 투자나 자금지원이며, 또한 저리로 시중은행에 머니프린팅을 해서 공급하는 것은, 엄격히 말하면 통화량이 아니라 이자율정책이다.

왜냐하면, 경제주체가 은행에 돈을 빌릴 때는 시중은행이 돈뭉치를 창고에 얼마나 쌓아두는지에 대해 결코 염려하지 않기 때문이다. 즉, 중요한 것은 돈을 빌릴 때 이자가 얼마인가이지, 은행이 돈뭉치를 얼마나 가지고 있느냐는 것은 전혀 경제주체의 의도에 조금도 영향을 미치는 대상이 아니라는 것이다. 그리고 만약 시중은행이 저리로 공급받았다 하더라도, 그 자금을 기업과 가계에 저리로 대출한다는 보장도 없는 것이다.

또한, 통화량을 줄여서, 물가를 잡겠다는 정책도 상식적으로 이해가 가지 않는다. 예를 들어, 시중은행에 재할인율이나 지준율을 높이면, 통화량이 줄어들어, 소비와 투자가 줄고, 물가가 낮아지겠는가? 나는 실현 가능성이 없다고 본다.

왜냐하면, 중앙은행이 시중은행에 재할인율을 높이게 되면, 시중은행은 중앙은행에서 차입한 자금에 대한 이자비용이 늘어나게 된다. 하지만 이자비용이 늘어난다 하더라도, 민간화된 시중은행은 이윤극대화와 생존이 목적이기 때문에, 경제주체에게 가산금리를 높여, 늘어난 비용을 상쇄하려 할 것이다. 그리고 시중은행이 변동금리를 채택하는 한 가지 이유도 여기에 해당될 것이다. 즉, 재할인율정책이라는 것이 통할 리가 없으며, 이 정책도 긍극적으로 이자율정책에 속하게 되는 것이다. 그리고 무엇보다도 중요한 것은 중앙은행이 시중은행에 대해 재할인율을 높이게 되어, 시중은행이 기업과 가계에 고금리 대출을 하게 되면, 기업과 가계는 높은 이자비용을 부담하게 되어, 경기를 더욱 침체시키게 된다. 그리고 앞에서도 말했듯이, 경기가 침체된다고 해서, 물가가 내려가는 것이 아니며, 특히 수요필요재화의 공급가격은 수요하락에 대한 보상차원에서 더욱 상승할 공산이 크다. 즉, 스태그플레이션이 발생한다는 것이다.

그리고 또 다른 문제는 과연 중앙은행이 시중은행에 대해 지준율을 높이게 되면, 시중은행은 대출한도가 줄어들게 되어, 기업과 가계가 투자와 소비를 줄이고, 물가가 하락하게 될 것인가이다. 이 문제도 위와 마찬가지로 실효성이 없다. 왜냐하면, 기업과 가계가 대출에 제약을 받게 되면, 은행이외의 고금리의 통로로 필요한 자금을 차입할 것이며, 이로 인해 경기침체가 일어나게 되고, 또한 중앙은행이 시중은행에 대해 지준율을 높였다 하더라도, 이윤극대화를 추구하는 은행입장에서는 국내외의 타 은행에서 자금을 차입할 것이며, 이는 시중은행간 금리를 상승시킬 것이다.

이로 인해 기업과 가계는 은행의 고금리대출에 대한 이자비용이 상승하게 되고, 경기를 더욱 침체시키게 되어, 위와 마찬가지로 스태그플레이션이 발생하게 된다. 또한 지준율을 높이게 되면, 시중은행은 이전보다 금리마진을 얻을 수 없기 때문에, 가산금리를 높이게 된다.

따라서 단순히 통화량 정책이란 것은 존재하지 않으며, 반드시 이자율 문제로 귀결되게 된다. 또한, 우리는 경기과열에 대해서 새로운 시각으로 접근해야 한다. 경기과열로 인한 인플레이션을 막기 위해 화폐정책을 사용하는데 동의할 수 없다. 왜냐하면, 지금까지 우리가 생각하는 경기과열은 생산적인 경제행위로 인한 물가상승이 아니라, 부동산, 주식, 금융상품, 실물 등의 투기에 의해서 발생된 거품가격 상승이기 때문이다(원래 물가상승이라는 것은 매우 정상적인 경제현상이다. 왜냐하면 노동자들은 자신의 명목임금을 계속 올려주길 원할 것이며, 기업은 그런 노동자들의 화폐환상에 대한 욕구를 충족시키고, 생존을 유지하기위해서는 상품의 가격을 높일 수밖에 없기 때문이다. 또한 은행의 여수신에 대한 이자 비용이 존재히기 때문에 생산적인 경제상황에서도 물가는 상승할 수밖에 없다).

즉, 투기로 인한 물가상승을 막기 위해서는 투기를 없애야지, 통화량을 줄인다는 명목으로 경제주체에게 고금리의 비용부담을 가중시켜, 경기를 침체의 늪으로 빠뜨리면 안 된다는 것이다. 즉, 모든 경제현상은 화폐가 아니라, 경제주체의 의지에 의해서 움직인다는 것이다.

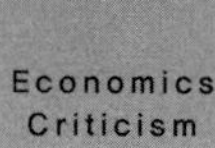

환 율

금리와 통화량과는 다르게 환율은 직접적으로 경제주체의 의도에 영향을 미치는 요인이다. 따라서 제2장에서도 물가에 미치는 요인으로 환율을 살펴본 바가 있다. 왜냐하면, 환율은 경제주체가 무역활동을 하면서 얻는 대가의 크기에 직접영향을 미치기 때문에, 상품 공급자의 의도 공급가격에 영향을 미치지 않을 수가 없다. 그리고 그 공급하는 상품의 특성에 따라서도 환율의 영향이 다르게 나타나는 것도 알아보았다. 그러면 이번에는 환율이 변함에 따라 그것이 물가뿐 아니라 실물경제에는 어떠한 영향을 미치는지 알아보자. 여기서는 환율에 따른 수출 효과와 내수경기에 대해서 살펴보도록 하자.

먼저 환율에 따른 수출 효과에 대해서 알아보도록 하자. 만약 환율이 상승하게 되면, 자국의 화폐 가치가 낮아지기 때문에, 수출에 유리할 것으로 생각한다. 하지만, 그와 반대로 수입품의 가격이 비싸지기 때문에 결과를 낙관만 할 수는 없다.

만약에 대부분의 부품을 자국화폐보다 환율이 낮은 국가에서 수입하여 생산하는 국가는 수출에서 얻은 이윤이 많이 줄 수 있기 때문이다. 그리고 환율이 상승해서 수출기업이 갖는 가격경쟁력은 주로 임금에서 나온다. 수출해서 받은 상대적으로 자국화폐 가치보다 가치가 높은 외화를 바꾸어 자국화폐로 노동자의 임금을 주기 때문이다. 따라서 환율상승으로 수출기업이 이익을 보려면, 상품을 판매한 매출액이 총생산비용보다 높아야 하며, 총생산비용에서 외국물품의 비용 상승과 임금이나 자국조달물품과 같은 자국화폐 사용 비용의 영향에 따라서 이윤이 결정된다. 그리고 정말 중요한 문제는 수출한 물품이 수입국에서 수요충분재화이냐, 아니면 수요필요재화이냐가 문제가 된다. 만약 수요충분재화의 경우, 환율상승은 가격경쟁력에서 우위를 보일 수 있는 재화로써 총생산비용에서 외국물품 수입비용의 비중이 적을수록, 큰 가격경쟁력을 가질 수 있기 때문에, 수출에서 유리하다.

예를 들어, 한국과 일본의 자동차 수출을 비교해 보았을 때, 일본은 한국보다 자동차에 대한 기술경쟁력에서 우위를 보이고 있으며, 한국은 일본보다 가격경쟁력에서 우위를 보이고 있다. 하지만, 일본은 오랜 엔화 강세에 한국기업보다 수출에서의 가격경쟁력이 더욱 취약해졌다. 왜냐하면, 엔고의 일본기업은 자동차의 부품조달을 만약 자국화폐 가치보다 낮은 국가에서 조달한다면 자국에서 조달하는 것보다 비용이 저렴한 이점이 있으나, 또한 자신의 물품을 외국에 판매하여 얻은 외화는 다시 노동자의 임금이나 기타비용에 사용하려면, 엔화로 바꾸어야 하기 때문에 엔화의 가치가 높을수록 수출에서 얻는 이익은 크게 줄 수밖에 없다. 물론 한국의 기업도 상대적으로 값이 비싼 일본부품을 많이 수입하면 할수록 가격경쟁력이 약해지지만, 환율상승으로 인한 자국화폐사용의 비용감소에서 얻는 이익에 비할 바가 못 된다. 또한, 자동차는 수요충분재화이고 글로벌경기침체로 인해 기술경쟁력보다는 가격경쟁력이 더 큰 효과를 발휘하는 만큼, 환율의 하락은 수요충분재화를 수출하는 기업에는 악재로 작용한다. 따라서 요즘 일본기업들이 자국에서 떠나려는 움직임도, 아무리 생산을 하여도 엔고로 인해 오히려 적자를 보고 있기 때문이다.

하지만, 수출품이 수요필요재화일 경우는 이야기가 달라진다. 수요필요재화는 충분한 수요가 보장되기 때문에, 환율이 상승하여도 굳이 가격을 낮춰서 판매할 이유가 없다.

만약 일본이 자동차부품을 한국에 판매한다고 했을 때, 한국은 자동차를 생산하기 위해서는 일본에서 생산된 부품이 꼭 필요한 재화라면, 만약 일본의 엔화의 가치가 하락하였다 하더라도, 일본의 부품수출기업은 환율이 상승했다는 이유로 이전보다 부품을 싸게 팔 이유가 없는 것이다. 오히려 환율보다 다른 이유(임금상승이나 조세상승 등)를 이용하여 부품가격을 올릴 수도 있다. 즉 수요필요재화를 수출하는 기업에서의 자국환율상승은 큰 이윤을 얻을 수 있는 기회가 된다.

이제 환율이 하락했을 때를 살펴보자면, 환율이 하락하게 되면, 수출기업의 경우, 이전과 같은 가격으로 팔게 되면, 큰 손실이 발생하게 된다. 하지만, 그것은 수요충분재화를 수출하는 기업에 해당되는 것이고, 만약 수요필요재화를 수출하는 기업입장에서는 굳이 환율하락으로 인한 손해를 볼 필요가 없기 때문에, 수출품의 가격을 올리게 된다. 물론 판매량은 조금 줄어들 수 있지만 말이다. 따라서 환율이 하락하면, 수요필요재화를 수출하는 기업은 그나마 피해가 적다고 볼 수 있다(오히려 가격을 올려서 이익을 볼 수도 있다).

정리하자면, 환율이 상승하는 경우, 수요충분재화를 수출하는 기업은 가격경쟁력을 바탕으로 큰 수익을 얻을 수 있으며, 수요필요재화를 수출하는 기업 또한 큰 수익을 얻을 수 있다. 그리고 환율이 하락하는 경우에는, 수요충분재화를 수출하는 기업은 큰 손실을 입게 되며, 수요필요재화를 수출하는 기업은 별다른 영향을 받지 않는다.

　그럼 이제, 환율의 변화에 따른 내수경기가 어떻게 진행될 수 있는지 살펴보자. 내수라는 것은 국가마다 사정이 달라서 확정 지을 수 없지만, 대략적으로 이야기해 보겠다. 그리고 국가를 두 분류로 나눠서, 주로 수요필요재화를 수입하고, 수요충분재화를 수출하는 국가와 주로 수요충분재화를 수입하고 수요필요재화를 수출하는 국가로 분석해 보겠다.

　먼저, 주로 수요필요재화를 수입하고, 수요충분재화를 수출하는 국가의 환율이 상승하게 되면, 수요필요재화를 수출하는 국가가 자국의 환율하락에 대한 손해를 감수할 이유가 없으므로, 수요필요재화에 대한 공급가격을 올리게 된다. 수입품인 수요필요재화의 공급가격이 상승하게 되면, 그 자체만으로도 물가상승을 의미하지만, 그 재화를 부품이나 원료로 하는 재화의 공급가격까지 끌어올리게 된다. 즉, 환율상승으로 수요충분재화에 대한 가격경쟁력은 높아져 수출에 긍정적인 영향을 미치고 내수에도 긍정적인 영향을 미치나, 수입물품인 수요필요재화의 공급가격이 상승하게 되어, 내수시장에 악영향을 미치게 된다.

　다음은 환율이 하락했을 때를 살펴보자. 환율이 하락하게 되면, 수요필요재화를 수출하는 수출국 입장에서는 자국화폐 가치가 하락했다고 굳이 가격을 낮춰 판매할 이유가 없으므로 수요필요재화의 가격은 이전과 비교해서 변하지 않는다. 그리고 수요충분재화에 대한 수출은 환율하락으로 인해 가격경쟁력이 약화되어, 큰 피해를 입게 된다. 따라서 주로 수요필요재화를 수입하고, 수요충분재화를 수출하는 국가의 환율이 하락하게 되면, 수출은 불황을 겪게 되고, 내수도 수출불황으로 인해 침체를 겪게 된다. 즉, 환율이 하락하면 내수가 활성화 될 것이란 착각에서 벗어나는 게 좋다는 것이다.

　이제, 주로 수요충분재화를 수입하고 수요필요재화를 수출하는 국가에 대해서 살펴보기로 하자. 만약 이 국가에 환율이 상승하게 되면, 상

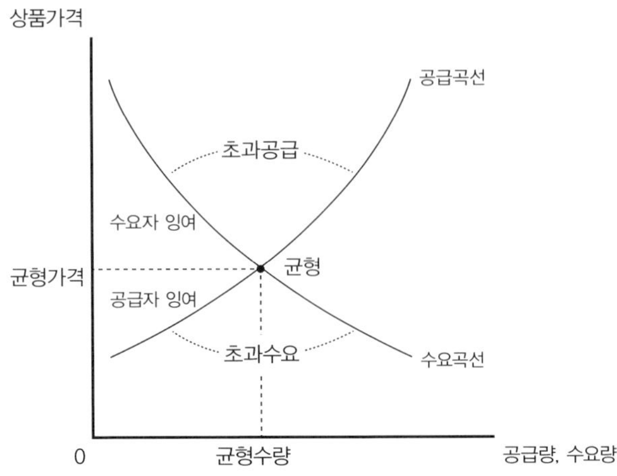

대적으로 화폐 가치가 상승한 수요충분재화를 수출하는 국가의 가격경쟁력이 약화가 된다. 따라서 가격을 올릴 수가 없으며, 이전과 같게 유지하는 것만으로도 큰 부담으로 작용하게 된다. 그리고 환율상승으로 인한 수요필요재화를 수출함에 있어서, 자국화폐 가치가 낮아졌다고 해서, 굳이 가격을 내릴 필요가 없으므로, 가격을 유지하거나, 오히려 다른 이유로 올려서 대응할 수도 있다. 따라서 큰 이익을 얻을 수 있다. 즉, 주로 수요충분재화를 수입하고 수요필요재화를 수출하는 국가에서 환율이 상승하면, 경쟁이 심한 수요충분재화의 가격에는 변동이 없을 것이며, 수요필요재화의 수출호황으로 인해 내수시장에 긍정적인 영향을 미친다.

다음은 환율이 하락했을 경우에 대해서 살펴보자. 환율이 하락하게 되면, 수요충분재화를 수출하는 수출국의 가격경쟁력이 올라가게 되어, 수요충분재화의 가격이 하락하게 되며, 수요필요재화를 수출하는 입장에서는 환율이 하락해도 굳이 손해를 볼 이유가 없으므로, 가격을 상승시키게 된다. 따라서 환율하락에 대한 내수시장의 충격은 거의 없으며, 오히려 활성화될 수 있다. 즉, 앞에서 주로 수요필요재화를 수입하고, 수요충분재화를 수출하는 국가에 비해 환율의 부정적 영향이 크지 않다고 보아야 한다.

　정리하자면, 여기서는 간략하게 가정하여 알아보았지만, 환율이라는 것은 여러 나라마다 다른 것이며, 실제 분석에 있어서는 하나하나 꼼꼼히 잘 따져보아야 할 것이다. 그리고 경제상황이라는 것이 환율 이외에도 여러 가지 경제주체의 경제행위에 영향을 미치는 요인들이 존재하고 있기 때문에, 절대 단순하게 생각해서는 안 된다.

주류경제학

유럽경제위기를 해결하지 못하는 가장 큰 이유가 바로 주류경제학에 맹종하기 때문이라고 말했었다. 왜냐하면 지금의 유럽문제해결을 하기 위한 방법들이 모두 주류경제학의 방법이기 때문이다. 그 이유는 주류경제학은 두 가지의 큰 오류를 가지고 있는데, 첫째가 상품의 가격을 주어진 것으로 보는 것과 두 번째가 화폐를 경제의 중심으로 보고, 경제주체의 의도를 무시하는 것에 있다.

첫 번째 경우에는, 상품의 가격은 원인이 아니라 결과에 해당되며, 그것은 경제주체의 의도에 의해서 결정되는 문제이며, 경제학이 사회과학이라면, 상품의 가격이 형성되는 과정을 분석하는 것이 가장 중요하고 핵심적인 일인데도 불구하고, 추상적으로 단순화시켜 신빙성과 현실성을 잃을 수밖에 없는 것이다. 우리가 상식처럼 알고 있는 수요공급모델은 전혀 논리적 타당성이 없으며, 그 모델에서 설명하는 균형개념이나 잉여개념은 엉터리이다.

이 그래프의 본래 의미는 상품의 가격이 내려가면 수요량은 증가하고 상품가격이 올라가면 공급량은 증가하는 것이다. 그리고 여기에서 정의된 수요자잉여와 공급자잉여의 의미는 균형가격보다 수요자가 의도한 수요가격이 높은 부분에서 수요자잉여를 나타내고 있으며 균형가격보다 공급자가 의도한 공급가격이 낮은 부분에서 공급자잉여를 나타내고 있다.

하지만 이것을 본래의 그래프인 의미를 해석해보면 의도수요가격이 내려가면 수요량이 올라가고 의도공급가격이 올라가면 공급량이 올라간다는 논리가 성립되게 된다,

즉, 상품의 가격이라는 추상적인 독립변수를 가정해 놓고 정의 할 수 없는 개념을 그래프에서 나타내고 있는 것이다. 왜냐하면, 수요가격과 공급량, 공급가격과 수요량이 함께 정의될 수 있는 것이지, 수요가격과 수요량, 공급가격과 공급량은 같이 정의될 수 없기 때문이다.

즉, 주류경제학인 수요 공급모형대로 잉여개념을 해석하면 수요자와 공급자가 혼자서 경제행위를 한다는 의미가 된다, 그리고 수요자잉여와 공급자잉여가 정의되려면 균형가격이 아니라 실제 가격이여야 한다, 즉. 수요자 입장에서는 자신의 의도한 수요가격과 실제로 자신이 수요한 가격으로 잉여를 정의할 수 있는 것이다.

예를 들어 공급가격이 2,000원인 우유를 수요하고자 하는데 수요자가 의도수요가격을 1,800원인데도 불구하고 그 우유를 구매했다면 200원의 잉여손실을 본 것이다. 그런데 주류경제학의 말대로 한다면 우유에 대한 초과수요와 초과공급이 없는 균형가격은 얼마인지 알 수가 없다, 즉 균형이라는 개념은 상식을 무시하고 단순히 수학의 목적으로 생겨난 개념인 것이다.

그리고 공급자의 잉여는 실제 매출에서 생산비용을 뺀 것을 의미 한

다. 즉 균형가격과는 무관하다는 것이다. 또한 공급자의 잉여는 수요자 잉여처럼 자신이 생산하는 상품에 대한 가격은 이 정도를 의도했으나 내가 의도한 가격보다 더 높은 가격으로 상품을 판매했다는 말을 할 수 없는 것이다, 왜냐하면 공급자는 경매시장이 아닌 이상 자신이 의도한 가격에 상품을 팔아야 하기 때문이다 따라서 추상적인 균형가격개념으로는 잉여 개념을 설명할 수가 없는 것이다.

두 번째가 바로 화폐를 중심으로 보고 경제주체의 의도를 무시한다는 데 있다. 내가 줄곧 주장하는 것은 화폐는 단지 경제주체의 경제행위에 따른 가치교환의 수단일 뿐이라는 것이다. 이자율이나 통화량 같은 화폐적 수단으로 실물경제를 변화시키겠다는 생각은 대단히 어리석은 생각이다.

지금의 유럽경제위기를 보라. 궁극적으로 인간의 경제행위(투기, 무역수지 불균형, 착취)로 인한 문제를 화폐적 방법으로 해결하고자 하니까 해결이 되는가? 특히 요즘 유럽중앙은행이 무제한 국채매입을 한다고 하면서, 인플레를 막기 위해 불태화정책도 병행한다고 하였는데, 다시 한 번 말하지만, 물가는 불태화를 한다고 조절되는 것이 아니라, 공급자의 의도 공급가격에 영향을 미쳐야 한다. 즉 물가 조절이 그리 단순한 문제가 아니다. 그리고 지금 유럽의 문제는 인플레가 아니라 높은 실업과 경기침체, 무역수지 불균형이다. 하지만 또다시 화폐로 문제를 해결하겠다는 어리석은 정책이 나왔고, 세계 각국의 주식시장은 열광했다.

역사상, 화폐정책으로 경제위기를 해결한 적이 단 한 번이라도 있었던가? 모든 경제위기의 원인은 경제주체의 의지에서 나오는데, 이자율을 낮추고, 통화량을 늘인다고, 해결된다는 생각은 원인을 망각한 생각이다. 30년 동안 주주자본주의, 노동유연화를 대변하는 신자유주의 경제 노선을 해온 대가를 단순히 이자율 낮추고, 통화를 풀어서 치를 수 있다면, 경제문제가 너무 쉽게 풀리게 되는 것 아니겠는가? 아무리 세상을 창조한 조물주라도 이렇게 잘못을 쉽게 해결할 수 있도록 불공평하게 만들지는 않았을 것인데 말이다. 이게 모두 주류경제학 때문이다. 주류경제학은 경제주체의 복잡한 의도를 애써 외면하면서, 오직 수학에 복종하면서, 사람들의 경제를 보는 눈을 너무 단순화시켜 버렸다. 경기가 침체되면 이자율 낮추고, 통화량 늘리고, 경기가 과열되면 이자율 높이고 통화량 줄이고, 경제가 무슨 공식인가?

재정정책이든, 화폐정책이든지 간에 그것이 그나마 효력을 보려면, 경제주체의 의도(투자와 소비에 대한 수요필요성)가 어느 정도 충만한 경기회복기에나 가능한 것이다. 하지만 케인즈주의자와 통화주의자는 경기 침체기에서 서로의 정책을 비판하고 있다. 그러니 서로 말이 엇갈리고, 자신의 논리가 맞다는 것을 증명하지는 못하고, 남의 논리가 틀린 것을 자신의 논리의 당위로 내세우는 것 아닌가.

예를 들어, 통화주의자는 오일쇼크로 인한 스태그플레이션을 설명하지 못했다고 케인즈주의자를 비판하고, 케인즈주의자는 대공황을 가지고 통화주의를 비판하고 있다. 하지만, 그들 역시 스태그플레이션과 유동성 함정을 제대로 해결하지 못한 것은 마찬가지이다. 세계2차 대전 후, 세계가 왜 경제호황을 누렸는가? 케인즈주의에 의한 재정정책 때문이었는가? 아니다. 그 시기에는 통화정책을 썼어도 성공했을 시기다. 왜냐하면, 전후에 모든 경제주체들이 어느 때보다 풍요와 밝은 미래에 대한 생산의지가 풍만했기 때문이다. 그리고 전쟁으로 인해 획기적인 기술발전이 이루어지고, 이를 산업에 접목시키면 많은 수요필요재화를 생산할 수 있었기 때문이다(그 시절의 TV, 냉장고, 세탁기 등은 오늘날과 같은 수요충분재화가 아니다). 즉, 이자부담을 낮춰주면, 충분한 소비와 투자가 달성될 수 있는 경제회복의 시기였던 것이다. 즉, 어떤 정책을 썼어도 다 통했을 시기라는 것이다.

　하지만, 경기 침체기에는 어떠한 정책도 통하지 않는다. 왜냐하면, 경제주체의 투자와 소비에 대한 수요필요성의 감소로 인해, 유동성 함정에 빠질 것이며, 재정정책을 하더라도, 지속가능하지 않거나, 임금수준이 낮거나, 충분한 고용을 달성할 수 없다면, 소용이 없다. 또한 재정정책으로 받은 노동자들의 임금은 주로 수요필요재화의 소비에 쓰일 것이고, 이는 직접적으로 경기를 살리는 것과는 거리가 멀다. 왜냐하면, 수요충분재화의 소비활성이 되어야만, 경제가 침체되지 않고 생산적으로 운영될 수 있기 때문이다.

　결론적으로, 경기가 왜, 어떻게, 무엇 때문에 침체되고 과열되었는지가 중요한 문제이며 그 원인을 찾아서 해결해야 문제가 해결되는 것이지, 항상 소 잃고 외양간 고치고 또 소 잃고 (외양간을 고치지도 못하지만), 이런 현상만 계속 반복되고 있다.

　치아가 썩었으면, 치과에 가서 긁어내고 때워야 할 거 아닌가? 그 원인을 망각한 채 양치질만 한다고 충치가 낫겠는가? 그렇게 양치질만 하다가 결국에는 치아 뿌리까지 썩어서 뽑아야 한다. 지금의 세계경제는 치아를 뽑기 직전에 있다.

04

고용

노동유연화

기업을 운영하게 되면, 경영자가 항상 생각하는 것이 직원의 임금에 대한 문제이다. 상품의 생산비용이 상승했을 경우, 이전과 비슷한 수익을 거두려면, 제품의 공급가격을 올려야 하는데, 만약 그 제품이 수요충분 재화라면 판매량이 감소해서 매출이 줄어들고, 이윤이 낮아질 것을 걱정하면서, 제품의 공급가격을 상승시키는 것을 포기하고, 직원들의 임금을 삭감하고 고용을 줄이고 해고를 늘리는 선택을 하는 경우가 많다.

직원들 입장에서는 오랫동안 일을 해왔는데, 임금을 더 올려주지는 못할망정, 오히려 임금을 깎는 회사의 행태에 대해 많은 불만이 생길 것이며, 이로 인해 잦은 파업이 생기고 급기야 기업이 문을 닫는 경우도 종종 발생하게 된다. 기업의 경영자는 위와 같은 상황이 벌어지지 않게 하기 위해, 만약 생산비용이 상승하더라도 직원의 해고를 더욱 쉽게 하고, 저 임금을 책정해서 지급하며, 적은 인원으로 고 노동을 통해 최대의 생산성을 창출하려 할 것이다. 그리고 그렇게 하는 것이 자신들에게 가장 큰 이익이 된다고 생각할 것이다.

그럼 과연 기업이 생각하는 대로 큰 이익을 얻게 되었는지, 그리고 이런 노동유연화 시스템이 경제에 어떠한 영향을 미쳤는지 한번 알아보자.

노동유연화시스템을 실행하게 되면, 크게 세 가지 현상이 나타나게 된다.

첫째, 비정규직이 양산되어 노동자에게 큰 고용불안을 불러일으킨다는 것이다. 노동자 입장에서는 자신의 소득 중 지출수준을 정하는데, 현재의 소득 수준뿐만 아니라, 미래의 소득 수준까지 염려하면서 지출을 결정하게 된다.

예를 들어, 직업 안정성이 높은 정규직 A는 월급을 300만 원 받는데, 수요충분재화인 최신형 TV를 구입하고 싶다. 만약, TV를 구입하면 평소에 지출하던 수준보다 높다 하더라도 다음 달에 지출을 좀 줄이면 될 것이라고 마음먹고 TV를 구입했다고 가정하자.

다음은 직업 안정성이 낮은 비정규직 B는 월급을 200만 원 받는데, 최신형 TV를 구입하고 싶다. 언제 직장을 그만둘 줄 모르는데 지금 지출을 많이 하면 안 될 것 같아서 TV구입을 포기했다고 가정하자.

그럼, 여기서 내가 질문을 하나 하겠다. 이 A, B의 행동으로 인해 가장 큰 피해를 본 경제주체는 누구일까?

평소의 지출수준을 초과하여 TV를 구입한 A일까? 아니면 TV구입을 포기한 B일까? 둘 다 아니다. 왜냐하면, A는 분명 TV를 산 이유가 그 TV의 공급가격보다 자신이 의도한 수요가격이 더 높았기 때문에 구입했을 것이고, 그렇다면 오히려 효용이익을 얻은 것이다. 그리고 B는 비록 TV를 구입하는데 포기했지만, 그렇다고 실제 자신의 돈을 지출한 것이 아니기 때문에, 효용에 대해서 말할 수 없다. 정답은 바로 TV를 판매하는 기업이다.

왜냐하면, 비정규직인 B가 만약 TV를 구입했다면, 기업은 더 큰 이윤을 얻을 수 있었는데, 비정규직인 B가 소비를 포기하는 바람에 의도했던 매출과 이익을 달성하지 못했다. 그리고 TV가 수요충분재화이므로 시간이 조금 지나면 재고로 쌓일 것이고, 가격을 크게 낮추어야 할 상황이

온다면 타격은 더욱 클 것이다. 즉, 직업불안정성으로 인한 B의 소비포기에 대한 비용을 고스란히 기업이 떠안은 것이다. 따라서 노동유연화에 의한 비정규직 양산으로 가장 큰 피해를 보는 경제주체는 바로 수요충분재화를 생산하는 기업이다.

둘째, 노동유연화는 소비에 필요한 여가를 줄인다는 것이다. 생산비용을 줄이기 위해, 직원을 적게 고용하고 그 때문에 소수의 직원들은 고노동에 시달리게 된다. 그리고 노동시간이 길면 길수록, 소비에 투자될 시간이 줄어들고, 그것은 기업의 판매실적과 직결된다. 그리고 인원을 적게 고용하기 때문에 실업률을 높이게 되고, 경기를 더욱더 침체시키는 역할을 하게 된다.

셋째, 낮은 임금을 제공한다는 것이다. 이것은 자신의 직원들이 곧 소비자라는 것을 망각한 행동이라 볼 수 있다. 그리고 이렇게 행동하면, 가장 큰 피해를 보는 경제주체는 바로 수요충분재화를 생산하는 기업이다. 왜냐하면, 주어진 소득에서 수요필요재화를 소비하고 남은 소득에 대해서 수요충분재화가 소비되기 때문에, 임금을 낮게 주면 줄수록 수요충분재화를 생산하는 기업의 판매실적은 급감하는 것이다. 이로 인해 기업의 재정이 어려워지고 또다시 해고와 임금삭감이 진행되는 악순환이 되풀이 되는 것이다.

따라서 노동유연화로 인해 기업이 이익을 얻을 수 있는 것이 아니라, 오히려 소비감소로 큰 피해를 입을 수 있는 것이다. 즉, 기업은 저임금, 고 노동의 비정규직을 많이 고용하면, 자신들에게 이익이 된다는 생각을 버려야 한다는 것이다. 왜냐하면, 기업이 만든 상품을 구입하는 사람은 바로 기업이 고용한 저임금, 고 노동의 비정규직 직원이며, 그 직원들이 소비를 줄이게 되면 기업 또한 재정적 어려움을 겪게 되기 때문이다. 그리고 그로 인해 또 다시 종업원의 임금을 삭감하고, 고용을 줄이고, 해고를 늘리는 악순환이 반복되면서 경제는 걷잡을 수 없는 침체의 늪에 빠지게 된다.

끝으로 우리는 가계의 소비가 살아야 기업이 살 수 있다는 것을 알아야만 한다. 그리고 가계의 소비가 살려면, 무엇보다 직업 안정성과 충분한 여가시간과 높은 임금이 뒷받침 되어야 한다. 가령, 우리나라의 노동시간은 세계에서 최고수준인데 반해 노동시간에 따른 생산성은 매우 낮은 수준이다. 이것은 일만 많이 했지, 소비를 제대로 하지 않아서 기업의 상품이 재고로 쌓이다 보니, 판매실적이 저조하다는 것을 의미한다.

왜 소비를 제대로 못하는가? 바로 노동유연화로 인해 고 노동, 저임금에 착취당하고 있기 때문이다. 다시 한 번 강조하지만, 높은 임금수준과 직업 안정성과 충분한 여가시간이 보장 되어야만 기업 또한 자신이 생산한 물품에 대해서 제값을 받을 수 있는 것이다.

최저임금제

최저임금제는 말 그대로 임금의 하한선을 정하는 제도이다. 문제는 이 최저임금수준이 어느 정도냐에 따라 경제에 큰 영향을 미치게 된다는 것이다. 먼저 최저임금수준이 평균임금과 격차가 커서, 낮은 수준이라면 경제는 어떻게 될 것인지 알아보자.

만약 재정이 어려운 기업들은 과연 무엇을 토대로 임금책정을 하겠는가? 바로 최저임금이다. 최저임금을 기준으로 임금의 추가 여부를 결정짓게 된다. 그러면 오늘날과 같이 경기가 침체되고 실업률이 높은 상황에서 수많은 재정적 위기에 처해있는 기업은 더욱 최저임금을 적극적으로 이용하려 할 것이다. 낮은 임금을 제시해도 실업률이 높기 때문에 충분한 고용이 달성된다고 생각하기 때문이다.

하지만, 문제는 교육에 많은 비용을 투자하고, 높은 수준의 생활을 경험한 사람들이 기업이 제시한 낮은 임금에 만족하지 않는다면, 기업은 의도한 고용량을 달성할 수가 없어, 생산에 차질이 생기게 된다. 그렇게 되면, 기업은 할 수 없이. 노동에 대한 의도공급가격이 낮은 외국인 노동자를 고용할 수밖에 없는 처지에 놓이게 된다. 그럼 경제는 어떻게 될까? 일단 높은 실업률은 오히려 악화 될 것이며, 외국인노동자 대부분이 자신의 소득 중 많은 부분을 저축해서 자국으로 송금하게 되면, 소비는 더욱 침체되고 수많은 기업들이 판매부진에 의해 도산하게 된다. 그리고 소비감소의 대상은 주로 수요충분재화가 될 것이며, 이는 수요충분재화를 생산하는 재정이 건전한 많은 기업에까지 악영향을 미치게 된다. 그로 인해 기업은 생산비용절감의 압력을 받게 되고, 그로 인해 하청업체의 납품단가를 삭감한다든지, 임금을 삭감하고 고용을 줄이고 비정규직을 늘리는 선택을 하게 된다. 이렇게 되면, 가뜩이나 침체된 경제가 더욱 더 침체의 수렁에 빠지게 되는 것이다. 그리고 이런 순환은 계속 반복되게 된다. 즉, 낮은 최저임금으로 인해 경제가 침체의 늪에서 벗어나지 못하는 것이다.

이제, 평균임금과 격차가 크지 않는 높은 수준의 최저임금은 과연 경제에 어떠한 영향을 미치는지 살펴보자. 최저임금이 높은 수준으로 유지되면, 재정이 어려운 기업입장에서는 고용에 큰 부담을 느끼게 된다. 그렇다고 생산을 포기할 수는 없기 때문에 높은 임금을 주고 고용하게 된다. 그렇게 되면, 이전과 같은 이윤을 얻기 위해서는 생산품의 공급가격을 올려야 되는데, 만약 공급가격을 무리하게 올리면 판매부진과 높은 생산비용으로 인해 도산할 수 있다. 따라서 절대 단기수익에 눈이 멀면 안 된다. 세상에 어떤 기업도 아무리 직원에게 임금을 높게 주더라도 기업의 판매실적이 나아지면, 대부분 이전보다 이윤이 더 발생하게 된다. 왜냐하면, 임금규모와 생산규모가 차이가 있기 때문에, 물건을 만드는 비용과 판매가격 사이의 마진이 상승한 임금도 보완하지 못하는 경우는 없기 때문이다.

물론 최저임금을 책정할 때도 적응적으로 과거에 비해 어느 정도를 올리는 것이 아니라, 그 나라의 교육비용과 생활수준 등을 감안하여 책정하여야 한다. 그렇지 않으면, 기업에게 큰 부담으로 작용하기 때문이다.

만약 현실적인 높은 수준의 최저임금제가 시행되면, 중소기업에게 다소 부담이 늘어나겠지만, 부담을 정부에서 일부 지원을 해준다고 한다면, 노동자의 임금이 상승하게 되고, 낮은 임금에 실망하던 사람들이 적극적으로 구직활동을 펼치게 되어, 실업률이 낮아지게 되며, 이전보다 소득이 늘어나서 지출에서 수요충분재화의 비중이 증가하게 되며, 수많은 수요충분재화를 생산하는 기업까지 큰 이윤을 얻게 된다. 이로 말미암아 경기는 더욱 활성화가 되고, 기업은 투자와 고용을 더욱 늘리게 되며, 이로 인해 임금이 상승하여 가계의 소비수준도 높아지게 된다.

그러나 여기서 중요한 문제는 절대 자신만의 이익을 추구해서는 안 된다는 것이다. 가령, 대기업이 더 큰 이윤을 얻기 위해 하청업체에 납품단가를 삭감한다든지, 아니면 지나친 욕심을 부려 무리한 확장을 통해 타 기업의 성장 동력을 저해한다든지 하면, 또다시 경기침체가 발생하게 된다. 기업을 경영하는 사람이라면, 다른 회사 직원들도 자신의 회사고객이라는 것을 명심해야 한다. 자신만 살려고 하다가는, 결국 다른 기업이 망하면 자신도 망하게 되는 것이다.

일자리 창출

요즘, 고임금의 안정적인 일자리는 거의 없고, 대부분이 낮은 임금의 일자리뿐이다. 거기에 임금을 제대로 주지 못하는 기업도 많으며 수많은 사람들이 최저임금수준으로 보수를 받고 있으며, 수요필요재화의 공급가격은 치솟고 있다. 이런 경제상황에서 양질의 일자리창출이란 불가능하다. 양질의 일자리를 창출시키려면, 두 가지 방법이 있다. 그것은 새로운 수요필요재화를 개발하든지, 아니면 수요충분재화의 소비를 증가시켜야 한다. 이 두 가지가 되지 않는다면, 양질의 일자리 창출은 불가능하다.

먼저 새로운 수요필요재화를 개발에 대해 말하자면, 가령 태양이나 물을 이용한 에너지 사업이나, 물로 가는 자동차라든지, 혁신적인 의료기술 등 사람들에게 수요필요성이 큰 재화들을 개발하여 상용화되면, 그로 인해 여러 양질의 일자리가 창출되게 된다. 아니면, 수요충분재화의 소비를 증가시켜야 양질의 일자리가 창출된다.

예를 들어, 기존의 휴대폰 시장의 침체를 벗어나게 한 것이 바로 스마트폰의 개발이었다(만약, 스마트폰이 의도수요가격보다 가격을 높게 책정해서, 지금과 같이 상용화되지 않았거나, 상용화되는데 시일이 길어졌다면, 아마 경제 대공황은 이미 발생했을 지도 모를 일이다). 스마트폰의 개발로 인해, 많은 양질의 일자리가 창출하게 된 것이다. 하지만, 이 효과도 점점 수요충분성이 강해지면서 소비가 감소함에 따라 약해지고 있다. 그리고 앞에서 말한 수요필요재화의 개발은 시일이 많이 걸릴뿐더러, 그것도 수요충분재화의 소비가 증가하여 재정이 건전해지면, 수많은 기업들이 그쪽 사업에 적극적으로 투자를 해야지만 기간이 단축될 수 있는 것이다. 따라서 현실적으로 수요충분재화의 소비활성화 이외에는 일자리 창출은 힘들다고 보아야 한다. 하지만, 수요충분재화에 대한 소비를 늘이려면 스마트폰의 예처럼 기술개발도 중요하지만, 노동자에 대한 직업 안정성과 높은 임금수준이 뒷받침 되어야 한다. 그리고 제도적으로 뒷받침까지 해준다면, 수요충분재화의 소비활성화에 큰 도움이 될 것이고, 이로 인해 기업들은 투자와 고용을 늘리게 되고, 안정적이고, 고임금의 양질의 일자리도 자연스럽게 늘어나는 것이다.

지금의 낮은 질의 일자리의 원인은 바로 앞에서 말한 노동유연화와 최저임금제가 큰 영향을 끼쳤다. 이 두 가지 시스템은 기업이 눈에 보이는 이익에만 집중해, 자신들의 상품을 구매해줄 소비자들을 전혀 신경 쓰지 않았다는 것을 보여주는 것이다.

만약에 주식담보대출이나 주식시장에서의 유상증자나 전환사채발행 등의 투기적 자본조달시스템이 없었거나, 하청업체에 대한 납품단가를 삭감하거나, 서민들을 상대로 캐피탈 사업을 하지 않았다면, 과연 살아남을 수 있는 기업이 몇 군데나 되었겠는가? 상식적으로 생각해봐도 자신들의 상품을 구매해줄 사람들의 소득을 줄여 놓고, 기업운영이 잘 될 것이란 생각이 이해가 되지 않는다.

어찌 보면, 이것도 주류경제학 탓이라 볼 수 있다. 인간의 이기적인 행동을 효율적이고 합리적인 행동이라 여기고 이것을 학생들에게 주입시

키고 있으니 말이다. 내가 보기엔 주류경제학은 그 어느 곳에서도 합리
성을 찾아볼 수 없다. 즉, 이기적인 사고와 행동이 양질의 일자리창출에
큰 위해가 되고 있는 것이다.

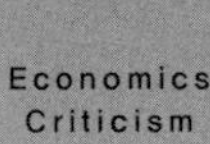

복지정책

요즘 복지정책에 대해서 논의가 뜨거운데, 한편에서는 북유럽국가처럼 보편적 복지를 해야 한다는 입장과 다른 한편에서는 가난한 사람들에게 선택적으로 복지를 해야 한다는 입장이 나뉘고 있다. 그런데 경제적으로 중요한 것은 어느 복지정책을 취하는 것이 가장 생산적이냐는 것이다(복지를 정치적으로 보는 사람들은 이 의견에 비판도 하겠지만 나는 생산성과 민주주의는 밀접하게 비례하며, 더 나아가 동의어라고 본다. 왜냐하면 앞에서 말한 생산성을 저해하는 노동유연화, 착취적인 최저임금제가 실행되고 있는 현재사회는 형식적으로만 민주주의를 표방할 뿐, 실질적인 민주주의는 아니라고 보기 때문이다).

복지라 해서 무작정 돈을 주고 혜택을 주면 누가 노동을 투입해서 생산을 하려 하겠는가? 따라서 복지정책도 반드시 생산성을 갖추어야 한다.

이제 본론으로 들어가서, 먼저 보편적 복지부터 살펴보기로 하자. 보편적 복지를 하게 되면, 부유하든 가난하든 간에 같은 혜택을 누리게 된다. 그리고 그 혜택의 대상은 주로 수요필요성이 강한 의료, 교육, 급식과 같은 재화가 될 것이다. 그런데 문제는 복지를 실행하는데 비용이 매우 많이 든다는 데 있다.

물론 이런 수요필요성이 강한 재화에 대한 부담을 보편적으로 줄여주면 가계의 소득 중, 수요충분재화의 소비활성화에 도움이 될 것이며, 이는 특히 중산층에서 두드러질 것이다. 문제는 세금의 효율성이다. 만약 굳이 복지혜택을 받을 필요까지 없는 중산층이상의 소득계층에 보편적 복지 정책을 실행해서 소득 중 일정부분의 지출감소혜택을 주었다면, 과연 중산층이상 계층이 보편적 복지 혜택을 누리면서, 늘어난 가처분소득을 생산적인 소비나 투자에 쓸 것인가가 중요하다.

예를 들어, 월급이 300만 원인 A씨가 보편적 복지혜택을 받아 자녀가 무료급식을 하고, 교육도 무상으로 하며, 각종 의료혜택까지 받는 것을 감안하여, 한 달에 50만 원의 여유가 추가적으로 생겼다면, 이 돈을 생산적인 소비나 생산적인 투자에 쓴다면, 경제에 도움이 되겠지만, 주식이나 파생금융상품이나 부동산 투기에 쓴다면, 오히려 세금만 낭비하고, 겼제거품을 키울 수도 있는 것이다.

따라서 다음 장에서 말하겠지만, 이런 투기적인 제도를 개혁해야만 보편적 복지가 생산성에 도움이 될 것이다.

이제 선택적 복지에 대해서 살펴보자. 선택적 복지는 세금을 거둬 가난한 사람에게 혜택을 주는 제도이다. 즉, 가난한 사람들의 기본적인 생계유지나 교육과 같은 수요필요성이 강한 재화의 소비에 대한 부담을 줄여주기 위한 제도이다. 이 제도는 위에서 말한 보편적복지보다 비용부담이 적다는 게 장점이다. 즉, 국가의 재정 부담이 그만큼 적다는 것이다.

문제는 이 선택적 복지가 과연 위에서 말한 보편적복지보다 더 생산적이냐는 것이다. 만약 선택적 복지가 보편적복지보다 더 생산적이려면, 보편적복지에 쓰인 세금을 선택적 복지에 쓰인 세금만큼 국가가 사용하는 것이 중산층이상의 가계가 사용하는 것보다 생산성이 높아야 한다. 따라서 쉽게 어떠한 복지제도가 낫다는 판단을 하기 어렵다. 그러나 지금과 같이 경기가 침체되고, 언제 세계적인 경제공황이 찾아올지도 모르는 상황에서 보편적 복지와 같이 국가재정이 많이 소비되는 것은 피해야 된다고 생각한다. 왜냐하면, 경제가 매우 안 좋은 상황에서 중산층이상의 가계가 보편적 복지혜택으로 인해 발생한 여유소득을 사용하지 않고, 저축을 할 공산이 크기 때문이다.

물론, 저축은 가계의 미래소비이며 은행의 기업에 대한 대출을 증가시키지만, 문제는 경제가 심각한 위기 상황일 때는 가계나 기업 모두 소비나 투자를 줄이는 유동성 함정에 빠지기 때문에 생산성에 도움이 되지 않는다.

따라서 지금은 보편적 복지를 할 시기가 아니라고 생각한다. 즉 이럴 때는 급박한 상황에 대비할 수 있도록 국가의 재정 부담을 덜어 주는 편이 낫다고 생각한다.

결론적으로 경제가 어느 정도 활성화 되고, 투기적 요소를 차단한다면, 선택적 복지보다는 보편적 복지가 더 낫다고 보며, 오늘날과 같이 투기가 팽배하고, 세계 경제가 위태로울 때는 선택적 복지가 더 낫다고 생각한다.

가계부채

지금 가계부채문제가 매우 심각한 상황에 놓여 있다. 증가 속도는 폭발적이며 어떠한 대책도 강구하지 못하는 실정이다.

그러면, 가계부채가 왜 이렇게 심각한 상태가 되었을까? 여기에 대해서 두 가지 큰 이유가 있다. 첫 번째는 노동자에 대한 착취 때문이며, 두 번째는 뒤에서 설명할 투기 때문이다.

지금 세계에서 벌어지고 있는 유럽위기나 일본의 장기 경기 침체 등의 수많은 경제위기의 원인이 바로 근본적으로 투기와 착취 때문이다. 이 투기와 착취로 가계부채가 늘어나게 되고 가계부채가 늘어나면 원리금 상환을 위해 소득에서 지출을 줄여야 하고, 그 지출감소의 대상은 주로 수요충분재화가 되고, 이런식의 악순환이 계속된 결과가 바로 지금 우리가 겪고 있는 심각한 경기침체이다. 그리고 이 악순환은 지금도 계속되고 있는 실정이다.

과거 대공황이 일어난 이유도 바로 자국이나 식민지 노동자들을 저임금, 고 노동으로 착취하고 생산성 향상에 쓰일 돈을 주식이나, 실물투기, 부동산 투기 등에 썼기 때문이다. 그리고 주류경제학도 오늘날 가계부채가 폭발적으로 증가하는 데 큰 한몫을 했다. 왜냐하면, 서브프라임 모기지 사태에서도 보았듯이 은행이 부동산 투기로 집값이 오른다고 무분별하게 담보대출을 해주다가, 그 사단이 난 것이 아닌가.

즉, 사람들이 부동산 투기를 하는 것을 알고 있으면서도, 집값이 투기로 인해 오르고 있으니, 선뜻 돈을 빌려주는 것이다. 자신들이 생각하기에는, 자산가치가 올라가니까 돈을 떼일 염려가 없다고 생각했을 것이다. 이는 주류경제학에서 말하는 자산가치가 상승하면, 이전보다 더 부유해졌으므로 소비와 투자를 늘리고 경기를 활성화시킨다는 단순한 사고방식에서 나온 것이다.

하지만, 결과는 어떠한가? 주류경제학이 말하는 것처럼, 경제가 돌아가는가? 생산성 향상과 관련 없는 물가상승인 투기거품은 반드시 몇 배로 경제에 타격을 주게 되어 있다. 왜냐하면, 위에서 말한 악순환이 점점 커지면서 계속 반복되기 때문이다.

그리고 가계부채증가에 노동을 천시하는 사회 분위기도 한몫을 했다. 특히 오늘날 신자유주의 경제체제하에서 이런 분위기가 두드러졌다. 왜냐하면, 앞에서 말한 노동유연화, 낮은 최저임금이 신자유주의를 대변하는 것이며, 또한 많은 경제학자들이 경기침체의 원인을 높은 임금수준에 있다는 주류경제학적인 논리를 펼치고 있는 실정이다.

즉, 이들의 논리는 기업이 노동자에게 주는 임금이 너무 높아서 생산비용이 증가하게 되고, 그로 인해 상품의 가격이 올라가면 소비가 감소하여, 경기가 침체되지 않느냐는 것인데, 솔직히 이해할 수 없는 것이 기업이 자선사업가도 아니고, 어떻게 임금이 높아서 생산비용이 증가한다는 것인지 모르겠다.

기업의 생산비용이 왜 증가하는가? 임금이라는 것은 기업 스스로가 조절할 수 있지만, 조세상승이나 환율 같이 기업 스스로 조절할 수 없는 요인과 부품이나 원료 같은 생산에 필요한 재화의 공급가격이 상승하기 때문에 생산비용이 증가하는 것이고, 이로 인해 매출과 이윤이 줄면, 그때 임금을 삭감하거나 고용을 줄이고, 해고를 늘리는 선택을 하는 것이지, 기업이 무슨 바보도 아니고, 자신의 생산 여력에도 맞지 않는 임금수준을 처음부터 직원들에게 책정할 필요가 없다는 것이다. 그리고 노동자의 임금을 줄이면, 기업의 물품이 안 팔리는 것은 당연한 것 아닌가.

그중에서도 수요충분재화의 소비가 줄 것이고, 만약 수요필요재화의 소비도 준다면 수요필요재화를 공급하는 기업은, 이전보다 손해를 볼 이유가 없으므로 공급가격을 올리게 된다. 그럼 사회 전체적으로 물가가 상승하게 되는 것이다. 우리가 흔히 스태그플레이션이라고 부르는 경제현상은 이렇게 발생되는 것이다. 즉, 스태그플레이션은 특수한 현상이 아니라, 우리가 현실에서 오랫동안 지금도 겪고 있는 현상이란 것이다.

그럼, 가계부채를 해결하는 방법은 무엇일까? 엄청닌 액수의 사세부채를 탕감해줄 수도 없는 노릇이고, 기껏해야 원리금의 상환시기를 늦추거나, 이자 부담을 조금 줄여주는 정도에 머물 것인데, 이 또한 은행이 국가에 의해 운영되는 모를까, 민간에 의해서 운영되기 때문에 쉽지 않은 문제다. 왜냐하면, 이런 주문자체가 민간은행에는 엄청난 부담으로 작용하기 때문이다. 그리고 그렇게 효과가 있는 것도 아니다. 이것은 점진적으로 해결하는 수밖에 없다. 오랫동안 비정규직에다 저임금, 고 노동으로 착취하고 투기에 빠져서 무분별하게 대출을 해주고 받고 한 대가를 그리 쉽게 치를 수는 없는 것 아닌가.

일단 앞에서도 말했듯이 투기와 착취를 없애야만 한다. 그러기 위해서는, 무엇보다 제도의 혁신이 필요하다. 비정규직, 저임금, 고 노동의 노동유연화 시스템을 없애고, 노동자에게 직업 안정성과 높은 임금과 충분한 여가시간을 보장해 주어야 한다. 그리고 생산성 향상을 저해하는 부동산, 파생금융상품, 주식과 같은 자산투기를 막기위해, 거래시스템의 혁신이 필요하다. 이런 것이 선행되지 않으면 가계부채 문제를 해결하지 못할 뿐만 아니라, 자본주의 시장경제가 무너지게 된다.

이제 가계부채의 종류를 알아보면, 크게 두 가지로 나눌 수 있는데, 첫 번째는 수요필요재화의 구입을 위해 빚을 진 경우와 두 번째는 투기를 위해 대출 받거나, 투기가치로 평가된 자산을 구입하기 위해 담보대출을 받는 경우를 들 수 있다.

첫 번째 경우는, 주로 기본적인 생계유지나, 학자금, 갑작스러운 사고, 의료비 등 수요필요성이 강한 재화를 구입하기 위한 것이고, 두 번째 경우는, 자산을 담보로 빚을 진 것이다.

만약에 정부에서 빚 부담을 줄여준다고 한다면 첫 번째 경우는 정치적으로나 도덕적으로 명분이 있지만, 두 번째의 경우는 명분이 없다. 왜냐하면, 첫 번째 경우는 빚을 진 이유가 주로 자신의 선택이 아니라, 필요에 의해서 일어난 것이기 때문에 사회구조의 책임이 어느 정도 인정이 되지만, 두 번째 경우는 자신의 선택에 의해서 일어난 것이기 때문에 인정이 되지 않는다.

즉, 아파트 값이 투기로 뛸 것이란 기대와 뛴 것을 알고도 샀으면, 아파트가 자신에게 투기로 인한 시세차익이 목적이든지 아니면, 아무리 수요필요성이 강하다 하더라도 그것은 자신의 선택이라는 것이다.

따라서 요즘 하우스푸어들이 은행 빚을 못 갚겠다고 나오는 실정에도, 주위사람들의 반응이 싸늘한 이유가 여기 있는 것이다. 즉, 자신의 선택에 의해서 나타난 결과는 스스로가 책임을 져야한다는 것이다. 왜냐하면, 투기를 위해 자산을 담보로 대출을 받아 놓고, 자산가치가 하락하니까, 빚을 못 갚아 정부가 탕감해준다면, 과연 그 모습을 지켜보는 일반시민들이 가만히 있겠느냐는 것이다.

그러나 이것도 따지고 보면, 물론 개인의 선택으로 발생했지만, 사람들이 투기에 빠지게 할 수밖에 없었던 제도나 교육의 문제라고도 볼 수 있는 것이다. 그래서 제도의 혁신부터 선행되어야 한다고 말했던 것이다. 그것에 대해서는 다음 장에서 계속 논의하도록 하고, 설명을 여기서 줄이겠다.

05

투 기

투기는 거품을 일으키는 경제주체의 경제행위를 말한다. 그리고 거품이란, 생산적인 경제행위로 인한 물가상승 이외에 투기로 인한 물가상승을 의미한다. 지금의 경제위기의 가장 큰 원인은 바로 이 투기 때문이다. 그런데 이상하게도 신자유주의하의 투기는 정상적인 경제행위로 취급받고 있다. 투기가 경기활성화에 도움이 된다는 생각을 하는 사람도 많을뿐더러, 주류경제학에서 투기에 대해서 언급이 없으니, 이해를 못 할 일도 아니다.

부동산

요즘 부동산문제가 심각하게 대두되고 있다. 장기 경기 침체로 인해 기업과 가계의 재정이 악화 되면서 부동산 가격거품이 꺼지기 시작한 것이다. 많은 사람들은 과거에 투기기대에 부풀어 필요도 없는 주택과 땅을 은행에서 담보대출 받아 매입한 결과, 오늘날 수많은 사람들이 후회하고 있다. 그러면 부동산을 재테크 수단으로 삼아서 그것이 훗날 가격이 오르면 시세 차익을 얻겠다는 생각을 한 사람들의 잘못이 큰 것인가? 아니면, 사람들이 투기를 할 수밖에 없는 사회적 환경이 잘못이 큰가? 과연 누구의 잘못이 큰 것인가? 쉽게 대답할 수는 없겠지만, 나는 제도의 잘못이 크다고 본다. 왜냐하면, 제도란 인간의 행위를 통제할 목적으로 만들어지기 때문이다.

사람이라면 누구나 자신의 사익을 추구하며, 경제제도의 역할은 바로 개인의 사익추구행위가 사회의 경제적 풍요에 어떠한 영향을 미치느냐에 따라 그 행위를 규제할 것인지, 아니면 허용할 것인지 결정하는 것이다. 과거 정부가 부동산 투기를 막기 위해 여러 가지 정책을 실행했으나, 효과가 없었던 것은 바로 부동산제도의 본질을 몰랐기 때문이다. 아니면, 알고 있었는데 실행하기 어려우니 포기했을 수도 있다. 앞에서도 말했다시피, 부동산의 가격결정은 시가에 의해서 결정된다.

시가라는 것은 주식가격을 결정하는 호가와 같은 의미로 쉽게 말하면, 사람이 부르는 게 값이란 말이다. 그리고 부동산이나 주식의 가격결정은 소수의 거래가 다수의 가치를 결정짓기 때문에, 투기를 하지 않을 수가 없다. 즉, 농수산물과 같이 품질이나 수량 등 여러 요소를 따져서 가격이 결정되는 것이 아니라 부동산과 주식은 질적 차이가 없기 때문에 아파트 한 채, 주식 한 주의 거래가격이 전체가격에 영향을 미치게 된다. 즉, 소수의 건물이나 땅 거래가 있고 나면, 그 주변 일대의 건물, 땅값이 다 올라가게 되는 것이다.

이런 시스템을 가지고 있는데 어느 누가 투기를 하지 않겠는가? 경기는 계속 침체되고, 수많은 기업은 쓰러지고, 실업자는 계속 늘어나고, 임금은 줄고, 소비와 투자는 감소하는데, 부동산 값이 내려가기는커녕, 오히려 올라가는 이유가 바로 여기에 있는 것이다. 지금의 부동산 버블 붕괴는 현실의 경제가 매우 심각하다는 것을 방증하는 것이다. 즉, 얼마나 심각하면 그렇게 안 내려가는 부동산 값이 내려가겠는가? 그것도 영토가 좁은 한국에서 말이다. 영토가 좁고 인구가 많은 한국이나 대만, 일본 같은 국가들은 부동산에 대한 수요필요성이 어느 국가보다도 강할 것인데 말이다.

이런 일들이 벌어진 이유는 부동산 가격이 투기로 인해 폭등하면 물가가 상승하고 경기가 침체된다는 것과, 부동산 가격이 상승하면, 수요필요성이 강하기 때문에 실수요자에게 엄청난 부담이 되는 것을 간과했다고밖에는 생각할 수 없다.

예를 들어, A 아파트 가격이 투기로 인해 3억에서 5억으로 폭등했다고 가정하자. 회사원 B는 A 아파트를 구입하기 위해 3억을 모았었는데, 5억으로 가격이 뛰자, 은행에 대출을 받아 구입했다고 가정하자. 이렇게 되면, 회사원 B는 은행에 빌린 원리금을 갚기 위해 소득 중 많은 부분의 지출을 줄여야 한다.

그럼 그 지출감소의 대상은 어떤 재화이겠는가? 수요충분재화가 아니겠는가? 그러면 부동산 투기에 의해 가격이 급등하게 되어, 가계가 소비를 줄이게 되면, 수요충분재화를 생산하는 기업에 엄청난 피해가 돌아갈 것이고, 기업은 생산비용을 절감하기 위해 노동자의 임금삭감이나 하청업체의 납품단가 인하나 고용을 줄이고 비정규직을 늘리는 행동 따위를 하지 않겠는가. 그리고 앞에서도 말했듯이, 부동산 값이 올라가면, 그 일대의 상품 값이 올라가게 되고, 특히 수요충분재화를 판매하는 경제주체는 큰 피해를 입게 된다.

이런 악순환이 계속 반복되어서, 지금 수요필요성이 강해 예전부터 한국에서 불패신화라고 불리던 부동산 가격까지 폭락하고 있다. 여기서 그치지 않고, 경제주체가 향후 부동산 가격이 더 내려갈 것이라 기대하게 되면, 끝도 없이 가라앉을 수도 있다. 인간의 투기기대가 이래서 무서운 것이다.

올라갈 때는 급등하지만, 내려갈 때는 급락하게 된다. 즉, 경제위기가 끝날 때까지 내려간다는 것이다. 왜냐하면, 경기가 침체되고, 실업은 늘어나고 기업의 재정은 어려워지고 가계의 소득이 줄면, 부동산에 대해 판매경쟁이 올라가고 구매경쟁이 낮아지고 거기에 언제 집값이 더 떨어질지도 몰라 가치저장성까지 사라진다면, 더욱 수요충분성을 갖게 되기 때문에 집값이 예상할 수 없을 정도로 폭락할 수도 있다.

이런 일을 막기 위해서는 앞에서도 말했듯이 제도를 개혁해야만 한다. 조세정책보다 훨씬 강력한 시가로 거래되는 부동산을 공시지가로 거래되게 해야 한다. 왜냐하면, 이렇게 해야만 경제주체의 투기를 막아, 경제가 위기에 빠지는 것을 예방할 수 있기 때문이다.

정부가 부동산 마다 공시지가를 철저하게 분석, 책정하여 그 가격으로만 거래되게 해야만 한다. 그래야지만 부동산 가격에 대한 경제주체의 공신력이 생기게 되어 투기가 사라지게 된다. 그러면 이에 대해 이런 비판이 제기될 것이다. 만약 부동산 소유주가 공시지가가 마음에 안 들어 팔지 않는다면, 어떻게 하느냐라는 문제이다. 하지만, 이런 문제는 시가로 거래되고 있는 지금에도 빈번히 발생하는 문제이며, 그리고 이에 대해 법리가 충분히 발전되어 있으므로, 문제될 것이 없다고 본다.

그리고 부동산이라는 것이 경자유전의 원칙에 의해 필요한 사람이 소유해야 생산성이 늘어날 수 있는 것이지, 투기에 의해서 오직 시세차익을 위해 필요도 없는 주택이나 토지를 보유하여 경제전체적으로 생산성을 떨어뜨리는 결과를 초래하는 것보다 백번 나을 것이다. 그리고 지금 정부에서 각종 규제를 완화하여, 부동산 거래 활성화를 추진하고 있으나, 별다른 소용이 없는 이유는 시가에 의해 가격이 결정되는 현재의 부동산시스템 하에서는 경제주체의 투기기대가 높아지지 않는 한 거래활성화는 일어나지 않기 때문이다. 그리고 만약 거래가 활성화된다 하더라도, 투기기대에 의해 부동산가격이 급등하여, 더욱더 경기를 침체시킬 것이므로, 이번에 확실히 제도를 개혁해야 할 필요가 있다.

이에 대해 이런 비판이 있을 수 있다. 만약 공시지가에 의해 부동산거래가 되게 하면, 부동산 거래가 더욱 침체되고, 이에 따라 건설사는 더 큰 불황의 늪에 빠지지 않겠느냐는 것이다. 즉, 투기가 부동산거래활성화에 도움이 된다는 것인데 이는 전혀 타당하지 않다. 왜냐하면, 부동산 거래 활성화하고 부동산 투기로 인해 가격이 급등하는 것 하고는 의미가 전혀 다른 문제이기 때문이다.

그러면 과연 부동산이 공시지가에 의해서 거래가 되면 거래가 활성화되지 않는가? 오히려 투기기대에 의해 경제주체가 부동산 가격이 계속 내려갈 것이라 믿고 있을 때 거래가 침체되는 것이다. 즉, 투기가 부동산 거래를 침체시키고 있는 것이다. 왜냐하면, 부동산은 인간의 경제활동이나 생존을 위해서 반드시 필요하며 특히 한국은 인구에 비해 영토가 좁기 때문에 부동산에 대한 수요필요성은 그 어느 국가보다도 높다.

따라서 공시지가에 의해 거래가 된다 하더라도 부동산거래 침체는 발생하지 않는다. 오히려 지금의 부동산의 수요필요성을 투기가 막고 있는 것이다. 공시지가에 의해 부동산이 거래되면 오히려 부동산 가격에 공신력이 생기게 되고, 거래는 더욱 활성화될 것이며 건설사에도 큰 도움이 된다. 즉, 부동산 가격이 공신력에 의해 안정이 되면 항상 실수요자는 충분하다는 것이며, 오히려 투기로 인해 가격이 급등하거나 급락하게 되면, 부동산 구입의 위험성 때문에 수요가 더욱 감소한다는 것이다.

주식시장

　지금의 경제위기를 불러 온 가장 큰 원인이 주식시장에 있다고 할 수 있다. 지금의 주식시장은 매우 비합리적·비효율적이며, 생산성을 향상시키는 투자시장이 아니라 오직 투기기대에 의한 시세차익을 목적으로 한 카지노 시장이기 때문이다.

　우리가 투기에 대해 얼마나 무관심했으면, 수많은 경제전문가 중에서도 아직 투자와 투기의 의미나 차이조차도 모르는 사람이 많다. 즉, 지금의 주식시장에서는 투자라는 말은 존재하지 않는다는 것이다.

　그럼 그 이유에 대해서 자세히 살펴보도록 하자. 투자란 과연 무엇인가? 투자는 불확실한 미래 경제상황에 대하여 생산성을 향상시킬 목적으로 경제적 가치를 투입하는 것을 말한다. 즉, 경제주체가 사익을 추구하기 위해 자본투입행위를 하는 것이 생산성 향상과 관련이 있어야 한다는 것이다. 생산성 향상과 관련이 없는 단순한 사익추구행위는 투기에 불과하다. 그리고 여기서 말하는 생산성은 실물생산성을 말하는 것이며, 구체적으로 공급자의 판매량과 소비자의 소비량을 의미하며 생산성이 향상된다는 말은 공급자의 판매량과 소비자의 소비량이 증가한다는 것을 의미한다(공급자가 공급만 하고, 소비자가 소비를 하지 않는 실물재화의 공급은 생산이 아니다. 예를 들어 A 기업이 자동차를 개발했는데, 그 자동차라는 상품이 전혀 수요 되지 않는다면, A 기업의 생산은 제로인 것이다).

그럼, 생산성의 의미를 설명하면서 가격은 왜 제외했을까? 가격은 단지 경제주체가 실물을 공급하고 수요하기 위한 수단에 불과하기 때문이다.

가령, 투기로 인해 거품이 형성되어 상품의 가격이 급등하여 기업의 판매량과 가계의수요량이 줄었는데도 불구하고 매출액이 상승하였다면, 생산성이 향상되었다고 말할 수 있을까? 아니다. 즉, 명목 GDP는 계속 늘어나는 데 반해, 밥상에 반찬 수는 늘어나지 않거나 줄거나 투기로 인해 원래 늘어야할 만큼 늘지 않는 이유가 여기에 있는 것이다(우스갯소리지만, 매스컴에서 나의 총소득은 늘어난 것으로 나타나는데 작년보다 끼니로 먹은 라면 개수는 더 많다). 즉 GDP는 생산성을 의미하는 게 아니다.

그리고 화폐는 절대 선행적일 수 없다. 항상 경제주체의 의지를 위한 수단일 뿐이다. 문제는 경제주체의 의지가 생산의지이냐, 아니면 투기의지이냐에 따라 경제행위가 생산적이냐 아니냐가 결정되는 것이다. 따라서 경제적 측면에서 보면, 국가의 존재, 기업의 존재, 화폐의 존재, 금융시스템의 존재 등 모든 경제적 제도의 존재목적은 생산성 향상에 있으며, 구체적으로 말하자면 가계의 풍요(수요량 증가)에 있는 것이다. 즉, 모든 경제적 제도의 명분은 가계의 실물소비량 증가에서 나오는 것이다.

이제 본론으로 들어가서, 그럼 지금의 주식시장이 과연 생산성을 향상시킬 목적으로 만들어졌고, 운영되고 있느냐는 것이다. 나는 경제제도이든 정치제도이든 간에 어떤 제도를 만들 때에는 항상 그 제도 안에서 행동하는 구성원이 어떠한 목적을 가지고 행동할 것인가를 염두에 두어야 한다고 생각한다. 그러나 지금의 주식시장의 거래시스템은 어떻게 작동하고 있는가? 투자자 등의 호가에 의해서 가격이 결정되는 시스템을 가지고 있다. 그리고 기업의 시가총액을 결정할 때, 그날 종가에 대한 가격을 가지고 평가하게 된다.

그럼 여러분들이 주식투자자입장에서 생각해보라. 과연 어떤 목적으로 주식투자를 할 것인지 말이다. 생산의지를 가지고 투자를 하겠는가? 아니면 투기의지를 가지고 투자를 하겠는가? 인간은 누구나 사익을 추구한다.

하지만, 그 사익추구 행위가 생산적일 경우에만 경제적으로 명분이 생긴다. 내가 생각하는 주식시장의 운영은 투자자들이 주식을 매수함으로써 그로 인해 기업의 생산성이 향상이 되어 주가가 상승하며, 그로 인해 투자자에게 이익이 되는 경로가 정상이라고 생각한다. 즉, 기업의 실적이 나오고 나서, 주가가 변동되게 해야 한다는 것이다. 그것도 기업의 실적에 맞게 말이다.

그런데 지금의 주식시장은 주식가격결정 자체가 기업의 실적과 직접적으로 상관없이 사람들이 부르는 호가에 의해 결정되고, 부동산과 마찬가지로, 소수의 거래가 다수의 가치를 결정하는 시스템을 가지고 있다. 즉, 대자본을 가지고 있는 외국인이나 기관들, 그리고 일반 소액 개인투자자들이 이런 시스템에서는 투기를 하지 않을 수가 없다. 기업주식에 대한 합리적인 평가지표도 없이, 사람이 부르는 게 값이고, 소수가 다수의 가격을 결정하는 마당에, 생산의지를 가지고 주식을 매수하거나 매도한다는 것 자체가 말이 안 되는 것이다.

앞에서도 언급했지만, 고용지표가 나아졌다, 양적완화 조치가 취해질 것이다, 중앙은행이 부실채권을 매입해줄 것이다 등의 소식이 나자마자 주가가 폭등하기 시작한다. 대체 무슨 근거로 폭등하는지 잘 모르겠다. 실질적으로 어떤 경제적 결과가 나온 것도 아닌데 말이다.

가령, 중앙은행이 머니 프린팅해서 시중은행에 공급하면 가계의 소비가 늘고 기업의 투자가 늘어 경기가 살아나는가? 중앙은행이 부실채권 매입해주면 기업이 투자를 늘려 경기가 살아나는가? 고용지표가 나아졌다는데 저임금의 비정규직의 고용이 늘어나면 경기가 좋아지는가? 모르지 않는가?

지금의 주식시장의 시스템으로서는 투기기대에 의한 시세차익을 목적으로 자본을 투입할 수밖에 없기 때문에 이러한 경제침체를 극복하기 위해 나온 정책까지도, 투자유인책으로 사용되게 된다고 생각한다. 투자자들의 목적은 주식의 매수와 매도 사이의 차익실현에 있기 때문이다. 이를 위해서 먼저 예측을 하고 행동을 하는 사람이 유리할 것이며, 그 대상은 당연히 다수가 소액의 주식을 보유하여 주당 희망이익이 큰 개인투자자들보다는, 소수가 거액의 주식을 보유하고 있는 기관이나 외국인 투자자들이 될 것이다.

주식시장이 기업의 생산성과는 상관없이 오로지 남을 수단으로 시세차익을 실현하는 목적으로 운영되게 된다. 하지만, 이러한 투기행위도 경기침체 앞에서는 결국 무너지게 되어 있다. 왜냐하면, 지금 경기침체로 인해 주식거래량이 줄어들어 증권업계가 타격을 입고 있지 않는가? 이게 무엇을 의미하는가? 경제 위기가 너무 심각해 섣불리 매도와 매수에 나서지 못하고 있는 것 아닌가?

보유한 주식을 함부로 매도하게 되면, 매도세가 일어나 주가가 폭락할 수도 있고, 그렇다고 섣불리 주식을 매수할 수도 없는 상황이 아닌가? 즉, 불확실성에 의한 투기기대로 수익을 얻으려는 자들이 이젠 확실성을 갈망하고 있는 것이다.

지금의 주식시장은 겉으로는 주가를 유지하고 상승시키고 있지만 매우 위태로워 보인다. 왜냐하면, 경기침체로 인해 기업이 언제 무너질지도 모르는 때에 아무런 대책 없이 과거와 동일하게 투기기대로 유지하다가는 세계적인 수요충분재화를 생산하는 대기업이 무너지는 순간, 그날부터 걷잡을 수 없는 주가 폭락이 시작될 것이기 때문이다.

이제까지 좀처럼 무너지지 않았던 한국의 부동산 거품이 경기침체로 인해 무너지기 시작했고 다음은 주식시장 차례가 올 것이다. 따라서 이런 위기를 극복하기 위해서는, 반드시 주식시장은 개혁되어야 한다.

지금의 주식시장은 인간의 투기적 기대에 의해 가격이 결정되고, 소수의 거래가 다수의 자산 가치까지 결정하고, 자본이 필요한 기업에 골고루 효율적으로 배분되어 투자되는 게 아니라, 오직 매도와 매수에 있어서의 시세 차익을 목적으로, 그리고 그 목적에 맞는 가장 매력적인 기업 주식에 자본이 몰리게 된다. 그리고 그 몰린 자본은 기업에게 전해지는 게 아니라, 대부분 소수가 대량주식을 보유하고 있는 기관이나 외국인 투자자들에게 시세차익으로 실현되며, 수많은 개인투자자들은 자산을 모두 탕진하게 되는, 솔직히 카지노시장보다도 더 불공정한 도박장이라 볼 수 있다.

지금도 실물경기는 바닥을 치고 있는데, 주가지수는 실물경기를 반영하기는커녕 올라가고 있지 않는가? 그리고 소수의 대기업이 시가총액의 대부분을 차지하고, 이것을 경제지표로 취급하는 현실이 너무 불합리하지 않는가.

그리고 실물경기에 아무런 영향을 미치지 못하는 양적완화정책을 주식투자자들은 왜 그리 갈망하는가? 이들은 실물경기가 어떻게 되든 관심이 없으며, 오직 주식시장에서 투기기대가 살아나기를 바라는 것이다. 경제주체의 투기 심리를 자극해줄 소스를 계속적으로 바라고 있는 것이다. 그래야만 자신들의 시세차익의 실현을 달성할 수 있기 때문이다.

이런 주식시장의 문제점을 극복하고 개혁방안을 전에 쓴 책에서 제안한 적이 있다. 그것은 주가를 호가가 아닌, 기업의 매출액으로 평가하자는 것이다(물론, 앞에서도 말했지만 매출액이 생산성을 의미하는 것은 아니지만, 그나마 평가지표로 가장 적절해 보이기 때문이다).

이 제안대로 실행한다면 지금의 주식시장과 다르게 투기심리가 아니라, 기업의 매출실적에 따라 주가가 결정되어 기업은 매출액을 더욱 높이기 위해 실물생산과 투자, 고용을 늘리게 되고, 투기기대에 의해 집중된 자본들도 골고루 유망한 중소기업에게까지 들어가게 되어, 고용문제를 해결하고, 경기를 더욱더 활성화 시킬 수 있다.

지금의 호가에 의한 주식시장은 투자자들의 목적이 투기에 의한 이익실현이 될 수밖에 없는 구조를 가지고 있다. 하지만 매출액에 의한 주식시장은 투자자들의 목적이 투기에 의한 이익실현에 있는 것이 아니라, 기업의 매출향상에 의한 이익실현에 있기 때문에 그 목적이 호가에 의한 주식시상보다 더욱 생산석이라 볼 수 있다.

투자자들은 자신의 주식의 가치를 높이기 위해서라도, 기업에게 매출액을 높일 것을 요구할 것이고, 기업은 매출을 높이기 위해 더욱더 생산에 힘을 쏟을 것이다. 그리고 중소기업이라도 유망한 기업에 대해서는 반드시 투자금이 들어가게 되며, 이로 인해 노동자를 더욱 많이 고용하게 되고 생산시설도 더욱 확충이 되며, 임금수준도 높아져서, 경기를 안정시키는데 큰 도움이 될 것이다.

만약 투기가 너무 심한 상태라 현실적으로 시행이 어렵다면, 작은 중소기업에서라도 조금씩 시행했으면 좋겠다.

파생금융상품

파생금융상품에 대해서는 너무나 많은 이야기가 있기 때문에 간략히 실물경제에 어떠한 영향을 미치는지에 대해서 알아보자.

앞에서도 말했지만 금융의 목적은 바로 실물생산성 향상이다. 실물생산성 향상과 관련 없는 모든 금융시스템은 존재할 이유가 없으며 만약 존재하게 되면, 반드시 생산성 저하와 경제적 혼란을 일으킨다.

지금의 경제가 심각한 위기에 빠진 것은 경제주체가 실물생산성 향상과 관련 없는 허구적 가치들을 너무 많이 만들어 냈기 때문이다. 그중에서 대표적인 것이 지금 말할 파생금융상품이다.

앞에서 생산성을 얘기하면서 화폐는 결코 선행적일 수 없다. 반드시 후행적이다. 왜냐하면, 경제주체의 의지를 위한 수단으로 화폐가 존재할 수 있는 것이라고 말했었다. 그리고 경제주체의 의지가 생산적이냐, 투기적이냐에 따라 생산성이 결정된다고 하였다. 따라서 실물생산과 관련 없거나 오히려 경기를 침체시키는 파생금융상품은 인간의 투기의지가 만들어낸 허구적 가치이다.

이런 파생금융상품의 존재로 인해, 실물생산에 투입될 막대한 자본들이 경제주체의 투기기대에 의해 허구적 가치를 만들어 내고 경제를 위험에 빠뜨린 것이다.

예를 들자면, 서브프라임사태가 왜 일어났는가? 은행이 주택담보대출을 무분별하게 해주고 나서 그것을 증권으로 만들어 팔다가 그 일이 발생한 것 아닌가. 저금리로 주택담보대출을 계속 해주면 서민들의 주택에 대한 수요가 증가할 것이고 이는 주택가격 급등으로 이어지게 되며, 은행입장에서는 갚을 능력이 없는 사람에게까지 대출을 계속하여 그것을 증권으로 발행해 더 큰 이윤을 얻을 수 있는 유인이 생긴다. 왜냐하면, 무리하게 담보대출을 해주어도 주택가격이 급등하면 은행입장에서는 원리금을 떼일 이유가 점점 더 없어진다고 착각했기 때문이다.

그리고 부채담보부증권을 만들어서 여러 다른 투자은행이나 기업에게 팔면 더 큰 이익이 생기기 때문에 이런 현상이 일어난 것이다. 결국, 직장도 없는 사람에게까지 담보대출을 해주다가 경기침체로 인해 부동산 거품이 터지게 되고, 대부분의 사람이 빚을 갚지 못하자 수많은 투자자들이 피해를 본 것이 아닌가. 투기가 이래서 무서운 것이다.

그리고 은행의 이런 행태는 이미 자신을 죽일 시한폭탄을 가지고 한 행위라고 말할 수 있다. 왜냐하면, 부동산 투기로 가격이 상승하면 물가가 상승하여 경기를 침체 시키게 되고 또한 담보대출 자체가 빚이기 때문이다.

만약에 회사원 A가 집을 살돈이 없어 월세를 전전한다고 가정하자. 그런데 은행이 저금리로 대출을 해준다고 한다. 그리고 은행이 대출자에게 이미 여러 사람들에게 대출해주었으니 당신도 대출받고 내 집 마련하면, 주택시세가 계속 오를 것이라 말하고, 이거 누이 좋고 매부 좋은 일 아닌가라고 설득한다면, 세상에 누가 담보대출을 받지 않겠는가?

그런데 여기서 문제가 터지는 것이다. 돈을 빌린 사람들은 물론 주택가격이 오르면 좋겠지만, 그렇다고 소득 중에 소비를 늘리는 행위는 하지 않는다. 왜냐하면, 주택은 생존을 위해서는 반드시 필요한 재화이기 때문에 자신의 소비를 위해 집을 파는 사람은 아무도 없다. 이 말은 은행이 저금리로 담보대출을 해주었어도 대출을 받은 사람들은 원리금 상환을 위해 소득 중에 상당한 부분을 지출을 포기해야 한다는 것이다. 그리고 부동산 가격 상승으로 물가까지 상승하게 된다. 이것이 경기 침체로 이어지고 너도나도 빚을 갚으려고 집을 내 놓자, 결국 부동산 가격이 폭락하게 된 결과를 초래했던 것이다. 물론 정부가 금리를 높여, 채무관계에 있는 사람에게 더욱 부담을 준 것도 영향이 있겠지만, 무엇보다도 처음부터 결과가 보였던 것이다.

정리하자면, 부동산, 주식, 파생금융상품에 대한 투기는 앞에서 말한 것과 같이 물가를 상승시키고 생산에 필요한 자본을 효율적으로 배분하지 못하게 하여, 경제를 침체시키는 역할을 한다. 그리고 경제가 침체되면 양질의 일자리가 줄어들고 임금 수준은 낮아지며, 실업은 증가하게 된다. 이 부분만 보아도 가계는 소득이 줄어 부채를 안을 가능성이 높다. 그리고 자산에 투기자본을 투입하다가 경기침체로 인해 그 자산가치가 폭락하게 되면, 가계부채는 더욱 심해진다. 이는 침체된 경기를 더욱 깊은 수렁에 빠지게 한다. 그러나 지금 많은 사람들이 투기의 심각성을 알지 못하고 있으며, 오히려 투기가 생산에 도움이 된다는 말까지 나오는 것을 보면, 주류경제학이 과연 사람들에게 어떤 역할을 하는지에 대해 궁금할 따름이다.

사회과학을 수학을 목적으로 한 수단으로 취급하여 학문의 영역을 뒤섞는 말도 안 되는 논리로 사람들의 세상을 보는 눈을 단순화시키고 인간의 이기적 행동이 합리적인 행동이라 여기는 주류경제학이 지배하는 세상에 저런 말이 나오는 것도 그렇게 이상하지는 않는 것 같다.

그리고 우리는 가계부채에 대해서 너무 쉽게 생각하는 것 같다. 불과

몇 달 전만 하더라도 인터넷에 한국의 가계부채의 대부분은 부동산 담보 대출이 차지하므로, 그렇게 우려할 수준이 아니라는 말이 많았었다.

얼핏 보면, 그렇게 생각할 수도 있는 것이, 예를 들어 시가 6억짜리 아파트에 살고 있는 회사원 A가 은행에 아파트 구입 목적으로 3억 원을 대출받은 상태에 있다면, 충분히 별문제가 되지 않는다고 생각할 수 있을 것이다. 그런데 서브프라임 모기지사태가 은행의 이런 생각 때문에 벌어진 것이다.

우리는 경제를 진단할 때, 절대 한쪽 면만 보아서는 안 된다. 여러 외부사정이나, 재화의 특성 등을 고려해야만 한다. 내가 바로 위에서 주류경제학을 비판한 이유가 이런 것을 학생들에게 가르쳐야 이들이 사회에 진출하여, 올바르게 경제를 운영할 것 아니냐는 것이다.

방금 밀한, 부동산 내출에 내한 은행의 행태가 과연 은행만의 잘못이었겠는가? 경제를 보는 눈을 수학으로 단순화시킨 주류경제학의 책임이 큰 것 아닌가. 시가 6억에서 대출 3억 받은 게 뭐 그리 대수이겠는가? 라고 충분히 생각할 수 있지 않는가라는 것이다. 그리고 이런 단순한 생각들 때문에, 결국 자신과 경제전체를 망칠 파생금융상품을 만들어 파는 것이 아닌가.

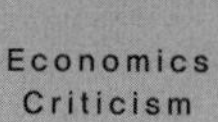

은행국유화

어떤 제도를 시행하려면 그 제도 안에 구성원들이 과연 어떤 목적으로 행동할 것인가를 고려해야 한다고 앞서 말하였는데, 은행국유화 문제에 대한 것도 이와 같다.

그럼 생각해보자. 은행이 민간에 의해 운영이 될 때와 은행이 국가에 의해 운영이 될 때에 과연 어떤 목적으로 운영이 될 것 같은가. 만약 은행이 민간에 의해 운영이 되면 은행은 자신의 사익추구를 목적으로 운영되며 은행이 국가에 의해 운영이 되면 은행은 국가의 이익, 즉 공익을 목적으로 운영이 되게 된다. 은행이 민간화가 되면 여타 다른 은행과 경쟁관계가 형성되고 자신의 사익추구가 목적이기 때문에 경제주체에게 여신을 할 때 신용할당을 할 수밖에 없다.

지금 세계 각국 정부가 자국은행에게 왜 기업이나 가계에 대출하지 않느냐고 불만을 표시하고 국유화시키겠다는 위협을 하겠는가? 민간은행 입장에서는 어떻게든 사익추구를 해서 생존을 유지하는 것이 가장 중요하기 때문에 국가가 원하는 만큼 마음대로 대출을 해 줄 수가 없는 것이다. 요즘 같이 글로벌 경기침체상황에서 괜히 부실기업에 대출해줬다가 부도라도 나면 은행입장에서는 생존에 큰 위협을 받기 때문이다.

파생금융상품에 대해 앞서 이야기를 했지만, 민간은행입장에서는 수익률이 높은 상품에 투자하게 되는 이유도 바로 사익추구를 목적으로 하기 때문이다. 문제는 경제를 단순하게 생각해서 위험을 예측하지 못하고 손해를 보는 경우도 발생한다는 것이다.

그러면 은행이 과연 민영화되는 것과 국유화되는 것 중 어느 것이 생산성이 높은지에 대해 알아보자. 은행을 민영화를 하든 국유화를 하든지 간에 생산에 가장 효율적인 시스템이 경제적으로 더 명분이 있기 때문이다.

먼저 대출부분에 대해서 살펴보자. 은행의 주 수입원은 주로 여·수신의 이자수수료에서 나오기 때문에 민간은행은 되도록 금리마진을 크게 하려 할 것이다. 즉, 요즘에 문제되고 있는 은행 간 높은 가산금리 담합 문제가 바로 여기에 속하는 것이나. 사익추구를 목적으로 하는 민간은행 입장에서는 충분히 일어날 수 있는 일인 것이다.

하지만, 은행이 국유화가 되면 은행의 운영의 목적이 사익추구와 생존이 아니라 국가의 이익에 있다. 문제는 국가의 이익이라는 게 공익도 있지만 정치인의 정략적 이익에 의해 운영될 수도 있고, 또한 정치인이나 관료가 경제에 무능하다면 오히려 큰 비효율을 초래할 수 있다고 생각할 수도 있다.

하지만, 은행이 국유화되어도 실제 은행 업무에 전문가들로 구성이 되고 중앙은행이 독립성을 보장하고 비전문적인 정치인이나 관료의 영향을 통제한다면 그리 문제가 되지 않을 것이다. 또한, 정보통신과 언론이 발전된 오늘날에는 있을 수도 없는 일이다. 그리고 은행이 국유화 되면 민간에서의 지나친 신용할당대출이 사라지게 된다.

민간은행은 생존을 위해서는 대출금의 원리금을 상환받지 못하면 절대 안 되기 때문에 철저한 신용할당을 하게 된다. 이렇게 되면 기업의 과거 신용이 좋지 않았거나 현재 재정상태가 부실하게 되면, 사업계획이 아무리 좋다 하더라도 대출받기가 힘들어 지며 그 대상은 대부분 중소기업이 될 것이다.

이렇게 중소기업 입장에서는 마땅히 자금을 조달할 수 있는 곳이 사라지게 되며 결국 고금리의 사채를 끌어 쓸 수밖에 없는 지경에 놓이게 된다. 그렇게 기업은 점점 운영에 재정적 어려움을 겪게 되고 생산비용을 줄이기 위해 임금과 고용을 줄여 경제를 더욱 침체 시킨다. 하지만, 은행이 국유화가 되면 목적이 생산성 향상이라는 공익이 되기 때문에 과도한 신용할당이 사라지게 되고, 비록 지금은 재정이 어려운 중소기업이지만 미래가 유망하고 사업계획이 긍정적인 평가를 받는다면, 대출을 받을 수 있다.

그런데 이런 비판이 나올 수도 있을 것이다. 만약에 은행을 국유화 시켜 놓고 중소기업에 대출해줬는데 그 기업이 부도를 맞는다면, 더 큰 경제적 손실이 발생하는 것이 아니냐는 것이다. 하지만, 그것은 잘못된 생각이다. 아무리 국유화된 은행이라도 사업타당성을 철저히 평가해서 대출을 결정하지, 그리 쉽게 결정하지 않으며 또한 대출 받은 기업이 예상 외의 악재로 인해 최악의 경우 부도를 맞았다 하더라도 대출한 자금이 허공에 사라지는 게 아니다. 비록 부도가 났어도 대출받은 기업이 그 돈으로 생산시설을 확충했거나, 노동자를 더 고용했거나 했으면 오히려 경제에 도움도 되는 것이다. 그리고 이런 생각을 할 수 있는 것은, 은행이 국유화될 때 밖에 없는 것이다.

그리고 신용할당을 해서 자금회수율만 보고 기업에게 대출을 해주어도 부도가 날 수 있으며, 그렇게 신용할당을 하게 되면 대부분의 자금이 대기업에 집중되게 된다. 이는 더욱 생산성에 큰 악영향을 미칠 수 있다. 또한, 은행이 국유화되면 경제정책을 펼치기에도 훨씬 수월하다.

예를 들어, 중앙은행이 기준금리를 조정해서 경제주체에게 저축을 권장하거나 이자부담을 줄여 주는 정책을 펼칠 때, 훨씬 효율적이다. 앞에서 말했지만, 은행이 민영화가 되어 버리면 은행들은 자신들의 수익극대화를 위한 이자마진을 얻을 목적으로 가산 금리를 담합할 수도 있는 것이다. 물론 명시적으로 담합하지 않았다 하더라도 가산 금리를 가지고 경쟁할 이유는 없기 때문에, 암묵적 담합이 생겼을지도 모른다. 그러면 금리 정책이 통할 리가 없다는 것이다.

그리고 기업이나 가계가 은행저축을 할 때에도 은행이 국유화가 되면, 예금자보호법이라는 것이 필요가 없다. 난 솔직히 이해가 되지 않는 것이 저축을 보장하지 못하는 경제시스템이다. 저축이 무슨 투자도 아니고 집에 돈을 쌓아두지 못하니까 은행에 맡겨 두는 것인데, 일정액수까지만 보상한다니 이건 잘못된 것 같다. 이런 법률도 은행이 민간화가 되니까 생기는 것 아니겠는가. 세상에 어느 경제주체가 저축도 안심하게 하지 못하는 시스템 안에서 경제행위를 하고 싶겠는가.

마지막으로 투기부분에 대해서 살펴보면, 은행국유화의 가장 큰 이유가 되는 것이 바로 이 부분이다. 은행이 민간화가 되면 이윤극대화를 추구하는 민간기업과 다를 바가 없는 것이다. 그리고 은행은 직접적인 생산 활동을 담당하지도 않는데 자신의 이윤을 추구하려면, 금리 마진뿐만 아니라 금융투자에도 뛰어들게 된다. 앞서 말한 파생금융상품이나 주식에 자본을 투입하게 되어 수익을 얻으려고 하는 것이다.

문제는 이런 행위가 생산적이면 괜찮지만 투기시스템으로 이루어져 있기 때문에 문제인 것이다. 그리고 가장 큰 문제는 무엇보다도 무리한 대출로 인한 가계부채문제이다.

민영화된 은행은 사익추구가 목적이기 때문에 서브프라임모기지 사태와 같이 자신에게 이익이 된다고 판단되면 부동산 투기가 과열되는 것과는 상관없이 대출을 늘리고자 한다. 이런 은행의 무분별한 대출로 인해서 부동산 투기가 심해지고, 이로 인해 경기가 침체되자 부동산 값이 폭락하면서 요즘에 대출받은 사람들이 원리금 상환을 거부하고 있지 않는가? 물론 은행만의 책임이라고는 볼 수는 없겠지만 말이다.

그리고 중요한 문제는 이런 심각한 가계부채를 마땅히 해결할 방법이 없다는 것이다. 만약 은행이 국유화되었으면 상환시기라도 늦추거나, 아니면 원금 일부나 이자 부담이라도 경감시키는 정도도 가능하지만, 은행이 민영화되면 만약 이와 같은 것을 주문하다가는 파산위기에 처할 수 있는 것이다. 그리고 경제위기가 심각해지면, 민영화된 은행들은 예금보호에 대한 공신력이 없기 때문에 뱅크런이 일어나게 된다. 하지만, 은행이 국유화가 되면 뱅크런이라는 현상은 발생할 수가 없다.

결론적으로 말하자면, 은행은 민간에 의해 운영되는 것보다는 공신력 있는 정부나 중앙은행에서 운영하는 것이 생산성과 정책효율성, 위기대응성에서 더욱 효과적이라 생각한다.

합리성

경제주체의 합리적 행동이라는 것은 주어진 상황에서 자신에게 가장 이익이 되는 선택이라 말할 수 있다. 어떻게 생각하면 아주 추상적인 의미이기도 하지만, 자세히 살펴보면 그리 어려운 개념도 아니다.

합리성에 대해 두 가지로 분류하는데, 첫 번째는 허구적 합리성이다. 허구적 합리성이란 말 그대로 합리적인 것 같지만, 본질은 비합리적인 선택을 의미하며, 두 번째는 본질적 합리성인데 앞에서 언급한 주어진 상황에서 자신에게 가장 이익이 되는 선택을 의미하는 것이다.

그러면 기업과 가계의 행동을 살펴보면서 합리성에 대해서 설명해보도록 하겠다. 먼저 기업에 있어서의 합리성에 대해서 알아보자. 기업에게 있어서 허구적 합리성을 추구하는 행동은 어떤 것이 있을까? 대표적으로 단기수익을 추구하는 행동을 들 수 있을 것이다.

고용부분에서 언급한 노동유연화 정책이나 낮은 수준의 최저임금제, 그리고 서민상대로의 고금리의 캐피탈사업을 한다든지 하여, 주로 자신의 상품을 소비해줄 가계를 착취하여 눈에 보이는 이익을 추구하는 행동을 들 수 있을 것이다. 이런 행동은 얼핏 보면 기업에게 이익이 되는 것 같지만, 결국은 부메랑으로 돌아와 자신들이 생산한 상품에 대한 판매에 큰 악영향을 미치게 된다. 물론 이런 생각을 할 수도 있었을 것이다. 수많은 기업들 중에 내가 단기수익을 추구한다고 해서 나에게 피해가 돌아온다는 보장도 없고, 어차피 경쟁사회에서 다른 기업이 피해를 보면, 나에게는 더 좋은 것 아닌가라고 말이다.

물론 그렇게 생각할 수 있긴 한데, 중요한 것은 다른 기업이 피해를 보는 게 자신의 기업에 도움이 되지 않으며, 경제사회는 나비효과가 100%가 아니라 더 증폭되어 1,000% 일어나게 된다는 것이다.

예를 들어, 위의 생각을 할 수 있는 기업에 해당되는 곳이 수요필요재화를 생산·판매하는 기업이 될 것이다. 자신들이 직원임금을 삭감하든지 하지 않든지 간에 판매량 감소의 부메랑을 맞을 곳은 일단 수요충분재화를 생산하는 기업이 될 확률이 높기 때문이다. 이런 경우라면 이해가 되지만, 이해할 수 없는 것은 수요충분재화를 생산하는 기업도 저런 생각을 한다는 것이다. 그렇다면 왜 다른 기업이 피해를 보는 것이 경쟁시장에서 자신에게 도움이 되지 않는지에 대해서 알아보면, 타 기업의 직원들도 자신의 고객이기 때문이다.

많은 수요충분재화를 생산하는 기업들이 경쟁기업이 피해를 보면 그 경쟁업체의 상품에 대한 가격이나 기술경쟁력이 떨어지게 되고, 결국 도산하게 되면 자신들에게 이익이 된다고 생각할 수 있다. 물론 예전에 경쟁업체의 상품을 구입하던 고객이 자신의 상품을 찾지 않겠는가라고 생각할 수는 있지만, 그렇게 되면 당장의 이익은 볼 수 있을지 몰라도 도산한 기업과 그와 관련된 수많은 기업의 노동자들이 실업자가 된다는 것이다.

그리고 실업자가 된 사람들을 고용할 새로운 기업이 진출해야하는데, 만약 진출한 기업의 임금수준이 낮거나 고용량을 충분히 달성하지 않는다면, 노동자들은 예전보다 지출을 줄여야하며 그 지출감소의 대상은 주로 수요충분재화가 될 것이다. 그리고 이런 현상들이 지속되면 될수록 수많은 수요충분재화를 생산하는 기업은 큰 피해를 입게 된다. 그렇게 되면, 사회 전체적으로 임금수준이 낮아지고 실업률은 높아져 경기는 더욱 침체국면에 들어가게 된다. 그것에 투기가 팽배하여 물가가 상승하는 등의 악재가 겹치면 더욱 경기는 가라앉는다.

이렇게 수요충분재화를 생산하는 기업이 어려움을 겪게 되면, 결국 수요필요재화에도 불똥이 튀게 되고 마지막에는 빵과 물만이 수요필요재화가 되고 마는 것이다. 따라서 경쟁도 물론 중요하지만, 타 기업이 피해를 보면 나의 기업도 피해를 본다는 생각으로 되도록 win-win 하는 협력관계로 경제행위를 해야 한다.

그러면 이제, 기업에게 있어서 본질적인 합리성추구행동은 무엇일까? 바로 위의 단기수익을 추구하는 행농과 반대로 행농하는 것이다. 자신의 기업에 종사하는 종업원뿐만 아니라 다른 기업에 종사하는 직원들까지 고려해야한다. 그래야만 위와 같은 침체의 순환이 일어나지 않게 된다.

즉, 노동자의 임금수준을 높이고, 직업 안정성을 위해 비정규직을 없애고, 충분한 여가시간을 줌으로써 소비를 촉진시켜야 한다. 경제가 이런식으로 운영되어야 가계도 살고 기업도 사는 것이다.

그러나 이런 경제운영은 기업만으로는 힘들며 제도적으로 뒷받침이 필요하다. 만약 임금을 높게 주고 여가시간을 많이 보장했는데도, 가계가 실물소비를 하지 않고 부동산, 주식, 파생금융상품투기에 돈을 지출한다면, 경기는 침체에서 벗어나지 못하게 된다. 따라서 앞에서 말한 제도의 혁신이 반드시 필요하다.

이번에는 가계의 합리적 행동에 대해서 살펴보자. 경제가 제대로 운영되려면 가계의 소비의 질이 매우 중요하다. 즉, 가계의 소비가 생산성 향상을 발생시켜야만 다음의 소비가 보장된다. 가령, 가계의 소득 중 상당

부분을 생산과 직접 관련이 없는 투기에 지출했다고 가정해보자. 경제는 어떻게 되겠는가? 노동자가 기업에서 노동의 대가로 받은 돈은 실물소비를 위해서지, 투기, 도박을 위해서 있는 게 아니다. 물론 제도가 문제이겠지만, 이러한 제도가 운영된다는 것 자체가 투기와 도박에 빠져있다는 것을 말하는 것이다.

요즘 많은 사람들은 자신이 가진 재산을 노동을 통하지 않고 늘이려고 한다. 자신이 가진 부동산이라도 있으면 투기에 의해 시세가 급등하기를 바라며, 주식에 투자하여 작은 돈으로 허황된 꿈에 사로잡힌 사람들도 많다. 이를 반영이라도 하듯이 요즘에 복권은 없어서 못 팔정도이다.

결국, 그 투기의 대가가 오늘날 나타나기 시작하고 있는 것이다. 투기로 부풀려진 부동산 가격은 쉴 틈 없이 내려갈 것이다. 실물경제가 완전히 침체되었기 때문에 투기가 통할 수가 없기 때문이다. 투기가 조장되려면 항상 그 투기가치를 인정해주는 사람이 필요한데, 이젠 그럴 사람이 많이 줄었다는 것이다. 실업은 계속 늘어나고 수많은 기업들이 도미노처럼 무너질 것이며, 투기기대로 겨우 붙잡고 있는 주식시장도 무너지는 기업 앞에서 폭락할 것이다.

정말이지, 유럽중앙은행의 무제한 국채매입과 양적완화의 기대감으로 주가가 폭등하는 것을 보면, 안타까운 생각밖에 들지 않는다.

과거의 여러 번의 경기부양책이 모두 실패로 돌아간 것을 알고 있으면서도 왜 이런 일이 생겨날까에 대해서 생각해보면, 아직까지 이런 소문이 돌면 개인투자자들이 개미처럼 주식을 매수할 것이라 생각하고 있는지도 모르겠다. 만약에 그런 생각을 자본가들이 하고 있으면, 아무리 투기와 도박이 중독성이 강하더라도 투기할 돈이 메말라 버렸는데, 예전과 같지 않을 것이라고 말해주고 싶다.

지금 주식, 파생금융상품 등의 금융시스템은 라스베가스보다 훨씬 많은 종류의 도박게임이 존재하고, 위험성도 더 높으며, 수익률도 더 높은 카지노 시스템이다. 이에 빠진 수많은 사람들이 생산을 포기하는데 반해 매스컴에서는 극소수의 성공한 케이스만 보여주니, 사람들이 투기와 도박에 대한 경각심이 없을 수밖에 없는 것이다.

자본주의가 무엇인가? 사람들이 투기에 빠지고 이기적인 행동을 하고 허구적인 가치를 만들어내는 각종 금융시스템이 판을 치는 경제시스템이 자본주의인가? 자본주의는 주어진 자본으로 최대의 생산성을 달성하는 것이다. 생산성 달성과 상관이 없거나 달성할 수 있는 생산을 저해시킨다면, 그것은 반자본주의적인 경제시스템이다.

지금의 세계를 지배하고 있는 신자유주의는 가장 반자본주의적인 경제시스템이다. 이제 사람들이 진정한 합리적 행동을 할 수 있도록 제도적으로 교육적으로 혁신이 필요할 시기이다. 더 이상 사람들의 이기적인 투기의지로 인해 생산성이 희생되어서는 안 된다. 먼저 제도적으로 부동산과 주식거래시스템을 바꿔 사람들이 생산성을 추구할 수 있도록 해야 하며, 낮은 수준의 최저임금제와 노동유연화 정책은 반드시 수정되어야 한다. 또한, 교육적으로 현실성·합리성이 없는 주류경제학은 전면적으로 수정해야 하며, 학생들에게 합리적인 경제학을 교육시켜야 한다.

> ⠿ **합리성**
>
> ● 허구적 합리성　↔　본질적 합리성
>
> ● 이기적 행위　↔　도덕적 행위
>
> ● 투기의지　↔　생산의지
>
> ● 수학　↔　상식
>
> ● 신자유주의　↔　자본주의
>
> ● 형식적 민주주의↔　실질적 민주주의

어떤 정책을 펼칠 것인가

생산을 직접 담당하는 경제주체인 기업과 가계의 경제행위에 대해서 살펴보았다. 그래서 이번에는 경제에서 관리자입장인 정부와 중앙은행의 역할에 대해서 살펴보기로 하자. 과연 정부가 경제주체의 소비, 생산, 투자, 노동에 대하여, 앞으로 경제위기를 극복하고, 더욱 생산성을 향상시키기 위해서 어떠한 정책을 실행해야 하는지에 대해 논의하도록 하겠다.

지금의 경제위기를 극복하기 위해서는 가계의 소비활성화 없이는 불가능하다. 그리고 특히 수요충분재화에 대한 소비향상이 무엇보다 시급하다. 왜냐하면, 수많은 기업들이 수요충분재화를 생산하고 있으며, 이에 대한 소비가 저조할 경우, 기업들은 재정적으로 큰 위험에 처하게 되기 때문이다. 그런데 지금까지 정부나 중앙은행이 해온 정책은 모두 화폐정책이었다. 즉, 경기가 침체되면, 금리를 낮추고, 돈을 찍어서 시중은행에 공급하거나 부실채권을 매입해주는 정책을 취한 것이다. 하지만, 화폐정책은 앞에서도 말했지만, 경제주체의 의도에 영향을 미치는 직접적인 동기가 아니라, 단지 돈을 빌렸을 때 이자부담을 줄여주는 것에 불과하기 때문에, 경제주체의 소비나 투자활성화와는 거리가 멀다. 그리고 은행이 민간화 되어 있는 만큼, 중앙은행의 기준금리정책이 통한다는 보장도 없다. 즉, 앞에서도 말했듯이, 은행이 가산 금리를 따로 책정하게 되면, 중앙은행이 저금리정책을 취한다 하더라도, 기업과 가계는 고금리대출을 하게 된다. 그리고 무엇보다 중요한 것은, 낮은 금리의 돈을 대출받는 것이, 기업과 가계의 부가 증가하는 것이 아니라 부채가 증가하는 것이다. 즉, 세상에 공짜로 돈을 주는 곳은 없으며, 아무리 이자율이 낮더라도 갚아야 하는 빚이란 것이다. 그 빚을 갚기 위해서는 갚아야 할 원리금보다, 더 높은 이윤을 얻어야 하는데, 경기가 침체되면 될수록, 그럴 공산은 더욱 적어진다는 것이다. 그리고 중요한 것은, 그 빌린 돈으로 경기를 활성화 시키려면, 가계가 수요충분재화를 소비하는 데 써야 한다는 것이다. 하지만, 세상에 어느 누가 당장 필요도 없는 재화를 소비하기 위해 빚을 지겠는가. 한마디로 말이 안 되는 논리인 것이다. 지금, 유럽중앙은행과 IMF가 남유럽국가의 국채를 매입해주고, 자금을 공급해줘도 그 돈은 공짜가 아니라 갚아야 할 빚이며, 이 돈을 갚기 위해서는 빌린 돈보다 더 많은 이윤을 창출해야 하는데, 지금의 경제상황으로 보아서는 그럴 공산이 적은 것이 사실이다. 따라서 통화를 공급하여, 경기를 부양시키려고 해도, 오히려 부채만 계속 쌓이는 지경에 놓이게 된다. 왜냐하면, 돈을 빌리러 오는 사람들은 대부분 수요필요재화를 소비하기 위함일 것이고, 이런 위기상황에서 새로운 투자를 위해 섣불리 돈을 빌리려 하지 않게 되어, 결국 유동성 함정에 빠지게 되기 때문에, 통화정책이 아무 소용이 없게 되는 것이다.

그러면, 정부나 중앙은행은 과연 어떤 정책을 사용해야 이 난관을 극복할 수 있을까? 과연 어떻게 해야 가계의 소득이 늘고, 수요충분재화의 소비가 늘어, 기업 활동이 활발해지고, 경기는 살아나겠는가? 또한, 가계부채는 심각하고, 수많은 기업들은 도산위기에 처해 있으며, 아직까지 투기가 팽배한 이 시점에서, 딱히 방법이 있겠는가?

그럼, 앞에서 말했던 화폐정책이 되지 않는다면, 정부가 직접 재정정책을 펼치는 것은 어떨까? 직접 정부가 사회간접자본을 건설하기 위해, 기

업에게 일감을 주고, 노동자를 고용하게 한다면, 경기가 살아나지 않을
까? 결론부터 말하자면, 매우 회의적이다. 왜냐하면, 정부가 재정정책을
펼치려면, 막대한 자본이 투입되게 된다. 그 자본은 국채발행이나 증세
로 충당해야 할 것인데. 경기가 침체되니 기업과 가계가 몸살을 앓고 있
는 상황에서 증세를 할 수는 없는 노릇이고(만약 증세를 한다면, 경기는 더욱 침
체되게 된다.) 국채발행을 선택한다면, 정부의 재정력은 크게 악화가 된다.
그리고 기업에게 일감을 주어서, 기업의 재정이 나아지고, 노동자들의 소
득이 증가했다 하더라도, 정부의 재정정책이 지속 가능하다면 모를까,
일시적인 사업에 불과하다면, 그렇게 큰 효과를 낼 수도 없다. 또한, 경
기가 침체된 상황에서는 재정정책으로 얻은 이윤을 기업이 새로운 사업
에 투자할 공산도 크지 않다. 즉, 손해 볼 공산이 큰데, 어느 기업이 자
본을 투자하겠는가? 또한, 노동자들이 재정정책으로 얻은 소득을 수요
충분재화를 소비하기 위해 쓰겠는가? 아니다. 왜냐하면, 정부의 재정정
책은 지속가능한 사업을 하기 어렵기 때문에(정부입장에서는 사업규모가 크면 클
수록, 기간이 오래 걸리면 걸릴수록, 재정적 부담이 커지게 되며, 결국 무리한 재정정책으로 인
해 자칫 국가가 파산하게 될 수도 있다.) 노동자의 지속적인 고용이 보장되지 않는
다. 그리고 기업이 노동자들에게 높은 임금을 준다는 보장도 없다. 즉,
미래소비를 위해 저축하든지, 당장 생계유지를 위한 수요필요재화의 구
입에 집중될 것이다. 따라서 정부의 재정정책도 경기가 침체된 상황에서
는 아무 소용이 없는 것이다.

오히려 지금 사용하고 있는 화폐정책이나 재정정책은 경기가 침체되었
을 때가 아니라 경제주체의 수요필요성이 충만하여, 경기를 회복하거나,
개발도상국처럼 새로운 산업을 일으킬 때나 소용이 있는 것이다. 하지
만, 지금은 그런 때가 아니다. 왜냐하면, 경제주체의 소비와 투자에 대한
수요필요성이 완전히 침체되었으며, 따라서 지금은 경기침체에서 벗어나

는 때이지, 경제주체의 수요필요성이 충만하여, 경기를 회복하는 단계가 아니기 때문이다. 즉, 경제를 움직이는 것은 화폐나 재정 따위가 아니라, 경제주체의 의지라는 것이다.

따라서 경제위기를 극복하기 위해서는, 정부나 중앙은행의 정책이 기업이나 가계의 수요필요성을 고취시키는 역할을 해야 한다. 예를 들어, 기업이 새로운 사업에 투자할 수 있도록 단순히 은행에서 빚을 내어 사업을 하게 하는 수준을 넘어, 제도적, 물질적 지원을 적극적으로 한다든지, 가계가 수요충분재화를 더 많이 소비할 수 있도록, 적극적인 정책을 모색해야만 한다. 그러기 위해서는 투기를 막고, 가계의 소비와 기업의 투자가 생산성 향상을 위해 쓰일 수 있게 해야만 하며, 가계의 소비를 줄이고, 경기를 침체시키는 노동유연화나 낮은 최저임금과 같은 제도도 반드시 수정해야만 한다.

그리고 심각한 가계부채도 이런 정책을 통해서 점진적으로 해결해나가면, 경기 회복에 조금씩 희망이 생기게 된다.

자본주의를 위한 적극적 개혁의지가 필요한 때이다

자본주의는 투입된 자본으로 최대의 실물생산성을 목적으로 하는 것이다. 생산성 향상과 관련이 없거나 저해하면, 그것은 자본주의 경제시스템이라 볼 수 없는 것이다. 오늘날 세계를 지배하고 있는 신자유주의는 투기와 착취로 얼룩진 경제체제이다. 신자유주의 지배 30년 동안, 전 세계의 경제성장은 매우 저조했으며, 심지어 마이너스 성장을 하는 국가도 많이 보이고 있다. 또한, 실업자는 계속 늘어나고, 실질임금은 줄고, 투기는 팽배하여, 노동의 가치는 땅바닥에 떨어지고, 자산 가치는 치솟았다. 인간은 단지 자본의 노예로서, 자본획득의 수단적 도구로 전락하고 말았다. 이러한 도구적 행태로 인해, 화폐가 학문이라든지, 정책의 중심에 서게 되고, 인간의 의도는 철저히 무시되었다. 그 결과 투기와 착취로 인해 빚어진 수많은 경제위기를 화폐로 해결하고자 하였으나, 오히려 경제를 더욱더 침체시키고 있는 실정이다. 화폐를 찍어주면, 기업과 가계가 돈을 빌리러 올 것이란 생각을 하면 안 된다. 기업이 생산과 투자를 할 여건을 만들어 주고, 가계가 노동과 소비를 할 여건을 만들어 주는 것이 중요하다. 그래서 경제주체가 생산의지를 가지고, 은행에서 돈을 필요로 하는 상황을 만들어야지, 그 반대로 돈을 저리로 공급해 주면, 기업과 가계가 돈을 빌리러 올 것이란 생각을 하면 안 된다는 것이다. 앞에서도 말했지만, 경제주체가 경제행위를 하기 위해서 돈이 필요한 것이지, 돈이 경제행위를 하게 하는 것이 아니라는 것이다. 즉, 지금은 온갖 투기적 제도를 개혁하고, 소득 수준을 높여, 기업과 가계가 생산성 향상을 위해 경제행위를 하게 하는 것이 무엇보다 중요하다.

따라서 지금의 경제위기를 극복하려면, 부동산, 금융상품, 주식의 거래 시스템을 혁신해야 하며, 노동자에게 높은 임금과 직업 안정성을 보장하여, 특히 수요충분재화에 대한 소비를 촉진시켜야 한다. 경제가 이런식으로 나아가지 않으면, 문제는 더욱 심각해 질 것이며, 결국 대공황이 찾아오고야 말 것이다.

30년 동안의 신자유주의를 통해 투기와 착취를 해온 대가를 단순히 돈을 찍어서 갚을 수는 없는 것이다. 문제는 경제제도와 사람들의 인식에 있는데, 그것을 변화시키지 않고서는 절대 경제위기를 극복할 수 없다. 앞에서 제도의 혁신과 본질적 합리성을 언급한 것도 바로 이 때문이다. 물론 내가 한 말들이 매우 실행하기 어려운 것은 알고 있다. 하지만 실행하기 어렵다고 해서, 계속 과거와 같이 행동하다가는 모든 것을 잃을 수도 있다. 아무 실효성도 없는 양적 완화를 또 할 것인가? 단순히 화폐를 공급하는 정책은 경기부양책이 될 수 없다. 오히려 주식시장이나, 실물 경매시장에서 투기기대를 자극하는 투기부양책은 될 수 있지만 말이다. 아직도 심각한 위기상황을 의식하지 못하고, 시세차익을 목적으로, 투기기대로 인해 주가가 상승하고, 경기부양 소식에 각종 곡물 값이나 원자재값이 덩달아 상승하는 것을 보면, 정말 안타까운 생각밖에 들지 않는다.

이젠 자본주의를 살리기 위한 적극적인 개혁의지가 필요할 때이다. 생산성 향상에 저해되는 모든 경제시스템을 수정하고, 경제교육도 진정한 합리성을 추구하기 위해, 새롭게 바뀌어야 한다. 더 이상 이기적 행동이 합리적이라 생각하는 주류경제학을 학생들에게 맹목적으로 가르쳐서는 안 된다. 앞에서도 말했지만, 도덕성은 개인의 사익추구와 생산성 향상에 매우 중요하다. 즉, 합리성의 반대 의미가 아니라는 것이다.

또한, 인류는 단 한 번도 투자시장을 운영해 본적이 없다. 이제까지 투기를 투자로 알고 살아왔다. 몇 천 년 동안 이어온 잘못된 관행을 이제 바로 잡아야 한다. 이를 위해서는 인간의 투기기대가 아닌 합리적이고 객관적인 평가지표를 통해, 자본투입을 통한 사익추구를 하게 해야 한다. 즉, 투자의 대가가 경제주체의 경제행위에 대한 결과보다 선행되어서는 안 된다는 것이다.

ECONOMICS CRITICISM

제3론
경제학 비판

경제행위가 무엇인가? 바로 여러분이 일상생활에서 가장 많이 하는 행동이다. 그러면, 경제학은 무엇인가? 바로 여러분이 평소에 하는 경제행위를 진단하는 학문이다. 즉, 여러분이 경제에 대한 학문을 접했을 때, 그것이 여러분이 평소에 가진 상식에 어긋나서는 안 된다는 것이다. 왜냐하면, 여러분이 하는 행위를 진단하는 학문이기 때문이다. 따라서 경제학은 여러분이 상식적으로 납득할 수 있는 내용과 논리로만 이루어져야 한다. 하지만 지금의 주류경제학은 전혀 이런 것을 반영하지 못하고 있다. 즉, 수학을 목적으로 현실과 상식을 무시하는 이론과 논리를 주장하고 있다는 것이다. 주요 분석방법이 대부분 과거통계자료를 이용하거나 양적이고 결과론적인 수학적기법이 사용되고 있다. 하지만 이런 분석방법들이 실제로는 전혀 실효성이 없다. 지금의 경기침체 위기상황에서 해결방안을 전혀 내놓지 못하고 있으며, 단지 "시장에 맡겨라"라는 말만 반복하고 있을 뿐이다. 수차례의 양적완화 정책이 아무 효과 없이 수포로 돌아갔을 뿐 아니라, 오히려 수요필요재화의 물가를 상승시키고, 투기 의지를 자극시켜 경기를 더욱 침체시키는 결과를 초래했음에도 불구하고, 또다시 세계 각국은 돈을 찍어서 경기를 부양시킨다는 어리석은 판단을 하고 있다. 정부정책도 실효성이 없는 데다, 경제위기의 원인조차 제대로 파악하지 못하고 있으며, 이것은 모두 상식을 무시하고 결과를 가지고 경제를 분석하는 주류경제학을 맹종하고 있기 때문이다. 불확실하고 일정한 패턴이 없는 경제현실에서 과거 통계자료나 수학적 기법을 맹종하는 것은 대단히 어리석은 행동이다. 지구상에서 주류경제학 책을 펴놓고 기업 활동을 하는 곳이 있는가? 이게 주류경제학의 가장 큰 문제이다. 한 예로, MR=MC에서 이윤극대화가 된다는 논리는 기업에게는 무용지물이다. 왜냐하면, 실제적으로 행동할 수 있는 논리가 아니며 만약, 기업 자신의 한계수입과 한계비용을 스스로가 안다면 세상에 도산하는 기업은 단 한곳도 없을 것이다. 즉, 절대 존재할 수도 없는 개념을 주류경제학은 수학을 목적으로 주장하고 있는 것이다. 또한, 주류경제학에서 주장하는 개념들은 모두 수학적도구의 틀 안에서 그것도 여러 가지 비현실적인 가정을 거친 후에야 성립되는 개념들로써 현실 설명력이나 실용성 자체가 결여되어 있으며, 또한 자신들의 주장을 합리화시키기 위해 경제의 인과관계까지도 왜곡하고 있다. 경제는 엄연한 현실이며, 불확실한 경제상황에서의 경제주체의 경제행위는 반드시 직간접적으로 다른 경제주체의 경제행위에 영향을 미치며, 결국 경제라는 것은 불확실한 상황 속에서 경세주체의 의지에 의해서 불규직적으로 움직이며, 이는 결코 과거 통계자료나 수학적 기법으로는 알 수 없으며, 오직 상식적 판단으로만 대략적으로나마 예측할 수 있을 뿐이다. 즉, 일정한 패턴이나 경험적인 반복 따위는 존재할 수가 없다는 것이다. 앞으로 어떻게 경제가 전개될 것인가를 상식적으로 판단하는 것이 중요한 것이지, 과거의 경제가 어떠했는가는 전혀 중요한 문제가 아니다. 왜냐하면, 그것은 경제적 결과에 불과하고, 결코 반복되지 않기 때문이며, 정말 중요한 것은 원인과 과정이기 때문이다. 그리고 그 원인과 과정은 인간의 사익추구행위로써, 오로지 상식적 판단만이 적용될 수 있을 뿐이다. 따라서 과거의 경험이나 수학적 도구 따위는 자연과학에서나 적용될 수 있는 것이지, 인간의 경제행위를 진단하는 경제학에서는 단지 참고사항일 뿐이며, 분석도구로는 사용될 수 없다. 따라서 경제학은 불확실한 경제 환경에 대한 관념에 따른 인간의 사익추구행위를 진단하는 것이며, 그 사익추구행위의 원인과 과정을 상식적인 논리로 진단하는 것이 중요하며, 그

행위의 결과는 중요한 것이 아니다. 왜냐하면, 경제문제를 해결하려면 원인과 과정을 알아야지, 결과는 아무런 소용이 없기 때문이다. 지금의 경기침체를 막기 위해, 양적완화정책을 사용하고, 뒤늦게 파생금융상품을 규제하는 것은 지금의 경제시스템자체가 매우 잘못되었다는 것을 보여주는 것이다. 그리고 그 중심에는 주류경제학이 있고, 이를 맹신했기 때문이다. 지금 경제에 궁극적으로 필요한 것은 단순히 불난 집에 불 끄는 것이 아니라, 불난 원인을 철저히 파악하고, 아예 잘못된 시스템을 새롭게 개혁하는 것이다. 만약에 돈을 찍어서 경기를 살렸다고 가정하자. 다음에 다시 침체될 때에는 이런 행동을 반복할 것인가? 이제 불난 집에 불 끄는 일은 그만해야 할 것 아닌가? 근본적으로 시스템에 문제가 있으면, 그 시스템을 바꿔야만 화재가 재발되지 않는 것이지, 만약 또다시 불 끄는 것이 반복된다면, 화재는 반복해서 계속 일어날 것이다. 그리고 더 이상 탈 것이 없을 때는 모든 것을 잃는 것이다.

01

수요와 공급

기본가정의 문제

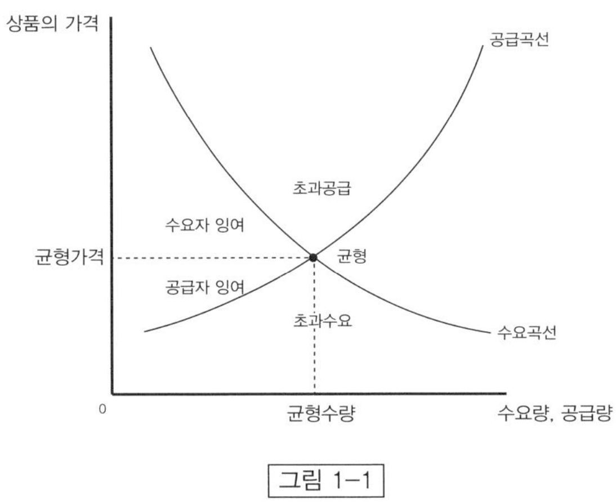

그림 1-1

위 그래프는 우리가 너무나도 잘 알고 있는 경제학의 기본모형인 수요-공급곡선을 나타낸 것이다. 그럼, 그 의미에 대해서 다들 잘 알겠지만, 굳이 언급하자면, 수요곡선은 상품의 가격이 내려가면 수요량은 올라가고, 상품의 가격이 올라가면 수요량은 내려간다는 의미이고, 공급곡선은 상품의 가격이 올라가면 공급량은 올라가고, 상품의 가격이 내려가면 공급량은 내려간다는 의미이다. 그리고 많은 사람들이 이 그래프가 도대체 무엇이 문제인지 알지 못할 것이다. 하지만 이 그래프는 매우 잘못되었으며, 주류경제학을 개혁하기 위해서 반드시 짚고 넘어가야만 한다. 먼저 우리가 주목해야 할 것은 바로 Y축에 있는 상품의 가격이다. 그래프에서는 상품의 가격이 독립변수로 작용하여, 종속변수인 수요량과 공급량을 결정하는 것을 나타내고 있다. 그럼 먼저, 수요곡선이 의미를 다시 한 번 살펴보자. "상품의 가격이 내려가면, 수요량이 올라간다." 겉으로 보아서는 별문제가 없어 보인다. 하지만 이런 단순한 생각이 주류경제학이 범하는 가장 큰 실수이다. 그러면 우리는 이 점을 한번 생각해 볼 수 있다, 과연 상품의 가격이 경제적 원인에 해당되는지와 원인이 아니라면 그것이 어떠한 과정을 거쳐 형성되었는지를 살펴볼 필요가 있다는 것이다. 그럼 상품의 가격은 어떻게 형성되었을까? 신이 정해줬을까? 아니면 하늘에서 뚝 떨어졌을까? 아니다. 상품의 가격은 상품의 공급자가 결정하는 것이다. 그러면, 공급자가 물가를 정한 이유가 분명히 존재한다는 것이며, 그것은 다시 말하면, 수요곡선과 공급곡선의 의미처럼 단순하게 볼 문제가 아니란 것이다. 예를 들어, 상품의 가격이 내려간 이유가 가계소득의 감소로 인한 수요량 부족으로 판매량이 감소했다고 하자. 그럼, 위의 수요곡선 의미가 과연 맞는가? 다시 한 번 해석해보자. "가계소득의 감소로 인한 상품에 대한 수요량 감소 → 기업의 판매량 감소 → 상품의 가격하락" 어떠한가? 이래도 위의 수요곡선의 의미가 성립된다고 볼 수 있는가? 수요량 감소로 인해 상품의 가격이 내려갔지 않는가? 한 번 더 해보자. 이번에는 공급곡선으로 "상품의 가격이 올라가면, 공급량은 올라간다."는 의미를 살펴보았을 때, 만약 상품의 가격이 올라간 이유가 흉년으로 인한 공급량 감소로 인해 상품의 가격이 올라간 것이라면, 과연 공급곡선의 논리가 맞는 것인가? 우리는 결코 경제를 단순하게 생각해서는 안 된다. 물가라는 것은, 공급자가 정하는 것이고, 공급자가 그런 공급가격을 정한 이유가 분명히 존재한다. 따라서 물가는 단지 결과일 뿐이며, 경제학에서 정말 중요한 것은 왜 상품의 가격이 그렇게 형성되었는지 분석하는 것이다. 즉, 가격을 단순히 문화나 습관, 지역 등과 같은 하나의 독립변수로 취급할 수 없다는 것이다. 그럼 어떻게 나타내어야 하는가? 그것은 바로, 결과론적인 분석에서 벗어나 경제주체의 의도를 제대로 반영할 수 있는 분석모델로 바뀌어야만 한다. 즉, 상품의 가격이라는 결과론적인 의미 대신에 공급자의 의도공급가격과 의도공급량, 수요자의 의도수요가격과 의도수요량으로 나누어야 하며, 수요곡선의 의미도 공급자가 의도한 공급가격에 대한 수요자의 의도수요량을 의미하고, 공급곡선의 의미도 수요자가 의도한 수요가격에 대한 공급자의 의도공급량을 의미해야 한다. 따라서 수요자와 공급자의 의도에 의한 경제행위의 결과가 바로 실제 가격(상품의 가격)과 실제 수량(판매량, 수요량)이란 것이다. 단순히 주류경제학처럼 상품의 가격이 올라가거나 내려가면, 어찌 될 것이라는 게 아니란 것이다. 이에 대해서는 제1론과 제2론에서 언급한 내용이 많기 때문에 설명을 이만 줄이겠다. 그리고 앞으로의 내용전개는 제1론과 제2론에서 언급한 내용에 대해서는 꼭 필요한 경우가 아니라면 굳이 반복적으로 설명하지 않을 것이다.

균형과 잉여

앞서 언급한 수요곡선과 공급곡선이 만나는 균형개념과 소비자잉여와 공급자잉여에 대해서 살펴보자. 먼저 다들 알다시피, 균형개념은 초과수요와 초과공급이 없는 상태를 의미한다. 이 의미는 바로 시장청산을 의미하며, 공급이 수요를 창출한다는 세이의 법칙과도 일맥상통하는 것이다. 그리고 주류경제학은 실제로는 시장이 청산되어, 균형을 회복한다고 주장하고 있으며, 주류경제학이 많은 비판에도 불구하고, 널리 학생들에게 교육되는 현실을 감안할 때, 아직까지 그 믿음은 변치 않은 것 같다. 그러면, 저자가 한 가지 묻고 싶은 게 있다. 균형을 한번 증명해보라고 말이다. 주류경제학이 철석같이 믿고 있는 균형가격과 균형수량을 단순한 예라도 좋으니 이해하기 쉽게 이야기한 번 해보라고 말하고 싶다. 아마 설명하지 못할 것이다. 도대체 초과수요와 초과공급이 없는 균형 상태라는 개념이 저자 입장에서는 도무지 이해할 수가 없다. 예를 들어, 시장에서 2,000원짜리 우유 100개를 들여왔는데, 이것이 하루 만에 다 팔렸으면, 균형이 형성된 것인가? 솔직히 말해서, 추상적으로 초과수요와 초과공급이 없는 상태라 말하는데, 그런 식의 논리는 꿈속에서나 가능한 것 아닌가? 전혀 실효성도 없고, 존재하지도 않는 개념을 무슨 상식처럼 받아들이는데 나는 도무지 이해할 수가 없다. 시장청산이라는 개념이 공급은 수요를 창출하기 때문에, 공급만 하면 결국 재고 없이 다 소비된다는 것인데, 만약에 설사 그런 일이 생긴다 하더라도, 재고가 다 소진되었으면 초과수요가 존재한다는 것 아닌가? 그리고 하루에도 공급과잉으로 인해 유통기한이 지나, 쓰레기로 변하는 재화는 과연 세이의 법칙으로 설명될 수 있을까? 정말 초과수요와 초과공급이 없으려면, 인간은 짜놓은 시스템에서 기계처럼 행동해야 가능한 것이다. 즉, 상품에 대한 의도수요와 의도공급이 일치해야 한다는 것이다. 하지만 공급자는 이윤 극대화를 추구하기위해 되도록이면 비싸게 팔려고 하고, 수요자는 효용 극대화를 추구하기 위해 되도록이면 싸게 사려고 하는데, 균형이 성립될 수 있겠는가? 다시 쉬운 말로 하자면, 상품이 덜 팔렸으면 공급과잉이고, 상품이 다 팔렸으면 초과수요가 있다는 것인데, 인간이 짜놓은 각본대로 움직이는 기계가 아니라면, 수요자의 의도와 공급자의 의도가 같을 수가 있겠는가? 결코, 같을 수 없다는 것이다. 왜냐하면, 공급자와 수요자는 서로 반대이익을 추구하기 때문이다. 그리고 설사 균형상태가 존재한다 하더라도, 균형가격과 균형수량 따위의 개념을 과연 기업들이 관심이나 두겠는가? 왜냐하면, 균형 상태에서 상품을 생산하고 판매하는 것이 이윤 극대화가 아니며, 오히려 판매가 저조하여, 재고로 쌓였거나 하는 공급과잉이 발생하여 막대한 손실을 감수하고, 기업입장에서 반대이익인 수요자의 효용 극대화를 만족하게 해 줬을 때나 성립되는 것이기 때문이다. 억지로 이렇게 설명해도 만약, 재고가 남았다면 공급과잉이고, 재고가 남지 않았다면 초과수요상태이므로, 균형개념은 꿈속에서나 상상할 수 있는 것이다. 결론적으로, 주류경제학에 하고 싶은 말은 아무런 실효성이 없고 비상식적인 개념을 단지 수학을 목적으로 사용하지 말라는 것이다. 균형이라는 개념은 실제 경제에서 절대 존재할 수가 없으며, 시장은 반드시 비 청산된다(수학을 맹신하는 자들은 오직 자신이 의도한 이론과 주장을 합리화시키기 위해 아무리 가정과 논리가 비현실적이고 비상식적이라도, 논리적 정합성만 맞으면 된다고 생각하고 있다. 하지만 아무리 수학적 기법을 사용한다 하더라도, 인간의 행위를 진단하는 사회과학인 경제학에서 비현실성과 비상식성을 가진 논리를 "분석의 편의"라는 핑계를 내세워, 사람들이 제대로 이해하지도 못하는 논리와 개념을 주입해 그들의 경제를 보는 시각을 왜곡시키면 안 되는 것이다. 그렇게 수학을 맹종할 것이라면, 차라리 경제학을 사회과학대에서 교육하는 것보다는 공과대학에서 교육하는 것이 더욱 사리에 맞을 것이다).

이제 수요-공급모형에서 나타내고 있는 수요자잉여와 공급자잉여에 대해서도 자세히 살펴보자. 먼저 수요자잉여에 대해서 살펴보도록 하자. 잉여는 말 그대로 남는 것이다. 수요자가 시장에서 상품을 수요했을 경우, 자신이 의도한 상품가격과 공급자가 책정한 상품가격의 차이가 얼마인가에 따라 수요자의 잉여가 결정된다. 예를 들어 2,000원짜리 우유를 A가 구매를 했는데, A는 그 우유에 대해 1,800원의 가격을 의도하였는데도 불구하고, 필요에 의해 구입했다면, A는 200원의 효용손실을 본 것이다. 그 반대로, A가 의도한 우유가격이 2,200원이라면, A는 2,000원짜리 우유를 구입하여, 200원의 효용이익을 얻은 것이다. 하지만 주류경제학에서 말하는 수요자잉여는 상품에 대한 균형가격보다 의도수요가격이 높은 수요곡선의 부분을 의미하고 있다. 하지만 앞서 언급했듯이, 도대체 초과수요와 초과공급이 없는 균형가격이라는 개념하고 수요잉여하고는 무슨 관련이 있는지 모르겠다. 여러분이 직접 판단해보기 바란다. 저자가 위에서 예시한 수요자잉여 개념을 공급자가 책정한 상품가격과 수요자가 의도한 상품가격을 비교해서 설명하는 것이 타당한지, 아니면 주류경제학처럼 애매모호한 균형가격으로 판단하는 것이 타당한지를 말이다. 쉽게 예를 들자면, A가 B사의 2,000원짜리 우유를 구매했

다고 하자. A의 그 우유에 대한 의도수요가격은 1,800원이다. 그리고 B
사는 우유의 가격이 높아 실적이 저조하자, 가격을 500원 낮춰서 판매
하였더니, 초과수요와 초과공급이 없는 균형상태가 되었다고 하자. 그러
면, A는 자신의 의도수요가격인 1800원에서 균형가격인 1,500원을 뺀
300원의 효용이익을 본 것인가? 여러분은 이 논리가 이해가 되는가?(지
금 이런 예를 들고 있는 저자도 부끄러울 뿐이다.) 수요자잉여는 그 당시 공급자가
생산한 상품을 소비하는 순간의 가격과 수량으로 결정되는 것이지, 수요
자잉여를 나타내는데 어떻게 초과수요와 초과공급이 없는 균형상태가
나올 수 있느냐는 것이다. 이게 논리적으로 말이 된다고 보는가. 위의 예
시에서 A의 잉여는 −200원이다. 그런데 균형가격하고 비교하면 +300원
의 잉여를 얻게 된다. 여러분이 A라면 납득이 가겠는가? 전혀 납득할 수
없다는 것이다. 왜냐하면, 자신은 비싸다고 생각함에도 불구하고 필요에
의해 효용손실을 감안하고 구입했는데, 주류경제학에서는 균형가격보다
높다고 잉여를 얻었다고 하니 말이다. 주류경제학은 잉여개념도 제대로
파악하지 못하고 있는 것이다. 말도 안 되는 균형개념으로 억지로 설명
하려고 하니까, 이렇게 단순하게 정의할 수도 있는 개념마저 추상적으로
교환을 통해 얻는 이익이니 하는 소리를 하는 것 아닌가. 수요자는 교
환을 통해 이익만 얻는 것이 아니라, 손해도 볼 수 있다. 왜냐하면, 교환
은 공짜로 하는 게 아니기 때문이다. 그리고 수요자잉여를 설명할 때, 균
형가격보다 높은 의도 수요가격 부분에서 수요자잉여가 달성된다는 의
미는 본래의 수요−공급모형의 의미를 왜곡시키는 결과를 초래하게 된다.
즉, 상품의 가격이 내려가면 수요량이 올라간다는 수요곡선의 본래 의미
가 의도수요가격이 내려가면, 수요량이 올라간다는 말도 안 되는 논리로
바뀌는 것이다. 즉, 수요자 혼자서 경제행위를 한다는 것인데, 이는 있을
수 없는 행위이다.

다음은 공급자잉여에 대해서 자세히 살펴보자. 주류경제학에서는 그래프에서 보듯이 균형 상태에서 공급자의 의도공급가격이 균형가격보다 낮은 부분에서 공급자의 잉여가 발생한다고 말하고 있다. 하지만 이 논리도 앞에서 언급한 수요자잉여와 같이 엉터리이다. 왜냐하면, 공급자잉여라는 것은 말 그대로 공급자의 이윤을 의미하는 것이다. 즉, 수요자가 공급자가 책정한 상품가격에 수요를 하게 되면, 공급자는 자신이 의도한 공급가격에서 상품생산에 들어간 총 생산비용을 제외한 것이 공급자잉여이다. 그리고 공급자는 가격결정자이며, 공급자의 의도공급가격은 곧 상품의 가격을 의미하므로, 균형가격보다 낮은 부분에서 공급자잉여가 발생한다는 말은 타당하지 않다. 오히려 균형가격보다 높은 부분에서 공급자잉여가 발생한다는 것이 더 타당할 것이다. 왜냐하면, 초과수요와 초과공급이 없는 균형상태의 균형가격은 공급자가 애초에 상품을 생산할 때의 의도공급가격보다 낮다고 보아야 하기 때문이다. 즉, 초과수요와 초과공급이 없다는 것은 공급자의 반대이익인 수요자의 효용 극대화를 크게 만족하게 한다는 의미이고, 이는 십중팔구 공급자에게 손실되면 되었지, 결코 이윤이 남는 경제 상황이 아니라는 것이다. 가령, A 기업이 TV를 생산한다고 하자. A 기업은 TV를 출시할 때, 공급가격을 100만 원으로 책정하고 판매행위를 시작하였는데, 가계는 A 기업이 제시한 공급가격에 대해, 자신이 의도한 수요가격보다 비싸다고 판단하여, 결국 A 기업은 막대한 판매실적부진으로 인해, 가격을 낮추다가 단위당 생산비용도 얻지 못하는 가격에 상품을 판매하였더니 초과수요와 초과공급이 없는 균형상태가 되었다면, A 기업은 이윤은 커녕, 오히려 큰 적자로 인해 생존이 위태로울 수 있다.

그리고 만약, 수요 필요성이 강한 원자재나 곡물의 경매시장에서 수요투기에 의해 공급자가 의도한 공급가격보다 더 높은 판매가격이 형성된다고 볼 수는 있다. 왜냐하면, 경매시장에서는 수요자가 가격을 결정하기 때문이다. 하지만 경매시장에서 의도공급가격보다 더 높은 판매가격이 형성되었다 하더라도, 그 가격을 초과수요와 초과공급이 없는 균형가격으로 보는 것은 타당하지 않은 것이다. 왜냐하면, 의도공급가격보다 수요투기로 인해 판매가격이 더 높을 수 있는 것은, 초과수요가 계속 존재한다고 보아야 하기 때문이다. 또한, 수요자잉여와 마찬가지로, 주류경제학의 논리대로 공급자잉여를 설명한다면, 공급곡선의 의미를 공급자의 의도공급가격이 높아지면, 공급량이 늘어난다는 의미가 되므로, 이는 본래 공급곡선의 의미와는 맞지 않는 것이다. 즉, 경제행위의 상대방도 없이, 수요곡선에서는 수요자가 홀로 경제행위를 하고 있고, 공급곡선에서는 공급자가 홀로 경제행위를 한다는 의미가 되므로 논리적으로 전혀 맞지 않는 것이다. 이와 같은 현상이 발생할 수 있는 까닭은 바로 상품의 가격을 수요자의 의도수요가격과 공급자의 의도공급가격으로 나누어 분석하지 않고, 단순하게 주어진 원인으로 생각했기 때문이다. 즉, 어렵지도 않게 쉽게 정의할 수 있는 개념을 괜히 잘못된 수학적 틀에 맞춰 설명하려고 하니까, 이런 말도 안 되는 논리가 성립되는 것이다. 애초에 수요-공급모형에서 정의도 하지 않는 개념을 "코에 걸면 코걸이, 귀에 걸면 귀걸이" 식으로 마음대로 넣어서 해석하고 있다. 즉, 처음부터 잉여개념을 설명할 수도 없는 그래프에 억지로 말을 뜯어 붙이고 있는 것이다. 따라서 균형개념으로 이루어진 수요-공급모형으로는 절대 경제주체의 잉여개념을 설명할 수 없는 것이다.

탄력성

1. 가격탄력성

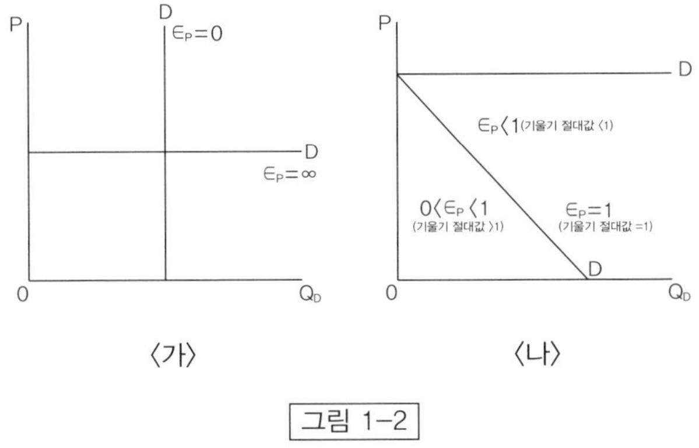

그림 1-2

　주류경제학에서는 상품의 가격변화에 따른 수요량의 변화를 수요의
가격탄력성이라고 말한다. 예를 들어, 1%의 가격이 하락하여 3%의 수요
량이 증가하고, 1%의 가격이 상승하여 3%의 수요량이 감소했으면 가격
탄력성은 3이 되는 것이다. 즉, 가격탄력성이란 $\in p$= 수요량의 변화율/
가격의 변화율을 의미하는 것이다. 하지만 나는 주류경제학에서 말하는
탄력성의 개념을 인정할 수 없다. 왜냐하면, 주류경제학의 탄력성 개념

은 아래 두 가지의 큰 오류를 가지고 있기 때문이다.

1) 논리적 정합성

위 두 그래프는 수요의 가격탄력성을 나타내는 것이다. 하지만 두 그래프 중 〈나〉그래프에서 심각한 논리적 오류가 발생하고 있다. 즉, 가격탄력성의 개념과 〈나〉그래프의 의미가 전혀 맞지 않는다는 것이다. 우리가 알고 있는 대로라면, 〈나〉그래프는 전혀 이상이 없음을 알 수 있다. 즉, 기울기가 가파르면 가격변화에 따른 수요량의 변화가 작아 비탄력적이고, 기울기가 완만하면 가격변화에 따른 수요량의 변화가 커서 탄력적이라 알고 있다. 이는 맞는 말이다. 하지만 가격탄력성의 개념이 잘못되었다는 것이다. 위에서 언급했듯이 가격탄력성 개념은 변화율 개념이다. 그러면 과연 〈나〉그래프에서 기울기 절대값이 1일 경우에만 가격탄력성이 1일까? 그럼 이해하기 쉽게 설명하기 위해 〈다〉그래프를 살펴보도록 하자.

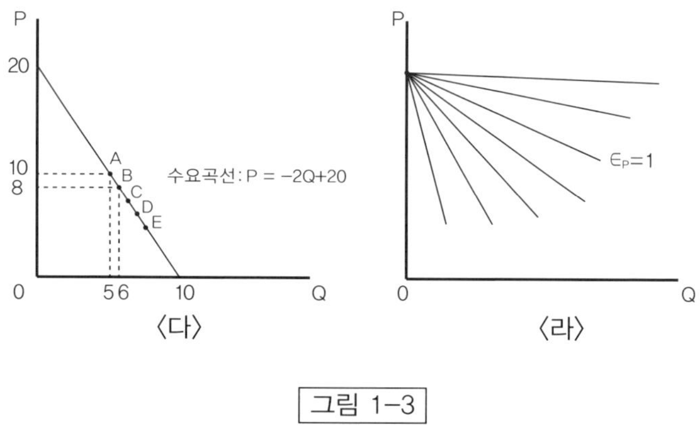

그림 1-3

〈다〉그래프는 기울기 절대값이 2인 비탄력적인 상태를 나타내고 있다. 즉, 가격변화에 따른 수요량의 변화가 작다는 것이다. 가격탄력성의 개념이 맞는다면, 위 수요곡선의 가격탄력성은 절대값 1보다 작다는 것이다. 그럼, 과연 이 논리가 맞는지 탄력성을 계산해보자. 〈다〉그래프에서 A점에 대한 가격탄력성을 구해보자. 가격을 20에서 10으로 낮추었더니, 수요량이 0에서 5로 늘어났다. 따라서 가격의 변화율은 50% 감소한 것이고, 수요량의 변화율은 50% 증가한 것이 된다. 그리고 가격탄력성의 절대값이 1인 단위 탄력성을 의미하고 있는 것이다. 그러면, 의심을 없애기 위해 한 번 더 해보자. 이번에는 B점에 대한 가격탄력성을 구해보자. 가격이 20에서 8로 줄었더니, 수요량이 0에서 6으로 늘어났다. 그럼, 가격 변화율은 60% 감소하고, 수요량의 변화율은 60% 증가하였으므로, 결국 가격탄력성이 A점과 마찬가지로 1이 된다. 이 점들뿐만 아니라, P와 Q 절편을 제외한 모든 곳(A~)에서 가격탄력성은 1이 된다. 즉, 가격탄력성의 개념대로 계산하면, 〈나〉그래프는 성립되지 않는다는 것이다. 그럼 이제까지 우리는 올바로 정립되지 않은 탄력성 개념을 혼동하면서 사용하고 있었다는 말이 된다. 그럼, 이제 탄력성의 개념을 선택해야 한다. 변화율로 정의된 가격탄력성 개념을 바꿔서 〈나〉그래프와 같이 수요곡선의 기울기로써 탄력성을 평가할지, 아니면 〈나〉그래프의 개념을 포기하고, 변화율로 정의된 가격탄력성의 개념을 사용할지를 말이다. 그런데 아무리 생각하여도 〈나〉그래프의 의미를 받아들이는 것이 가격탄력성의 취지에 맞기 때문에 이제 가격탄력성은 변화율이 아니라, 기울기 개념인 변화량으로 바뀌어야 한다.

　다음은 가격탄력성과 수입과의 관계를 살펴보자.

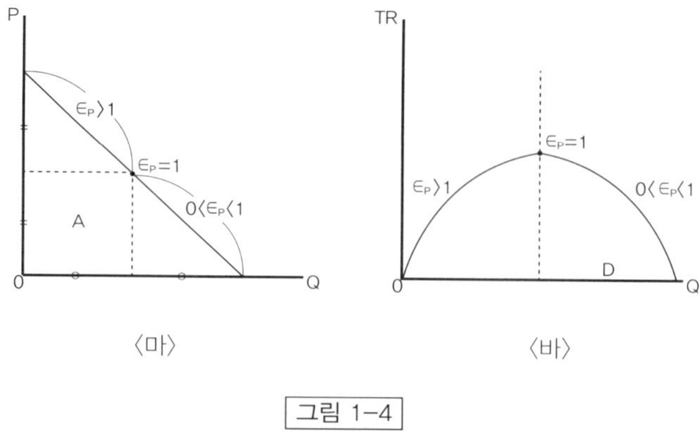

그림 1-4

　주류경제학에서는 총수입과 가격탄력성과의 관계를 그래프 〈마〉와 〈바〉를 통하여 나타내고 있다. 여러분은 이 두 그래프가 이해가 되는가? 나는 도저히 이해할 수 없는데 말이다. 왜냐하면, 수직이나 수평이 아닌 우하향하는 대각선의 형태의 수요곡선은 모두 가격탄력성이 1이라고 했기 때문이다. 즉, 〈마〉그래프에서 수입 극대화를 나타내는 A 부분 이외에도, 모든 수입 부분에서 가격탄력성은 1이라는 것이다. 따라서 지금 주류경제학이 매우 큰 착각을 하고 있는 것을 알 수 있다. 이에 대해 설명하자면, 모든 우하향하는 대각선 모양의 수요곡선을 A와 같이 정확히 가격 절편과 수량 절편의 반을 잘라서 표시를 하면, 그 면적은 총수입 극대화를 보여주게 된다. 그리고 정확히 반을 잘랐으니, 가격변화와 수량변화가 같다고 생각하여, 가격탄력성을 1로 정했을 것이다. 그런데 문제는 정확히 반을 자른 부분 이외에도 모든 부분에서 가격탄력성이 1이 된다는 사실을 간과했다. 이는 Amoroso-Robinson 공식이라 하여, 수학적 계산에 의해 도출된 공식을 합리화시키기 위한 논리로 볼 수 있을 것이다. 이에 대해 간단히 설명하자면, MR(한계수입)= dTR/dQ=d(PQ)/dQ=dTR/P+Q×dQ=P[1+Q/P×dP/dQ]=P[1-1/∈p]이 성립되어, 가격탄력성이 1인 곳에서 MR은 0이 되며, 그래프 〈바〉에서 나타나듯이 총수입곡선을 수량으로 미분한 것이 MR이므로 결국 $\in p=1$인 곳에서 수입은 극대화되고, MR은 0이 된다는 의미를 가지고 있다는 것이다. 즉, 이 논리를 합리화시키기 위해 그래프 〈마〉와 〈바〉가 사용되었을 것이다. 하지만, 이 논리는 잘못된 것이다. 여러분이 직접 한 번 판단해보기 바란다. 가격탄력성이 1인 곳에서 한계수입은 0이 되고, 한계수입이 0인 곳에서 총수입이 극대화가 된다는 논리를 말이다. 여러분이 생각하기에는 이게 상식적으로 납득이 가는가? 아니, 추가적으로 상품을 한 단위 판매하여 얻는 수입이 0인데, 총수입이 극대화가 된다니! 이런 논리는 터무니가 없어도 정도가 너무 심한 것 아닌가. 이 부분은 뒤에 이윤극대화 부분을 읽으면 자연스럽게 알게 될 것이다. 그리고 〈마〉그래프에서 수요곡선을 $P=-2Q+30$이라고 가정하자. 그럼, 그래프에서 가격탄력성이 1이 성립되는 A의 면적은 $15\times15/2=225/2$이다. 여기서 가격이 15에서 18로 상승하고, 이로 인해 수요량이 15/2에서 6으로 감소했다고 하자. 그러면, 주류경제학이 주장하는 〈마〉그래프에서는 위의 변화가 가격탄력성이 1보다 커야만 한다. 하지만, 직접 계산해보면 알 수 있듯이 가격변화율은 20% 상승했고, 수요량의 변화율은 20% 감소했다는 것을 알 수 있다. 즉, 가격탄력성이 1이라는 것이다. 그리고 그 면적도 $18\times6=108$로써 A의 면적과 다르다는 것을 알 수 있다. 즉, 가격탄력성이 1이라도 총수입은 다르다는 것이다. 따라서 〈마〉그래프의 논리는 전혀 터무니없다는 것을 알 수 있다. 그리고 주류경제학은 같은 총수입의 집합을 나타내는 직각 쌍곡선에 대해서 가격탄력성이 1이라고 말하고 있다. 즉, 총수입이 같으면 가격변화율과 수량변화율도 같지 않겠느냐는 단순하고도 어이없는 실수를 저지르고 있는 것이다. (이 논리는 〈마〉그래프를 논의하면서도 전혀 성립이 되지 않는다는 것을 알 수 있었다.)

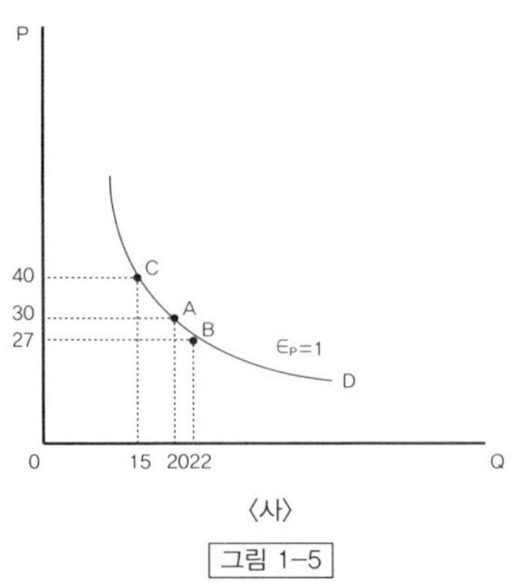

그림 1-5

여러분이 보기에는 그래프 〈사〉의 가격탄력성이 모든 부분에서 1이 성립된다고 생각하는가? 간단하게 예를 한번 들어보자. 과연 총수입이 같으면, 가격변화율과 수량변화율이 같은지 말이다. 먼저 가격 30, 수요량 20을 나타내는 A점에서 가격이 10% 감소하였고, 수요량이 10% 증가했다면, 가격탄력성은 1이 성립되는 것이다. 그럼, 과연 총수입도 같은지 계산해보자. 변화 전의 수입은 30×20=600이고, 변화 후 수입은 27×22=594가 성립된다. 즉, 가격탄력성은 1이 지만, 총수입은 다르다는 것을 알 수 있다. 즉, 그래프에서 B점이 수요곡선 상에 없는 것을 알 수 있다. 따라서 그래프 〈마〉와 〈사〉의 내용인 총수입과 가격탄력성과의 관계는 잘못 되었으며, 아무 관련이 없다는 것이다. 결론적으로 주류경제학에서 말하는 가격탄력성은 개념부터 올바로 정립되지 않고, 단지 수학적 필요에 의해 논리적 정합성이 없이 마음대로 정의되고 있다는 것을 알 수 있다.

2) 현실성

주류경제학에서는 흔히 비탄력적인 재화로 보통 농산물을 예로 든다. 즉, 가격변화에 따른 수요량의 변화가 작다는 것이다. 하지만 이런 논리는 한정된 조건에서나 성립되는 것이다. 즉, 보편적으로 성립되는 것이 아니라, 경제상황에 따라 달라진다는 것이다. 그럼 이에 대하여 자세히 살펴보도록 하자.

농산물 같은 경우, 특히 채소나 과일 종류는 상품의 가치보존기간이 비교적 짧기 때문에 신속한 소비가 관건이 된다. 따라서 곡물과 같은 농작물과 다르게, 채소나 과일은 가치 저장성이 매우 나쁘기 때문에 만약 풍년이 들어 큰 공급과잉 상태가 일어나게 되면, 빠른 시일 내에 수요자가 의도한 수요량 이외에는 모두 경제적 가치를 잃게 된다. 따라서 공급자입장에서는 가격을 크게 낮추었는데도 불구하고, 의도수요량 이외의 물량은 보존기간이 짧아 상품가치를 금방 상실하기 때문에 크게 늘지 않게 되어 비 탄력성을 띠게 되는 것이다.

하시만 농산물이 그리 큰 공급과잉상태가 아닐 경우에는, 가격을 낮출 때 비 탄력성은 거의 없다. 왜냐하면, 농산물은 지나친 공급과잉 상태가 아니라면 수요 필요성이 강하기 때문이다. 즉, 공급가격이 수요가격보다 어느 정도 비싸다 하더라도, 충분한 수요가 보장되는 재화라는 것이다. 따라서 경제행위를 함으로써, 수요자보다는 공급자가 유리하며, 만약에 공급가격을 낮춘다고 한다면, 수요량이 크게 늘어나, 오히려 매우 탄력적인 재화가 된다. 예를 들어, 시장에서 채소나 과일 등을 한시적으로 저렴한 가격에 파는 행사를 한다면, 수요량은 예전보다 크게 늘어나게 된다. 그리고 이런 행사가 아니더라도, 조금만 가격을 낮추면 수요량은 이전에 비해 크게 늘어나게 된다. 하지만 현실적으로 이런 현상은 잘 일어나지 않는다. 예를 들어, 요즘과 같이 장기경지침체로 인해 가계소비지출이 급감하고 있는 와중에도 시장에서 곡물이나 각종 식료품, 채소와 과일값이 저렴하게 유지되던가? 만약, 저렴한 채소나 과일이 있어 큰 공급과잉이 아니라면, 재고로 쌓여 상품가치를 잃기 직전의 상태가 대부분일 것이다. 그럼 왜 이런 현상이 일어나는 것일까? 가치 저장성이 낮은 채소나 과일이라도 공급자입장에서는 수요가 어느 정도 충분한 농산물을 굳이 싸게 팔 이유가 없기 때문이다. 비록, 재고로 쌓여서 상품가치를 잃는다고 하더라도 말이다. 그 이유는 가격을 낮춰서 판매량을 증가시킬 때 얻는 이윤보다 높은 가격을 유지해서 상품의 질이 좋을 때는 비싸게 팔고, 시일이 지나 상품가치가 하락했을 때는 저렴하게 가격을 책정하여 재고를 소진시키는 게 이윤이 더 크기 때문이다. 소비자 입장에서는 신선한 과일이나 채소를 되도록 저렴하게 구입하려 하고, 공급자 입장에서는 신선한 농산물을 되도록 비싼 값에 팔려고 하는데 농산물 같은 경우는 수요필요재화이므로 가격이 비싸다 하더라도, 어느 정도의 소비가 되기 때문에 공급자가 위와 같은 행동을 하는 것이다. 즉, 가치 저장성이 낮은 채소나 과일과 같은 농산물은 가격이 높게 형성되면, 비 탄력성을 가지며, 만약 큰 공급과잉 상태가 아니라면, 양질의 농산물가격을 낮게 형성시키면, 큰 탄력성을 가지게 된다는 것이다. 따라서 단순히 농산물이라 해서 비 탄력성을 가지는 것이 아니라, 공급자의 공급가격과 수요자의 수요가격의 차이에 따라 탄력성이 변한다는 것이다. 이번에는 가치 저장성이 좋은 농산물인 곡물에 대해서 알아보자. 곡물은 인간이 살아가는데 가장 중요한 재화이며, 그것에다 가치 저장성이 높고, 주식으로써 소비주기가 매우 짧아 수요 필요성이 앞서 언급한 과일이나 채소보다 강하다. 따라서 만약 풍년으로 인해 큰 공급과잉이 발생한다 하더라도, 조금의 가격하락은 발생할 수 있으나, 가격이 크게 하락하는 일은 거의 없다. 왜냐하면, 현재뿐 아니라, 향후 몇 년 동안 충분한 수요가 보장된 재화이며, 세계 인구는 지속적으로 증가하고 있으며, 특히 요즘은 가공기술이 발달하여, 더욱 가격이 폭락할 이유가 없으며, 만약 공급과잉으로 인해 경매시장에서 곡물가가 폭락하는 일이 발생한다면, 그것은 전적으로 공급자의 어리석음의 탓이다. 즉, 만약에 수요자들이 풍년과 달러화 가치의 상승을 이유로 들어, 경매가격을 의도공급가격보다 낮게 책정할 경우, 공급자는 공급량을 줄여 버리면 그만이다. 그러면 경매가격은 당연히 올라갈 수밖에 없다. 따라서 수요자들도 함부로 낮은 가격을 부르지 못하는 것이다. 이와 비슷한 사례로 원유를 들 수 있다. 만약. 원유경매시장에서 수요자들이 여러 가지 이유를 들어, 의도공급가격에 못 미치는 수요가격을 제시할 경우, 산유국들은 곧바로 원유공급량을 줄여 버리고, 얼마 있지 않아 원유값은 다시 폭등하기 시작한다. 제2론에서도 설명했지만, 수요 필요성이 강한 재화를 생산하는 공급자가 굳이 수요자가 가격을 결정하는 경매시장을 왜 수용하겠는가? 바로 수요자들의 투기의지로 인해 결정된 경매가격이 공급자가 자신이 의도한 공급가격보다 높은 수순을 유지하기 때문이다. 따라서 공급량이 증가하더라노 곡물가격이 조금 내려가거나 이전보다 같은 수준을 유지하는 것만으로도 수요는 크게 늘어나게 된다. 왜냐하면, 가치 저장성이 좋고 소비주기가 극히 짧아서 수요 필요성이 매우 강하기 때문에 저렴할 때 구입해서 창고에 쌓아두고 소비하면 되기 때문이다. 예를 들어, 밀가루를 공급하는 기업은 저렴할 때 구입하여, 창고에 쌓아 두면서 경제상황에 따라 자신의 이윤 극대화를 위해 가격을 조금씩 올려가면서 판매하는 것이다. 이런 경제행위가 가능한 것이 바로 수요필요재화이다. 만약 여러분이 시장에서 밀가루를 구입하려고 하는데, 밀가루 가격을 한시적으로 저렴하게 팔고 있는 행사를 하고 있다면, 그리고 1인당 구입한계치를 설정하지 않는다면, 아마 눈 깜짝할 사이에 진열대에서 사라질 것이다.

따라서 위의 내용을 종합하여 결론을 내리자면, 농산물 가격이 하락할 때 가격 비탄력성을 가지려면 첫째, 큰 공급과잉이 발생해야만 하고 둘째, 가치 저장성이 떨어져야만 한다. 이두 조건을 모두 갖추지 못한다면, 농산물의 경우 가격이 하락하면 매우 탄력적인 재화가 된다. 그리고 위와 같은 논리로 수요충분재화에 대해서 정리하자면, 대체로 다음과 같은 결론을 내릴 수 있다.

	가격 하락 시	가격 상승 시
수요필요재화	탄력적	비탄력적
수요충분재화	비탄력적	탄력적

2. 소득탄력성

소득탄력성이란 소득의 변화에 따른 수요량의 변화를 말한다. 그리고 소득탄력성이 0보다 크면 정상재이고 0보다 작으면 열등재로 분류하고 있다. 즉, 정상재란 소득이 증가하면 수요량도 같이 증가하는 것이고, 열등재는 소득이 증가하면 소비가 감소하는 재화를 말한다. 하지만 저자는 재화를 이런식으로 구분하는 것에 대해서 매우 회의적이다. 왜냐하면, 소득이라는 것은 여러 경제자극에 하나일 뿐이며, 가장 중요한 것은 소비자의 의도에 영향을 미치는 공급자의 의도이다. 가령, A 상품이 정상재라고 하자. 그런데 가계의 소득이 증가하여 수요량이 증가하자, 공급자가 A 상품에 대해 공급가격을 높여서, 수요량이 오히려 이전보다 줄었다면, 결국 A 상품은 정상재였다가, 공급자의 의도에 의해 열등재로 변하게 된다. 즉, 공급자와 수요자의 의도에 의해 재화의 특성이 수시로 변하게 된다는 것이다. 그리고 우리는 TV, 자동차, 컴퓨터 등의 수요충분재화를 정상재로 알고 있다. 하지만 이는 잘못된 생각이다. 왜냐하면, 가계에 증가한 소득에서 수요필요재화의 소비규모가 이전의 소득수준에서 수요필요재화의 소비규모보다 같거나 작다면, 위의 논리가 대체로 맞겠지만, 보통 소득이 증가하면, 수요필요재화의 수요량도 늘게 되며, 이로 인해 수요필요재화의 공급가격이 상승하면, 결국 위에서 언급한 수요충분재화들 또한 열등재로 바뀌게 된다. 즉, 단순히 소득의 증가만으로는 정상재의 수요증가를 보장할 수 없는 것이다. 그리고 만약에 TV를 생산하는 기업이 이전보다 성능이 그리 뛰어나지 못한 신제품을 생산했을 경우에도, TV는 열등재로 변할 수 있을 것이다. 따라서 단순히 소득만으로는 상품의 수요량에 대해서 늘어난다거나 줄어든다는 평가를 할 수 없는 것이다. 또한, 요즘 스마트폰의 보급이 어떻게 급속히 증가할 수 있었겠는가? 예전보다 소득이 그리 증가한 것도 아닌데 말이다. 그것은 할부제도, 광고행위, 보조금혜택 능이 경제자극으로 작용했기 때문이다. 만약 스마트폰이 출시 때부터 오랫동안 고가격정책을 펼쳐 수요자에게 큰 부담을 주었다면, 오늘날과 같은 성능이 뛰어난 스마트폰은 당연히 존재할 수 없을 것이다. 그리고 빈부격차라든지, 환율과 원자재값 상승과 같은 외부자극요인에 의해서, 만약 소득이 증가한다 하더라도, 이전에는 정상재였지만 가격상승에 의해 소비 감소로 인해 열등재로 변할 수 있는 것이다. 따라서 소득탄력성이라는 것은 단지 경제주체의 경제행위에 대한 결과에 해당될 뿐이며, 경제 분석에서 중요한 내용이 아닐 뿐만 아니라, 모든 상품은 경제상황에 따른 경제주체의 의도에 의해서 성질이 바뀔 수 있는 것이다. 예를 들어, 열등재로 알고 있는 각종 값싼 상품들이 오늘날 왜 수요가 증가할까? 그 원인에는 무수한 경제자극에 대한 공급자의 의도가 소비자의 수요량에 영향을 주기 때문이다. 즉, 재화의 성질은 계속적인 정상재도 열등재도 없으며, 언제든지 경제상황에 따라 수시로 바뀔 수 있는 것이다.

02

효용극대화

선호체계

1. 무차별 곡선

주류경제학에서는 미분가능 한 무차별곡선을 합리화시키기 위해 다섯 가지의 소비자의 선호체계에 대한 공리를 가정하고 있다. 그것은 바로 완비성, 이행성, 연속성, 강단조성, 볼록성이다. 그리고 이 개념들에 대한 설명은 경제학 교과서에 나와 있으므로 굳이 설명하지 않고, 무엇이 잘못되어 있는지만 논의하겠다.

먼저 이행성에 대해서 살펴보자. 이행성이란 소비자의 선호가 일관성이 있다는 의미이다. 가령, A의 선호가 사과≥배≥복숭아라면, 사과≥복숭아도 성립된다는 것이다. 이 논리는 수학적으로 아무 문제될 것이 없다. 다만, 비현실적인 상상 속에서나 적용될 수 있다는 것이 문제이기는 하지만 말이다. 즉, 정말 중요한 것은 소비자의 효용을 논하는 데 있어서, 무수한 경제자극과 공급자의 의도가 빠져 있다는 것이다. 여러분이 한번 곰곰이 생각해보기 바란다. 과연 소비자의 효용을 진단할 때,

이런 것들이 고려되지 않을 수 있는지를 말이다. 예를 들어, 기업의 광고 행위로 인해 선호체계는 얼마든지 바뀔 수 있으며, A가 사과를 사려고 시장에 갔더니, TV에서 배의 항암효과가 뛰어나다는 뉴스를 보게 되었다고 하자. 그럼, 위의 선호체계가 바뀔 수도 있을 것이다. 그리고 평소 고기를 좋아하는 A가 암에 걸렸다고 하자. 병원에서 의사는 고기를 줄이고 채식을 권고한다면, 과연 A의 일관된 선호체계가 유지될 수 있을까? 이외에도 사람들의 일관된 선호체계가 유지되지 않는 경우는 무수히 많다. 드라마 때문에 좋아하는 연예인이 바뀐다든지, 생각이 달라지면서 이상형이 달라진다든지, 햄버거를 좋아했었는데 뉴스에서 해충이 나왔다는 소식을 들었다든지 등 선호체계를 바꿀 수 있는 요인이 무수히 많다는 것이다. 오히려 이런 비 일관된 선호체계가 보편적이고 상식적인 것이지, 인간이 정해진 시스템에 의해 작동하는 기계가 아닌 이상에야 어찌 선호체계가 일관성을 가지고 있을 수 있겠느냐는 것이다. 얼마나 사람의 마음이 번덕스러우면, 열 길물 속은 알아도 한 길 사람 속은 모른다는 속담까지 존재하겠는가. 물론, 일관된 선호체계도 특수한 경우에 존재한다. 예를 들어, 종교나 문화적 요인으로 인해 인도인들이 소고기를 먹지 않는다든지, 이슬람들이 돼지고기를 먹지 않는다든지 하는 경우 말이다. 하지만 이 경우는 특수한 사례에 불과하며, 이 사람들도 이런 종교적 요인 이외에는 비 일관된 선호체계를 가지고 있는 것이다. 따라서 주류경제학 말대로 소비자가 일관성을 유지한다면, 기업 입장에서 굳이 많은 비용을 들여 마케팅을 할 이유가 없는 것이다.

다음은 연속성에 대해서 알아보자. 연속성이란 소비자의 선호가 연속적이고 갑작스럽게 변하지 않는다는 의미이다. 즉, 미분 가능한 무차별곡선을 합리화시키기 위해 만들어진 개념으로 무차별곡선이 미분 불가능하게 꾸불꾸불한 모양이나 갑자기 끊어진 모양이 되면 안 되기 때문에 이 개념을 가정하고 있다. 그럼 과연 이 개념도 타당한지 살펴보도록 하자.

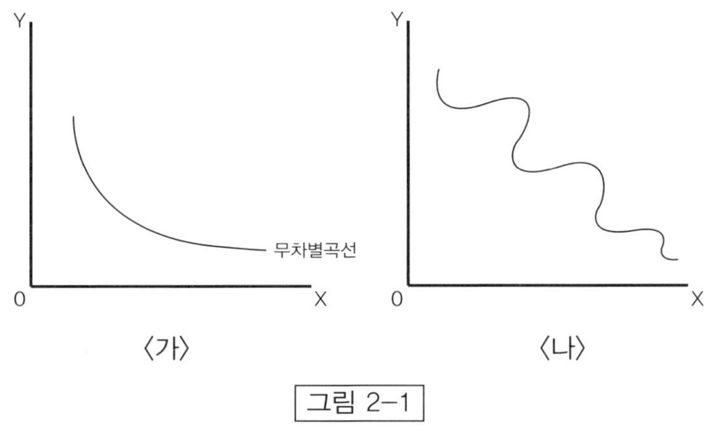

그림 2-1

　위의 〈가〉그래프는 미분 가능한 무차별곡선을 나타내고 있고, 〈나〉그래프는 미분 불가능한 무차별곡선을 나타내고 있다. 두 그래프는 모두 끊어진 곳이 없는 연속성을 가진 무차별곡선들이다. 그러나 〈가〉그래프의 무차별곡선은 선호의 갑작스런 변화 없이 일관성을 유지하는 모습을 보여주고 있고, 〈나〉그래프의 무차별곡선은 선호체계가 일관성이 없이 무규칙적인 모습을 보여주고 있다. 그럼, 여러분에게 한번 물어보자. 여러분의 무차별곡선은 〈가〉와 〈나〉 중 과연 어느 것과 유사한가를 말이다. 저자 같은 경우는 〈나〉에 해당된다. 왜냐하면, 예를 들어 나는 시장에서 라면을 고를 때, 비가 올 때는 N사의 S우동이 먹고 싶고, 추울 때는 S사의 S라면이 먹고 싶고, 일요일이면 N사의 짜장 라면이 먹고 싶은데, 여러분은 어떤지 궁금하다. 즉, 앞서 언급했듯이 인간의 선호체계는 비 일관적인 것이 보통이다. 솔직히 말해서, 나도 나 자신의 무차별곡선을 모른다. 왜냐하면, 인간의 선호는 시시각각으로 외부환경에 의해 변할 수 있기 때문이다. 즉, 오히려 〈나〉의 무차별곡선이 〈가〉보다는 더욱 현실적이고 상식적이라 볼 수 있는 것이다. 그리고 주류경제학은 연속성이 만족되지 않는 경우의 예를 사전편찬식 선호를 들고 있다. 즉, 일단 어떤 상품의 소비가 충족되고 나서야, 다른 상품의 소비가 고려된다는 것이다. 하지만 이 사전편찬식 선호도 특수한 경우가 아니라 보편적인 경우라 볼 수 있는 것이다. 왜냐하면, 수요충분재화와 수요필요재화의 특성을 알고 있다면, 쉽게 이해가 되는 것이기 때문이다. 예를 들어, 한국인의 주식인 쌀과 수요충분재화인 TV에 대한 소비를 비교해보자. 만약 집에 먹을 쌀이 떨어졌는데, 신제품 TV를 구입하려는 생각을 가진 사람이 과연 존재할까? 과연 전기, 가스, 곡물 등의 수요 필요성이 강한 재화의 소비를 제치고, 집에 10년 된 TV, 5년 된 컴퓨터, 10년 탄 자동차 등의 수요충분성이 강한 재화의 소비를 고려할 수 있을까? 생각할 수도 없다는 것이다. 제1론에서 언급했듯이 우리나라 밥상에 김, 해물탕, 불고기 등의 각종 반찬이 존재할 수 있는 것은 바로 쌀밥이 있기 때문에 가능한 것이라 말했었다. 즉, 쌀의 사전편찬식 선호가 충족되어야만 다른 각종 반찬이 밥상에 올라올 수 있는 것이다. 그래서 우리가 배고플 때, 밥 먹으러 가자고 하지, 반찬 먹으러 가자는 소리를 하지 않는 것이다. 여러분이 보기에는 이런 사전편찬식 선호가 특수한 경우라고 치부할 수 있겠는가? 할 수 없다는 것이다. 제1론과 2론에서 언급했듯이, 수요필요재화의 공급가격이 상승하면, 수요충분재화를 생산하는 기업이 큰 곤경에 왜 처하게 되는지는 바로 수요필요재화의 사전편찬식수요 때문이기도 하다. 즉, 무차별곡선은 재화에 특성에 따라 충분히 끊어질 수 있다는 것이다. 이는 특수한 경우가 아니라 상식적이고 현실적이며, 경제 분석에 있어서 기본 논리라는 것이다. 그리고 더 나아가, 예산 선을 가정할 때, X를 수요충분재화라 하고, Y를 수요필요재화라고 한다면, 그리고 소득이 수요필요재화를 소비하기에도 빠듯하다면, 아예 예산선에서 PxX는 고려 대상조차 될 수 없다는 것이다.

따라서 주류경제학에서 주장하는 미분 가능한 무차별 곡선은 비상식적이고 비현실적이며, 오로지 수학적 목적에 의해서 만들어진 허구일 뿐이다.

2. 현시선호

현시선호관계란 일정한 가격백터(P_0)가 주어졌을 때, 상품묶음 Q_0가 선택되었고, Q_1은 $P_0Q_0 \geqq P_0Q_1$의 관계를 만족시키는 상품묶음이라 하면, Q_0가 Q_1보다 현시선호되었다고 말한다. 그리고 Q_0가 Q_1보다 현시선호되고, Q_1은 Q_2보다 현시선호 되면, Q_0는 Q_2보다 간접적으로 현시선호되었다고 말한다. 그럼 과연 이 논리의 문제점은 무엇일까? 겉으로 보기에는 아무 이상이 없는 것 같지만, 앞서 언급했듯이 인간의 선호는 일정하지 않다는 것이다. 그래서 현시선호이론을 더욱 합리화시키기 위해 나온 것이 바로 약 공리와 강 공리이다. 이 공리들은 어떠한 경우에라도 한 번 현시선호 되면, 직간접적으로 현시선호 될 수 없다는 의미를 가지고 있다. 여러분이 보기에는 정말 어처구니가 없다고 생각하지 않는가? 앞에서는 말도 안 되는 무차별곡선을 만들어내고, 이젠 무슨 인간의 선호에 대해 신이라도 되는 마냥 공리를 만들어 적용시키니 말이다. 이건 학문이 아니라 사이비 종교라고 봐야 한다. 즉, 생각하지 말고 그냥 꼭두각시처럼 받아들이라는 것이다.

그럼, 이 이론이 어떻게 잘못되었는지 구체적인 예를 통해 살펴보기로 하자. 현시선호이론을 구체적인 예로 표현하자면 매우 특수한 경우여야만 한다. 즉, 소비자는 일관성을 유지해야 할 뿐만 아니라, 동일한 가격이어야 하고, 그것에다 단일 상품도 아닌 상품 묶음이어야 한다. 솔직히 말해서 나는 이것이 소비자의 선호를 나타내는 의미로 왜 쓰여야 하는지 도저히 이해할 수가 없다. 현시선호개념을 표현하자면, A가 시장에서 과일을 사려고 하는데, 가격이 동일한 상품묶음 중, 〈가〉상품묶음은 사과 1개, 배 2개로 구성되어 있고 가격은 5,000원이며, 〈나〉상품묶음은 배 1개, 사과 2개로 구성되어 있고 가격은 5,000원이다. 그리고 A는 〈가〉상품을 선택했다면, 사과보다는 배를 더 선호한다고 볼 수 있다. 그리고 배 1개 토마토 2개로 구성되고 가격이 5,000원인 〈다〉상품묶음보다 〈나〉상품묶음을 A가 선택했다면, 결국 A의 선호체계는 배≥사과≥토마토가 성립되는 것이다. 하지만 이런 논리는 실제 경제상황에서 소비자의 선호를 반영한다고 볼 수 없다. 예를 들어, A는 원래 배보다 사과를 더 선호한다고 가정하자. 그래서 시장에 사과를 사러 갔더니, 사과의 품질이 안 좋아서 배 1개와 사과 2개의 상품묶음 대신, 사과 1개와 배 2개의 상품묶음을 선택했다면 과연 위의 현시선호 논리가 A의 선호를 정확히 반영했다고 볼 수 있느냐는 것이다. 그리고 앞에서 인간의 선호체계는 언제든지 변할 수 있다고 말했다. 저자처럼 같은 가격의 상품묶음이라면, 비가 올 때는 짜장 라면 2개와 우동 1개 보다는, 우동 2개와 짜장 라면 1개의 상품묶음을 선택할 것이고, 일요일에는 아마 그 반대를 선택할 것이다. 따라서 현시선호는 특수한 가정에서나 성립되는 것이며, 그 가정 속에서도 소비자의 선택이 선호를 반영한다고 볼 수는 없다. 왜냐하면, 경제상황에 따라 소비자가 그 상품묶음을 선택한 것일 뿐이지, 그 선택이 곧 소비자의 선호체계를 의미하는 것이라 볼 수 없기 때문이다.

효용극대화

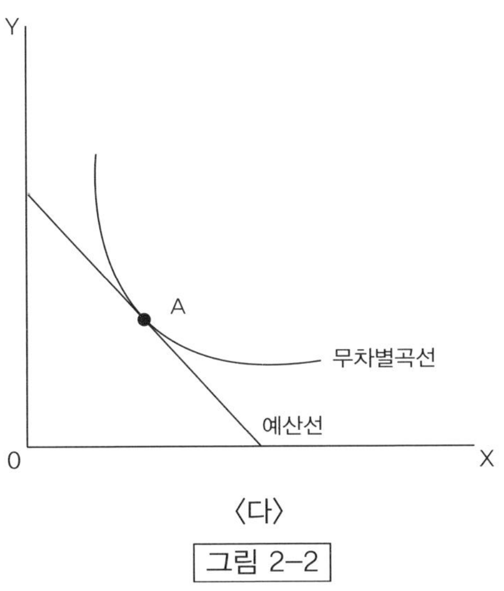

위 그래프는 여러분도 잘 알다시피 주류경제학에서 말하는 소비자의
효용극대화를 나타내고 있다. 즉, 앞서 언급한 미분 가능한 무차별곡선
과 주어진 소득을 모두 사용했을 때의 상품묶음 집합을 나타내는 예산
선이 만나는 A점이 곧 효용극대화를 의미하는 곳이라 설명하고 있다. 그
런데 먼저 우리는 이 효용극대화라는 개념에 대해서 반드시 짚고 넘어가
야만 한다. 왜냐하면, 주류경제학에서는 〈다〉그래프와 같이 소비자가 효

용극대화를 실현하는 것으로 나타내어, 여러 논리를 전개하고 있기 때문이다. 그럼 이에 대해 살펴보도록 하자. 소비자가 추구하는 효용극대화든, 기업이 추구하는 이윤극대화든지 간에, 그 행위들은 경제주체들의 바램일 뿐이지, 실제로 그렇게 행동한다는 것이 아니다. 즉, 추구는 추구일 뿐, 현실적으로는 얼마든지 자신의 의도와 빗나간 결과를 초래할 수 있다는 것이며, 경제의 불확실성을 고려해보았을 때, 오히려 그럴 가능성이 대부분이다. 왜냐하면, 소비자의 효용극대화추구와 공급자의 이윤극대화추구는 반대이익의 성격이 강하기 때문이다. 예를 들어, 공급자는 되도록이면 비싸게 많이 팔려고 하고, 소비자는 되도록이면 싸게 많이 소비하려고 하는데, 상식적으로나 현실적으로 생각하자면, 어찌 소비자의 효용극대화가 추구될 수 있겠느냐는 것이다. 아마 공급자가 바보가 아닌 이상에야 결코 있을 수 없는 일이 될 것이다. 따라서 〈다〉그래프와 같이 소비자가 효용극대화를 실제로 하는 것으로 가정하여, 경제를 분석하면 안 되는 것이다.

그리고 효용극대화를 설명하기 위해 사용하는 예산선에 대해서도 매우 큰 오류가 존재한다. 그것은 바로 예산선을 주어진 소득으로 모두 구입할 수 있는 상품묶음이라 가정하는데, 이런 가정은 매우 비현실적인 가정이라 볼 수 있다. 예를 들어, 지금 우리나라의 가계부채가 1,000조 내외라는 사실은 소비자가 주어진 소득 이상으로 소비했다는 것을 의미한다. 그리고 만약 가계가 주어진 소득에서 일부분을 저축하고 나머지부분을 소비한다면, 주어진 소득보다 적게 소비했다는 것이다. 예를 들어, 만약에 갑작스런 교통사고로 인해 가족이 병원에 입원해야 하는 상황에 이르렀는데, 주어진 소득으로 병원비를 감당할 수 없다고 잠자코 있을 수 있겠는가? 그리고 집에 당장 먹을 쌀이 떨어졌는데, 그냥 굶고 있을 수 있겠는가? 소비자가 주어진 소득만을 모두 소비한다면, 빚을 진

가구는 단 한 곳도 없어야하고, 저축하는 가구도 없어야 한다. 즉, 이 논리는 어떤 이유에서라도 경제 분석에서 용납될 수 없다는 것이다. 즉, 예산선은 주류경제학에서 소비자의 효용극대화를 나타내기 위한 수학적 목적으로 만들어진 개념이란 것이다. 솔직히 말해서, 경제를 분석할 때, 주어진 소득을 전부 소비했을 경우를 가정하는 것 자체가 잘못된 것 아닌가. 나는 도무지 이런 것을 왜 가정하는지 이해를 못 하겠다. 그리고 앞서 언급했듯이, X가 수요충분재화이고 Y가 수요필요재화라면, 주어진 소득이 Y를 소비하기에도 부족하다면, PxX는 아예 논의의 대상도 될 수 없는 것이다. 따라서 오직 계획된 수학적 목적을 위해 만들어진 이런 개념들이 현재 주류경제학으로 교육되고 있는 현실이 매우 안타깝다. 그리고 주류경제학에서는 자주 "분석의 편의"라는 말을 자주 사용하는데, 이것이 대부분 계획된 수학적 결론을 이끌어내기 위한 목적을 합리화시키기 위해 만들어진 핑계에 지나지 않는다는 것이다. 무차별곡선이나 예산선만 봐도 그렇지 않은가. 미분 가능한 곡선의 접선을 의미하는 수학의 미분개념을 접목하기 위해, 인간의 경제행위를 심각하게 왜곡시키고 있다는 것이다. 즉, 주류경제학은 수학을 목적하기 위해 비상식적이고 비현실적인 가정을 수단으로 사용하고 있다는 것이다.

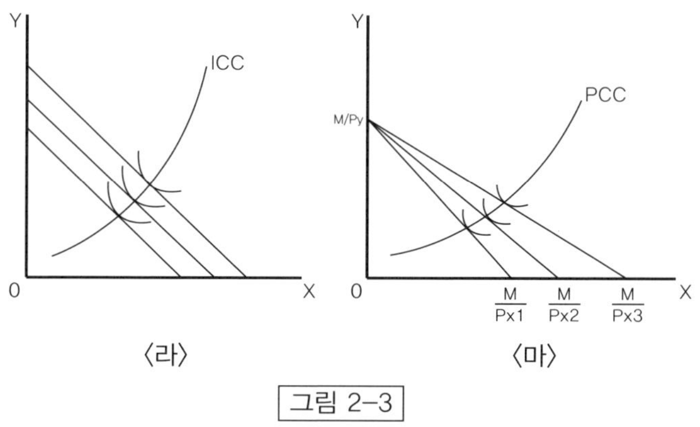

그림 2-3

그리고 위의 두 그래프는 우리가 잘 알고 있는 ICC(소득소비곡선)와 PCC(가격소비곡선)이다. 두 곡선을 보면 알겠지만, 모두 소비자가 효용극대화를 실현하는 것으로 가정하여, 표현되고 있는 것을 알 수 있다. 하지만 이런식의 논리는 현실에서는 전혀 통할 수가 없는 것이다. 단지, 단순화된 수학적 목적으로 위한 가정에서나 표현될 수 있다. 주류경제학은 사람들의 이해를 돕기 위한다고 말을 하지만, 실상은 오히려 자신들이 의도한 수학적 분석을 목적으로 사람들의 경제에 대한 이해를 왜곡시키고, 더욱 난해하게만 다가오도록 할 뿐이다. (주류경제학 공부를 깊이 한 사람이라면 알고 있겠지만, 저런 수학적 논리들이 나중에는 공과대학에서나 사용되는 각종 복잡한 공식들과 어울려, 경제학을 공부하는 자신조차도 경제에 대해서 공부를 하는 것인지, 아니면 수학을 공부하는 것인지도 헷갈려 하는 경우가 많을 것이다. 그리고 자신이 공부한 학문이 실제 현실에서 적용조차 어렵다는 것을 대부분의 사람들은 느끼고 있을 것이다. 그리고 이 내용들을 학생들에게 교육하는데 큰 양심의 가책을 받는 학자들도 있을 것이다. 비록 저자는 주류경제학에 대해서 깊게 공부하지는 못했지만, 그런 나도 주류경제학에 대해서 큰 실망감을 느끼고 있는데, 이것을 전문적으로 공부한 사람들은 나보다 더 이런 느낌을 받지 않을까라고 생각이 되어 지금 이 말을 하고 있는 것이다.)

그리고 가격효과라는 주류경제학의 경제개념에도 큰 문제가 있다. 주류경제학에서는 상품의 가격이 하락하는 데 따른 수요량의 변화를 가격효과라 하여, 대체효과와 소득효과라는 개념을 사용하여 표현하고 있다. 하지만 앞서 언급한 데로, 효용극대화를 가정하는 이런 개념들은 현실에서 성립되지 않는 것이다. 왜냐하면, 사전편찬식 선호가 존재하는 한, 대체효과가 성립이 되지 않기 때문이다. 예를 들어, Y를 수요필요재화라 하고, X를 수요충분재화라고 하자. 대체효과는 일정한 소득수준하의 상대가격변화에 따른 수요량의 변화를 의미하는 것이다. 그러면, 만약 수요필요재화인 Y의 가격이 상승하고, 수요충분재화인 X의 가격이 변하지 않았다면, 과연 수요충분재화인 X의 수요량이 늘어날까? 아니다. 오히려 더 줄게 된다. 왜냐하면, 일정한 소득수준에서 수요필요재화의 가격이 상승하면, 그만큼 수요충분재화의 소비비중은 감소할 수밖에 없기 때문이다. 또한 앞서 언급한 효용극대화논리나 무차별곡선, 예산선도 엉터리이고 말이다.

그리고 정말 중요한 문제는 가격효과의 논리 자체에 있는 것이다. 그럼 이 논리가 왜 문제가 되는지 알아보자. 상품의 가격은 누가 정하는가? 바로 공급자다. 그럼 가격이 하락하고 상승하는 변화에는 반드시 공급자가 그렇게 행동을 하는 이유가 존재하기 마련이다. 따라서 주류경제학이 말하는 가격효과라는 것이 타당한 것일 수 없다는 것이다. 왜냐하면, 이윤극대화를 추구하는 공급자는 아무 이유 없이 상품가격을 하락시키지 않기 때문이나. 즉, 십중팔구는 판매량이 감소했기 때문에 상품의 가격을 하락시킨 것이고, 이는 곧 수요량의 감소로 인해 상품의 가격이 하락한 것을 의미한다. 그리고 이런 현상은 더 말할 필요도 없는 매우 보편적인 현상이다. 즉, 주류경제학의 논리처럼, 가격이 내려갔을 때 수요량이 올라가면 정상재나 열등재이고, 수요량이 내려가면 기펜재라는 논리가 타당하지 않다는 것이다. 왜냐하면, 인과관계를 거꾸로 전개했기 때문이다. 만약 수요량 감소로 인해 가격이 내려간 것이라면, 그게 기펜재인가? 그럼 기펜재는 무수히 많이 존재하는 것 아닌가? 왜냐하면, 가격을 주어진 것으로 보는 주류경제학의 그래프 상에서는 인과관계가 없이 결과로만 제시되기 때문에, 이것이 수요량 감소로 인해 가격이 내려간 것인지, 가격이 내려가서 수요량이 감소한 것인지 알 수 없기 때문이다. 즉, 인과관계에 따라 기펜재가 아주 보편적인 재화가 될 수도 있고, 주류경제학이 말하는 것처럼 아주 특수한 재화가 될 수도 있는 것이다. 그런데 수요량 감소로 인해 가격이 하락했다는 논리가 매우 상식적이고 현실적이므로, 주류경제학에서 말하는 기펜제는 아주 보편적인 재화가 되는 것이다. 그럼 왜 이런 말도 안 되는 논리전개를 주류경제학에서 하고 있는 것일까? 바로 원인을 무시하고 오로지 양적이고 결과론적인 수학적 틀에서 논리를 전개하기 때문이다. 그럼, 기펜제가 가격이 하락함에도 불구하고 수요량이 줄어드는 특수한 재화라면, 지금과 같이 장기 경기 침체기에 수요충분재화의 경우 가격을 낮춰도 딱히 소비가 늘지 않고 오히려 수요필요재화의 공급가격 상승으로 인해, 판매량이 더 감소한다면, 그 많은 수요충분재화가 모두 기펜제란 말인가? 전혀 현실성이 없는 논리라는 것이다. 즉, 주류경제학은 수학을 목적으로 경제 흐름의 기본 논리조차 무시하고 있는 것이다. 앞서 제1론과 제2론에서 언급했듯이 가격을 주어진 것으로 보지 마라! 가격은 하늘에서 뚝 떨어지는 것이 아니라, 경제주체의 의도에 의한 경제적 결과에 해당된다. 그리고 가격이 왜 어떻게 형성되는지에 대한 원인과 과정을 밝혀서 논리를 전개하는 것이 경제 분석의 핵심이며, 경제학이 추구해야 하는 방향이라고 언급했었다. 즉, 단순히 물가가 상승하거나 하락하는 것이 아니라, 물가가 왜 어떻게 상승하고 하락했는지가 중요한 것이다. 지금 주류경제학의 대부분의 논리전개는 인과관계를 무시하고 있다. 그 이유에 대해서는 지금 굳이 설명할 필요 없이, 이 책을 읽다 보면 자연스럽게 알게 될 것이다.

03

이윤극대화

이윤극대화

이윤극대화는 말 그대로, 기업이 생산한 상품에 대해서 얻을 수 있는 최대의 이익을 말한다. 하지만 기업입장에서는 현실적으로 자신의 이윤을 예상할 수 없으며, 여러 가지 경제상황이나 수요자의 의도에 의해서 매출과 이윤이 변하게 된다. 따라서 현실적으로 모든 기업은 이윤극대화를 추구하지만, 그것을 실현하는 기업은 거의 존재할 수 없는 것이다. 왜냐하면, 앞서 언급했듯이 수요자의 효용극대화추구와 공급자의 이윤극대화추구는 반대이익의 성향이 강하기 때문이다. 만약 이윤극대화를 실현하는 기업이 존재한다면, 그 기업은 수요필요성이 강한 재화를 생산하는 기업에 한 할 것이다. 그리고 이것도 주류경제학에서 설명하는 이윤극대화 논리와는 전혀 상관없으며, 경매시장에서 수요자의 투기의지에 의해 발생되는 것이다. 따라서 정말 중요한 것은, 기업이 이윤극대화를 추구하느냐 하지 않느냐의 결과적인 문제가 아니라, 이윤추구의 과정이 중요한 것이다. 하지만 주류경제학은 추상적인 표현으로 추가적으로 드는 비용보다 추가적으로 얻는 수입이 크다면, 이윤극대화가 성립되고, 기업은 그 행위를 하는 것으로 가정하여 설명하고 있다. 그러나 한계수입

(MR)과 한계비용(MC)이 같은 곳에서 이윤극대화가 된다는 논리는 수학적 공상에 불과한 것이다. 즉, 현실적으로 전혀 신빙성이 없다는 것이다. 경제가 짜놓은 각본대로 움직이는 것도 아니고, 기업이 정말 신이 아닌 이상에야, 한치 앞도 내다볼 수 없는 것이 기업운영의 현실인데, 어떻게 자신이 얻을 수입과 드는 비용을 알 수 있다는 것인가. 기업이 주류경제학에서 제시하는 것처럼 행동하려면, 미래에 자신이 생산하는 상품에 대한 수입과 비용을 알아야 한다는 것인데, 이것은 상식에도 맞지 않지만, 거의 사람들을 기만하는 논리이다. 만약에 자신이 생산하는 상품에 대한 한계수입과 한계비용을 알고 있는 기업이 있다면, 세상에 적자를 보는 기업은 단 한 곳도 없을 것이다. 경제를 얼마나 단순하게 생각했으면, 이런 논리가 주류경제학의 핵심으로 여겨지면서, 학생들에게 맹목적으로 주입되고 있는 현실이 안타까울 뿐이다. 그리고 선 세계의 단 한 곳의 기업이라도, 경제학책을 펴놓고 기업 활동을 하는 곳이 있는가? 경제학이 정말 인간의 경제행위를 진단하는 학문이 되려면, 실제 기업에게 도움이 되는 현실적인 내용으로 구성되어야 하는 것 아닌가. 따라서 이제부터 주류경제학의 이윤극대화 이론에 대해 살펴보면서, 무엇이 잘못되었는지 구체적으로 알아보도록 하자.

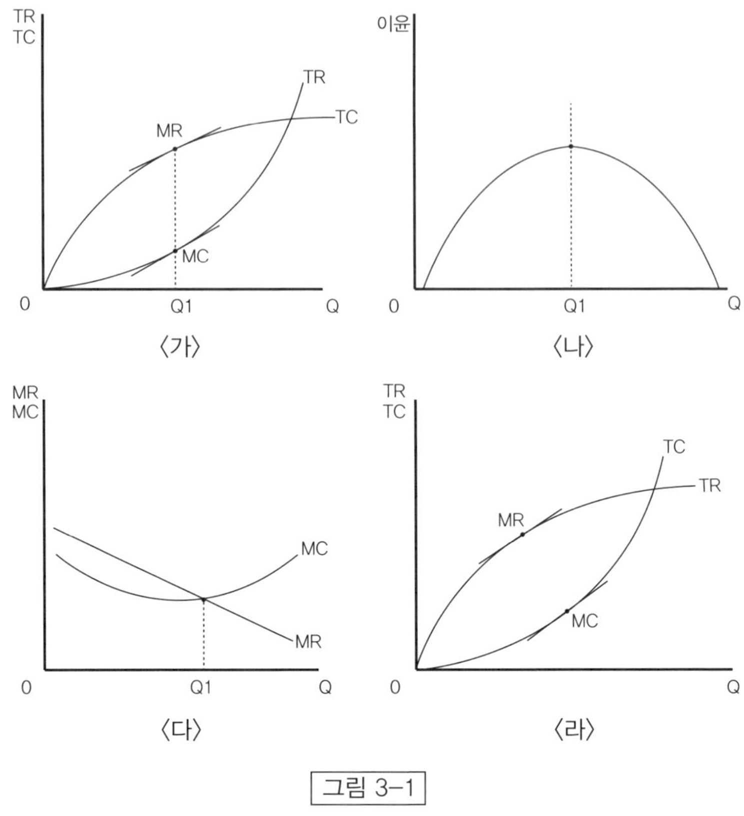

그림 3-1

위의 〈가〉, 〈나〉, 〈다〉그래프는 MR=MC에서 생산하면, 이윤극대화가
된다는 주류경제학의 주장이다. 즉, 한계수입과 한계비용이 같은 곳에서
생산하면, 이윤이 극대화가 된다는 의미인데, 여러분이 생각하기에는 뭔
가 짜 맞추어진 논리라고 보이진 않는가. 즉, MR=MC에서 생산하면, 이
윤극대화가 된다는 주장을 합리화시키기 위해 〈가〉, 〈나〉, 〈다〉그래프가
표현되어 있지 않느냐는 것이다.

그럼 우리 상식적으로 생각해보자. 한 단위 판매할 때 얻는 수입과 한
단위 생산할 때 드는 비용이 같다면, 그것은 이윤이 0이라는 것이다. 즉,
MR=MC에서 생산하고 그렇게 판매한다면, 이윤은 반드시 0이다. 이윤

극대화가 되려면 MR=MC까지 생산하고 판매해야 한다. (생산과 판매는 완전히 다른 의미이다. 독자들은 명심해주길 바란다.) 그것도 추상적으로 생각해서 말이다. 나는 주류경제학이 무슨 의도에서 MR=MC에서 생산하면 이윤극대화가 성립된다고 말하는 것인지 이해가 안 되지만, 큰 착각을 하고 있다는 생각이 든다. 다시 한 번 그래프를 보면, 〈가〉, 〈나〉, 〈다〉는 MR=MC에서 생산하는 것이 이윤극대화가 된다고 표현하고 있다. 즉, 이윤이 0이 되는 것을 보고, 극대화가 된다고 말하고 있는 것이다. 그리고 굳이 총수입곡선과 총비용곡선이 〈가〉처럼 형성되란 법은 어디에도 없다. 얼마든지 그래프 〈라〉처럼 형성될 수도 있고, 미분 불가능한 모습으로 표현될 수도 있는 것이다. 오히려 수많은 가능성 중에 〈가〉처럼 형성되는 것이 매우 특수한 경우이다. (농담 삼아 말하지만, 여러분도 직접 그려보면 MR=MC를 맞춰서 그리기도 어렵다.) 그런데 왜 주류경제학은 이런 밀도 안 되는 논리를 주장하는 것일까. 그 이유는 첫째, 개념 정립이 안 되어 "까지"를 "에서"로 착각하는 데 있고, 두 번째는 수학적 미분개념과 한계개념이 다르다는 것을 모르고 있기 때문이다. 그럼 먼저, 첫 번째 이유부터 설명하자면, 주류경제학에서는 한 단위 생산해서 드는 비용보다 단 1원이라도 판매하여 얻는 수입이 높다면, 그 행위를 하는 것이 이윤극대화라고 말하고 있다. 이는 MR=MC까지 판매한다는 의미이지, MR=MC에서 생산한다는 의미가 아니다. 그런데도 불구하고, 앞서 〈가〉, 〈나〉, 〈다〉그래프를 보면, MR=MC에서 생산하면 이윤극대화가 되는 것으로 나타내고 있다. 즉, 개념 정립도 제대로 되지 않았다는 것이다. 그리고 MR=MC까지 생산, 판매한다는 의미도 말이 되지 않는다.

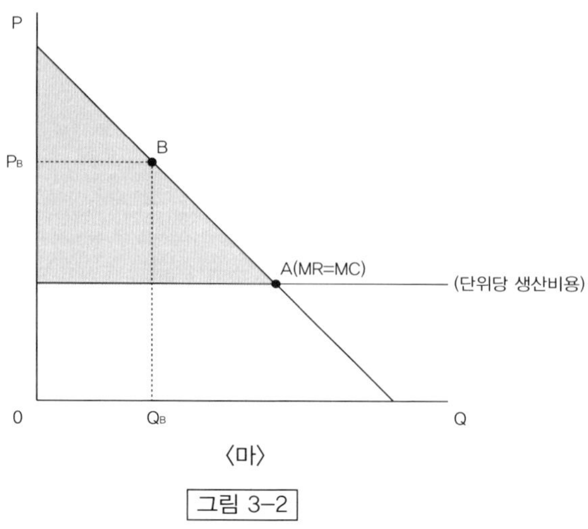

그림 3-2

* 그래프를 보면 의아해할 것이다. 왜냐하면, A점은 MR=MC가 아니라 P=MC가 성립하는 것
  이 아니냐는 것이다. 그 이유는 뒷부분에서 MR에 설명을 읽으면 이해가 될 것이다.

그럼, 〈마〉그래프를 살펴보자. (편의상 한계비용은 일정하다고 가정하자.) 위 그
래프에서 MR=MC를 만족하는 A점에서 생산하고 판매하면, 이윤이 0이
라는 것을 알 수 있다. 그런데 MR=MC까지 생산하고 판매한다는 표현
은 나타낼 방법이 없다. 위의 보이는 빗금 친 삼각형의 이윤을 얻는 행동
을 실제 기업이 한다는 것인지는 모르겠으나, 저런 행동은 있을 수가 없
는 행동이다. 현실에서 기업이 할 수 있는 행동은 B점처럼, 상품의 가격
을 정하고 수요자가 Q(B)의 수량을 소비해야 기업의 이윤이 결정되는 것
이다. 그런데 MR=MC까지 생산하고 판매한다는 것은 말로써 설명조차
못 하는 행동이다. 즉, 기업이 가격을 얼마나 정해서 얼마만큼 판매를
하는지에 대해 알 수가 없다. 즉, 기업은 경제상황에 맞는 가격책정으로
이윤을 최대화하려 할 뿐이지, 추가적으로 한 단위 생산할 때 드는 비용
보다 판매하여 얻는 수입이 크면, 생산하는 게 아니다. 그리고 그렇게 생

산할 수도 없고 말이다. 그럼 기업의 창고에 상품이 판매가 안 되어, 재고로 쌓여 있다고 하자. 그리고 그 상품은 지금 팔면, 생산비용도 제대로 못 받는다고 한다면, 계속 창고에 쌓아두고 있어야 하는가. 말이 안 된다는 것이다. 기업이 자기가 투자한 생산비용도 제대로 못 받을지라도, 낮은 가격에 재고를 처분하는 것은 그렇게 행동하는 것이 자신에게 그 상황에서 이윤이 가장 크기 때문이다. 생산비용도 못 받는다고 그냥 높은 가격을 계속 유지하다가는 도산하기 때문이다. 즉, 한계비용이니 한계수입이니 하는 개념 따위는 기업의 행위와는 아무 상관도 없고, 또한 기업이 직접 행동으로 옮길 수 있는 행위도 아니며, 기업은 자신이 처한 경제상황에서 최대한의 이익이 되는 행동을 하려 할 뿐이다. 물론 그것이 실현된다는 보장이 없는 바람에 그칠 가능성이 매우 크지만 말이다.

　이제, 두 번째 이유인 주류경제학에서 사용하고 있는 한계개념과 미분개념이 과연 같은 의미인지 알아보자. 이것을 왜 알아보느냐 하면, 앞서 언급했듯이, 한계개념의 언어적 의미와 그래프나 수식 상의 의미가 맞지 않기 때문이다.

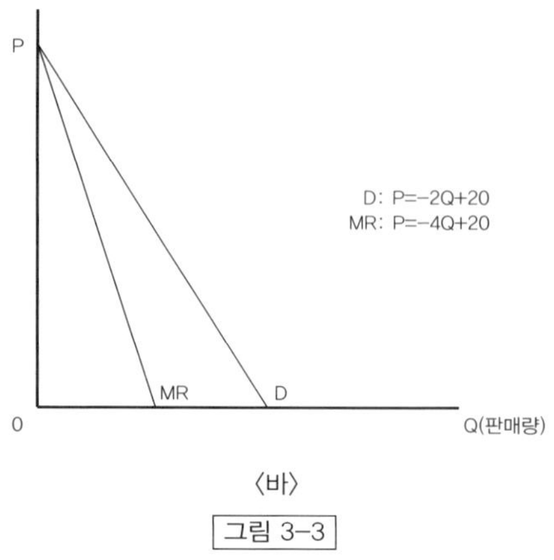

〈바〉

그림 3-3

위의 〈바〉그래프는 수요곡선과 한계수입곡선 간에 관계를 나타내는 것이다. 만약 수요곡선을 P=−2Q+20이라고 가정한다면, 이에 대한 한계수입곡선은 P=−4Q+20이 될 것이다. 왜냐하면, MR=dTR/dQ이며, 즉 TR은 P×Q이고, 이는 (−2Q+20) Q를 의미하므로, 이를 Q로 미분하면 P=−4Q+20이라는 한계수입곡선이 도출되기 때문이다. 즉, 한계수입곡선은 정확히 수요곡선보다 절대값 기울기의 크기가 2배라는 것을 알 수 있다. 하지만 이것은 단지 수식에 의한 결과일 뿐이고, 정말 그렇게 형성되는지는 직접 구체적으로 계산해 보면, 다음과 같은 결과를 얻을 수 있다.

표 3-1

가 격	판매량	수 입	MR	$\dfrac{dTR}{dQ}$
20	0	0	0	0
18	1	18	18	16
16	2	32	14	12
14	3	42	10	8
12	4	48	6	4
10	5	50	2	0
8	6	48	−2	−4

즉, P=-2Q+20의 수요곡선에서 직접 한 단위씩 수량을 대입해 보면, 위의 〈표1〉의 결과가 나오게 된다. 그럼 위의 수식으로 계산된 한계수입곡선에 대입하여도 같은 결과가 나와야 된다는 것을 의미하는데, 직접 대입해보면 알다시피, 〈표1〉에서 MR=dTR/dQ이 성립되지 않는 것을 알 수 있다. (의심스럽다면, 여러분이 수요곡선의 수식을 바꿔서 직접 계산해 보기 바란다. 아마 똑같은 결과가 나올 것이다.) 즉, 경제학에서 말하는 한계개념(MR)과 수학에서의 미분개념(dTR/dQ)이 일치하지 않는다는 것이다.

또한, 주류경제학에서는 한계수입과 가격탄력성의 관계를 Amoroso-Robinson 공식을 통해, 가격탄력성이 1인 곳에서 한계수입은 0이 된다고 말한다. 그러나 이런 논리는 성립되지 않는 것이다. 왜냐하면, 가격탄력성과 한계수입이 논리적으로 보았을 때, 상관관계가 없기 때문이다. 즉, 가격변화율과 수량변하율이 같으면, 추가저으로 언는 수입이 없다는 의미인데, 전혀 타당하지가 않은 논리이다. 왜냐하면, 우선 〈바〉그래프와 〈표1〉을 보도록 하자. 앞서 가격탄력성에 대해 언급하면서, 수요곡선이 수평이나 수직이 아닌 이상에야 우하향하는 직선의 형태는 모두 가격탄력성이 1이라고 하였다. 그럼 〈표1〉에서 나타나고 있듯이, 수량변화율과 가격변화율은 항상 가격이 10% 감소하고, 수량이 10% 증가하여, 가격탄력성이 1로 일관되게 유지되고 있음을 알 수 있다. 그런데 가격탄력성은 1인데도 불구하고, 한계수입은 일관되게 0이 성립되지 않고 있다는 것을 알 수 있다. 즉, 가격탄력성과 한계수입은 아무 관련이 없다는 것이다. 따라서 가격탄력성이 1이면, 한계수입이 0이 된다는 생각은 바로 가격탄력성이 1이면, 총수입이 일정하다는 잘못된 생각에 의해서 나온 것이라 볼 수 있다. 그리고 MR=dTR/dQ이 성립되지 않기 때문에, 이런 공식도 성립되지 않는 것이라 볼 수 있다. 즉, MR=dTR/dQ이 성립되지 않는다는 것은 한계개념과 미분개념이 다르다는 것을 의미하는 것이다.

　이번에는 주류경제학에서 말하고 있는 한계수입이 과연 올바른 개념인지에 대해서 한 번 살펴보기로 하자. 앞서 언급했듯이, 추가로 한 단위 판매하여 얻는 수입이 한계수입이다. 그리고 한계수입이 앞서 가격탄력성이 1인 곳에서 0이 된다는 수식도 알아보았다. 그러면, 과연 현실적으로 한계수입이 0이 된다는 의미가 성립될 수 있는 것인지 알아보자. 앞서 〈표1〉과 〈바〉그래프에서 표현한 대로, 수량의 변화에 따라 가격이 변하는 것으로 하여, 한계수입을 나타내었었다. 하지만 이런 논리는 현실경제에 존재할 수 없는 경제행위이다. 왜냐하면, 그래프에서 나타내는 수요곡선은 기업이 상품의 가격을 책정했을 때, 판매되는 수량을 의미하는 것인데, 수량을 한 단위 더 판매하면, 가격도 같이 내려간다는 논리로 총수입의 변화에 따른 한계수입을 나타내고 있기 때문이다. 즉, 가격변화에 따른 판매량의 변화가 되어야 본래의 수요곡선의 의미인데, 〈표1〉처럼 반대로 판매량이 증가함에 따라 가격이 내려가는 것으로 해석하여, 한계수입을 도출하는 것은 매우 잘못된 논리라는 것이다. 상식적으로 생각해서 가격이 내려가서 판매량이 증가해야 정상적인 논리이지, 판매량이 증가하는데 가격이 내려간다는 논리는 말이 안 되는 것이다. 그리고 만약에 가격이 10이라면, 그 가격대에서 추가로 한 단위를 판매하여, 얻는 수입은 그냥 10이다. 이 논리가 맞는 것이지, 상품의 가격이 0이 아니라 10인데, 추가적으로 판매하여 얻는 수입이 0이라니, 한마디로 말이 안 되는 것이다. 그리고 〈바〉그래프에서는 비용에 대한 어떠한 내용도 찾아볼 수 없는데, 어떻게 MR이 0이라는 말이 나올 수가 있겠는가. 즉, 수입과 이윤을 착각하고 있는 논리라는 것이다. 따라서 한계수입이 0이 되려면, 상품의 가격이 0이 되어야 한다는 것이다. 그런데 현실적으로 상품의 가격이 0이 될 수는 없는 것 아닌가. 따라서 주류경제학이 정의하는 한계개념은 그 자체의 의미까지도 잘못되었다는 것이다.

　그리고 여러분들도 잘 알다시피, 주류경제학에서 말하는 이윤극대화의 의미는, 기업이 한 단위 더 생산할 때 드는 비용보다, 한 단위 더 판매하여 얻는 수입이 조금이라도 크다면, 그 행위를 하는 것이 이윤극대화추구 행위이다. 그런데 이 의미를 상식적으로 생각해보면, 상품의 가격과 한계수입과 한계비용이 모두 같다는 것이다. 즉, 한계수입이 0이 될 수 없다는 것이다. 한계이윤이 0이 될 수는 있어도 말이다.

　따라서 주류경제학은 자신들이 사용하는 경제개념을 제대로 정립하지 못하고 사용하고 있는 것이며, 그 개념 또한 매우 잘못된 의미를 가지고 있다는 것이다. 예를 들어, 어느 때는 한계수입이 0이었다가, 어느 때는 MR=MC에서 이윤극대화가 된다고 하니 말이다. 이런 말도 안 되는 논리가 가능한 것은, 수학을 목적으로 했기 때문이다. 그러니 앞뒤 말이 안 맞고, 현실성이 없는 것이다. 앞서 언급한 가격탄력성과 마찬가지로, 개념정립이 되지 않아, "귀에 걸면 귀걸이, 코에 걸면 코걸이" 식으로 논리를 펼치고 있다. 차라리 한계수입이라는 것이 가격을 한 단위 낮춰서 추가적으로 얻는 수입이라면 모를까, 한 단위 더 판매하여 얻을 수 있는 수입이라는 논리를 결코 성립될 수 없는 것이다. 한 단위 더 판매하여 얻을 수 있는 수입은 앞서 언급했듯이 그냥 가격일 뿐이다.

분석 방법에 대한 비판

주류경제학에서는 이윤극대화를 설명할 때, 한계수입과 한계비용을 가지고 설명하고 있다. 그런데 우리가 중요하게 생각해야 할 문제는, 과연 한계수입과 한계비용을 같은 2사분면 안에 놓고 비교가 가능한가이다. 즉, MR=MC에서든 까지든 간에 생산하는 것이 이윤극대화라고 말할 수 있는가라는 것이다. 나는 매우 잘못되었다고 생각한다. 그럼 그 이유에 대해서 자세히 살펴보자.

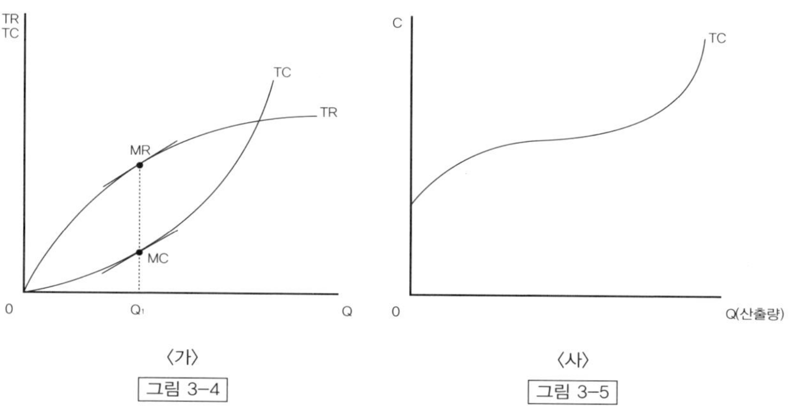

〈가〉

그림 3-4

〈사〉

그림 3-5

위 그래프는 앞의 〈가〉그래프를 그대로 나타낸 것이다. 그래프를 보면, 총수입곡선과 총비용곡선을 같은 평면에 나타내고 있다는 것을 알 수 있다. 그럼, 하나만 묻겠다. 총수입곡선은 어떻게 해서 형성된 것이고, 총비용곡선은 어떻게 형성되었는지를 말이다. 총수입곡선은 수입과 판매량 평면에서 도출되는 것이고,

총비용곡선은 〈사〉그래프와 같이 비용과 산출량 평면에서 도출된 것이다. 그럼 앞서 언급한 〈가〉그래프를 살펴보자. MR=MC가 성립하는 Q_1에서 산출한다면, 과연 그만큼 판매된다는 논리가 성립될 수 있을까? 단순히 TR곡선을 표현했다고 해서 경제주체의 어떤 구체적인 행동을 언급하지 않고 이만큼 생산하면 이만큼 판매될 것이라고 말할 수 있을까? 이 논리가 성립되려면, Q_1만큼 생산한 것이 Q_1만큼 모두 판매가 되어야 가능하지만, 그런 과정은 어디에서도 찾아 볼 수 없다. 즉, 과정을 무시하고 단지 결과적으로 MR=MC에서 생산하면 이윤극대화가 된다는 잘못된 논리를 합리화시키기 위한 그래프일 뿐이라는 것이다.

그리고 〈가〉그래프를 자세히 살펴보면, 위로 볼록한 총수입곡선은 한계수입이 체감하는 것을 보여주고, 아래로 볼록한 총비용곡선은 한계비용이 체증하는 것을 보여주고 있다. 나는 도무지 왜 이렇게 총수입곡선과 총비용곡선이 그것도 미분가능하게 표현될 수 있는지 이해할 수가 없다. 왜냐하면, 먼저 한계수입이 체감한다고 하는데, 추가적으로 한 단위 판매하여 얻는 수입이 왜 체감하는지 알 수가 없기 때문이다. 물가가 상승하면, 한계수입은 체증하는데 말이다. 왜냐하면, 앞서 언급했듯이 추가적으로 한 단위 판매하여 얻는 수입은 그냥 가격이기 때문이다. 즉, 수요충분재화이든, 수요필요재화이든, 가격이 상승하면 판매량은 다소 감소하더라도 한계이윤은 줄지 모르나, 한계수입은 반드시 체증한다는 것이다. 그리고 시간이 지날수록 전체적으로 물가가 상승하기 때문에 오히

려 한계수입이 체증하는 것이 더욱 현실적이고 상식적이다. 그리고 한계비용이 체증한다는 논리도 타당하지 않다. 왜냐하면, 만약 추가적으로 한 단위 생산하여 드는 비용이 계속 증가한다면, 세상에 대량생산하는 기업은 존재하지 않기 때문이다. 그리고 산출량이 늘면 늘수록, 단위당 생산비용이 감소하는 것이 상식 아닌가. 물론 임금상승이나 원자재값 상승으로 생산비용이 증가할 수는 있겠지만, 물가하락이나 총 요소생산성 향상으로 인해 비용이 줄 수도 있는 것이다. 따라서 〈가〉그래프처럼 아무리 대략적으로 판단해도 불규칙적으로 꾸불꾸불하면 더 꾸불꾸불했지, 미분가능하게는 나올 수 없다는 것이다.

그럼, 왜 이런 말도 안 되는 논리를 주류경제학은 주장하는 것일까? 그것은 바로, 한계수확이 체감한다고 알고 있기 때문이다. 즉, 한계수확이 체감하기 때문에 생산요소를 투입해도 한계생산은 줄어드니까 한계비용은 체증하고, 생산요소투입비용에 비해 한계생산이 계속 줄어들기 때문에 한계수입도 계속 줄어들 것이라고 생각하는 것이다. 그럼 과연 현실적으로 한계수확이 체감하고 있는가? 즉, 전체적인 산출량은 늘어나지만, 한 단위 생산요소를 투입하여 얻는 산출량이 줄어들고 있는가라는 것이다. 그것도 법칙으로 말이다. 결론은 경제상황에 따라 체감할수도 있고 체증할 수도 있는 것이다. 예를 들어, 기후가 나빠 흉년이 들었다면 한계수확 뿐만 아니라 전체적인 수확도 감소하는 것이고, 기후가좋아 풍년이 들었다면 전체적인 산출량뿐만 아니라, 한계수확도 늘어날수 있는 것이다. 그리고 무엇보다도 총 요소생산성향상으로 인해 한계수확체감의 법칙은 성립될 가능성이 거의 없다. 즉, 기술발전으로 인해 생산요소의 산출량이 향상된다면, 한계수확은 앞서 말한 기후나 불가항력적인 요인이 아닌 이상에야 결코 체감하지 않는다는 것이다. 우리가 오해하고 있는 것은, 산출량이 줄었거나 수요부족을 가지고 한계수확이 체감한다고 알고 있기 때문이다. 예를 들어, 농산물 가격이 비싸서 소비량이 크게 줄어들었다고 해서, 농산물의 한계수확이 체감하는 것은 아니란 것이다. 왜냐하면, 생산기술은 과거에 비해 계속 월등히 발전하고 있기 때문이다. 즉, 총 요소생산성향상으로 인해 한계수확은 계속 체증하는데, 농사짓는 사람의 수가 감소하여 산출량의 총량이 감소했다거나(이것도 다른 산업분야에서 산출을 증가시키기 때문에 한계수확체감과 관련이 없다), 아니면 가격이 비싸서 소비가 줄어 판매가 되지 않아 재고물량으로 버려졌거나 하는 경우라는 것이다. 즉, 기술 발전이 있는 한 한계수확은 계속 체증한다는 것이다. 이 말은 바꿔 말하면, 시장에서 경쟁이 존재하는 한 한계수확은 체증한다는 것이다. 문제는 한계수확이 체증한다고 해서 경제주체의 소비가 증가하는 것이 아니라는 게 문제이지만 말이다. 그러니 제조업도 기술이 발전될수록 적은 인력으로 많은 산출을 하게 되니까 고용능력이 계속 줄어들게 되고, 다른 서비스 산업 등 쪽으로 직업을 구하기 위해 사람들이 눈을 돌리는 것 아닌가. 만약 한계수확이 체감한다면, 실업률이 높은 수준을 유지할 이유가 없다는 것이다. 왜냐하면 많은 산출을 하려하면 할수록 고용을 더 크게 늘려야 하기 때문이다.

그리고 한계수확이 체감하는 것과 한계수입이 체증하는 것과는 상관관계가 없다. 왜냐하면, 한계수확은 추가적인 산출량을 의미하는 것이고, 한계수입은 추가적인 수입을 의미하는 것으로써 가격×판매량(수요량)을 의미하는 것이기 때문이다. 즉, 수확과 수입개념이 전혀 다르다는 것이다. 즉, 한계수확이 줄어들어도 이전보다 가격을 높게 받거나 판매를 많이 하게 되면 수입은 더 늘어난다는 것이다. 따라서 주류경제학은 자신들의 수학적 목적을 위해 말도 안 되는 법칙 따위를 만들어, 엉터리 주장을 하고 있는 것이다.

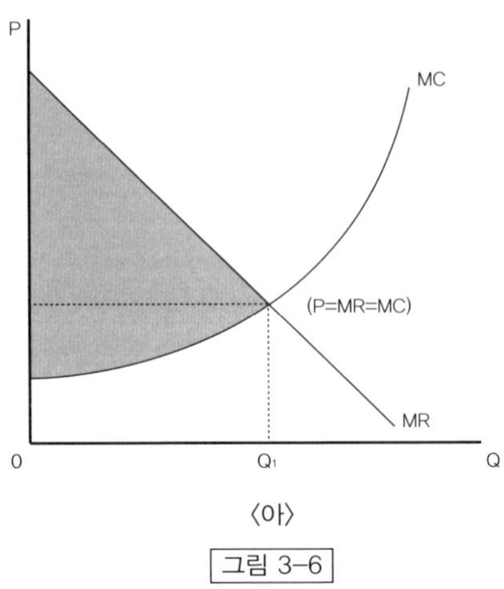

그림 3-6

위 그래프는 주류경제학의 이윤극대화 논리를 그대로 표현한 것이다. (물론 주류경제학은 위와 같이 이윤을 표현하지 않고 있지만, 위 그래프가 주류경제학의 이윤극 대화를 제대로 표현하고 있는 것이다. 하지만, 주류경제학은 굳이 넣을 필요가 없는 AC곡선을 집어넣어, MR=MC에서 이윤극대화가 된다고 표현하고 있다. 즉, 수학적 목적을 위해 말과 분석이 전혀 다른 것이다.) 즉, 추가적으로 판매하여 얻는 수입이 추가적으로 생산하여 드는 비용이 조금이라도 클 때까지 생산한다는 그래프인데, 이런 그래프도 존재할 수 없다는 것이다. 왜냐하면, MR=MC에서 생산하면 이윤은 반드시 0이며, MR=MC까지 생산한다 하더라도 π의 면적만으로 는 기업의 구체적 행동을 알 수 없으므로 위 그래프에서 나타나듯이 도대체 얼마의 비용으로 얼마만큼의 산출을 할 것이며 얼마의 가격을 책정하여 얼마만큼을 판매할 것인지 전혀 알 수가 없기 때문이다. 따라서 MR=MC까지든 에서든 생산과 판매를 하면 이윤극대화가 된다는 논리 는 그 의미자체가 성립되지 않는다는 것이다.

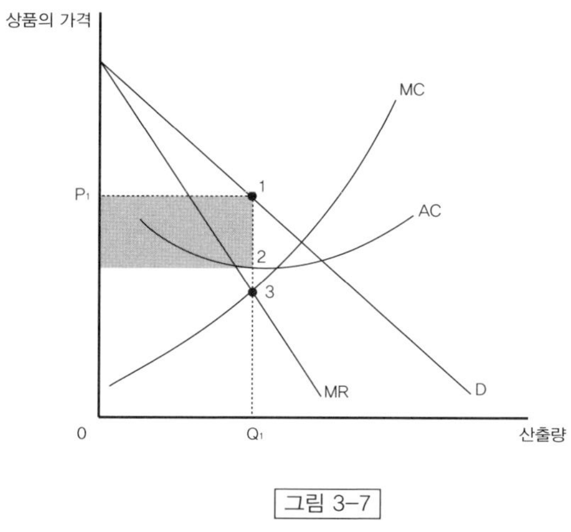

그림 3-7

　위 그래프는 독점기업이 이윤극대화를 실현하는 모습을 나타내고 있다. 그래프를 보면 알다시피, 독점기업은 MR=MC에서 생산하고 수요곡선상에서 가격을 결정하는 모습을 볼 수 있다. 하지만 MR=MC에서 이윤극대화가 된다고 주장을 했으면, 시장이 독점이든, 과점이든, 완전경쟁이든지 간에 이 두 개념 내에서 결론을 도출해야만 한다. 왜냐하면 독점시장이든 과점시장이든 완전경쟁시장이든 간에 그 시장만의 MR과 MC가 존재할 것이기 때문이다. 따라서 MR=MC에서 생산했으면, 독점시장이든 무슨 시장이든지 간에 이윤은 무조건 0이라는 것이다. 그러나 어처구니없게도 MR=MC에서 생산하고, 갑자기 수요곡선이 나타나 그곳에서 가격이 결정되고, 굳이 집어넣을 필요도 없는 AC곡선까지 표현하면서 이윤극대화를 표현하고 있다. 즉, 자신들도 MR과 MC를 가지고는 이윤극대화를 표현하지 못하니까, 그것을 합리화시키기 위해 수요곡선과 AC곡선을 집어넣고 해석하고 있는 것이다. (경제학을 공부한 사람이라면, 주류경제학에서 설명하는 각종 시장논리에 대해 의구심을 가지는 사람이 많을 것이다. 잘 이해도 안 될뿐더러, 개념과 논리를 억지로 짜 맞춘다는 생각을 많이 했을 것이다. 지금 설명하고 있는 것이 바로 그 이유다.)

비용극소화

주류경제학에서는 비용극소화 행위를 기업이 당연히 추구한다고 가정하고 있다. 하지만 이는 잘못된 주장이다. 왜냐하면, 기업의 이윤극대화 추구에 비용극소화 추구 행동이 도움이 된다는 합리적인 근거가 없기 때문이다. 오히려 기업의 비용극소화 추구가 이윤극대화 추구에 가장 걸림돌이 될 가능성이 매우 높다. 구체적으로 설명하자면, 현실적으로 기업이 추구하는 것은 이윤극대화이다. 그리고 주류경제학에서 비용극소화를 당연한 기업의 행동으로 보고 있는 것은 비용극소화가 기업의 이윤극대화 추구에 반드시 도움이 된다고 생각하기 때문이다. 즉, 비용극소화를 이윤극대화 추구를 위한 충분조건은 아니지만, 최소한 필요조건으로는 보고 있다는 것이다. 그리고 외부요인을 생각지 않고, 일정한 이윤을 얻는다고 가정하면, 기업입장에서는 비용을 극소화하는 것이 곧 이윤극대화를 추구하는 것이 된다. 나는 이것이 주류경제학의 진정한 의도라고 본다. 겉으로는 충분조건으로 언급하고 있지 않지만, 진정한 의도는 비용극소화를 곧 이윤극대화 추구라고 보고 있다는 것이다. 왜냐하면, 말도 안 되는 완전경쟁과 일반균형도 가정하는 마당에 기업이 일정한 이윤을 얻는다는 가정 정도는 주류경제학에서는 아무 문제가 되지 않기 때문이다. 그리고 주류경제학은 아래의 문제들을 간과했다. 첫째, 기업이 현실적으로 자신의 생산비용을 자의적으로 조절할 수 있는 부분은 바로 노동 부분이라는 것이다. 즉, 노동자의 임금수준과 고용량을 기업이 생산비용에서 자의적으로나마 조절할 수 있는 것이지, 그 외의 생산비용은 사실상 자의적으로 조절할 수 없는 경우가 대부분이라는 것이다. 예를 들어, 환율상승에 따른 원자재가격 상승은 기업의 생산비용상승을 의미하는 것이며, 이 부분에 대해서는 기업은 비용 상승을 받아들일 수밖에 없다. 또한 자본을 조달할 때, 금리가 상승하게 되면, 기업입장에서는 그것을 받아들일 수밖에 없는 것이다. 이 외에도 정부정책이라든지, 경매시장에서 원유나 곡물가격이 폭등했다든지 하는 자신의 의도와는 상관없이, 생산비용이 변할 수 있는 부분이 많다는 것이다. 그리고 이런 현상은 특수한 예가 아니라, 현실에서 기업들이 비일비재하게 겪고 있는 보편적인 현상이라는 것이다. 그리고 기업이 사실상, 노동 이외의 부분에서 생산비용을 자의적으로 조절하려면, 모든 원재료부터 최종생산까지 자신이 모두 관리하여야 하는데, 이런 기업은 거의 존재하지 않는다. 따라서 기업이 생산비용으로써 자의적으로 조절할 수 있는 부분은 노동뿐이라는 것이다.

둘째, 노동에 대해서 비용극소화 전략을 실행하는 것이 결코 기업이 이윤극대화를 추구하는 데 도움이 되지 않는다. 예를 들어, 노동유연화로 인해 임금수준을 낮추고 비정규직을 고용해서 지금 경제가 어떻게 되었는가? 장기 경기 침체로 인해 수많은 기업들이 쓰러지고 있지 않은가? 그럼 과연, 노동자의 임금을 줄이고, 비정규직을 늘리면, 기업의 이윤극대화가 달성되는가? 상식적으로 생각해보자. 기업이 생산한 상품을 구매하는 경제주체는 누구인가? 바로 노동자다. 그럼, 노동을 착취하고 기업

운영이 잘 될 수 있다는 생각자체가 모순인 것 아닌가? 왜냐하면, 기업의 이윤이라는 것은 수요자의 의도에 의해 결정되기 때문이다. 이는 노동자가 곧 기업이 생산하는 제품을 소비하는 경제주체이므로, 비용극소화를 위해 노동자의 임금삭감이나 자본투입량을 줄이기 위해 하청업체의 납품단가를 인하하게 되면, 결국 기업이 생산한 상품의 판매에 큰 악영향을 미친다는 것이다. 따라서 기업은 결코 비용극소화를 한다고 해서, 이윤이 극대화가 될 것이란 생각을 하면 안 된다는 것이다. 즉, 비용극소화는 기업의 이윤극대화의 필요조건도 충분조건도 아니란 것이다. 그리고 이런 문제들을 경제학이 진단을 해야 하는데, 오히려 단순한 수학적 논리에 의한 비용극소화를 통해 노동착취의 명분만 심어 주고 있다.

결론적으로 말하자면, 기업의 이윤극대화니, 비용극소화니 하는 문제는 현실적으로 기업이 행동으로 옮길 수 없는 내용이며, 단지 제약된 가정 하에서 공상적인 이론으로 나타낼 수 있을 뿐이다. 그리고 경제학은 인간의 경제행위를 진단하는 학문이므로, 비현실적인 수학적 논리를 사용할 수는 없는 것이다. 현실을 제대로 반영하지 못하고, 단지 논리적 정합성만 맞으면 된다는 식의 생각(사실 논리적 정합성도 맞지 않다는 것을 독자들은 잘 알 것이다.)은 경제학을 오히려, 현실을 왜곡시키는 학문으로 전락시킬 뿐이다.

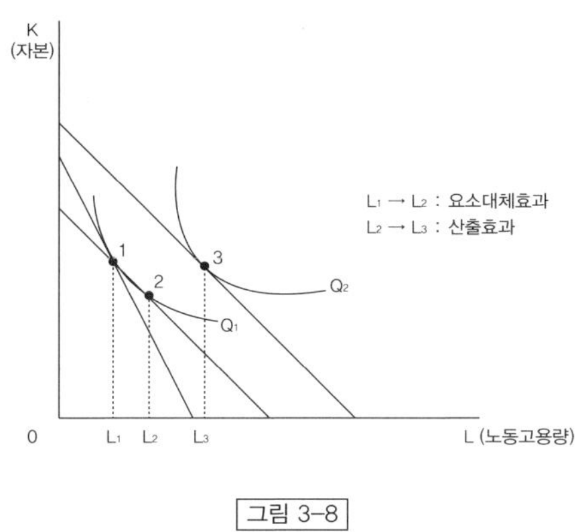

그림 3-8

위 그래프는 임금이 하락함에 따라 노동고용량이 증가한다는 주류경제학의 논리이다. 즉, 생산요소가격이 하락하면, 대체효과와 산출효과에 의해, 수요량이 증가한다는 논리이다. 그럼, 위 그래프의 문제는 무엇일까? 바로 앞시 언급했듯이 가격을 주어진 것으로 본 것이다. 즉, 기업이 왜 임금을 하락시켰는가가 중요한 문제이지, 임금이 하락하면, 증가하면 따위의 결과론적 분석은 아무 의미가 없다는 것이다. 그 이유는 기업이 임금을 하락시킨 이유가 분명히 존재하며, 그 이유가 투자실패라든지, 판매량 감소로 인한 실적 악화로 기업의 재정상태가 좋지 않아서, 임금을 하락시킨다는 현실적이고 상식적인 근거로 판단하자면, 과연 임금이 하락함에 따라 노동고용량이 증가한다는 주류경제학의 논리가 성립되겠느냐는 것이다. 절대 성립될 수 없는 것이다. 즉, 가격을 주어진 것으로 보면, 이런 말도 안 되는 분석이 나오는 것이다. 이런 경제의 인과관계를 무시하고, 수학적이고 양적인 결과론적 분석은 아무 의미가 없다는 것이다. 저자가 제1론에서 언급했듯이, 현실과 상식을 무시하고, 수학에 조금이라도 의존한 모든 개념과 그 개념의 확장은 허구이며, 실제 경제주체에는 무용지물이라고 말했었다. 따라서 이 책을 읽는 독자들은 이 점을 다시 한 번 명심해 주길 바란다.

04

물 가

기대인플레이션

기대인플레이션이란 말 그대로 향후 경제주체의 물가에 대한 기대를 의미하는 것이다. 그리고 실제 많은 사람들이 기대인플레이션은 경제에서 매우 중요하며, 향후 물가나 소비 등을 예측하는데 큰 도움을 준다고 생각하고 있다. 그래서 정부와 중앙은행은 경제주체에게 향후 기대물가를 조사하고, 그것을 중요한 경제지표로 활용하고 있다. 하지만 실제물가와 기대물가가 들어맞지 않는 경우가 대부분이다.

그럼, 쉽게 상식적으로 한번 생각해보자. 경제주체가 물가를 기대한다는 것이 현실적으로 소용이 있다고 보는가? 먼저, 수요자입장에서 생각해보자. 수요자는 물품을 구입할 때, 공급자가 책정한 공급가격에 대해서 직접적으로 조절할 수 있는가? 아니다. 즉, 수요자는 공급자가 책정한 공급가격을 선택할 수 있을 뿐인 것이다. 예를 들어, 여러분이 시장에서 과일을 구입한다고 치자. 그럼, 여러분이 과일가격을 기대하든지, 안하든지 간에 우리가 흔히 하는 말로 시장에 갔더니 과일값이 올랐더라, 내렸더라 하는 표현은 무엇을 의미할까? 여러분은 공급자가 책정한 과일가격이 자신이 의도한 수요가격과 비교하여, 수요여부를 선택할 수 있을 뿐이지, 자신이 원하는 가격으로 바꿀 수는 없다는 것이다. 즉, 수요자가 아무리 가격을 기대한들. 가격은 공급자가 책정하는 것이므로, 아무 소용이 없다는 것이다. 그리고 수요필요재화는 자신의 의도수요가격보다 공급가격이 비싸다 하더라도 소비해야 한다. 이럴 경우, 더더욱 수요자의 기대 따위는 소용이 없다는 것이다. 따라서 수요자에게 향후 물가가 몇 %가 증가할 것인가라고 물어보는 행위 자체가 의미가 없다. 왜냐하면, 물가는 수요자가 몇 %를 기대한다고 해서, 그렇게 결정되는 것이 아니기 때문이다. 즉, 수요자는 공급자가 제시한 상품가격을 자신의 의도수요가격과 비교하여 선택할 수 있을 뿐이라는 것이다. 이번에는 공급자 입장에서 생각해보자. 상품을 공급하는 공급자는 자신의 이윤극대화추구를 위한 공급가격을 책정하기 때문에, 공급자에게 향후 물가가 어떻게 될 것인가라고 물어 보는 것이 중요하다고 생각될 수도 있다. 하지만, 이건 잘못된 생각이다. 왜냐하면, 상품의 공급자는 처음 자신의 물품을 공급할 때에만, 자신이 의도한 공급가격을 그나마 내놓을 수 있는 것이지 (이 경우도 자신이 원하는 가격이 아닌 경우가 대부분이다), 향후에 자신이 생산한 상품의 가격변동에 대해서는 공급가격을 책정하는 자신마저도 알지 못하기 때문이다. 즉, 앞으로 상품의 가격을 올릴지, 내릴지, 그리고 어느 정도로 수준을 정할지에 대해서는 공급자 자신도 모른다는 것이다. 예를 들어, 원자재 가격 상승으로 생산비용이 증가했다고 가정하자. 그러면 공급자는 자신의 의도와 무관하게 상품의 가격을 올려야 하는 상황에 처할 수도 있으며, 갑작스런 환율문제에 의해서도 그러할 것이며, 무엇보다 수요자의 의도에 의해서 판매량이 급감한다든지, 경쟁업체가 가격을 조정한다든지, 노동파업이나 여러 가지 소문이나 평판 등에 의해 사정이 변하는 경우가 보편적이다. 즉, 가격을 책정하는 공급자도 자신의 상품의 가격을 결정할 때, 절대 자의적으로 결정할 수 없다는 것이다. 따라서 이런 불확실한 경제상황에서 공급자가 제대로 물가를 기대할 수도 없으며, 만약 기대한다고 하더라도 아무런 의미가 없다. 왜냐하면, 회사가 생존하기 위해서는 자신의 기대를 외부요인에 의해 접어야만 하기 때문이다. 즉, 기대인플레이션이라는 개념자체가 현실경제에서 의미가 없다는 것이다. 물가는 가계든, 기업이든 그 누구도 예상할 수 없으며, 설사 기대한다 하더라도, 그것은 말 그대로 기대일 뿐, 현실과는 거리가 멀어 영향을 줄 수 없다는 것이다. 오직, 불안정한 경제상황에 따라 기업은 자의와 상관없이 물가를 결정하는 경우가 대부분이며, 가계는 단지 기업이 정한 물가에 대해서 선택여부만을 결정할 수 있을 뿐인 것이다. 따라서 물가는 엄연한 현실이며, 기대한다고 해서 변하는 것이 아니다. 즉, 신이 아닌 이상에야 경제주체의 물가에 대한 기대는 아무 의미가 없다는 것이다.

그럼, 경제주체가 실제 경제현실에서 이렇게 행동하는지 대략적으로 알아보고, 이를 토대로 과연 기대인플레이션이라는 개념이 의미가 있는 것인지도 알아보자. 가령, TV(수요충분재화)를 생산하는 A 기업이 신제품을 출시하여, 판매한다고 가정하자. 초기에 A 기업의 TV에 대한 의도공급가격은 30, 의도공급량은 20이라고 가정하자. 그리고 A 기업의 TV에 대한 수요자의 의도수요가격은 25, 의도수요량은 15라고 가정하자. 그리고 단위당 생산비용은 15, 최대수요가격은 40, 최소공급가격은 20이라고 가정하자. 이렇게 가정한 이유는, 보통 기업이 제품을 출시할 때의 가격은 수요자의 수요가격보다 높은 수준이며 또한, 기업은 자신이 생산한 상품을 되도록 비싸게 많이 팔려고 하기 때문이다. 그리고 수요자입장에서는 이미 수요가 충분한 재화에 대해서는 기업이 의도한 가격과 수량보다 낮은 수요를 형성하기 때문에 위와 같은 가정을 한 것이다. 즉, 아무렇게나 가정한 것이 아니란 것이다. 단순한 가정이라도, 최대한 현실을 반영했다고 볼 수 있다. 그리고 주류경제학처럼, 아무 실효성도 없는 논리와 복잡한 수학적 도구사용이 얼마나 어리석은 행동인지 독자들이 이 책을 읽으면서 스스로 판단해주었으면 좋겠다. 경제는 불확실하기 때문에 경제주체의 행동을 진단하기 위해서는 어차피 대략적인 분석과 판단만이 통할 수 있을 뿐이다. 비현실적인 가정과 비상식적인 논리로 단지 수학적 계산만 복잡한 주류경제학의 분석기법은 절대 현실경제에서 통할 수가 없는 것이다. 즉, 사람들이 이해하기 쉽게 직선으로 표현하면 되지, 굳이 곡선을 그릴 필요는 없으며, 기본적인 사칙연산으로도 충분히 쉽게 판단할 수 있는데도 불구하고, 비합리적인 논리를 바탕으로 함수로 표현하면서, 미적분 따위를 할 필요가 없다는 것이다. 그렇게 수학을 맹신할 바엔, 경제학을 공과대학에서 교육하는 것이 더욱 이치에 맞을 것이다.

각설하고, 그럼 한 번 위의 가정을 토대로 분석을 해보자.

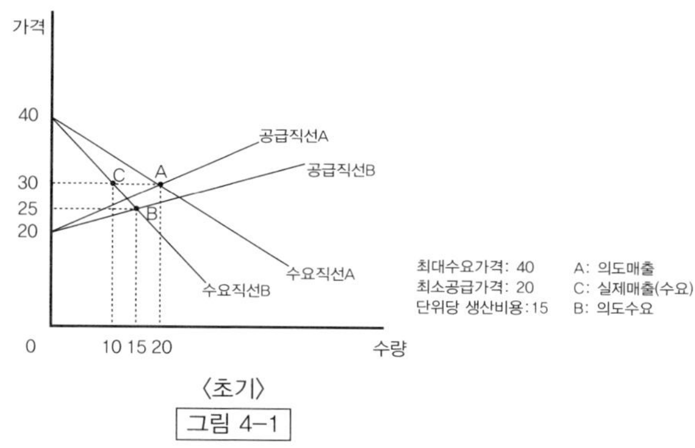

〈초기〉

그림 4-1

위 그래프는 초기의 A 기업과 수요자 B의 경제행위를 통해 대략적으로 실제 매출(수요)을 도출한 것이다. 즉, 실제 매출(수요)은 가격 30, 수량 10을 형성하게 되는데, 이 근거는 바로 TV가 수요충분재화이므로, 수요자가 경제행위를 함에 있어서 공급자보다 우위에 있기 때문이다. 따라서 수요충분재화에 대한 실제 매출(수요)을 분석할 때에는 의도수요의 수요 직선이 대략적으로 실제 매출(수요)을 나타낸다고 볼 수 있다. 이 점들은 제1론에서 충분히 설명되어 있으므로, 앞으로 구체적 개념에 대해서는 굳이 설명하지 않겠다. 그럼, 위 그래프에서 도출된 경제적 결과를 정리하자면, 아래와 같이 나타낼 수 있다.

표 4-1

수요자 측면		공급자 측면	
의도수요	25 X 15 = 375	의도매출	30 X 20 = 600
실제수요	30 X 10 = 300	실제매출	30 X 10 = 300
수요실패	375 − 300 = 75	매출실패	600 − 300 = 300
수요자잉여	−5 X 10 = −50	공급자잉여	300 − 300 =0

따라서 초기에 A 기업은 의도수요보다 높은 공급가격과 공급량을 의도한 나머지, 엄청난 매출실패를 기록하게 되며, 이윤 또한, 매출액과 총생산비용이 같아서 전혀 얻을 수 없는 지경에 처하게 된다. 그리고 수요자의 경우는 자신의 의도한 수요가격보다 높은 공급가격에 TV를 수요하여, 엄청난 잉여손실을 입게 되고, 큰 수요실패를 기록하게 된다. 즉, 공급자의 수요를 무시한 공급가격책정으로 인해, 수요자와 공급자가 모두 큰 피해를 보게 되는 것이다. 그럼 과연 중기에서 A 기업은 어떤 식으로 대응하겠는가? 먼저, 초기에서 막대한 매출실패로 인해, 엄청난 공급과잉이 발생된 것을 알 수 있다. 따라서 A 기업은 중기에 산출량을 감소시킬 것이라 예상할 수 있다. 그리고 이는 곧 고용을 줄이고 해고를 늘리며, 임금을 삭감시키는 행동 등을 의미하며, 결과적으로 가계의 소득은 점차 줄어들게 된다. 그러면, 가계는 우선적으로 수요충분재화에 대한 소비를 줄일 것이며, 이는 공급자에게 더 큰 타격을 안겨주게 된다. 이

현상을 대략적으로 그래프와 수치로 나타내면, 다음과 같다.

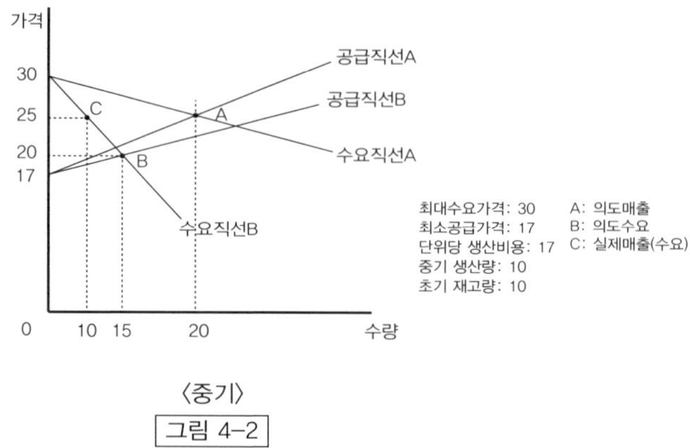

〈중기〉

그림 4-2

표 4-2

수요자 측면		공급자 측면	
의도수요	20 X 10 = 200	의도매출	25 X 20 = 500
실제수요	25 X 5 = 125	실제매출	25 X 5 = 125
수요실패	200 − 125 = 75	매출실패	500 − 125 = 375
수요자잉여	−5 X 5 = −25	공급자잉여	125 − 170 = −45
초기수요	30 X 10 = 300	초기매출	30 X 10 = 300
중기수요	25 X 5 = 125	중기매출	25 X 5 = 125
수요감소	300 − 125 = 175	매출감소	300 − 125 = 175

중기에는 공급자입장에서 더 큰 매출실패와 잉여 손실을 입게 되며, 수요자도 큰 수요실패와 잉여 손실을 입게 된다. 이로써 공급자는 엄청난 재정위기에 처하게 되고, 창고에 재고물량은 급격히 늘어나게 되어, 후기에는 생산량을 더욱 줄이거나 포기하고, 막대한 재고처리를 위해, 최소공급가격이 생산비용에도 못 미치는 경우가 발생한다. 또한, 가계는

더욱 심한 소득감소로 인해, 수요충분재화에 대한 소비를 더욱 줄이게
된다. 이를 정리하면, 다음과 같다.

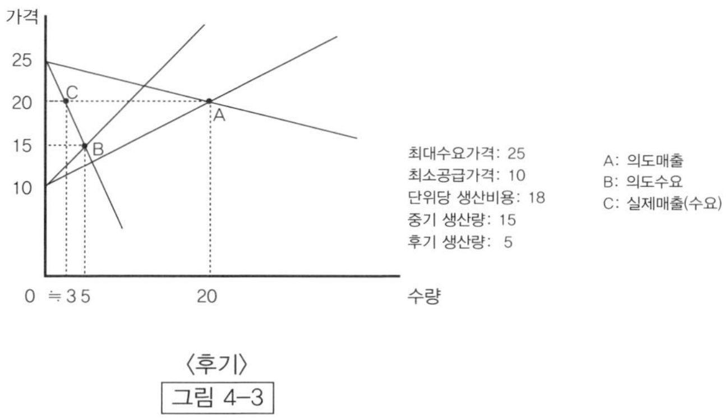

〈후기〉

그림 4-3

표 4-3

	수요자 측면		공급자 측면	
의도수요	15 X 5 = 75	의도매출	20 X 20 = 400	
실제수요	20 X 3 = 60	실제매출	20 X 3 = 60	
수요실패	75 − 60 = 15	매출실패	400 − 60= 340	
수요자잉여	−5 X 3 = −15	공급자잉여	60 − 90 = −30	
중기수요	25 X 5 = 125	중기매출	25 X 5 = 125	
후기수요	20 X 3 = 60	후기매출	20 X 3 = 60	
수요감소	125 − 60 = 65	매출감소	125 − 60 = 65	

　이제까지, 수요충분재화를 생산하는 기업이 수요자의 의도를 무시하
면, 어떤 결과가 초래되는지 대략 살펴보았다. 그리고 이 모습은 대부분
의 기업이 도산하게 되는 전형적인 과정이다. 그리고 여러분이 한번 평가
해 보길 바란다. 과연 기대인플레이션 따위가 실제 경제현실에서 적용될
수 있는지 말이다. 세상에 어떤 기업이 상품을 출시할 때, 후기와 같은

경제결과를 바라겠는가? 과연, A 기업이 중기와 후기에 자신이 생산한 상품에 대한 공급가격책정을 자신이 원해서 그렇게 정했다고 보는가? 판매실적이 나빠지고, 생산비용은 계속 오르고, 이로 인해 창고에 상품재고는 날이 갈수록 쌓여만 가고, 이러한 기업의 생존 자체를 위협하는 상황에서 기대인플레이션 따위가 적용이 될 것 같은가? 그리고 수요자 입장에서도 계속 자신이 의도한 수요가격보다 높은 공급가격으로 소비하여, 잉여손실을 입게 되는 것을 알 수 있다. 즉, 물가를 경제주체가 기대하는 것 자체가 의미가 없다는 것이다. 왜냐하면, 공급자든 수요자든 상대방의 경제행위나 외부 경제자극들에 의해서 자의와 상관없이 대부분의 경제행위를 해야 하기 때문이다. 즉, 기대는 기대일 뿐이지, 이것이 실제 경제현실에 영향을 미치는 것이 절대 아니란 것이다. (앞서, 미시경제학 부분에서 저자가 줄곧 주장한 부분이다. 수요자가 효용극대화를 추구하는 것, 기업이 이윤극대화를 추구하는 것은 바람일 뿐이지, 실제로 그 행동을 할 수 있다는 것이 아니란 것이다.)

　따라서 정부가 물가를 직접적으로 통제하지 않는 이상, 물가는 그 누구도 예측할 수 없으며, 경제주체의 기대는 실제 경제현실에서 아무런 영향도 미치지 못하는 것이다. 즉, 새 고전학파가 주장하는 합리적 기대 따위는 전혀 현실에서 있을 수 없는 것이다. 왜냐하면, 물가는 가계든 기업이든 그 누구도 예상할 수 없으며, 설사 기대한다 하더라도 아무 소용이 없기 때문이다. 오직 불확실한 경제상황에 따라 즉흥적으로 기업은 물가를 결정하며, 가계는 단지 기업이 정한 물가에 대한 선택여부를 결정할 수 있을 뿐이다. 즉, 물가는 엄연한 현실경제의 결과이며, 신이 아닌 이상 예측할 수도 없으며, 경제주체의 기대 따위는 아무런 의미가 없다.

가격경직성

주류경제학에서 케인즈학파와 고전학파를 구분하는 근거 중 하나가 과연 상품의 가격이 경직적으로 유지되느냐, 아니면 신축적으로 변하는 기이다. 하지만 이런 의견 대립은 아무런 의미가 없다. 왜냐하면 앞서 인급했듯이 가격은 공급자가 결정하는 것이고, 그것은 공급자의 의도에 의해서 경직적일 수도 있고, 신축적일 수도 있기 때문이다. 즉, 물가란 것은 경제주체의 의도에 의한 결과일 뿐이지, 그것이 경직적이다, 신축적이다, 라는 것은 중요한 문제가 아니다. 예를 들어, 앞서 A 기업의 행동 분석을 살펴보면, 초기에 A 기업은 자신이 의도한 매출과 이윤보다 한참 못 미치는 실적을 기록했다. 따라서 중기에서 분석 상에서는 A 기업이 가격을 낮춰 신축적으로 대응한 것으로 나타났으나, 그것은 A 기업의 의도에 의해 결정되는 것이다. 즉, A 기업의 판단에 의해 중기에서도 가격을 초기와 동일하게 경직적으로 유지시킬 수도 있는 것이다. 따라서 물가라는 것은 공급자의 경제상황에 따른 의지에 의해 결정되는 것이지, 가격경직성을 가지느냐, 가격신축성을 가지느냐의 의견대립은 아무런 의미가 없다는 것이다. 예를 들어, 경기침체로 인해 판매량이 계속 감소하는 와중에서, 기업은 판매량을 늘리기 위해 가격을 낮출 수도 있는 것이고,

아니면 가격을 굳이 낮추는 것보다는 유지하는 것이 다소 매출은 줄지라도, 이윤을 더욱 많이 얻는다면, 가격을 유지시킬 수도 있는 것이다. 즉, 가격경직성이나 신축성은 공급자의 의도에 의해서 결정되는 경제적 결과이지, 경제현상의 보편적 특징이라고는 볼 수 없다.

그리고 굳이 대략적으로 가격경직성과 가격신축성을 구별하자면, 다음과 같이 나타낼 수 있다. (물론, 이와 같이 행동하지 않는 기업도 존재한다.)

표 4-4

	판매량 증가 시	판매량 감소 시
수요충분재화	경직적	신축적
수요필요재화	신축적	경직적

위 표와 같이 정리한 이유에 대해서 말하자면, 먼저 수요충분재화의 경우에는 판매량이 증가했다고 하여 가격을 높여 대응할 경우, 판매량이 급감할 수 있기 때문이다. 왜냐하면, 이미 수요가 충분한 상태에 있는 재화의 판매량이 증가했다는 것은, 그것이 수요자의 의도수요가격을 만족시켰기 때문이다. 만약, 이 상태에서 기업이 공급가격을 상승시킬 경우, 수요자의 의도수요가격보다 높게 가격을 책정하게 되면, 판매량은 크게 줄게 되는 것이다. 그것에다, 수요충분재화는 가격경쟁이 심하기 때문에 가격을 상승시키는 행위는 기업에게 큰 부담을 주게 된다. 따라서 수요충분재화를 생산하는 기업은 비록 판매량이 증가했다 하더라도, 가격을 경직적으로 조금 상승시키거나, 상승시키지 않을 것이라 생각할 수 있다. 그리고 판매량이 감소할 때는 기업입장에서는 가격을 신축적으로 낮추게 된다. 왜냐하면, 수요충분재화의 판매량이 감소한다는 의미는 수요자의 의도수요가격보다 공급자의 공급가격이 높다는 것을 의미하기

때문이다. 게다가 판매경쟁이 심하다면, 담합을 하지 않는 이상 가격을 낮춰서 대응하지 않을 수가 없다. 따라서 충분한 수요가 보장되지 않는 수요충분재화의 경우에는, 공급자가 수요자의 의도수요가격을 만족시키는 행위를 하여야 하기 때문에, 판매량이 증가할 때는 가격을 경직적으로 유지하여, 수요자를 계속 만족시키는 것이 중요하며, 판매량이 감소할 때는 신축적으로 가격을 낮춰 수요자의 의도를 만족시켜야 한다. 만약 이렇게 행동하지 않는다면, 앞서 언급한 그림〈4-1, 2, 3〉의 경우처럼 큰 재정적 위기에 처하게 된다. 그리고 수요필요재화를 공급하는 기업의 경우는, 판매량이 증가하는 경우 당연히 신축적으로 가격을 올리게 된다. 왜냐하면, 수요필요재화는 충분한 수요가 보장되는 재화로써, 공급가격이 수요가격보다 비싸더라도, 수요자입장에서는 소비해야하기 때문이나. 따라서 수요필요새화의 판내량이 증가한다는 의미는 공급자가 제시한 공급가격이 수요자의 의도수요가격을 만족시키고 있다는 것을 의미하므로, 이윤극대화를 추구하는 공급자입장에서는 가격을 유지하여 얻는 이윤보다, 가격을 높여서 얻는 이윤이 크다고 판단되면, 가격을 신축적으로 높이게 되며, 현실적으로 수요필요재화의 경우에는 가격을 높여 대응하는 것이 기업에게 더 큰 이윤이 돌아가게 되므로, 기업은 가격을 신축적으로 높이게 된다. 그리고 수요필요재화의 판매량이 감소할 경우에는 기업은 가격을 경직적으로 유지시키는 행위를 할 것이다. 왜냐하면, 충분한 수요가 보장된 재화의 판매량이 감소한다고 해서, 가격을 낮춰 대응을 해야 할 이유가 없기 때문이다. 즉, 가격을 낮춰 대응했을 때 기업이 얻는 이윤이 가격을 유지하여 대응했을 때 얻는 이윤보다 커야만 가격을 낮출 명분이 생기는 것인데, 현실적으로 이런 경우는 거의 발생하지 않는다. 왜냐하면, 기업이 얻는 이윤에 가장 큰 영향을 주는 것이 바로 가격이기 때문이다. 즉, 판매량이 조금 상승하는 수량효과보다는,

전체적인 판매실적에 영향을 미치는 가격효과가 기업의 이윤에 더 큰 영향을 미친다는 것이다. 따라서 충분한 소비가 보장된 수요필요재화의 경우, 판매량이 감소하는 상황이라면, 가격을 낮춰 판매량을 상승시키는 것보다는 높은 가격을 유지시켜 대응하는 것이 이윤이 크므로 굳이 가격을 낮출 이유가 없다는 것이다. 그래서 오늘날과 같이 장기적인 경기 침체기에도 불구하고, 오히려 생필품 가격이 치솟는 이유가 여기에 있다. 따라서 수요필요재화를 공급하는 기업입장에서는 판매량이 증가할 때는 가격을 신축적으로 크게 높일 것이며, 판매량이 감소할 때는 가격을 경직적으로 유지하거나, 오히려 생산비용 상승이나 환율상승 등의 이유로 가격을 높여 버릴 수도 있는 것이다. (가치저장성이 낮은 채소나 과일과 같은 농산물의 경우에는 높은 가격을 유지하다가 시일이 지나면, 갑자기 가격이 크게 낮아지는 현상을 많이 볼 수 있다. 이런 현상이 벌어지는 이유는 공급자가 수요필요재화인 채소와 과일을 신선하여 상품가치가 높을 때에는 가격을 높게 유지하고. 시일이 지나서 상품가치가 크게 낮아질 때에는 가격을 낮춰 판매하는 것이 처음부터 가격을 경직적으로 유지시키는 것보다 이윤이 더 크기 때문이다. 그리고 신속한 소비가 관건이라서 공급과잉이 매우 클 경우에는, 이런 가치저장성이 낮은 채소나 과일은 수요필요성을 잃게 되지만, 어느 정도 낮은 공급과잉 상태에 있다면, 위와 같이 행동하는 것이 기업입장에서는 이윤이 더 크다. 우리가 흔히 현실적으로, 시장에서 채소나 과일의 가격이 낮아 소비하려고 하면, 대부분 품질이 나쁘다는 것도 익히 잘 알 것이다. 그리고 옛날 속담에 싼 게 비지떡이라는 말이, 바로 채소나 과일과 같은 가치저장성이 낮은 농산물을 두고 하는 말인 것이다. 따라서 가격이 경직적이다. 신축적이라는 것은 재화의 특성이나 변화하는 경제상황에 따른 공급자의 의도를 의미하지, 이 문제를 가지고 보편적인 경제전체의 특성을 논할 수는 없는 것이다.)

총 공급곡선

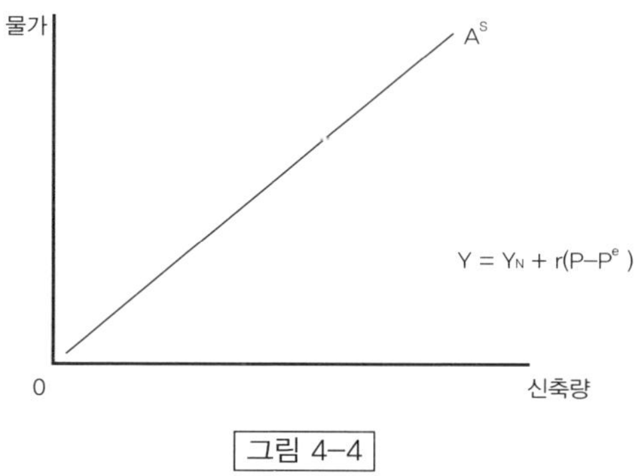

그림 4-4

　　주류경제학은 그림〈4-4〉와 같이 물가가 상승하면, 산출량이 증가한다
는 총 공급곡선을 주장하고 있다. 하지만 이는 매우 잘못된 논리이다. 왜
냐하면, 물가변화와 산출량변화의 관계가 불분명하기 때문이다. 즉, 물
가가 상승하면 산출량이 증가하고, 물가가 하락하면 산출량이 늘어난다
는 논리가 적용된다는 합리적 근거가 없다는 것이다. (여러분들도 알겠지만, 앞
서 언급한 미시경제학에서의 공급곡선과 의미가 같다는 것을 알 수 있다. 그리고 주류경제학
은 수요-공급모델을 당연한 것으로 맹신하고 있기 때문에, 거시경제학에서도 그 틀을 유지하기

위해, 비현실적이고 비상식적인 논리를 전개하고 있다.) 예를 들어, 총 공급곡선의 논리가 통하려면, 수요량 상승에 의한 판매량상승으로 기업은 가격을 높이고, 산출량을 늘리는 경우에 한한다. 하지만, 물가상승의 요인은 판매량 상승뿐만 아니라, 환율이나 원자재 가격상승 등에 의한 생산비용상승이라든지, 자연재해로 인한 농산물의 공급부족에 의한 물가상승 등 여러 가지가 있다. 즉, 물가상승의 요인이 많음에도 불구하고, 물가가 상승하면 산출량이 증가한다는 논리는 매우 특수한 경우에나 적용되는 것이다. 그리고 판매량 증가에 의해 기업이 공급가격을 높여서 대응하였더니, 판매량이 다시 감소했다면, 산출량이 증가한다는 논리는 적용될 수 없는 것이다. 따라서 위의 총 공급곡선은 현실에서 성립되지 않는다고 보아야한다. 즉, 주류경제학처럼 가격을 단순히 주어진 것으로 보면, 이런 잘못된 논리가 형성되기 마련인 것이다.

이제, 우상향하는 총 공급곡선을 합리화시키기 위한 주류경제학의 논리들을 살펴보기로 하자. 먼저, 노동자의 화폐환상을 통해 총 공급곡선을 합리화 시키는 주장을 살펴보자. 화폐환상이란, 노동자들이 물가상승 시에 명목임금의 상승을 실질임금의 상승으로 착각하는 현상으로 인해 물가상승 시에 노동자들은 노동공급을 증가시킨다고 주류경제학은 말하고 있다. 그리고 노동공급이 증가하면 실질임금이 하락하고 기업은 고용량을 늘려, 산출량을 증가시킨다고 주장하여 우상향하는 총 공급곡선을 도출하고 있다. 하지만 이는 매우 잘못된 논리이다. 왜냐하면 첫째, 노동자들이 노동공급을 늘린다고 해서, 산출량이 늘어나는 것이 아니기 때문이다. 즉, 노동자가 노동공급을 늘려도, 그 늘어난 노동량을 기업이 수요하지 않으면, 산출량에 아무런 영향을 주지 못하는 것이다. 예를 들어, 환율상승, 원자재값 상승, 공급 감소 등의 이유로 물가가 상승했다면, 기업이 과연 노동공급이 늘어난다고 해서 고용량을 늘리겠는

가? 그리고 물가상승 시에 판매량이 감소하면, 기업재정이 큰 타격을 입
게 되는데, 오히려 이 경우에는 해고를 늘리고, 고용을 줄이지 않겠는
가? 그리고 판매량상승으로 인한 물가상승의 경우에도, 기업이 물가를
상승시켰음에도 불구하고 판매량이 계속 상승할 경우에나 노동수요를
늘리는 것이지, 만약 판매량이 상승했다고 공급가격을 올렸더니, 판매량
이 다시 감소했다면, 기업입장에서 노동수요를 늘리겠는가라는 것이다.
즉, 현실성이 전혀 없다는 것이다. 기업의 노동수요증가는 자신이 고용을
증가시켜 이익을 볼 상황에 있어야 가능한 것이지, 단순히 물가가 상승
했다고 고용을 증가시킨다는 논리는 전혀 상식적으로, 현실적으로 맞지
않는 논리이다. 그리고 둘째, 화폐환상이라는 것은 노동자가 물가상승
시에 명목임금의 상승을 실질임금의 상승으로 착각하여 노동공급을 늘
리는 것이 아니라, 물가예상자체를 하지 못한다는 의미이다. 즉, 물가를
예상하지 못하기 때문에, 명목임금이 상승하면 노동공급을 늘리는 것이
지, 물가가 상승하면 명목임금의 상승을 실질임금의 상승으로 착각하는
것이 아니란 것이다. 왜냐하면, 앞서 언급했듯이 경제주체는 물가를 예
상할 수 없으며, 설사 기대한다 하더라도 아무 소용이 없기 때문이다. 실
질임금이 얼마인지는 결과적으로 물가상승률에 대한 정부발표가 나와서
사후적으로 알 수 있는 것이지, 실질임금이 얼마인지는 경제주체가 절대
알 수 없다는 것이다. 즉, 노동자의 화폐환상이라는 것은 물가를 예상하
지 못하여, 결과적으로 명목임금의 상승을 실질임금의 상승으로 착각한
다는 결과론적인 의미에 불과하지, 그것이 물가가 상승하면 노동공급을
늘린다는 의미가 아니란 것이다. 그리고 셋째, 기업의 산출량문제는 단지
고용을 늘리는 것뿐만 아니라, 기술발전(총 요소생산성 향상)에 의해서도 늘
어 날 수 있는 것이다. 즉, 생산기술이 발전되면, 적은 노동투입만으로도
대량생산이 가능해지기 때문에, 단지 고용량만을 가지고는 산출량수준

을 파악할 수 없다는 것이다. 따라서 노동자의 화폐환상에 의해 물가상 승 시, 산출량이 증가한다는 논리는 성립이 될 수 없는 것이다.

　다음은 불완전정보에 의해 우상향하는 총 공급곡선을 합리화시키는 논리를 살펴보자. 이는 신축적으로 가격이 조정되고, 경제주체들이 합리 적 기대를 했다 하더라도, 불완전정보에 의한 일반물가의 변화일부를 상 대가격의 변화로 착각하여, 물가상승 시에 산출량을 증가시켜 우상향하 는 총 공급곡선이 도출된다는 주장이다. 즉, 예상하지 못한 일반물가수 준이 상승하면, 개별 기업입장에서는 자신이 생산한 상품의 선호가 늘 어난 것으로 착각하여, 산출량을 늘린다는 것이다. 하지만 이 논리도 매 우 잘못된 것이다. 왜냐하면, 상품의 가격을 책정하는 당사자는 바로 공 급자인 기업이기 때문이다. 즉, 자신의 상품가격이 상승했을 때, 이것이 상대가격의 변화인지, 일반물가수준의 변화인지 알 수 없다는 논리는 한마디로 말이 안 되는 생각이다. 이런 논리가 적용되려면, 기업이 자신 이 생산한 상품의 가격을 타자가 정해주어야 하는데, 이것은 있을 수 없 는 일이다. 즉, 우상향하는 공급곡선을 합리화시키기 위한 논리일 뿐이 라는 것이다. 상식적으로 판단해보자. 기업이 가격책정자인데, 자사제품 의 가격상승 시, 물가변화의 원인을 구분하기 힘들다는 논리가 타당하다 고 생각하는가? 기업이 여러 경제자극에 의해 스스로 가격을 정한 것인 데, 자신의 상품에 대한 물가변화의 원인을 착각한다는 것에 대해, 여러 분은 상식적으로 납득이 가는가? 기업이 바보도 아니고, 자신이 책정한 물가변화에 대한 원인을 모를 리가 있겠는가. 왜냐하면, 원인 자체가 자 신의 의도이기 때문이다. 따라서 물가가 상승하면, 기업이 자신의 제품 에 대한 선호가 늘어난 것으로 착각하여, 산출량을 늘리는 게 아닌 것이 다. 이런 일은 있을 수가 없다. 판매량이 증가하니까, 공급가격을 상승시 키고, 산출량을 늘리는 것이 그나마 이치에 맞는 논리이지, 가격책정자인 기업이 자신이 생산한 상품에 대한 물가변화의 원인을 구분하기 힘들어서 산출량을 증가시킨다는 논리는 말이 안 되는 것이다. 왜냐하면, 자신의 상품의 가격을 올리든 내리든, 그것을 결정하는 당사자는 바로 상품을 공급하는 기업자신이기 때문이다.

이제 마지막으로 기업의 가격경직성에 의한 총 공급곡선을 합리화시키는 논리를 살펴보도록 하자. 이 논리는 메뉴비용 등의 존재로 인한 가격의 경직성으로 인해, 합리적 기대를 가진 기업이 향후 물가예상에 따라 가격을 경직적으로 유지하는 행위가 우상향하는 총 공급곡선의 근거가 된다는 것이다. 하지만 이 논리도 매우 잘못된 것이다. 왜냐하면, 가격경직성이라는 것은 기업이 주어진 상황에서 이윤극대화를 추구하기 위해 정한 상품의 가격을 잘 바꾸지 않는다는 의미이지, 향후 물가를 합리적으로 기대히여, 그 기대한 수준으로 가격을 경직적으로 유지시킨다는 의미가 아니기 때문이다. 예를 들어, 합리적인 기대를 하는 기업이 향후 디플레이션이 기대되면, 현재 상품의 판매가 순조롭게 진행되고 있는데도 불구하고, 상품가격을 낮추고 생산량을 줄이겠는가? 그리고 판매가 되지 않아, 창고에 상품이 재고로 쌓여 있는데, 향후 물가수준이 상승할 것이라 기대되면, 과연 물건 값을 올리고, 생산량을 늘릴 수 있겠는가? 즉, 상식적으로 있을 수 없는 논리라는 것이다. 기업의 가격책정은 상황에 따른 자신의 이윤극대화추구에 대한 판단에 의해 결정하는 것이지, 물가를 기대하는 것하고는 아무 상관이 없다. 왜냐하면, 기업은 물가를 예상할 수도 없고, 예상할 필요도 없으며, 기대한다고 해도 소용이 없기 때문이다. 경제주체는 앞서 언급했듯이, 변화하는 경제상황에 따라 자신의 이윤을 위해 대응할 뿐인 것이다. 그리고 그 대응의 결과가 바로 물가라는 것이다. 따라서 기업이 주어진 상황에서 이윤극대화를 추구하기 위해 가격을 경직적으로 유지하면 경직적인 것이고, 신축적으로 변화시키면 신축적인 것이다. 즉, 가격경직성이 우상향하는 총 공급곡선의 근거로 사용될 수 없다는 것이다. 기업이 가격을 경직적으로 유지하는 것하고, 물가가 상승하면 산출량이 증가하는 것 하고는 상관관계가 없다는 것이다. 즉, 잘못된 공급곡선을 합리화시키려고 하니까, 논리자체가 말이 안 되는 것이다. 그리고 기업들이 물가가 높아질 것이라 예상하면, 비신축적인 기업들이 미리 가격을 높게 책정한다는 논리가 말이 되는가? 아니, 가격을 높이면 판매량이 감소할 것이 분명한데, 아무런 합리적 근거 없이 단지 물가상승을 예상했다고 하여, 비신축적인 기업이 가격을 미리 높이고 경직적으로 유지한다? 전혀 현실적인 논리가 아니라는 것이다. 그리고 이 논리가 가정하는 것은 물가상승으로 인해 기업의 비용 상승이 발생하고, 기업은 합리적 기대를 한다는 것이다. 그러면, 이 모형에서 주장하는 가격을 경직적으로 유지하는 기업이 많을수록 총 공급곡선은 완만해지고, 가격이 신축적인 기업이 많을수록 총 공급곡선은 가팔라진다는 논리에 대해서 살펴보자.

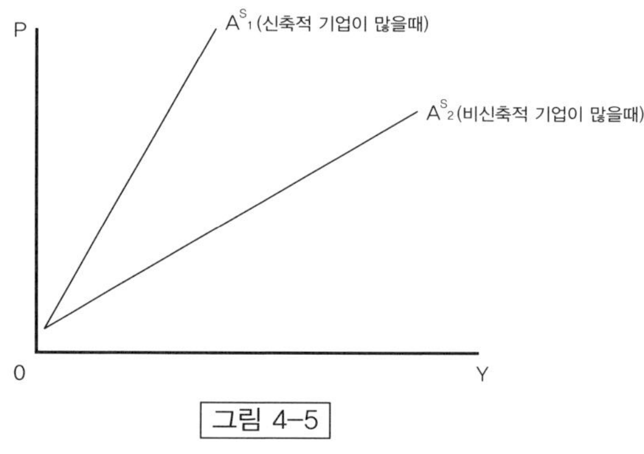

그림 4-5

일반물가의 상승은 기업의 생산비용을 증가시키므로, 상품의 가격을 높이게 된다. 그리고 비신축적인 기업은 물가변화에 대해 가격을 변화시키지 않고 산출량을 변화시키며, 신축적인 기업은 물가변화에 대해 산출량을 변화시키지 않고 가격을 변화시킨다. 그러면, 비신축적인 기업은 물가상승 시에 생산비용이 증가하므로, 가격을 유지하는 대신에 산출량을 늘리고, 물가하락 시에는 생산비용이 감소하므로, 산출량을 줄이게 된다. 여러분은 이 논리가 과연 타당하다고 보는가? 세상에 어느 기업이 생산비용이 증가하는데 산출량을 늘리고, 생산비용이 하락하는데 산출량을 줄이는가. 논리자체가 엉터리라는 것이다.

통계는 통계일 뿐이다

주류경제학은 과거 데이터를 너무 맹신하는 것 같다. 앞서, 총 공급 곡선을 살펴보았는데 논리적으로 잘못된 모형을 주류경제학에서는 여러 가지 이론을 제시하면서 지지하는 이유에 대해서 생각해보았다. 아마 과거통계자료가 시일이 지날수록 물가가 상승하고, 산출량이 늘어나고 GDP가 상승하는 모습을 보여주기 때문에, 우상향하는 총 공급곡선을 지지하지 않는가라는 생각이 든다. 하지만, 중요한 것은 과거통계자료는 단지 결과를 나타낼 뿐이지, 인과관계를 설명한다고는 볼 수 없다는 것이다. 즉, 데이터에서 물가가 상승하고, 산출량이 늘어나는 모습을 보여준다 하더라도, 이것이 물가가 상승하면, 산출량이 늘어난다는 관계를 의미하는 것은 아니라는 것이다. 왜냐하면, 물가상승의 요인과 기업이 산출량을 증가시키는 요인이 얼마든지 다를 수 있기 때문이다.

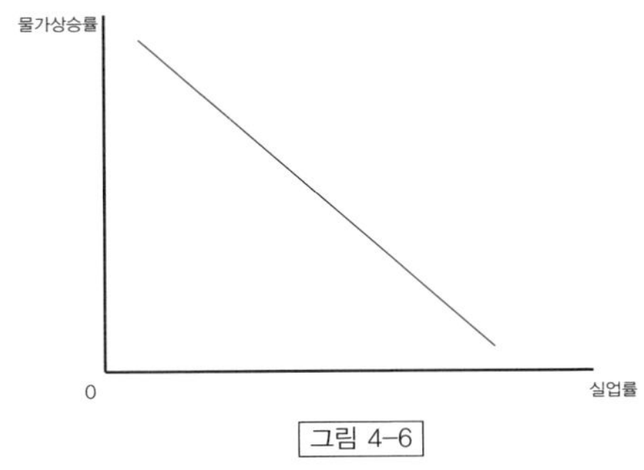

그림 4-6

위 그래프는 물가상승률과 실업률 사이에 상충관계를 보여주는 필립
스곡선이다. 즉, 인플레이션율이 낮을수록 실업률은 올라가고, 인플레이
션율이 높을수록 실업률은 내려간다는 것이다. 그리고 이 모형은 과거
통계자료에서 나온 것이다. 즉, 과거 자료를 살펴보고, 물가상승률과 실
업률 사이의 상충관계가 관찰되어서 위와 같은 인과관계로 해석한 것이
다. 따라서 필립스곡선은 결과를 나타낸 것뿐이지, 경제 분석모형으로는
적합하지 않다. 즉, 중요한 것은 왜 물가상승률이 그렇게 변했고 왜 실업
률이 그렇게 변했는지 과정을 파악하는 것이지, 결과론적인 분석은 아
무 의미가 없는 것이다. 결론적으로 주류경제학은 과거자료 따위를 맹신
하여 이론을 전개하고 있다. 그리고 경제의 정형화된 사실 따위를 만들
어, 그것에다 자신들의 이론을 짜 맞추고 있다(불확실한 경제에서 정형화된 사실
이 어디에 있는가? 이는 주류경제학이 경제 분석에 대한 논리부족을 과거 통계자료에 의존하여
무마시키려는 의도라 볼 수 있다). 하지만 통계는 결과일 뿐이며, 그것이 경제의
과정을 설명해주는 것이 아니다. 즉, 통계는 그냥 통계라는 것이다. 이것
을 맹신하면 주류경제학처럼 잘못된 인과관계를 설정하여, 심각한 경제
왜곡을 초래하게 된다. 따라서 합리성을 담보하지 못하는 경험과 실증
따위를 맹신해서는 안 된다. 경험과 실증은 결과일 뿐, 맹신할 것이 못
되며, 경제 분석에서 절대적으로 중요한 것은 바로 이성이다.

경제는 명목으로만 움직인다

주류경제학에서 가장 많이 나오는 용어 중 하나가 바로 "실질"이라는 용어일 것이다. 즉, 물가부분을 조정한 이자율, 소득, 임금, 화폐수요, 화폐공급 등을 말한다. 그리고 이런 "실질"이라는 의미를 가지고, 주류경제학은 주로 이론을 전개하고 있다. 하지만, 나는 물가부분을 조정한 경제요인들을 경제 분석의 수단으로 사용하는 것에 대해 적절하지 않다고 본다. 왜냐하면, 앞서 언급했듯이 물가는 결과일 뿐이며, 경제주체는 물가를 예측할 수도 없을뿐더러, 설사 기대한다고 해도 소용이 없기 때문이다. 예를 들어, 기업과 노동자는 오직 명목임금만 알 수 있을 뿐, 물가가 조정된 실질임금은 절대 알 수 없는 것이다. 즉, 실질이라는 개념은 경제를 분석하는데 쓰는 게 아니라, 단지 결과를 나타내는 데에만 쓰여야 하는 것이다. 왜냐하면, 명목적인 물가를 알아야만 실질을 알 수 있기 때문이다. 즉 물가상승률에 대한 정부발표가 있기 전까지는 실질임금이 얼마인지는 아무도 모른다는 것이다.

그럼, 이를 설명하기 위해 몇 가지 예를 들어 보도록 하겠다. 먼저, 노동자들이 미래 물가를 감안하여, 명목임금을 결정한다는 논리이다. 그러면, 여러분은 이 논리에 대해서 어떻게 생각하는가? 여러분이 노동자입장에서 기업에게 임금을 받는다고 하면, 과연 미래 물가를 예상하고 실질임금을 고려하는가? 아니면, 임금이 지난번보다 얼마나 올랐는지 확인하고 수령하는가? 첫 번째 물음은 여러분이 미래 물가를 기대하여, 실질임금을 고려하는 것이고, 두 번째 물음은 여러분이 미래 물가를 예측하지 못하고 임금의 명목적인 크기에 만족한다는 것이다. 어느 것이 현실적이고 상식적인가? 구체적으로 예를 들자면, A의 경우, 명목임금은 20만 원 상승했고, 미래 물가는 10만 원 상승했다고 하자. B의 경우는, 명목임금은 10만 원 상승했고, 미래 물가는 20만 원 감소했다고 하자. 그럼 여러분은 A의 경우와 B의 경우 중 어느 것을 선택하겠는가? 주류경제학의 논리대로 여러분이 미래 물가에 대해 합리적 기대를 한다면, B의 경우를 선택해야하는데, 이게 현실적으로 있을 수 있는 일인가? 당연히 명목임금이 높은 A의 경우를 선택하는 것 아닌가. 왜냐하면, 여러분은 미래를 예측하는 능력이 없기 때문이다. 여러분이 과연 불확실한 경제상황을 내다보는 신적인 능력을 가지고 있는 경우에나, 혹은 하이퍼인플레이션처럼, 하루아침에 물가가 2배 내지 3배씩 뛰는 눈에 보이는 경제상황이 아니라면, B를 선택하지 않는다는 것이다. 즉, 물가는 경제주체의 경제행위에 대한 결과이기 때문에, 기업과 가계가 경제행위를 해봐야 알 수 있다는 것이다. 그래서 당장 명목임금이 큰 A의 경우를 선택할 수밖에 없는 것이다. 만약에 디플레이션 상황에서, 기업이 여러분의 명목임금을 줄인다면, 과연 여러분은 이를 용인할 수 있을까? 기업사정이 딱히 어려운 것도 아닌데, 기업이 통계자료를 들고 와서 지금 디플레이션 상황이니까 당신의 명목임금을 깎아도 실질임금은 줄어드는 것이 아니라 늘어나는 것이니 오히려 당신에게 이익이라고 말하고, 임금협상을 하자고 하면, 여러분 입장에서는 이 상황을 받아들일 수 있는가. 여러분이라면 자신의 명목임금을 회사사정도 아닌 물가하락이 예상되었다는 이유로 삭감하는 것을 용납할 수 있는가. 현실적으로 절대 있을 수 없다는 것이다. 앞서 언급했듯이, 물가가 하락하든, 상승하든지간에 재정사정의 이유가 아닌 이상, 기업은 노동자의 화폐환상을 만족시키기 위해, 명목임금을 계속 인상시켜주어야 하는 것이다. 세상에 근속일수가 늘어나는데도 불구하고, 알지도 못하는 물가예상 때문에 명목임금을 삭감시키는 기업에 누가 일을 하겠는가. 따라서 노동시장에서 중요한 것은 명목임금이지, 실질임금이 아니라는 것이다. 왜냐하면, 경제주체는 미래의 물가수준을 절대 알 수 없기 때문에 당장 A 경우처럼 명목적인 액수가 많은 것을 선호한다는 것이며, 그리고 선호할 수밖에 없는 것이다. 즉, 실질임금은 결과적으로 물가수준이 나와 봐야 비로소 알 수 있는 것이지, 실질임금 때문에 노동공급과 수요가 늘어나느니, 줄어드느니 하는 논리는 절대 있을 수 없는 것이다.

그리고 합리적 기대론자들은 경제주체가 주어진 정보를 최대한 이용하여, 미래의 물가예상을 한다고 설명하지만, 그건 현실적으로 궤변에 불과한 것이다. 물가란 것은 수많은 경제요인들과 불가항력적인 요인들, 인간의 심리 등, 예측할 수 없는 행위들이 모여 이루어낸 결과물이다. 즉, 현실적으로 미래물가예상을 위해 주어진 정보 따위는 있을 수가 없으며, 만약 있다 하더라도, 기업이 그것을 가지고 무엇을 하겠는가? 물가가 상승할 것이라 예상되면, 자신의 상품가격을 상승시킬 것인가? 상품가격을 상승시키면, 판매량이 감소하는데 말이다. 물가라는 것은 예측하는 게 아니라, 엄연히 현실적으로 받아들일 수밖에 없는 것이다. 정부가 물가를 철저히 통제하지 않는 이상에야, 그 누구도 예측할 수 없으며, 설사 기대 따위를 한다 하더라도 소용이 없다. 왜냐하면 기대는 기대일 뿐이지 실현되는 게 아니니 말이다. 이런 말도 안 되는 논리를 주장하니,

기업들이 주류경제학을 불신하고 있는 것이다. 기업이 현실에서 자신의 상품 가격을 어떻게 책정하고 있는가? 과연 기대인플레이션 따위가 문제 될 것 같은가. 자신이 생산한 상품이 안 팔리면, 자신의 의도와는 상관 없이 생존을 위해서 가격을 낮추고, 어느 때는 생산비용도 못 받는 가격 에 상품을 판매하기도 하며, 가뜩이나 안 팔리는데 갑작스럽게 생산비용 이 증가한다 해도 가격을 못 올린다. 이런 것들이 경제에 대한 내용이다. 도대체 주류경제학이론 중에 단 하나라도 현실에 적용되는 게 있는가.

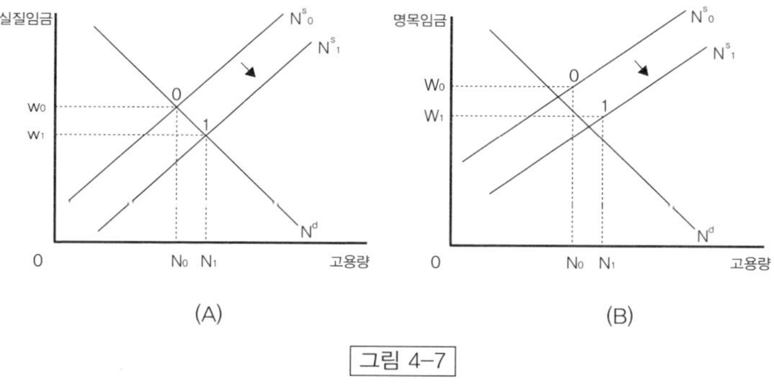

그림 4-7

뒤 그림 〈4-7〉을 보면, A그래프는 실질임금을 가지고 고용량을 평가 한 것이고, B그래프는 명목임금을 가지고 고용량을 평가한 것이다. 둘 중에 어느 게 맞는 그래프인가? (물론, 위 그래프가 옳은 것은 아니다. 왜냐하면, 노 동공급이 증가한다고 해서 임금이 감소하고, 고용량이 증가한다는 합리적 근거가 없기 때문이 다. 여러분들도 이젠 알겠지만, 저자는 주류경제학의 수요-공급모형의 형태를 인정하지 않는 다.) 과연 노동공급이 늘어난다고 실질임금이 내려간다는 논리가 상식적 으로 이해가 가는가? 실질임금이라는 것은, 물가라는 경제적 결과가 나 와야 비로소 알 수 있는 결과적 개념이다. 즉, A 그래프처럼 경제 분석 의 도구로 사용할 수 없으며, 단지 경제적 결과를 나타내는 데만 사용될 수 있는 것이다. 즉, B그래프처럼 노동공급량이 늘어나서 노동자의 의도

공급가격이 낮아진다면, 명목임금이 W_1으로 내려간다는 논리가 맞을 수 있는 것이지, 노동공급량이 늘어나서 노동자의 실질임금이 내려간다는 논리는 있을 수가 없는 것이다. 왜냐하면, 물가가 크게 하락하였다면, 명목임금을 낮춰도 실질임금은 늘어나기 때문이다. 즉, 실질임금으로 표현된 A 그래프에서는 노동공급량이 늘어나면, 명목임금이 상승하는지, 하락하는지는 알 수 없다는 것이다. 따라서 실질개념으로는 경제를 분석할 수 없다는 것이다.

또한 주류경제학은 실질개념으로 고용량을 도출하고 있다. 즉, 노동의 한계생산(MPL)과 실질임금(w)이 같은 곳에서 고용량이 결정된다고 주장하고 있다. 하지만 상식적으로 결코 통할 수 없는 논리다. 왜냐하면, 현실적으로 기업은 MPL도 모르고(왜냐하면, 산출량에 영향을 주는 요인이 노동이 전부가 아니기 때문이다), 물가부분이 조정된 실질임금은 더더욱 알 수가 없기 때문이다. 이런 논리는 기업이 경제행위도 하기 전에 신적인 능력을 발휘하여, 미래의 경제결과를 훤히 내다보는 것과 같은 논리이다. 만약에 기업에게 그런 능력이 있다면, 적자보는 기업과 도산하는 기업은 세상에 단 한곳도 존재하지 않아야 한다. 그리고 무엇보다도 중요한 점은 노동자의 임금과 고용량에 큰 영향을 줄 수 있는 것은 판매량이지 산출량이 아니다. 왜냐하면, 기업이 산출을 아무리 해봤자 상품이 안 팔리면 노동자에게 임금을 줄 수가 없으며 고용도 할 수 없기 때문이다. 현실적으로 기업이 고용량을 어떻게 결정하는가? 처음 상품을 출시하여 판매추이를 살펴보고, 향후 산출량과 고용량을 결정하는 것이지, 여기에 말도 안 되는 수학적 논리가 적용될 수는 없는 것이다. 즉, 자신이 생산한 상품이 얼마나 팔릴지도 모르는데, 한계생산과 실질임금이 같은 곳에서 고용량이 결정된다는 논리가 말이 되는가. 기업이 임금과 고용수준을 어떻게 결정하든 그것은 판매실적에 따른 기업의 의도에 달려 있는 것이다. 따라서 한계생산과 실질임금이 일치하는 곳에서 고용량을 결정한다는 논리는 엉터리라는 것이다. 그리고 위 논의에서 더 나아가서, MPL=w에서 가격을 곱하면 명목개념이 성립되므로, 명목임금(W)=P×MPL(VMPL)이라 해서, 명목임금이 가격과 한계생산에 의해 결정된다고 주장한다. 하지만 이 논리도 말이 안 되는 것이다. 왜냐하면 앞서 언급했듯이 노동자의 임금에 영향을 주는 것은 판매량이기 때문이다. VMPL은 기업의 노동투입에 의한 한계생산물가치이므로, 추가적인 산출량의 시장가치를 의미할 뿐이지, 그것이 판매량의 가치를 의미하는 것이 아니다. 그리고 만약 산출량이 모두 판매되었다고 치자. 그러면, 노동을 투입하여 발생된 VMPL이 모두 명목임금으로 노동자에게 돌아가는가? 주류경제학이 주장하는 것처럼 W=VMPL이 성립된다면, 기업은 자신들이 고용한 노동자들에게, 그들에게서 발생된 잉여노동을 모두 임금으로 주어야만 한다. 하지만 세상에 이런 기업은 존재할 수가 없는 것 아닌가. 따라서 비상식적이고 결과적인 수학을 맹신하게 되면, 이런 말도 안 되는 논리가 형성되는 것이다. 즉, 주류경제학은 재미없는 판타지소설에 불과하다.

　다음은 실질잔고 효과에 대해서도 간략하게 살펴보도록 하자. 물가하락에 의해, 경제주체의 실질화폐보유가치가 상승하면, 소비와 투자가 증가한다는 내용이 바로 실질잔고 효과이다. 하지만, 이 논리도 얼핏 보기에는 맞는 것 같지만, 실제적으로 전혀 통할 수 없는 논리이다. 왜냐하면, 물가를 주어진 것으로 보는 실질개념을 이용하여 경제를 분석하기 때문이다. 즉, 결과를 가지고 결과를 분석하는 것이다. 단순히 인과관계를 생각지 않고, 수학적으로 본다면야 M/P에서 P가 낮아진다면, 화폐보유가치가 상승한다고 생각할 수 있겠지만, 이렇게 단순하게 풀이할 정도로 경제가 쉬운 게 아니다. 그럼 제대로 인과관계를 설정해서 실질잔고 효과를 평가해보면, 먼저 물가하락의 원인을 살펴보는 것이 중요하다. 보편적인 논리로 물가하락이 소득하락에 의한 수요량 감소로 인해 발생되었다면(십중팔구 수요량 감소가 아니면, 기업은 물가를 하락시킬 이유가 없다. 독자들은 이점을 반드시 명심하길 바란다.) 과연 실질잔고 효과라는 것이 적용될 수 있을까. 적용될 수 없다는 것이다. 즉, 실질잔고 효과라는 것은 현실적으로 전혀 옳지 않다는 것이다. 왜냐하면, 민간의 소비와 투자가 감소하여 물가가 하락한 것이기 때문이다. 즉, 소비와 투자가 감소해서 물가가 하락하는 것이지, 물가가 하락해서 소비와 투자가 증가하는 게 아니란 것이다. 이윤극대화를 추구하는 기업이 바보인가? 물가를 근거도 없이 하락시키게 말이다. 즉, 실질잔고 효과라는 것은 수학을 목적으로 현실경제의 인과관계를 무시한 논리인 것이다. 이런식의 분석은 의미가 없을 뿐만 아니라, 사람들의 경제를 보는 눈을 왜곡시킨다.

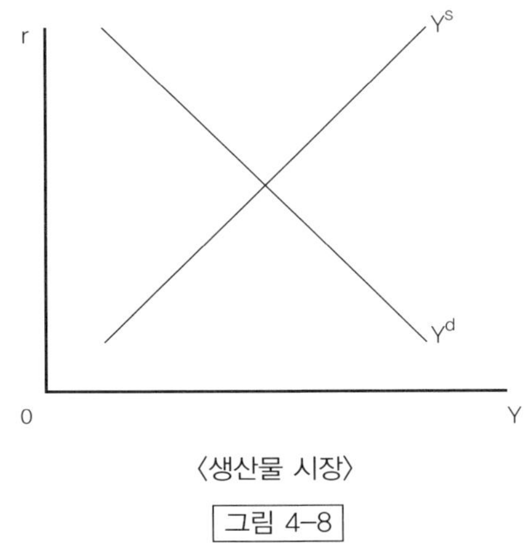

〈생산물 시장〉

그림 4-8

마지막으로 실질이자율에 대해서 언급하자면, 주류경제학은 그림 〈4-8〉과 같이 생산물 시장에서 실질이자율이 결정되고, 그림 〈4-7〉가 그래프와 같이 노동시장에서 실질임금이 결정된다고 설명하고 있다. 그리고 화폐시장에서 물가가 결정되고, 노동시장과 생산물 시장은 실질개념에 의해 움직인다고 말하고 있다. 그리고 노동시장과 생산물 시장에서 실질 변수가 결정되고 나면, 사후적으로 화폐시장에서 물가가 결정된다고 말하고 있다. 저자는 이게 도무지 무슨 논리인지 모르겠다. 즉, 물가가 나와 봐야 알 수 있는 실질개념을 거꾸로 실질변수는 먼저 도출되고, 물가는 사후적으로 결정되어서 명목변수가 결정된다는 논리인데, 나는 도저히 이해를 못하겠다. 그럼, 노동시장과 생산물시장은 명목화폐를 사용하지 않고 무엇으로 움직이는가? 그리고 화폐시장에서 물가가 결정된다? 물가는 생산물시장에서 결정되는 게 아닌가? 그리고 나는 주류경제학이 말하는 화폐시장이라는 의미도 잘 이해가 되지 않는다. 단지 화폐의 수요와 공급을 나타내면 화폐시장인가? 그럼 생산물시장도 화폐시장이고 노동시장도 화폐시장이 아닌가? 딱히 주체들을 정해 놓은 것도 아니고 화폐시장이라면, (예를 들어) 중잉은행과 시중은행의 관계를 통해 이자율과 통화량 변화를 나타낸다든지 하는 식이 되어야 할 것인데, 도저히 이해를 못하겠다. 그리고 이자율은 왜 생산물 시장에서 결정되지? 이자율을 누가 정하는가? 생산물 시장에서 기업과 가계가 정하는가? 그리고 은행이 이윤극대화를 위해 금리 담합하면 그게 균형실질이자율인가? 경제를 분석하는 틀부터 논리까지 하나라도 상식적으로 맞는 게 있어야 비판이라도 하지, 다 틀렸으니 뭐부터 말해야 될지, 저자도 혼란스럽다. 다시 한 번 말하지만, 노동시장과 생산물시장에서 실질임금과 실질이자율이 결정되는 게 아니라, 물가가 결정되고 나서야 사후적으로 알 수 있는 것이 실질변수들이다. 즉, 명목이 먼저 정해져야만 결과적으로 실질을 알 수 있다는 것이다.

결론적으로 주류경제학의 대부분의 이론들은 경제현실의 인과관계를 무시하여, 실질개념을 무분별하게 사용하여, 엉터리 논리전개를 하고 있다. 앞서 언급했지만 경제주체는 물가를 예상할 수도 없으며, 예상한다

하더라도 의미가 없으며, 물가는 엄연한 현실이고 결과이며, 인간의 기대
따위는 실제경제현실에서 아무 의미가 없으며, 실제경제현실은 오직 명
목으로만 움직이며, 실질변수는 물가가 도출되어 사후적으로 알 수 있는
것으로써, 경제적 결과를 나타내는 데에만 쓰일 수 있을 뿐이며, 경제현
상을 분석하는 데에는 절대 쓰여 져서는 안 된다.

05

정 책

IS-LM 모형

1. IS-LM 곡선

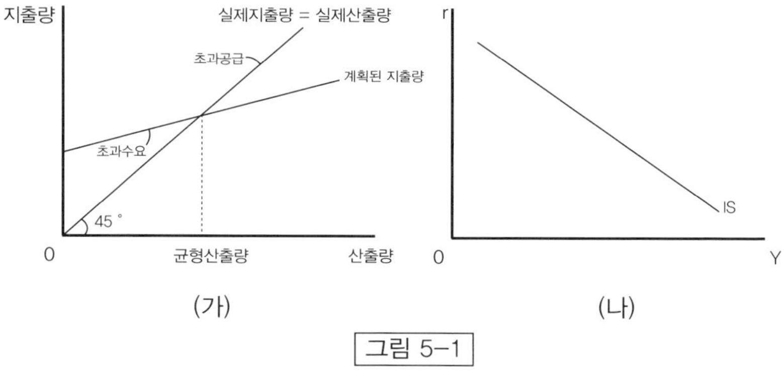

IS곡선은 다들 알다시피 재화시장의 균형을 만족하는 이자율과 산출량의 조합이다. 그리고 주류경제학은 IS곡선을 도출하기 위해 케인지안 크로스 모형을 사용하고 있다. 하지만, 케인지안 크로스는 심각한 오류를 가지고 있다. 그 이유는 바로, 실제지출과 실제생산이 동일하다는 국민소득 3면 등가의 법칙을 사용하고 있기 때문이다. 그럼, 먼저 국민소득

3면 등가의 법칙에 대해서 살펴보자. 3면 등가의 법칙은 바로 경제에서 총소득과 총지출과 총생산이 같다는 의미이다. 즉 총소득=총지출=총생산이 성립된다는 것인데, 전혀 타당하지 않는 논리이다. 왜냐하면, 위 법칙이 성립되려면, 재고가 없어야 하나, 그런 현상은 현실적으로 거의 있을 수가 없기 때문이다. 예를 들어, 총지출과 총소득은 판매량(수요량)×물가를 의미하지만, 총생산은 산출량×물가를 의미하기 때문이다. 즉, 서로 의미가 맞지 않는다는 것이다. 앞서 미시경제학에 대해서 논의하면서, 산출량과 판매량은 엄연히 다른 개념인 것을 독자들은 잘 알 것이다. 즉, 총소득과 총지출이 같다는 논리는 당연히 성립하는 것이지만, (왜냐하면, 누군가의 소득은 반드시 누군가의 지출에 의해 발생되며, 누군가의 지출은 반드시 누군가의 소득을 발생시키기 때문이다.) 총소득과 총생산이 같다는 논리는 성립되지 않는다는 것이다. 하지만 주류경제학에서는 재고도 투자의 일부를 형성한다고 말하고 있으나 투자는 엄연히 말하자면, 소비의 일부이며, 재고가치의 크기를 의미하는 것이 아니다. 예를 들어, A 기업이 TV를 생산한다고 가정하자. 이를 위해 투자: 500, 산출량: 100, 단위당 가격: 100, 판매량: 80이라고 한다면, 경제의 총소득(총지출)은 매출: 8,000+투자: 500=8,500이지만, 총생산은 100×100=10,000 (매출: 8,000+소비되지 않은 재고가치: 2,000)이 성립되므로, 총소득(총지출)=총생산이 성립되지 않는다. 따라서 소비되지 않은 재고가치가 존재하는 한, 3면 등가의 법칙은 결코 성립되지 않는다는 것이다. 즉, 국민소득 3면 등가의 법칙은 현실적으로 타당하지 않다는 것이다. (공급이 수요를 창출하여, 시장이 완전히 청산된다는 비현실적인 세이의 법칙을 믿는다면, 성립하겠지만 말이다.)

그럼 위의 〈가〉그래프를 살펴보자. 케인지안 크로스는 실제지출과 실제생산이 같다는 의미로 기울기가 1인 45도 각도의 우상향하는 대각선을 가정하고 있으나, 이는 전혀 타당하지 않다는 것이다. 즉, 상식적으로

45도보다 각도가 낮아야 한다는 것이다.

또한, 케인지안 크로스는 물가를 고려하지 않는다. 즉, 단기에는 가격이 경직적이라고 가정하는 것이다. 하지만, 이는 매우 잘못된 생각이다. 앞서 언급했듯이, 가격이 경직적이냐, 신축적이냐, 하는 문제는 공급자의 의도에 의해 결정되는 것이며, 재화의 성질에 따라 다르게 나타날 수도 있는 것으로써, 경제의 보편적인 특징으로 볼 수 없다고 말했었다. 즉, 단기라 해서 가격이 경직적이고, 장기라 해서 가격이 신축적이라는 논리는 잘못되었으며, 이는 아무 의미가 없다는 것이다.

그리고 승수효과에 대해서 살펴보면, 정부지출증가에 의해 계획된 지출이 증가하고, 이로 인해 재고가 감소하면, 기업은 산출을 증가시킨다고 하는데, 이런 논리가 성립할 수 있는 것은 물가를 경직적으로 고정시켰기 때문이다. 만약, 정부지출이 증가했더라도, 원자재값의 상승으로 생산비용이 증가하게 되면, 정부소비가 늘어나서 산출량을 증가시킬 수 없는 상황이 초래될 수도 있다. 또한 일정한 한계 소비성향하에서 도출되는 승수효과라는 개념은, 수학적 목적에 의한 비현실적 논리이다. 그리고 조세증가로 인해 소비가 감소함에 따라, 재고가 증가하고, 기업이 산출을 감소시킨다는 논리도, 만약, 조세가 증가하여, 그로 인해 정부소비가 늘어나게 되면, 기업이 산출을 증가 시킬 수도 있기 때문에, 그리 합리적인 논리라고 볼 수 없다. 그리고 조세가 증가하여도 일반 물가가 하락하여 생산비용이 감소하게 되면, 기업은 상품의 가격을 낮추고 산출량을 유지하거나 늘릴 수도 있는 것이다. 따라서 물가를 고려하지 않고, 수학적 목적에 의한 승수효과를 나타내는 케인지안 크로스는 타당하지 않다는 것이다.

그리고 주류경제학은 케인지안 크로스를 통해 이자율이 하락하면 투자가 증가하고 승수효과에 의해 산출량이 증가하는 우하향하는 IS곡선을 도출하고 있다. 그러나 이자율하락과 산출량증가의 관계가 현실적으로 성립된다는 논리는 맞지 않을 공산이 크다. 그 이유는 바로 이자율이 하락하는 근거가 무엇인가에 있다. 무작정 아무근거도 없이 이자율이 하락하면 투자가 증가하고 산출량이 증가한다는 것은 결과론적인 논리일 뿐이다. 그 근거를 철저히 파악하여야만, 올바른 경제 분석이 가능하다. 그럼 이에 대해 논의해보자. 먼저 이자율이라는 것은 시중은행이 정하는 것이다. 만약 은행이 국유화가 아니라 민영화가 되어 있다면, 은행입장에서는 아무근거도 없이 금리를 낮출 이유가 없다. 즉, 시중은행이 금리를 낮출 이유가 반드시 존재하며, 그 원인은 바로 대출규모의 감소일 것이라 생각할 수 있다. 그럼 민간이 은행에 대출을 줄인 근거도 존재하기 마련이다. 예를 들어, 오늘날과 같이 장기 경기 침체 상황에서, 기업이 과연 섣불리 지금을 투자하여, 사업을 확장할 수 있을까? 절대 그럴 수 없을 것이다. 왜냐하면, 소비침체로 인해 큰 손실을 볼 수 있기 때문이다. 즉, 이자율이 하락하면, 투자가 증가하는 것이 아니라, 투자 감소로 인해 이자율이 하락하는 것이 현실적인 논리라는 것이다. 작금의 경제현실을 살펴보면, 대부분의 국가들이 초저금리정책을 사용하고 있지만, 결과는 어떠한가? 과연 투자가 증가하고, 산출량이 증가하여 경기가 활성화되고 있는가? 그래서 실업률이 낮아지고, 가계소득이 증가하여, 소비가 활성화 되고 있는가? 전혀 현실과 맞지 않는 논리라는 것이다. 앞서 계속 언급했듯이, 주류경제학은 수학을 목적으로 인과관계를 무시하고 있다. 이런 결과론적인 분석으로는 결코 현실경제를 올바로 파악할 수 없다.

다음은 LM곡선에 대해서 알아보자.

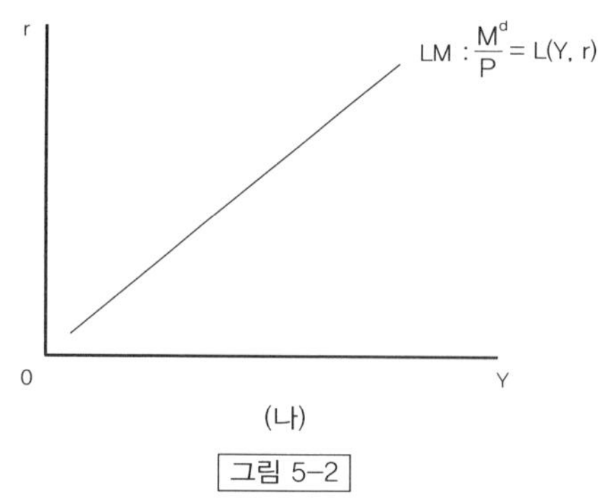

그림 5-2

　LM곡선은 소득이 증가하면, 화폐수요가 늘어나 화폐시장의 균형을 이루기 위해서는 이자율이 상승해야한다는 논리를 가지고 있다. 하지만 이 논리는 매우 잘못된 것이다. 왜냐하면, 소득이 증가하여 화폐수요가 늘어나는 것과 그로 인해 이자율이 상승한다는 논리에는 합리적인 근거가 없기 때문이다. 즉, 이자율이 상승하려면, 대출수요가 증가해야지, 민간의 화폐수요가 증가해야 하는 것이 아니다. 민간의 화폐수요가 증가하면, 은행은 그 수요만큼 돈을 공급해야 할 의무가 있는 것이지, 뜬금없이 화폐시장의 균형을 위해 이자율을 상승시킨다는 것은 전혀 논리적으로 맞지 않는 것이다. 즉, 민간의 화폐수요만큼 돈을 은행이 공급하지 못하면, 뱅크런이 발생하는 것이지, 이자율이 상승하는 것이 아니다.

　그리고 케인즈 학파의 유동성선호설도 잘못된 것이다. 왜냐하면 화폐수요의 의미를 구분하지 않았기 때문이다. 화폐수요를 구분하자면, 위와 같이 소득증가로 인한 화폐수요증가와 대출증가로 인한 화폐수요증가로 나눌 수 있으며, 이자율에 영향을 미치는 것은 전자가 아니라 후자라는 것이다. 즉, 단순히 화폐수요가 증가하면 이자율이 상승한다는 논리는 잘못되었다는 것이다. 그리고 바로 뒤에서 언급하겠지만, 화폐수요가 준다고 해서 이자율이 내려간다는 보장이 없다. 왜냐하면, 이윤극대화를 추구하는 민간은행입장에서 화폐수요가 준다고 해서 굳이 금리를 낮출 이유가 없기 때문이며(오히려 올리면 올렸지), 제2론에서 언급했듯이, 금리가 낮든지 높든지 간에 경제주체가 빚을 지는 이유는 꼭 필요한 소비와 투자 때문이다. 따라서 우상향하는 LM곡선은 잘못된 것이다.

2. 이자율의 결정

이자율은 엄연히 시중은행이 결정하는 것이며, 은행이 민간에 의해 운영될 경우에는 예대마진의 극대화를 추구하기 위해 결정되고, 은행이 국유화될 경우에는 중앙은행이 이자율을 결정하게 된다. 그리고 은행이 민간에 의해 운영된다고 한다면, 이자율이 명시적이든 암묵적이든 간에 금리담합이 발생할 공산이 크다. 왜냐하면, 화폐는 경제주체가 경제행위를 하기 위해서는 반드시 필요하기 때문에, 은행입장에서는 충분한 수요가 보장되어 있는 화폐에 대한 이자율을 가지고 타 은행과 금리경쟁을 할 이유가 없기 때문이다. 그럼, 민간은행이 이자율을 결정하는 방식에 대해서 살펴보자. 민간은행은 직접 생산에 참여하지는 않지만, 기업과 마찬가지로 이윤극대화를 추구한다. 즉, 민간은행은 예금금리와 대출금리의 차이를 최대로 하는 예대마진의 극대화를 추구하게 된다. 따라서 이자율은 이런 은행의 의도에 의해서 결정된다. 그럼 은행이 과연 어떤 상황에서 이자율을 변동시킬 것인지, 크게 두 가지로 나누어 보자. 첫째, 대출수요가 많아지면, 이자율을 올릴 것 인가. 둘째, 대출수요가 줄어들면 이자율을 내릴지에 대해 생각해 볼 수 있다. 첫 번째 경우는 상식적으로 생각해보아도 쉽게 성립이 된다는 것을 알 수 있을 것이다. 하지만 두 번째의 경우에는 성립이 된다는 보장이 없다는 것이다. 왜냐하면, 화폐는 경제주체가 경제행위를 하기 위해서 반드시 필요하다. 이를 앞에서 언급한 재화의 성질과 비교하자면, 수요 필요성이 매우 강하다는 것이다. 따라서 은행입장에서는 대출수요가 감소하더라도 이자율을 높이거나 유지시킬 때와 이자율을 낮출 때의 마진을 비교하게 된다. 즉, 대출수요가 증가하면, 당연히 이자율은 상승하는 것이지만, 대출수요가 줄어든다 해서 당연히 이자율이 내려간다는 보장이 없다는 것이다. 그래서 경기침체가 있어도 대출금리가 내려가지 않을 뿐만 아니라, 오히려 올라가는 경우도 발생하게 되는 것이다. 그리고 이윤극대화를 추구하는 은행입장에서는 지속된 경기침체로 인해 대출수요가 줄어 은행이 이자율을 낮춘다 하더라도, 대출금리만 낮추는 것이 아니라, 예금 금리까지 함께 낮추게 된다. 따라서 이자율이라는 것은 주류경제학에서 말하는 것처럼, 통화의 공급과 수요에 의해 결정되는 것이 아니라, 은행이 이윤극대화를 위해 정하는 것일 뿐이다. 즉, 실제경기와 상관없이 시중은행이 자신의 이윤극대화를 위해 금리를 담합을 하든 무엇을 하든 금리는 은행이 의도하는 데로 결정되는 것이며, 그것을 정부나 중앙은행이 직접적으로 통제하느냐, 하지 않느냐의 문제이다.

그리고 주류경제학에서는 정부가 긴축적인 화폐정책을 취했을 때, 이자율이 단기적으로는 상승하고, 장기적으로는 하락한 것을 가지고, 단기에는 케인즈 학파의 유동성 선호설이 적용되고, 장기에는 고전학파의 피셔효과가 적용된다고 알고 있다. 하지만, 이 생각은 매우 잘못된 것이다. 왜냐하면, 단기적으로 이자율이 상승한 이유는 화폐수요가 늘어났기 때문이 아니라, 중앙은행이 스태그플레이션을 막고자 기준금리를 크게 인상시켰기 때문에 비롯된 것이며, 장기에 이자율이 하락한 이유는, 소비와 투자침체로 인해 대출수요가 줄었기 때문이지, 물가가 하락하여 발생한 것이 아니다. 피셔효과(명목이자율=실질이자율+인플레이션율)는 경제 분석에 쓰이는 것이 아니라(즉, 과정을 말해 주는 것이 아니다), 경제적 결과를 의미하는 것일 뿐이다. 즉, 물가상승률이 나와야 비로소 알 수 있는 것이 실질이자율이라는 것이다. 따라서 피셔효과를 통해서 물가가 하락하면, 금리가 하락한다는 논리가 도출될 수 없다는 것이다.

결론적으로, 단기든, 장기든, 간에 금리가 하락하든, 상승하든, 그것은 경제상황에 따른 은행들의 이윤극대화추구행위에 의해 결정되는 것이지, 단순히 화폐수요나 물가 따위로 설명할 수는 없는 것이다.

3. 이자율은 주요변수가 아니다

나는 제1론, 제2론에서 이자율은 경제주체의 투자와 화폐수요에 직접적으로 영향을 끼치는 요인이 아니라, 단지 은행에서 돈을 예금하거나 빌릴 때의 수익과 부담을 의미할 뿐이라고 했었다. 하지만 주류경제학은 이자율을 매우 중요시 생각하며, 거시경제학의 핵심변수로 여기고 있다. 그 대표적인 모형이 바로 지금 말하고 있는 IS-LM모형이다. 생산물시장의 균형인 IS곡선과 화폐시장의 균형인 LM곡선이 만나는 곳에서 균형이자율과 균형산출량이 형성된다는 논리로 구성되어 있다. 하지만, 솔직히 말해서 이 모형이 도대체 경제에 대해 무엇을 설명해 줄 수 있는지 모르겠다(상식적으로 이런 모형이 경제학 교과서에 실리고, 아직까지 경제학도들에게 핵심이론으로 여겨지는 현실이 안타까울 뿐이다. 분명히 경제학자들도 현실설명력이 없고, 실효성도 없는 것을 알고 있을 것인데 말이다). 왜냐하면, IS-LM모형자체가 생산물시장의 균형과 화폐시장의 균형개념으로 이루어져 있으며, 이는 시장청산의 논리가 그대로 적용되는 것이기 때문이다. 즉, IS-LM모형은 겉으로는 케인즈의 생각을 따르는 것처럼 보여도 실질적으로는 시장청산을 주장하는 고전학파의 논리로 볼 수 있다. 또한 경제학자들의 논리도 매우 비합리적이다. 왜냐하면, 케인즈 학파의 경우, 그래프〈가〉와 같이 투자의 이자율 비탄력성을 주장하면서, 투자적화폐수요가 큰 완만한 LM곡선을 주장하고 있기 때문이다. 그리고 고전학파의 경우, 반대로 투자의 이자율 탄력성을 주장하면서, 투자적 화폐수요가 없는 가파른 LM곡선을 주장 하고 있다.

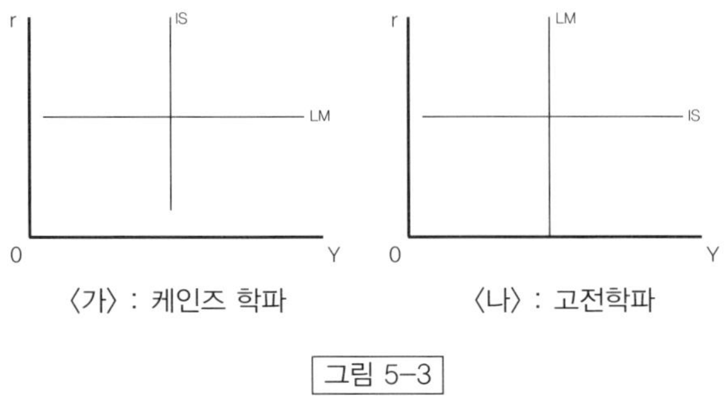

〈가〉 : 케인즈 학파　　　　〈나〉 : 고전학파

그림 5-3

즉, 이 두 학파의 논리가 전혀 맞지 않는다는 것이다. 케인즈 학파가 주장하듯이, 투자가 이자율 이외에 야성적 충동과 같은 여러 외부요인에 의해 발생된다면, 당연히 이자율에 따른 투자적화폐수요가 비탄력적 이 어야 한다. 왜냐하면, 투자는 돈으로 하는 것이기 때문이다. 그런데 IS곡 선은 가파르게 표현하고, LM곡선은 완만하게 표현하면, 투자의 이자율 비탄력성을 주장하면서, 모순되게 이자율에 따른 투자적 화폐수요는 긍 정하게 되는 논리가 된다. 그리고 고전학파의 경우에도, 투자의 이자율 탄력성을 주장하면서, 모순되게도 이자율에 따른 투자적 화폐수요는 인 정하지 않는다. 따라서 이 들의 논리는 제대로 개념이 정립되어 있지 않 다는 것이다.

그럼 왜 이런 말도 안 되는 논리를 주장하는 것일까? 그 이유는 케인 즈학파는 재정정책을 강조하고, 고전학파와 통화주의자는 통화정책을 강조하기 때문이다. 즉, 자신들의 권위를 목적으로 논리를 전개하고 있 는 것이다. 특히 거시경제학은 고전학파와 케인즈학파의 반대를 위한 반 대논리로써 이루어진 지적권력투쟁의 과정이라고 보면 된다.

그리고 IS곡선도 단순히 추상적으로 소비, 투자, 정부지출로 나타내고 있다. 앞서 언급했듯이, 이런 양적인 추상적 개념이 아니라, 경제분석에서 정말 중요한 것은 질이며 구체적 개념이라고 했었다. 즉, 소비는 어떤 소비이며(이것이 수요충분재화에 대한 소비인지, 수요필요재화에 대한 소비인지), 투자는 어떤 투자이며(이것이 생산성을 향상시키는 투자인지, 거품가격을 상승시키는 투기인지), 정부지출이면 어떤 정부지출이며(지속가능한지, 고용량과 임금수준은 어느 정도인지, 어떻게 재원을 마련했는지), 등이 정말 중요한 문제인데, 단순히 $Y = C(Y-T) + I(r) + G$ 로 나타내면, 도대체 어떻게 경제를 분석하겠다는 것인지 이해할 수가 없다. 잘못된 단순화가 경제를 심각하게 왜곡시킨다는 사실을 왜 모르는가? 가령, 정부지출이 증가하면, 생산물시장에서 소득증가가 발생하고, 화폐시장의 초과수요로 인해 이자율이 상승하고, 이로 인해 민간투자가 감소하는가? 그러면 정부지출증가가 결국 이자율 상승으로 인한 민간투자 감소를 불러온다는 것인데, 이게 맞는 논리인가? 만약, 정부지출이 증가하여 기업과 노동자의 소득이 증가했다고 하자. 그렇게 되면, 이전보다 대출수요가 줄어들 것 아닌가. 그러면, 시중은행은 이자율을 상승시키는가?(설사 이자율을 상승시켰더라도, 이는 은행이 대출수요가 줄고 있는 데에도 불구하고 이윤극대화를 추구하기 위함이지, 화폐수요가 늘어났기 때문이 아니다.) 앞에서도 언급했지만, 민간의 소득 증가로 인해 화폐수요가 늘어나는 것과 민간의 대출수요가 늘어나는 것은 다른 것이다. 그리고 정부가 국채를 발행하여, 경기침체기에 정부지출을 늘린다고 하자. 그리고 그 국채는 중앙은행이 매입했다고 하자. 그리고 정부는 SOC 사업을 벌여, 건설회사와 노동자의 소득을 높여 주었는데, 경기침체로 인한 불확실성으로 기업은 신규투자를 꺼려 자금을 보유만 하고 있고, 가계도 꼭 필요한 재화만을 소비하고 나머지는 저축하는 유동성 함정에 빠질 경우, 과연 이자율이 상승한다고 장담할 수 있을까? 그리고 중요한 것은 이자율이 상승한다고 해서 민간투자가 감소한다는 근거는 그 어디에도 없다. 왜냐하면, 민간의 투자수요에 영향을 미치는 요인으로써 이자율이 차지하는 비중은 그리 크지 않기 때문이다. 즉, 경제는 이자율 따위로 단순하게 설명될 수 있는 게 아니란 것이다.

그리고 LM곡선에서 화폐수요의 증가함수로 명목소득(Y)을 감소함수로 이자율(r)을 설정하고 있으나, 이 논리도 r–Y 평면에 나타내기 위한 합리화일 뿐이다. 앞에서도 말했지만, 화폐수요와 이자율은 상관관계가 적으며, 또한 화폐수요의 증가함수로는 명목소득만 있는 게 아니라, 물가, 환율, 갑작스런 사고, 개인의 소비성향 등 영향을 미치는 것이 매우 많다. 예를 들어, 교통사고나 질병으로 인한 비용이 든다고 하자. 그런데 명목소득으로는 지출을 감당할 수가 없다고 해서 과연 지출을 포기해야만 할까? 고금리의 빚을 져서라도 지출하려 할 것이다. 그리고 회사원 A는 월급을 300만 원 받는데 지출을 200만 원 하고, 회사원 B는 월급을 250만 원 받는데 지출을 200만 원 한다면, 비록 회사원 A가 명목소득은 높다 하더라도, 회사원 B와 지출수준은 같은 것이다. 따라서 소득은 화폐수요의 증가함수 중에 하나일 뿐이다.

그리고 생산물 시장의 균형인 IS곡선과 화폐시장의 균형인 LM곡선이 만나는 곳에서 균형이자율이 성립된다는 것인데, 도대체 균형이자율은 무엇이고, 생산물시장과 화폐시장의 균형은 무엇인가. 저자는 앞서 초과수요와 초과공급이 없는 균형상태는 존재할 수 없다고 말했었다. 그리고 이 논리는 어떤 종류의 시장에서라도 성립하는 것이다. 그리고 앞서 이야기했듯이, 이자율은 이윤극대화를 추구하기 위해 시중은행이 결정하는 것이다. 그러면, 시중은행이 정한 이자율이 균형 이자율이란 것인가? 도대체 실제로 존재하지도, 할 수도 없는 개념을 왜 사용하는지 이해할 수가 없다. 인간의 공상에서나 존재할 개념을 경제학에서 다루고 있다는 것 자체가 어리석은 일 아닌가. 그리고 더 나아가서 IS-LM모형은 Y에 대해서 소득=지출=생산의 잘못된 3면 등가의 법칙을 적용한다는 것이다. 즉, 판매량(소비량)=산출량으로 보고 있다는 것이다. 이는 매우 잘못된 생각이다. 그리고 케인지안크로스에서 도출된 생산물시장의 균형을 의미하는 IS곡선은 이자율과 산출량의 관계로 보아야 하며, 이자율을 감소함수로 하고 소득을 증가함수로 하는 화폐시장의 균형인 LM곡선은 이자율과 판매량(수요량)의 관계로 보아야 한다. 즉, IS곡선과 LM곡선의 종속변수인 Y의 개념이 전혀 다르다는 것이다. 하지만, 주류경제학은 자신들의 논리를 합리화시키기 위해 산출량과 판매량을 구분하지 않고, 잘못된 3면 등가의 법칙을 사용하여 적용시키고 있다.

그리고 주류경제학의 논리대로 하자면, 생산물시장의 균형을 나타내는 IS곡선의 독립변수는 실질이자율이며, 화폐시장의 균형을 나타내는 LM곡선의 독립변수는 명목이자율을 나타내는 것이다. 물론 필자는 명목으로만 보고 있지만, 주류경제학의 논리대로 하자면, 그렇지 않느냐는 것이다. 즉, IS곡선과 LM곡선은 독립변수와 종속변수가 전혀 다르기 때문에, 같은 평면 안에서 분석될 수 없는 것이다.

이러니 경제학이 현실 설명력이 없고, 비상식적이라고 비판받는 것 아닌가. 진정 경제주체에게 필요한 내용은 전혀 언급하지 못하고, 자신의 이론과 주장을 합리화시키기 위해 온갖 비현실적인 가정과 논리를 동원하고 있는 게 주류경제학 아닌가. 작금의 장기 경기 침체에 대해서 아무런 대책도 내놓지 못하고, 단지 시장에 맡기라는 말밖에 하지 못하는 학문이 경제학 아닌가.

일반 균형모형

　일반균형모형은 다들 알다시피, 고전적 이분성과 화폐중립성과 기간 간 대체효과를 가정하고 있다. 그리고 이 가정에 대해 비판적인 의견도 많다. 따라서 이 가정들이 근본적으로 무엇이 잘못되었는지 살펴보는 것이 중요하다.

　먼저, 고전적 이분성에 대해서 알아보면 고전학파의 주장으로 화폐는 단지, 가치교환의 수단으로써 실질변수에 영향을 주지 못한다는 의미이다. 즉, 명목변수가 실질변수에 영향을 주지 못하기 때문에, 실질부분(실질임금, 고용량, 산출량, 실질이자율 등)과 화폐부분(명목임금, 물가)을 구분해야한다는 논리이다. 하지만, 이 논리는 큰 오류를 가지고 있다. 왜냐하면, 화폐의 의미와 물가의 의미는 엄연히 다르다는 것을 간과했기 때문이다. 화폐는 경제주체의 실질적인 풍요를 반영하지 못하므로, 가치교환의 수단일 뿐이라는 논리는 맞는 말이다. 즉, 화폐자체는 단지 가치교환을 위한 종이조각에 불과한 것이다. 하지만, 가격은 다르다. 왜냐하면, 가격은 경제주체의 의도를 반영하는 것으로써, 가격에 의해 경제가 작동할 수 있기 때문이다. 즉, 가격에 의해 실질부분이 결정된다는 것이다. 그리고 앞서 언급했듯이, 실질이라는 개념은 물가변화가 나와야만 비로소 알 수 있는 것이다. 노동시장에서 실질임금이 결정되고, 생산물 시장에서 실질이자율이 결정되는 게 아니란 것이다. 또한 노동시장과 생산물 시장은 노동가격과 상품가격으로 움직일 수밖에 없으며, 고용량과 산출량은 모두 가격에 의해 결정되는 것이다. 앞서 경제는 명목에 의해서만 움직이고, 실질은 결과일 뿐이라고 언급했듯이, 어떤 시장에서든, 명목가격에 의해서만 실질 변수가 정해질 뿐이다. 그런데 주류경제학에서는 물가가 실질변수에 영향을 미치지 못한다는 논리를 펼치고 있는데, 그러면 물가 말고 기업의 산출량과 판매량에 영향을 미치는 요인은 무엇이란 말인가? 전혀 이치에 맞지 않는 논리라는 것이다. 즉, 실질변수와 명목변수로 나누어 분석하는 논리자체가 엉터리라는 것이다.

다음은 화폐 중립성에 대해서 살펴보자. 통화량 증가가 물가수준만 변화시키고, 실질변수에는 영향을 미치지 못한다는 논리가 화폐 중립성이다. 그럼, 여러분이 생각하기에는 이 논리가 이해가 되는가? 무언가 의미가 전혀 맞지 않는다는 생각이 들지 않는가? 왜냐하면, 통화량증가를 통해 물가가 상승하면, 실질변수는 당연히 영향을 받기 때문이다. 예를 들어, 물가가 상승했는데, 실질임금이 변하지 않는가. 물가가 상승함에 따라 생산비용이 상승했는데 고용량에 영향이 없을까. 물가가 상승했는데 실질이자율, 산출량, 판매량 등에 영향이 없을까. 세상에 이런 논리는 없다는 것이다. 물가수준이 변하면, 당연히 실질변수에 영향이 가는 것이다. 오히려 통화량이 증가하더라도 물가수준에 변화가 없어야 실질변수에 영향이 없는 것 아닌가. 즉, 화폐 중립성은 절대 타당한 논리가 아니란 것이다.

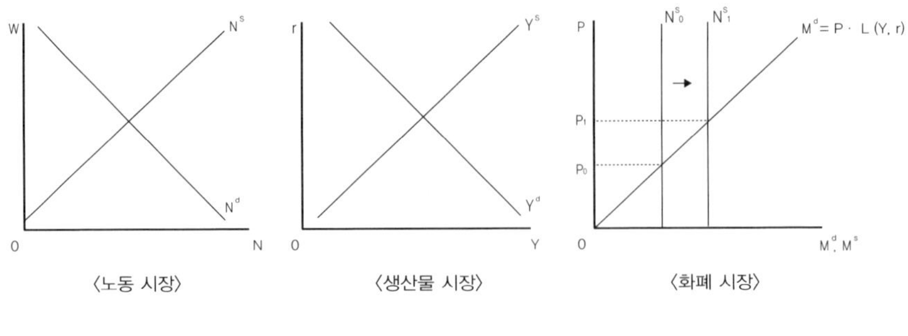

그림 5-4

위 그래프에서 중앙은행이 화폐공급을 증가시켰더니, 물가가 P_1으로 상승하고, 노동시장과 생산물시장에서는 아무런 변화가 일어나지 않는다고 주류경제학은 말하고 있다. 그리고 노동시장과 생산물 시장에서 실질변수가 먼저 변하고, 사후적으로 물가가 변한다는 논리를 펼치고 있는데, 이게 경제를 거꾸로 해석하는 것이다. 수학적 목적을 위해 말이다. (경제학 책을 보면 알겠지만, 총 요소생산성과 정부지출이 증가함에 따라, 물가는 사후적으로 변하는 것으로 나타내며, 이것은 주류경제학이 물가를 무시하고 있다는 것을 보여 주는 것이다. 저자는 경제이론이 물가를 무시한다는 게 도무지 이해가 되지 않는다. 이것은 도저히 용납될 수 없는 것이며, 경제에 대한 이론자체가 아니다.) 그리고 제2론에서도 언급했지만, 통화량이라는 것은 중앙은행이 시중은행에 공급한다고 해서 느는 게 아니라, 기업과 가계의 투자와 소비에 대한 화폐수요가 늘어야 증가하는 것이다. 즉, 통화량은 경제주체의 경제행위에 대한 결과를 의미하는 것이다. 그렇기 때문에 통화량이 왜 늘어나고 줄어드는지가 중요하다고 한 것이다. 단순히 통화량이 늘어나거나 줄어들면, 경제가 어떻게 될 것이란 논리는 인과관계를 무시한 논리인 것이다.

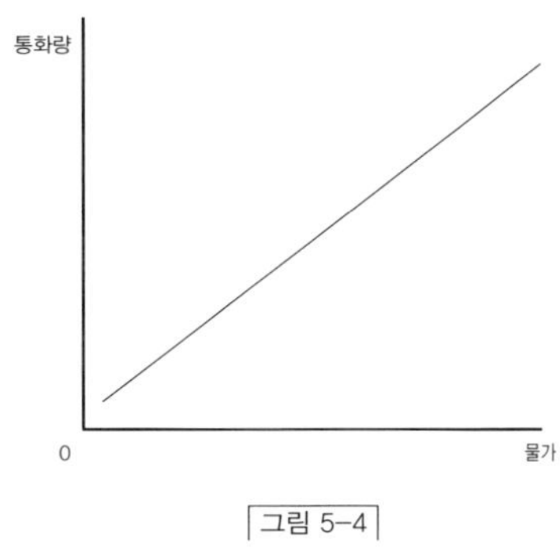

그림 5-4

앞서, 통계는 통계일 뿐이라고 언급하면서 통계자료는 경제적 결과를 나타낼 뿐, 과정을 나타내지 않는다고 말했었다. 위와 같이 실증자료가 나타나고 있어도, 이 자료가 통화량이 증가하면 물가가 상승한다는 의미를 나타내는 것은 아니다. 왜냐하면, 물가가 상승해서 통화량이 증가할 수도 있으며, 오히려 이 논리가 더욱 현실적이고 상식석이기 때문이다. 예를 들어, 화폐수량설을 통해 알아보자면, 화폐수량설은 통화량×화폐유통속도=물가×거래량(판매량, 수요량): 총소득(총지출)을 의미한다. 주류경제학은 화폐유통속도는 대략 일정하기 때문에, 통화량의 증가가 물가를 상승시킨다고 주장하고 있다. 왜냐하면, 화폐유통속도가 일정하다는 것은 거래횟수가 일정하다는 것이고, 이는 거래량이 일정하다는 의미이기 때문에, 결국 통화량이 물가에 비례적으로 영향을 미친다는 논리를 펼치고 있다. 하지만 이는 매우 잘못된 논리이다. 왜냐하면, 인과관계를 거꾸로 전개했기 때문이다. 즉, 물가상승이나 거래량 상승으로 인해 통화량이 증가하는 것이지, 통화량이 증가해서 물가상승이나 거래량 상승이 일어나는 것이 아니란 것이다. 만약, 거래량 상승수준이 물가하락 수준보다 높다면, 통화량이 증가할 수도 있다는 것이다. 즉, 물가가 하락해도 거래량 증가로 인해 통화량이 증가할 수 있다는 것이다. 따라서 거래량에 따라 물가와 통화량의 관계는 비례관계도 될 수 있고 반비례관계도 될 수 있는 것이다. 그런데 보편적으로 생각해서, 수량효과보다는 가격효과가 통화량에 미치는 효과가 크기 때문에, 지표상 물가와 통화량이 비례관계로 나타나고 있는 것이다. 따라서 주류경제학의 주장처럼 통화량이 증가하면 물가가 상승하는 것이 아니라, 거래량 상승이나 물가상승으로 인해 통화량은 증가하는데, 거래량이 다소 감소한다 하더라도, 물가상승은 경제전체에 영향을 미치기 때문에, 통화량이 증가하는 것이다.

마지막으로 기간 간 대체효과에 대해서 살펴보면, 이자율에 따라 노동자는 노동공급을 변화시킨다는 논리이다. 즉, 이자율이 상승하면 노동자는 현재의 노동을 늘리고, 미래노동을 줄이게 된다. 왜냐하면, 여가의 기회비용이 커지기 때문이다. 그리고 이자율이 하락하면, 현재의 노동을 줄이고 미래의 노동을 늘리게 된다. 솔직히 말해서, 지금까지 주류경제학을 비판해 왔지만, 이런 황당한 논리를 가정하면서까지 이론을 주장할 필요가 있는지 의문이다. 여러분이 직접 한 번 판단해보기 보란다. 여러분은 과연 기간 간 대체효과에 의해 노동공급을 변화 시키는지 말이다. 앞서 말했지만, 노동공급은 명목임금수준에 의해서 변한다고 말했었다. 하지만, 이 논리도 정확히 맞는다고 볼 수는 없다. 왜냐하면, 노동이라는 것은 가계의 생존을 위해 반드시 필요한 소득을 얻기 위한 경제행위이기 때문이다. 즉, 오늘날과 같은 장기 경기 침체로 인해 수많은 기업들이 몰락하고, 실업률이 높은 상황에서는 낮은 임금수준이라도 생존을 위해 노동공급을 해야 하는 것이다. 이것을 재화로 표현하면, 수요필요성이 강한 재화라고 보면 된다. 경제라는 것이 워낙 복잡하고, 불확실하여 단순히 이론적으로 설명하기 힘든 측면이 매우 많다는 것은 인정하나, 그럴수록 더욱 상식적이고 현실적인 방식으로 경제를 분석해야함에도 불구하고, 주류경제학은 현실과 상식을 무시하고, 자신의 이론을 합리화시키기 위한 목적으로 허구적인 가정을 사용하고 있는 것이다.

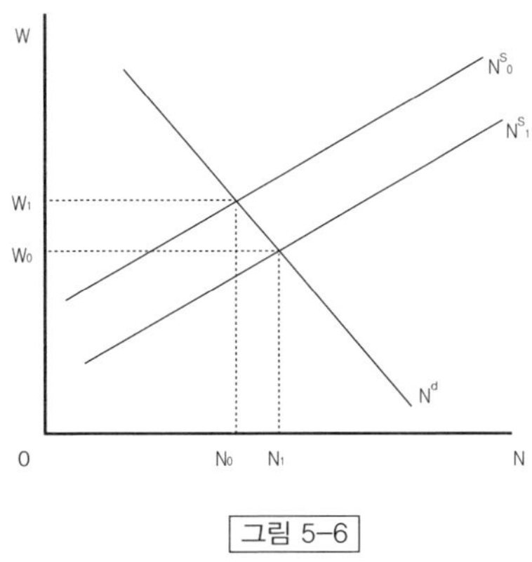

그림 5-6

　여러분이 보기에는 위 그래프가 맞는 것처럼 보일 것이다. 하지만 실상은 그렇지 않다. 왜냐하면, 노동공급이 늘어난다고 해서 임금수준이 낮아지고, 고용량이 증가한다는 합리적인 근거가 없기 때문이다. 즉, 위 그래프와 같은 논리가 되려면, 가계가 노동공급을 늘렸을 때 기업이 노동수요를 늘려야한다는 것인데, 이는 경제상황이 양호할 때나 가능한 것이다. 그리고 노동공급을 늘린다고 해서 임금수준이 낮아진다는 논리도 현실적으로 맞지 않는 것이고 말이다. 그리고 위의 기간 간 대체효과의 논리를 적용시켜보면, 이자율이 상승하여 설사 가계가 노동공급을 증가시켰다 하더라도 이자율이 상승하게 되면, 기업의 대출비용이 증가하여 생산비용이 증가하는데, 과연 노동수요를 늘릴 수 있을지도 의문이고 말이다. 이런 단순한 수요공급곡선을 가지고 설명할 수 있는 경제는 내가 보기에는 존재하지 않는다. 노동시장 뿐 만 아니라, 그 어느 시장에서도 마찬가지이고 말이다.

　다음 장부터는 주류경제학에 대한 비판은 그만두고, 화폐정책과 재정정책에 대한 저자의 견해를 밝히는 것으로 책을 마무리하고자 한다.

재정 정책

1. 조세정책

1) 감세

정부가 경기침체기에 감세정책을 실행한다면, 크게 두 가지 부분으로 나누어 생각할 수 있다. 첫 번째는, 기업에게 부과하는 조세부담을 낮춰 투자를 활성화시켜, 경기활성을 이끌겠다는 정책과 두 번째는 가계에게 부과하는 조세부담을 낮춰 소비를 활성화시켜, 경기활성을 이끌겠다는 정책이다. 전자는 공급이 수요를 창출한다는 세이의 법칙을 받아들이는 고전학파의 생각이고, 후자는 수요가 공급을 창출한다는 케인즈의 유효수요논리와 유사하다. 그러면, 여러분이 생각하기에는 어느 정책이 더 효과가 높을 것 같은가? 기업에게 법인세와 같은 조세부담을 낮춰서 공급을 통한 경기활성인가, 아니면 가계에게 소득세나 소비세를 낮춰 소비를 통한 경기활성인가? 저자의 생각으로는 후자가 더 효과가 높을 것이다. 왜냐하면, 기업의 조세부담을 낮춰 투자를 증가시키고, 이것이 고용증가로 이어지면서 소비활성화로 이어지는 과정보다는 가계의 조세부담을 낮춰주는 정책은 가처분소득을 높여 직접적으로 소비에 영향을 미치기 때문이다. 그 이유는 전자의 경우처럼 기업의 조세부담을 낮춰준다고 해도, 투자가 증가한다는 보장이 없기 때문이다. 특히, 경기침체기에는 기업입장에서 섣불리 투자를 할 수 없으며, 오히려 소비감소에 의한 판매실적 악화로 인해, 부피를 더욱 줄여야 하는 상황도 많이 발생하게 된다. 이런 상황에서는 정부가 기업에게 조세부담을 낮춰 준다 하더라도, 기업은 그 돈을 보유만 하고 있을 공산이 크다. 그리고 만약 법인세를 낮춰 기업의 산출과 투자가 늘었다고 치자. 하지만 이것이 고용증가와 임금인상으로 인한 가계의 소득증가로 이어지려면, 기업이 생산한 상품의 판매실적이 좋아야만 한다. 하지만 경기침체기에 이런 현상이 발생할 경우는 드물다. 특히 수요충분재화를 생산하는 기업은 더욱 그렇고 말이다. 따라서 경기침체기에 기업의 조세부담을 줄여 주는 정책은 효과가 적다는 것이나(기업은 이윤극대화를 추구하는 경제주체이지, 자선사업가가 아니다. 눈앞에 뻔히 보이는 불구덩이에 누가 돈을 쥐고 들어가려 하겠는가). 이에 반해, 가계의 조세부담을 줄여주는 정책은 소비활성화에 직접적인 효과를 가져 온다. 왜냐하면, 소비주체가 바로 가계이기 때문이다. 따라서 가계의 가처분소득을 늘려주면, 소비증가로 인해 직접적으로 공급자인 기업의 판매실적도 좋아지게 되고 이로 인해 경기가 점차적으로 회복될 수 있는 것이다. 즉, 전자의 경우는 경기활성화에 대한 간접적인 효과에 불과하고 실현가능성도 낮지만, 후자의 경우에는 경기활성화에 직접적인 효과를 가져 오고, 실현가능성도 높다는 것이다.

그리고 현실적으로 정부가 기업과 가계에 모두 감세를 한다는 것은, 재정건전성을 크게 악화시키기 때문에 실현되기 어렵다. 따라서 선별적으로 감세를 할 수밖에 없다. 위의 논리대로 하자면, 그에 맞는 가장 적절한 대상은 소비성향이 큰 중·저소득층을 중심으로 하여야 한다. 하지만 문제는 소비가 증가한다고 해서 경기가 살아난다는 의미는 아니다. 앞서 언급했듯이, 소비는 과연 어떤 소비의 증가가 되어야하느냐가 중요한 것이며, 경기를 회복시키기 위해서는 반드시 수요충분재화의 소비가 활성화되어야 한다. 왜냐하면, 수요필요재화의 경우는 소득이 낮아도 소비가 어느 정도 보장이 되어 있기 때문이며, 수많은 기업들이 수요충분재화를 생산하고 있기 때문이다. 따라서 경기침체에서 벗어나려면, 수요충분재화의 소비가 활성화가 되어, 수요충분재화를 생산하는 기업의 재정이 나아져야만 한다. 그래야만 수요충분재화를 생산하는 기업에서 노동자에게 더 높은 임금과 더 많은 고용을 하게 되며, 이로 인해 소비가 활성화되는 경제의 선순환이 작동하는 것이기 때문이다.

하지만 이런 현상도 수요필요재화의 물가가 안정되는 조건에서나 성립되는 것이다. 즉, 가처분소득이 늘어나면, 가계는 우선 수요필요재화의 소비를 증가시킬 것이며. 이로 인해 수요필요재화의 공급가격이 상승하게 되면, 설사 정부가 가계에 조세부담을 덜어준다 하더라도, 가계는 소득의 대부분을 수요필요재화를 소비하는데 쓸 것이다. 그렇게 되면, 정부의 감세정책은 전혀 효과를 발휘하지 못하게 되고, 수요필요재화의 물가만 상승시키게 되는 꼴이 된다. 이로 인해 수요충분재화를 생산하는 기업은 전혀 감세로 인한 판매증가의 효과를 받지 못하게 된다. 그리고 이런 현상이 지속되면, 수요필요재화를 생산하는 기업입장에서도 득이 될 것이 없는 이유가, 아무리 수요필요성이 강하다 하더라도, 가격이 상승하게 되면, 가계는 소비량을 다소 줄이기 때문이다. 물론 이것이 단기적으로는 기업에게 더 큰 이윤이 될지는 모르겠지만 말이다. 그리고 수요필요재화의 물가상승으로 인해, 수요충분재화를 생산하는 기업이 타격을 받게 되면, 사회에 심각한 실업문제가 발생하게 된다. 이는 결국 수요필요재화를 생산하는 기업에게도 좋을 것이 없다는 것이다. 저자가 제1론에서 언급했듯이, 재화라는 것은 특성이 정해져 있는 것이 아니라, 경제상황에 따라 변하는 것이라 말했었다. 그리고 가계소득이 감소하여 수요가 줄게 되면, 기존의 수요필요재화도 수요충분성을 갖게 된다고 언급하면서, 결국 빵과 물만이 수요필요재화가 될 것이라 말한 이유가 여기에 있는 것이다. 또한 수요충분재화를 생산하는 기업이 타격을 받아, 심각한 실업문제가 대두되면, 가계입장에서는 꼭 필요한 지출이외에는 지갑을 닫게 되며, 이는 더욱더 수요충분재화를 생산하는 기업에게 악영향을 주게 되어, 결국 수많은 기업이 도산하게 되고, 높은 실업이 발생하게 되어, 경제의 악순환이 생기게 된다. 따라서 이를 방지하기 위해서는, 수요필요재화의 가격상승을 조절할 필요가 있다. 그리고 이런 정부의 가격통제가 수요필요재화를 생산하는 기업에게도 궁극적으로 더 이익이 된다는 것을 알려 줄 필요가 있다. 작금의 경제현실처럼 수많은 기업이 볼락하고, 가계소득은 감소하고, 실입은 높이민 기는데 물가는 계속 오르고 있는 이유가 바로, 수요필요재화를 판매하는 기업이 단기수익을 위해 가격을 높이고 있기 때문이다. 이로 인해 더 큰 경제에 악영향이 미치게 되는 것이다.

* 경기침체 하에 중·저소득층에 대한 조세감소의 효과(수요필요재화의 물가통제)

  경기침체 시에 정부가 수요필요재화의 물가를 통제할 경우, 수요충분재화에 대한 수요자와 공급자의 경제행위에 대해서 대략적으로 살펴보자.

* 조세감소 자극 전, 수요충분재화에 대한 경제행위의 가정(분석방법에 대해서는 제1론에서 충분히 언급된 내용이므로, 굳이 설명할 필요가 없기 때문에 간단한 수치로만 표현하겠다.)

- 의도수요가격: 15
- 의도수요량: 10
- 의도공급가격: 20
- 의도공급량: 15
- 최대수요가격: 25
- 최소공급가격: 10
- 단위당 생산비용 10
- 실제수요(매출)량: 5(수요충분재화이므로 수요자의 수요직선에 큰 비중을 두어 값을 도출했다.)
- 실제가격: 20

수요자 측면		공급자 측면	
의도수요	15 X 10 = 150	의도매출	20 X 15 = 300
실제수요	20 X 5 = 100	실제매출	20 X 5 = 100
수요실패	150 − 100 = 50	매출실패	300 − 200 = 100
수요자잉여	−5 X 5 = −25	공급자잉여	100 − 150 = −50

* 조세감소 자극 시, 수요충분재화에 대한 경제행위의 가정

수요자 측면		공급자 측면	
의도수요	18 X 12 =216	의도매출	20 X 15 = 300
실제수요	20 X 10 = 200	실제매출	20 X 10 = 200
수요실패	216 − 200 = 16	매출실패	300 − 200 = 100
수요자잉여	−2 X 10 = −20	공급자잉여	200 − 150 = 50

- 의도수요가격: 15→18
- 의도수요량: 10→12
- 최대수요가격: 25→30
- 실제수요(매출)량: 10
- 실제가격: 20

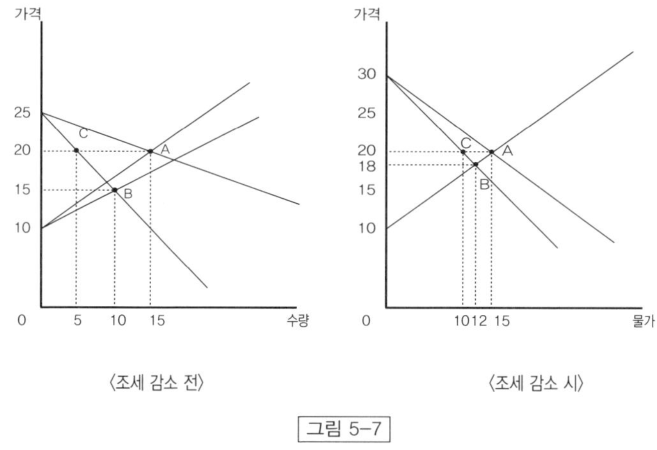

그림 5-7

　위의 분석을 통해 조세감소 전과 비교해 조세감소 후의 경제상황이 확연히 나아진 것을 알 수 있다. 하지만 ,이런 결과는 수요필요재화의 공급가격상승을 정부가 통제했기 때문에 가능한 것이다. 따라서 다음은 수요필요재화의 공급가격 상승을 통제하지 못했을 경우 경제상황에 대해 살펴보자.

*** 중·저소득층에 대한 조세감소 시 경제행위의 가정**(수요필요재화의 비가격통제)

　가계는 자신의 소득 중, 수요필요재화를 소비하고 남은 부분에 대해서 저축을 할 것인지, 수요충분재화를 소비할 것인지를 결정하기 때문에, 만약 정부가 조세를 감면시켜도, 우선적으로 소비가 늘어나는 재화는 수요필요재화이다. 따라서 수요필요재화를 공급하는 기업입장에서는 이윤극대화를 추구하기 위해 가격을 높이지 않을 이유가 없으며, 이는 정부의 감세효과를 상쇄시킬 뿐만 아니라, 오히려 수요충분재화에 대한 소비를 더욱 감소시키게 된다.

- 의도수요가격: 15→12
- 의도수요량: 10→8
- 최대수요가격: 25→22
- 실제수요(매출)량: 2 (계산에 의하면 8/5이지만, 분석의 편의를 위해 2로 가정하자.)
- 실제가격: 20

표 5-3

	수요자 측면		공급자 측면
의도수요	12 X 8 = 96	의도매출	20 X 15 = 300
실제수요	20 X 2 = 40	실제매출	20 X 2 = 40
수요실패	96 − 40 = 56	매출실패	300 − 40 = 260
수요자잉여	−8 X 2 = −16	공급자잉여	40 − 150 = −110

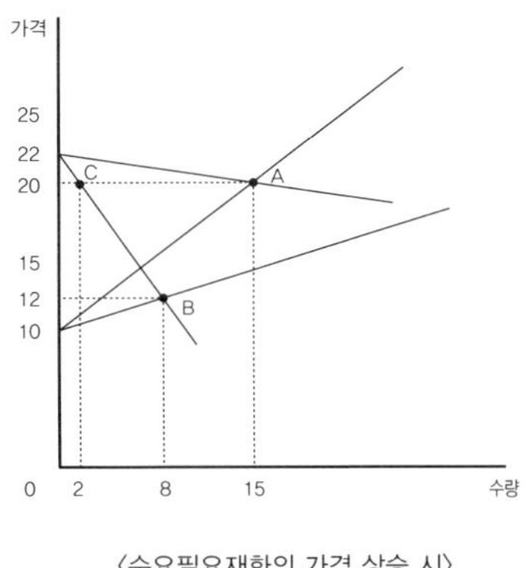

〈수요필요재화의 가격 상승 시〉

그림 5-8

경기침체 하에서, 정부가 가계의 조세부담을 덜어준다 하더라도, 수요필요재화의 가격조절이 없을 경우에는 더욱 심각한 경제위기가 발생할 수 있다.

2) 증세

경기침체 시, 부족한 재원마련을 위한 정부의 증세는 보통 여러분들도 잘 알다시피, 직접세형식으로는 부자증세를 의미하는 것이다. 예를 들어, 대기업의 법인세율을 상승시킨다든지, 고소득층의 소득세율을 상승시킨다든지 하는 것들이다. 그리고 간접세형식으로는 부가가치세와 개별소비세 등을 상승시키는 행위를 말한다. 그런데 경기침체를 벗어나기 위해서는 앞서 언급했듯이, 수요충분재화의 소비활성화가 반드시 이루어져야 한다. 만약에 정부의 증세행위가 수요충분재화의 소비활성화에 걸림돌이 된다면, 오히려 경기를 더욱 침체시킬 수 있는 것이다. 그래서 이 부분을 고려하자면, 부자증세의 경우는 소수에 국한되며, 부유층은 소비성향이 낮기 때문에, 증세를 하여도 수요충분재화의 소비에 주는 악영향이 적다고 보아야 할 것이다. 하지만, 간접세는 소득계층을 모두 포함하기 때문에, 경기침체기에 간접세율을 상승시키는 행위는 오히려 수요충분재화의 소비에 더욱 큰 악영향을 미칠 수 있는 것이다. 그리고 문제는 직접세보다는 간접세의 재원조달효과가 더 크다는데 있다. 그리고 직접세 증액보다 반발이 작아, 정치적 부담이 상대적으로 적다. 그래서 정부입장에서는 직접세보다는 간접세증액을 통한 재원조달을 더욱 선호하게 된다.

그러면, 만약 정부가 간접세를 경기침체기에 증액을 하면, 경제에 어떠한 영향을 미치는지 살펴보자.

간접세는 보통 소비를 통해 발생되므로, 수요필요재화를 생산하는 기업입장에서는 늘어난 조세크기만큼 수익이 줄게 되므로, 공급가격을 높이게 되며, 이로 인해 가계에 더욱 큰 지출 부담이 돌아가게 된다. 그리고 소득 중 수요필요재화에 대한 지출 부담이 상승하게 되어, 수요충분재화의 소비는 더욱 감소하게 된다. 그리고 간접세가 증가했다고 해서 수요충분재화를 생산하는 기업은 자신의 상품가격을 함부로 높이지 못한다. 왜냐하면, 가뜩이나 안 팔리는데 가격을 높여 자멸을 초래하는 행동을 취할 수 없기 때문이다. 이로 인해 수요충분재화를 생산하는 기업은 큰 재정적 타격을 입게 되고, 생산비용을 감소시키기 위해 고용을 줄이고 임금수준을 내리게 되며, 실업을 높이게 된다. 결국, 정부의 간접세증액으로 인해, 수요필요재화의 물가만 상승시키고, 경기를 더욱 침체되게 한다.

* 경기침체 하에서 간접세 증액 전, 수요필요재화에 대한 경제행위의 가정

(경기침체라는 시기를 감안하여, 의도수요량이 의도공급량보다 적은 것으로 가정했지만. 수요필요성이 강한 재화는 보통 의도수요량이 의도공급량을 뛰어 넘는 경우도 많다. 그리고 이해하기 쉽게 의도수요가격보다 의도공급가격이 높다 하더라도 의도수요량이 모두 소비된다고 가정하자.)

- 의도수요가격: 20
- 의도수요량: 10
- 의도공급가격: 25
- 의도공급량: 12
- 최대수요가격: 30
- 최소공급가격: 15
- 단위당 생산비용 10
- 실제수요(매출)량: 10
- 실제가격: 25

표 5-4

	수요자 측면		공급자 측면
의도수요	20 X 10 = 200	의도매출	25 X 12 = 300
실제수요	25 X 10 = 250	실제매출	25 X 10 = 250
수요실패	250 − 200 = 50	매출실패	300 − 250 = 50
수요자잉여	−5 X 10 = −50	공급자잉여	250 − 120 = 130

＊ 간접세 증액 시, 수요필요재화에 대한 경제행위의 가정(소비세율을 10% 증액)

- 의도공급가격: 25→28
- 의도공급량: 15→17
- 실제수요(매출)량: 10
- 실제가격: 28

표 5-5

수요자 측면		공급자 측면	
의도수요	20 X 10 = 200	의도매출	28 X 12 = 336
실제수요	28 X 10 = 280	실제매출	28 X 10 = 280
수요실패	280 - 200 = 80	매출실패	336 - 280 = 56
수요자잉여	-8 X 10 = -80	공급자잉여	280 - 120 - 28(소비세)=132

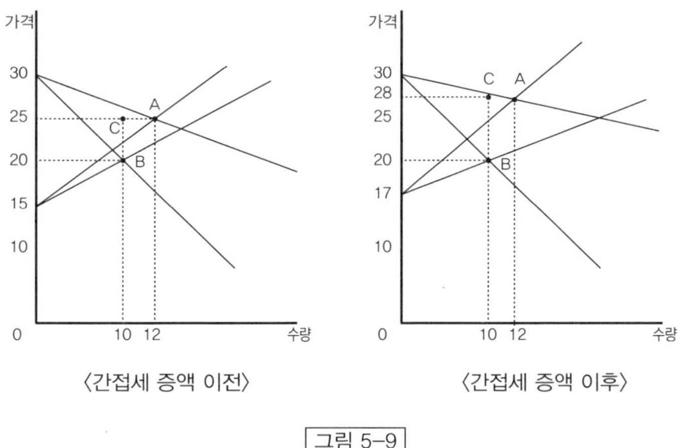

그림 5-9

즉, 정부의 간접세 증액으로 인해, 수요필요재화의 물가는 상승하게 되고, 가계는 수요필요재화를 구입하는데, 더 많은 지출을 하게 되어, 이로 인해 수요충분재화의 소비가 감소하게 되고, 결국에는 수요충분재화를 생산하는 기업의 재정상황이 크게 악화되어, 가계소득에도 큰 악영향을 미치게 된다.

*** 직접세 증액 시(고소득층에 대한 증세를 실행했을 때)**

고소득층에 대한 증세는 간접세 증세보다, 경제에 미치는 악영향이 작다고 볼 수 있다. 왜냐하면, 고소득층은 소득대비 소비 비중이 낮으므로, 어느 정도의 증세는 고소득층의 소비행태에 거의 영향을 줄 수 없기 때문이다. 즉, 높은 소득 중 소비를 하고 남은 부분에 대해서 과세를 하는 것과 마찬가지라는 것이다. 따라서 지나친 빈부격차는 곧 소비부족을 의미하는 것이다. 왜냐하면, 빈부격차가 크다는 것은 그 만큼 소비성향이 낮은 고소득층이 많다는 것을 의미하며, 이들은 소비비중이 낮기 때문에 결국 전체소득이 소비로 이어지는 비중을 줄이게 되어, 경기를 침체시키는 요인으로 작용하기 때문이다. 즉, 돈은 쓰라고 있는 것이지, 쓰지 않고 모으라고 있는 것이 아니란 것이다. 소비되지 않는 돈이 많을수록, 경제는 활기를 잃어버리고, 온갖 부작용을 발생시키기 때문에 빈부격차를 지나치게 벌어지게 하는 행동들(과도한 대기업의 효율성임금으로 인한 중소기업과의 임금격차. 지나친 성과급 등)은 오히려 물가만 상승시키고, 경기를 더욱 침체시킨다.

그럼, 왜 빈부격차가 심해지면, 물가가 상승할까? 그것은 고소득층의 의도수요가격이 높기 때문이다. 상품의 공급자 입장에서는 판매량이 감소하더라도 가격을 높은 수준으로 유지하는 것이, 의도수요가격이 높은 소비층이 많다면, 더 많은 이윤을 얻을 수 있기 때문이다. 이에 해당되는 재화가 바로 수요필요재화이다. 즉, 조금 잘 팔리지 않더라도, 높은 가격을 유지하는 이유가 바로, 의도수요가격이 높은 고소득층이 소비를 해주기 때문에, 공급자입장에서는 굳이 가격을 낮출 이유가 없는 것이다. 또한, 소득이 낮다 하더라도 소비량은 조금 줄겠지만, 어쨌든 소비를 해야 하는 재화이기 때문이다. 이로 인해, 수요충분재화를 생산하는 기업은 빈부격차가 심할수록, 재정적으로 더 큰 타격을 입게 되는 것이다.

즉, 중산층이 두텁고, 소득격차가 감소할수록, 물가는 안정되고, 수요충분재화에 대한 소비도 늘어날 수 있다는 것이다. 따라서 정부가 소비 대비 지나친 소득을 얻고 있는 경제주체에게 증세를 하는 행위는, 오히려 빈부격차를 줄여, 물가를 안정시키므로 경기활성화에 더 큰 도움이 될 수 있는 것이다. 그리고 늘어난 조세를 정부가 경기활성화에 쓴다면, 더욱 경기침체에서 빠르게 벗어날 수 있는 것이다.

(논외로, 자산 가격이 폭등하는 이유는 바로 심각한 빈부격차도 큰 원인으로 작용한다. 왜냐하면, 자산을 투기하는 사람들이 대부분 소득 중 소비 비중이 낮아, 많은 여유자금을 가진 사람들이기 때문이다. 즉, 인간은 자신이 가진 재산을 계속 증식시키기를 원하기 때문에 소비를 제외하고 남은 소득을 가지고, 투기를 하게 된다는 것이다. 현실적인 예를 들어, 작금의 미국 부동산 시세가 조금씩 상승하는 것을 보고, 경기가 살아나고 있다는 생각을 하는 사람이 많은 것으로 알고 있다. 그런데 이것은 매우 잘못된 생각이다. 왜냐하면, 부동산 가격이 상승하는 것하고, 경기활성화하고는 아무 관련이 없으며, 오히려 투기로 인해 거품물가를 상승시켜, 경기를 침체시키는 역할을 하기 때문이다. 그 이유는 앞서 제2론에서 충분히 설명했으니, 굳이 논의를 하지 않겠다.)

2. 정부지출

우리는 경기침체기 정부가 직접 나서서 공공사업을 실행해 일자리를 창출하여 기업과 가계의 소득을 증가시켜, 유효수요를 늘려 경기를 활성화하고자 하는 행위를 주로 정부의 재정정책으로 알고 있으며, 이런 정책은 케인즈 학파가 주장하는 것이다. 즉, 경제위기 때에 정부가 직접 개입하여, 경기를 회복해야한다는 논리이다. 하지만, 이런 추상적인 논리를 가지고는 올바른 효과를 기대하기 어렵다. 정부지출이면 어떤 정부지출이며, 이것이 지속가능한 사업인지, 임금수준과 고용수준은 어떠한지가 매우 중요하다. 그러나 주류경제학에서는 이런 구체적 논의를 간과하고 있는바, 실제 경제현실에 적용할 수가 없는 것이다. 만약, 경기침체를 막고자 정부가 SOC사업을 추진한다고 가정해보자. 위기에 처해 있는 기업과 가계의 소득을 늘리기 위해, 정부가 직접 재원을 투자하여, 경기회복을 의도하려 하겠지만, 역사상 성공한 사례는 찾아보기 힘들다. 왜냐하면, 정부입장에서는 경기침체기에 마땅히 재원마련을 할 곳이 없으며, 만약에 증세를 한다면, 수많은 비난을 감수해야하고, 또한 증세를 통해 거액을 조달할 수도 없다. 그리고 만약에 국채를 발행한다 하더라도, 이는 정부가 갚아야할 빚이기 때문에 섣불리 대량의 채권을 발행할 수가 없으며, 만약 국채를 중앙은행이 매입한다고 해도, 통화량조절을 통해 인플레이션 타게팅을 하는 중앙은행입장에서는 시중에 정부사업으로 인해 막대한 통화가 풀리는 것을 원치 않을 것이다. 따라서 사실상 정부는 재원부족으로 인해 경기침체기에 지속가능하고, 높은 임금수준과 고용수준을 만족시키는 사업을 할 수 없다는 것이다.

그럼, 이런 현실적 여건을 감안하여, 정부지출증가가 과연 경기를 회복시킬 수 있는 지에 대해 논의하자면, 결론적으로 말해서 거의 가능성이 없다는 것이다. 왜냐하면, 정부가 아무리 SOC사업을 벌여, 기업과 가계에 소득을 증대시킨다 하더라도 그것이 지속가능하지 않다면, 기업입장에서는 자신이 얻은 소득을 섣불리 투자에 사용하지 못할 것이며, 가계입장에서도 미래에 자신의 일자리가 보장되지 않기 때문에, 꼭 필요한 소비이외에는 지출을 줄일 것이기 때문이다. 그리고 현실적으로 정부는 높은 임금수준과 고용수준을 만족시킬 수 없기 때문에, 위와 같은 정책은 물가만 상승시켜, 경기를 더욱 위축시킬 수도 있다는 것이다. 왜냐하면, 정부지출을 통해 가계소득이 증가하였다 하더라도, 가계는 일단 수요필요재화에 대한 소비를 늘릴 것이며, 이는 수요필요재화를 생산하는 기업에게 공급가격을 상승시킬 유인으로 작용하기 때문이다. 즉, 정부가 어렵게 자금을 조달하여, 공공사업을 벌였지만, 그 결과는 오히려 수요필요재화의 물가만 상승시키고, 경제를 이전보다 더욱 침체시키는 결과를 초래할 수도 있다는 것이다. 이를 이해하기 쉽게 예를 들어 설명하자면 다음과 같이 나타낼 수 있다.

* 경기침체 시, 정부지출의 증가(수요필요재화의 비가격통제)

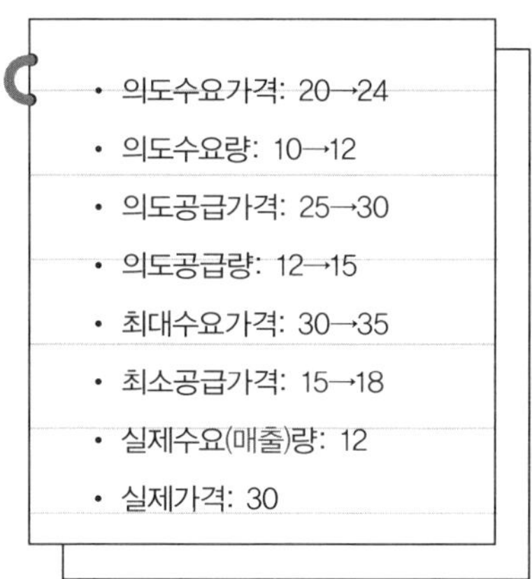

표 5-6

	수요자 측면		공급자 측면
의도수요	24 X 12 = 288	의도매출	30 X 15 = 450
실제수요	30 X 12 = 360	실제매출	30 X 12 = 360
수요실패	360 − 288 = 72	매출실패	450 − 360 = 90
수요자잉여	−6 X 12 = −72	공급자잉여	360 − 150 = 210

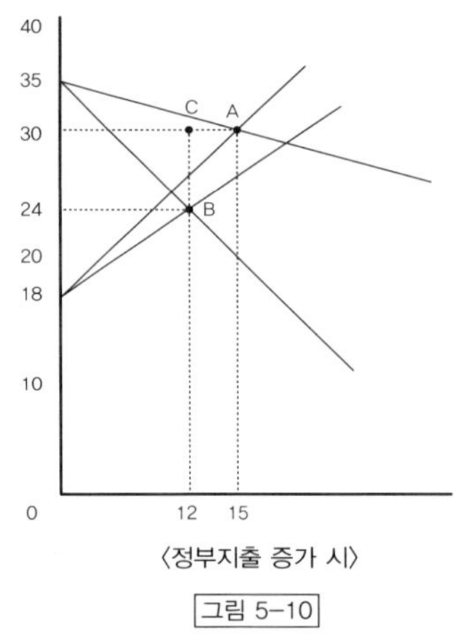

그림 5-10

따라서 정부지출증가로 인해, 비록 소득상승으로 가계의 수요필요재화에 대한 의도수요량이 다소 증가하였지만, 수요필요재화를 공급하는 기업입장에서는 이윤극대화를 추구하기 때문에 가격을 올려서 대응한다. 결국, 가계는 자신의 소득 중 수요필요재화를 구입하는데 많은 지출이 들어가게 되며, 이는 수요충분재화를 생산하는 기업에게 아무런 도움이 되지 않을 뿐만 아니라 오히려 더욱 소비를 감소시키게 된다. 즉, 정부지출의 증가가 수요필요재화의 물가만 상승시키고, 경기를 호전시키는데 도움이 되지 않는다는 것이다. 따라서 정부의 지출증가가 그나마 효과를 보려면, 수요필요재화의 물가상승을 통제해야만 한다. 그렇지 않으면, 가계의 소득상승이 수요충분재화의 소비증가로 이어지지 않는다.

* 경기침체 시, 정부지출의 증가 (수요필요재화의 가격통제)

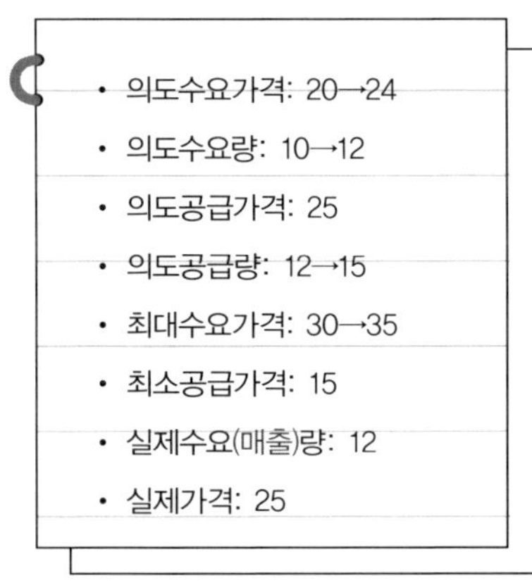

수요자 측면		공급자 측면	
의도수요	24 X 12 = 288	의도매출	25 X 15 = 375
실제수요	25 X 12 = 360	실제매출	25 X 12 = 300
수요실패	300 − 288 = 12	매출실패	375 − 300 = 75
수요자잉여	−1 X 12 = −12	공급자잉여	300 − 150 = 150

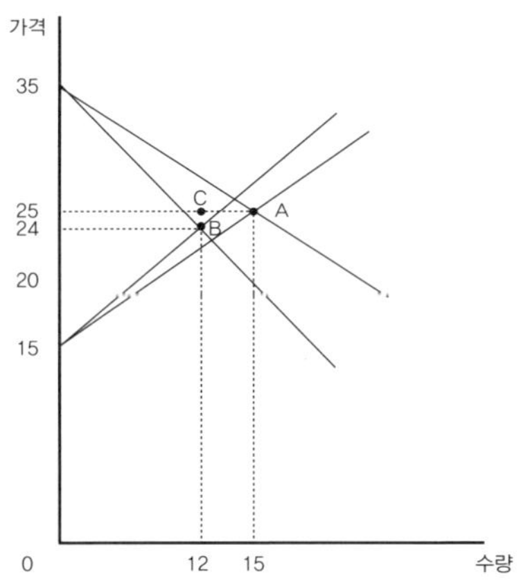

〈정부지출 증가 시 수요필요재화의 가격통제〉

그림 5-11

따라서 정부지출을 증가시킴에 따라, 수요필요재화에 대한 가격통제를 해야지만, 가계의 수요필요재화에 대한 지출 부담이 줄어들어, 수요충분 재화를 소비할 수 있는 여유가 더 커진다는 것을 알 수 있다. 하지만, 이 가정도 가계의 직업 안정성이 보장되어 있을 경우에나 성립이 되는 것이다. 만약, 정부지출사업이 지속가능성과 노동자의 직업을 장기간 유지시킬 수 없다면, 아무리 수요필요재화에 대한 공급가격을 통제한다 하더라도, 가계는 꼭 필요한 지출이외에는 소비하려하지 않고, 저축하려 할 것이다. 왜냐하면, 직업 안정성이 보장되지 않아, 미래소득을 보장받을 수 없기 때문이다. 따라서 작금의 기업의 비정규직채용이 얼마나 어리석은 행동인지를 기업 스스로가 알아야만 한다. 비정규직이라는 것이, 기업이 재정악화에 대한 단기적 안목의 생산비용 감소를 위해 노동유연화 시스템의 일환으로 도입된 것이지만, 결국 가계의 소비성향을 심각히 훼손시켜서 자신의 생존을 가장 위협하는 걸림돌로 작용하고 있다는 것을 말이다. 게다가 노동유연화시스템은 종업원의 기업에 대한 애사심과 충성심을 심각하게 훼손시킨다. 왜냐하면, 노동유연화라는 의미자체가 기업이 노동자를 자신의 이윤극대화를 추구하기 위한 수단적 도구로 대한다는 명확한 의사표현이기 때문이다. 사람이 바보도 아니고, 자신을 도구로 취급하는 기업에 최선을 다할 종업원은 이 세상에 단 한명도 없다. 즉, 기업이 자신을 도구로 대한다면, 그것과 똑같이 기업을 자신에게 봉급을 주는 그 이상, 그 이하도 아닌 것으로 여긴다는 것이다. 이것이 또한 기업의 직접적인 산출에 영향을 미칠 것이라는 것은 불 보듯 뻔한 것이고 말이다. 이게 모두 주류경제학 때문이다. 왜냐하면, 기업의 재정사정이 어렵다면, 정규직을 줄이고 노동자의 임금을 삭감하고, 낮은 임금의 비정규직을 늘리라는 것이 주류경제학자들의 생각이기 때문이다. 즉, 공급이 수요를 창출한다는 잘못된 생각을 가지고 있으면, 경제가 파국으로 치닫는 것이다.

통화 정책

1. 이자율정책

1) 경기침체기

　중앙은행은 경기침체기에 기준금리를 인하하여, 시중금리를 낮추고, 기업과 가계의 투자와 소비를 촉진하는 저금리 정책을 펼친다. 하지만 중앙은행이 기준금리를 낮춘다 하더라도, 시중은행입장에서는 금리를 낮춘다는 보장이 없다. 왜냐하면, 앞서 언급했듯이 국유화되지 않은 시중은행입장에서는 이윤극대화를 추구하기 때문에, 금리를 낮춰서 얻을 수 있는 이윤과 금리를 유지하여 얻을 수 있는 이윤을 비교하게 된다. 그런데, 경제주체는 꼭 필요한 경우가 아니라면, 대출을 하지 않으며, 또한 꼭 필요한 곳에 돈을 써야한다면, 금리가 높더라도 돈을 빌리려고 한다. 즉, 경기침체기에 아무리 이자율이 낮더라도, 기업과 가계입장에서는 꼭 필요한 곳이 아니면, 투자와 소비를 줄이게 되므로, 굳이 빚을 지려하지 않는다. 그리고 돈을 은행에서 대출받고자하는 경제주체는 꼭 필요한 수요를 달성하기 위해서이므로 은행이 금리수준을 높게 유지한다 하더라도, 돈을 대출받으려 할 것이다. 따라서 중앙은행이 경기침체기에 아무리 기준금리를 낮춘다 하더라도, 시중은행입장에서는 금리를 낮춰, 낮은 이윤을 얻을 이유가 없는 것이다. 왜냐하면, 금리를 낮추었을 때 돈을 빌리러 오는 사람과 금리를 더 높게 유지했을 때 돈을 빌리러 오는 사람이 거의 동일하기 때문이다. 그리고 중앙은행이 기준금리를 낮추었는데도 불구하고, 시중은행이 금리를 낮추지 않는다고 압력을 행사할 경우에 시중은행입장에서는 대출금리를 낮추는 동시에 예금금리를 함께 낮추게 된다. 왜냐하면, 예대마진이 은행의 이윤이기 때문이다. 그러면, 낮아진 예금금리로 인해 민간저축이 감소하게 되고, 돈을 대출해줄 때에는 이전보다 이윤이 더 줄게 된다. 또한 경기침체기에 민간의 대출수요를 시중은행이 모두 받아들이는 것이 아니라, 확실한 담보물건이나 신용이 없으면, 시중은행입장에서도 대출을 해줄 수가 없다. 왜냐하면, 섣불리 돈을 대출해주었다가, 돈을 돌려받지 못하면, 가뜩이나 경기도 어려운 시기에 은행의 생존에 큰 위협으로 작용하기 때문이다. 즉, 경기가 어려울수록 민간의 재정력이 부실하기 때문에 은행입장에서는 더욱 철저한 신용할당을 하게 된다는 것이다. 따라서 중앙은행이 경기침체기에 기준금리를 인하하는 정책은 아무런 통제가 없을 경우, 시중은행의 금리변동에 영향을 미칠 수 없으며, 만약 간섭을 할 경우에는, 시중은행의 이윤은 감소하게 되며, 대부분 은행의 신용기준을 만족시킬 수 있는 경제주체들이 대출을 받을 수 있게 된다. 즉, 중소기업 같은 경우에는 마땅히 돈을 빌릴 곳이 없다는 것이다. 그리고 경기침체에서 벗어나려면, 수요충분재화에 대한 소비활성화가 이루어져야만 한다. 그런데 시중은행이 만약에 금리를 낮춘다 하더라도, 이것이 수요충분재화의 소비활성화로 이어질 가능성은 매우 적다는 것이다. 왜냐하면, 가계가 은행에 고금리든, 저금리든 간에 돈을 빌리는 이유는 수요필요재화를 소비하기 위함이지. 당장에 소비할 필요가 없는 수요충분재화의 소비가 아니기 때문이다. 제2편에서도 언급했듯이, 세상에 당장 필요도 없는 재화를 소비하기 위해 빚을 지는 사람은 거의 없다. 설사 금리가 매우 낮더라도 말이다. 예를 들어, 집에 10년 된 브라운관 TV를 교체하고자, 은행에 빚을 지는 사람이 존재하겠는가? 5년 된 컴퓨터를 바꾸기 위해 은행에 빚을 지는 사람이 존재하겠는가? 물론, 존재는 하겠지만 보편적이고 상식적으로 생각할 수 없다는 것이다. 즉, 경제주체가 은행에 대출받는 목적은 자신에게 꼭 필요한 소비와 투자를 하기 위함이다. 따라서 경기침체기에는 기업과 가계가 유동성 함정에 빠지기 때문에 가급적 은행에 빚을 지려하지 않으며, 가계의 경우는 빚을 진다면, 대부분 수요필요재화의 소비목적으로 대출을 받게 된다는 것이다. 즉, 시중은행이 금리를 낮춘다 하더라도 경기활성화에 도움이 되지 않을 공산이 크다. 결론적으로 말하자면, 경기침체기에 중앙은행이 기준금리를 인하하는 정책은 무려하다는 것이다.

2) 경기활성기

경기가 활성화 되어, 물가가 상승하면, 중앙은행은 기준금리를 높여, 저축을 높이고 투자와 소비를 줄여, 물가를 안정시키는 고금리 정책을 취하게 된다. 하지만, 이 정책은 경제를 다시 침체에 빠뜨리는 결과를 초래할 뿐이다. 왜냐하면, 경기활성기에 생산의지로 활기를 띠는 기업과 가계에 고금리 부담을 주게 되면, 기업입장에서는 이전보다 더 많은 이윤을 얻어야 하기 때문에, 상품의 가격을 올리게 된다. 그리고 가계의 경우에도 예금금리 상승과 대출금리 상승으로 인해, 소비가 감소하게 되며, 그 대상은 바로 수요충분재화가 된다. 즉, 이자율 상승으로 인해, 소비가 감소하게 되며, 가계는 저축을 늘리고 수요충분재화에 대한 소비를 줄이게 되면서, 경제는 점차 침체의 늪으로 빠져들게 된다는 것이다. 따라서 물가를 안정시키기 위해 경제를 침체시키는 대가를 치러야 하는 것인데,

이는 빈대 잡자고 초가삼간을 태우는 것과 같은 어리석은 행동이다. 그리고 물가라는 것은 중앙은행이 이자율을 상승시킨다고 해서 안정되는 것이 아니다. 이유는 대출금리가 상승하면, 기업은 물가를 상승시키게 되며 또한, 이로 인해 수요충분재화에 대한 소비가 감소하게 된다. 결국, 수요충분재화를 생산하는 기업은 상품의 가격을 내리게 되고, 기업재정은 악화되어, 노동자에게 그 부담이 전가가 된다. 그리고 수요필요재화의 물가는 떨어지지 않고 금리상승으로 인해 오히려 물가가 상승하게 되며, 여러 외부요인에 의해서도 물가는 상승하게 된다. 따라서 경기활성기에 이자율상승은 수요충분재화를 생산하는 기업에 엄청난 재정적 타격을 주게 되며, 만약 겉으로는 물가가 안정되는 것처럼 보일 경우에도 이는 판매량 감소로 인해 수요충분재화의 공급가격이 하락했기 때문이지, 서민경제에 직접적으로 부담을 주는 수요필요재화의 물가는 오히려 상승하게 된다는 것이다. 즉, 중앙은행이 기준금리를 높여도 물가안정을 달성한다는 보장이 없으며, 오히려 수요필요재화의 물가를 더욱 상승시킬 수도 있다는 것이다. 그리고 물가안정을 달성한다 하더라도, 그것은 수요충분재화에 대한 소비감소로 인해 발생되는 것이다. 즉, 물가하락의 대가로 경기침체를 선택하는 것과 마찬가지라는 것이다. 그러면, 과연 중앙은행은 지나친 물가상승을 막고, 경기활성화를 유지하려면, 어떤 정책을 펼쳐야 할까? 이것을 실행하려면, 수요필요재화의 물가상승을 철저하게 관리하면서, 저금리를 유지하여 수요충분재화의 수요를 계속적으로 유지해나가야만 한다. 즉, 경기활성화 시기에도 중앙은행은 저금리를 유지하여, 기업의 투자수요확대와 가계의 수요충분재화에 대한 소비활성화를 계속적으로 유지하여야만 한다는 것이다.

마지막으로, 중앙은행의 물가안정 정책에 대해서 간략히 논의해보자. 경기가 과열되면, 중앙은행은 물가를 안정시키기 위해 이자율을 높여,

소비와 투자를 감소시키려는 정책을 한다. 그러나 이는 높은 물가상승의 원인이 대부분 투기에 의한 자산가격상승과 수요필요성이 강한 재화의 물가상승에 의해 비롯된다는 것을 모르고 있기 때문이다. 그러면, 정부나 중앙은행은 이런 경제주체의 투기의지를 막아야지, 소비와 투자와 같은 생산의지를 희생시켜서는 안 된다는 것이다. 생산의지에 의한 물가상승은 지극히 정상적인 것이다. 투기의지에서 비롯된 거품가격상승을 정부가 통제를 해야 한다는 것이다. 그런데 실상은 정반대로 흘러가고 있다. 즉, 중앙은행이 이자율을 상승시킴에 따라, 경기활성기에 생산의지가 희생되고, 투기에 의한 자산거품상승이나 수요필요재화의 물가는 계속 상승하고 있다는 것이다. 즉, 계속 활성화 시켜야 할 부분은 죽이고, 통제해야 할 부분은 내버려두는 정책을 하는 것이다. 저자가 제1론과 제2론에서 부동산 시장을 비판하면서, 부동산 가격을 공시지기로 기래되게 해야 한다는 주장이 바로, 투기에 의한 자산가격 상승을 막아 거품을 없애고 생산경제를 이룩하기 위함이다.

2. 통화량 정책

이 부분은 제2론에 충분히 설명이 되었기 때문에 간략하게만 언급하겠다.

중앙은행은 경기침체기에 시중은행에 대한 지급준비율을 낮춰, 통화량을 늘려 경기를 활성화시키는 정책을 실행한다. 또한 부실채권을 매입해주거나, 시중은행에 머니프린팅을 통해 저리로 통화를 공급하여, 경기를 활성화시키고자하는 양적완화정책을 실시한다. 이러한 통화량정책을 실행하는 근거는 바로 통화량이 증가하게 되면, 시중에 통화가치가 낮아져, 민간의 소비와 투자가 늘어난다는 주류경제학의 논리를 받아들이고 있기 때문이다. 하지만 이 논리는 매우 잘못된 것이다. 왜냐하면, 첫째, 시중의 통화가치의 평가기준은 물가변화이지, 통화량이 아니다. 즉, 통화량이 증가해도 물가가 상승하지 않는다면, 시중 통화가치는 변함이 없는 것이다. 둘째, 인과관계가 전혀 맞지 않는다는 것이다. 즉, 중앙은행이 아무리 지준율을 낮추고, 시중은행에 통화를 공급해줘도 기업과 가계가 그 돈을 사용하지 않으면, 아무런 소용이 없는 것이다. 그런데 경기침체기에는 기업과 가계가 꼭 필요한 투자나 소비 이외에는 돈을 쓰지 않을 것이며, 이는 시중은행창고에 돈뭉치만 가득 쌓여 있고, 민간에 공급되는 통화량은 매우 적을 수 있다는 것이다. 즉, 통화량이 증가하면 민간의 투자와 소비가 늘어나는 것이 아니라, 민간의 투자와 소비가 늘어 화폐수요가 증가해야 통화량이 증가하는 것이다.

그리고 앞서 언급했듯이, 가계가 은행에 대출을 받으려는 목적은 수요필요재화를 소비하기 위해서이며, 이는 수요충분재화의 소비활성화와는 거리가 멀기 때문에 중앙은행이 아무리 지준율을 낮추고 양적완화정책을 하여도 오히려 수요필요재화에 대한 물가만 상승시킬 뿐, 경기를 회복시킬 수는 없다는 것이다. 즉, 화폐로 모든 경제문제를 해결할 수 있다는 주류경제학적 사고에서 벗어나야 한다는 것이다.

그리고 경기활성기에 정부와 중앙은행은 지준율을 높이고, 국채를 발행하여, 시중의 통화량을 흡수하여, 소비와 투자를 줄여, 물가를 안정시키는 정책을 실행한다. 하지만 물가를 안정시키기 위해, 경기침체를 발생시키는 어리석은 행동이다. 왜냐하면, 지준율을 높이면 그 만큼 시중은행의 자금운용의 폭이 줄어들기 때문에 감소한 이자수익을 만회하기 위해 이자율을 상승시키게 되고, 국채를 발행하여 통화량을 흡수한다 하더라도 그것은 미래의 정부 부담으로 작용하게 되며, 소비가 감소하더라도 물가가 내려간다는 보장이 없다. 오히려 수요충분재화의 소비를 감소시켜 경기를 더욱 침체시키는 역할을 하게 된다. 다시 한 번 말하지만, 경제주체의 생산활동에 의한 물가상승은 지극히 정상적인 것이며, 대체로 물가가 폭등하는 이유는 바로 제2론에서 언급했듯이, 수요필요재화에 대한 투기와 자산거품 때문이다. 즉, 이러한 투기의지를 통제해야만, 물가가 안정이 되고, 경기활성화를 유지시킬 수 있는 것이지, 단순히 이자율과 통화량정책을 가지고, 물가를 안정시키겠다는 생각은 오히려 경제를 심각한 침체상황에 직면하게 하는 행동이 된다는 것이다.

3. 환율정책

논의에 앞서, 환율이라는 것은 국가의 경제사정에 따라 다르게 영향을 미친다는 것을 제2론을 통해 충분히 설명하였다. 환율은 주류경제학의 논리처럼 대규모개방경제국이냐, 소규모개방경제국이냐에 따라 영향을 다르게 미치는 것이 아니라 한 국가가 주로 어떤 재화를 수출하고, 수입하는지에 따라 환율의 영향이 크게 미치는 지가 결정되는 것이다. 예를 들어, 미국이 환율의 영향이 적은 것은, 미국이라는 국가가 기축통화국이며, 대규모 개방경제체체이기 때문이 아니라, 미국은 주로 수요필요재화를 수출하고, 수요충분재화를 수입하기 때문에 환율의 영향이 적은 것이다. 따라서 미국뿐만 아니라, 주로 수요필요재화를 수출하고, 주로 수요충분재화를 수입하는 국가는 모두 환율의 영향을 덜 받는 것이다. 즉, 미국의 달러화가치가 상승하면, 미국에서 수요충분재화를 외국으로 수출하는 기업은 한국이나 일본과 같이 동일한 타격을 받게 되는 것이다. 그리고 만약에 한국이나 일본, 대만과 같은 주로 수요충분재화를 수출하고 주로 수요필요재화를 수입하는 국가라면, 아무리 나라경제가 대규모라도 환율의 영향은 크다는 것이다. 이런 이유들에 대해서는 제2론에서 충분히 설명이 되었으니, 굳이 언급하지 않겠다.

그럼, 먼저 정부나 중앙은행의 고환율정책이 경제에 어떠한 영향을 미칠 수 있는지 살펴보기로 하자. 그리고 여기서는 환율에 영향을 크게 받는 수요충분재화를 주로 수출하고, 수요필요재화를 주로 수입하는 국가를 대상으로 논의를 전개하도록 하겠다. 정부가 고환율정책을 취하게 되면, 수요충분재화를 수출하는 기업입장에서는 통화가치하락으로 인해, 가격경쟁력이 높아짐에 따라 수출이 증가하고, 임금지출 부담이 낮아져, 기업에게 큰 이익이 된다고 알고 있다. 하지만 통화가치가 하락하면, 수입하는 수요필요재화의 물가가 상승하게 된다. 따라서 환율상승으로 인한 기업의 이윤은 수출증가와 자국화폐지출부담의 감소효과에서 외국화폐지출부담의 상승효과를 감한 것이다. 그런데 현실적으로 수요충분재화를 생산하는 기업들이 환차손을 피하기 위해 수요가 많은 해외현지에서 직접적인 생산체제를 운영하고 있는 시점에서는 아무래도 고환율정책의 효과가 그리 크지는 않을 것이라 생각할 수 있다. 그리고 통화가치하락으로 인해 오히려 물가를 상승시켜, 내수가 침체될 수도 있는 것이다. 또한, 환율상승이 지나치게 높을 경우에는 오히려 수입물가 상승으로 인해 경상수지가 악화되어, 적자를 볼 수 있다. 그리고 수요필요재화의 물가상승을 더욱 크게 발생시키므로 심각한 경제위기를 발생시킬 수도 있다. 즉, 고환율이 예상보다 크게 이익을 가져다주지 못할 수도 있다는 것이다. 하지만 저환율보다는 적절한 고환율을 유지시키는 것이 그나마 이익이 될 것이다. 그 이유는 저환율정책을 취하게 되면 통화가치가 상승하여 수요충분재화를 수출하는 기업에게 큰 불이익이 발생하기 때문이다. 예를 들어, 잘 팔리지도 않는 수요충분재화에 대해 자국 통화가치가 상승했다고 해서 기업입장에는 상품의 가격을 올릴 수가 없기 때문이다. 왜냐하면, 수요충분재화에 대한 공급가격을 올리게 되면, 판매량이 크게 줄기 때문이다. 따라서 수요충분재화를 수출하는 기업은 자신의 상품가격을 올리지는 못하고, 오히려 환율 하락으로 인한 자국화폐의 지출 부담이 커져, 막대한 손실을 입게 된다. 그러나 통화가치가 상승하면, 수입하는 물품의 가격이 낮아지기 때문에 기업의 생산비용부담이 어느 정도 감해질 수 있다고 생각할 수 있을 것이다. 하지만 주로 수입하는 재화가 수요필요재화일 경우에는 성립되기 어려운 논리이다. 즉, 환율이 하락하여도 수요필요재화의 가격은 내려가지 않는다는 것이다. 예를 들어, 달러를 주고 산 밀가루를 국내에 판매하는 A 기업이 있다고 가정하자. 그럼 과연 A 기업은 환율이 낮아졌다고 시중의 밀가루 값을 내릴까? 절대 그럴 일 없다는 것이다. 왜냐하면, 밀가루는 수요필요성이 강하기 때문이다. 따라서 가격이 높아도 충분한 수요가 보장되는 재화이며, 소비자 입장에서는 기업이 가격을 예전 수준으로 유지해주는 것만 으로도 만족한다는 것이다. 그래서 제2론에서 환율이 하락하면, 내수 물가가 하락하여 소비가 늘어날 것이란 착각에서 벗어나라고 말했던 것이다. 그리고 달러화가치가 낮아지면, 그 만큼 국제 원자재값이나 곡물값이 상승하는 것이 보통이다. 왜냐하면, 수요필요재화를 공급하는 입장에서는 통화가치 하락으로 인해, 전혀 손해를 볼 이유가 없기 때문이다. 즉, 자국화폐 가치가 상승한다고 해도 수입 물가는 거의 변하지 않는다는 것이다. 왜냐하면, 달러화 가치가 낮아진 만큼 가격이 상승했기 때문이다. 즉, 저환율에 대한 이익을 전혀 보지 못할 수도 있다는 것이다. 따라서 저환율은 수요충분재화를 수출하는 기업에는 큰 피해를 가져다주고, 수요필요재화를 수입하는 기업에게는 그리 득이 될 것이 없다는 것이다. 따라서 환율이 높을 때가 낮을 때보다 그나마 수요충분재화를 주로 수출하고, 수요필요재화를 주로 수입하는 국가에서는 더 나은 환율상황이라는 것이다.

　결론적으로 말하자면, 한국이 외국에서 흑자를 기록하고 있는 것은, 그들이 한국이 생산한 수요충분재화를 소비해줬기 때문이지, 우리가 무역 여건이 유리해서가 아니다. 즉, 내수규모가 커서 우리가 흑자를 얻고 있는 것이지, 우리가 미국보다 유리한 무역조건을 가지고 있는 것이 아니란 것이다. 그래서 환율에 크게 영향을 받는 것이며, 환율의 변화가 딱히 이익이 되는 구조라 말할 수도 없는 것이다. 따라서 환율이 너무 높거나 너무 낮지만 않으면, 그리 문제될 상황이 아니며, 가장 좋은 조건은 경쟁국보다 통화가치가 조금 낮은 상태가 이상적이라 볼 수 있다.

주류경제학은 도덕을 무시하고 있다. 그 예로 아담스미스의 국부론에서 언급하는 "보이지 않는 손"의 의미를 왜곡하여 인간의 이기적인 행위를 정당화시키고 있다. 하지만 "보이지 않는 손"의 의미는 인간의 이기적 행위가 아니라, 인간의 사익추구행위가 사회전체의 부의 향상에 도움이 된다는 의미이며, 그것이 정상적으로 작동하기 위해서는 경제주체의 생산성향상을 위한 사익추구행위가 되어야 한다는 것이다. 아담스미스는 부의 집중을 경계했고, 특히 자본가들의 탐욕을 비난했다. 하지만 주류경제학은 이 의미를 왜곡하면서, 인간의 이기적 행위가 합리적인 행동이며, 이는 사회 전체 부의 향상을 가져온다는 논리로 주장하고 있다. 이는 주류경제학이 도덕에 대해 무관심하다는 것을 의미하는 것이다. 왜냐하면, 인간의 이기적 행위와 인간의 사익추구행위는 다른 의미이며, 이기적 행위는 자신의 이익을 위해 남을 수단적 도구로 취급하는 비도덕적 행위를 일컫는 것이며, 인간의 사익추구행위는 누구에게나 볼 수 있는 공통적인 본성으로써, 이것은 도덕성과 구별되기 때문이다. 즉, 사익추구행위가 곧 비도덕성을 일컫는 것이 아니란 것이다. 인간은 누구나 사익을 추구하며, 그 사익의 추구행위가 도덕적 행위인가, 아니면 비도덕적 행위인가가 문제되는 것이다. 그러나 도덕철학자인 아담스미스는 결코 비도덕적인 사익추구행위를 용납하지 않았음에도 불구하고, 주류경제학은 이 의미를 왜곡시켜 경제학을 도덕과 완전히 별개인 학문으로 만들어 버렸다.

케인즈의 명언 중에서 경제학자는 어느 정도 수학자, 역사가, 정치가, 철학가가 되어야 한다는 말이 있다. 하지만 나는 경제학을 하기 위해 수학에 복종할 바엔 수학을 모르는 것이 나으며, 역사에 복종할 바엔 역사를 모르는 것이 낫다고 본다. 왜냐하면, 경제학이든 무슨 학문이든 간에, 학문을 하는 자는 자신의 논리와 가치를 중심으로 해야 하기 때문이다. 즉, 자신의 논리와 가치를 토대로 살을 붙이는 것이 학문이며, 이것이 학문을 하는 자의 자세이다. 학문을 하는 자는 과거 위인들의 생각이나 실증적인 경험 따위에 복종하지 않아야 하며, 오직 복종해야할 대상은 정의, 진리, 도덕과 같은 이성이다. 이것 이외에는 모두 자신의 공부에 대한 참고사항에 불과하다. 하지만 주류경제학은 이성을 무시하고, 수학과 경험에 복종하고 있다. 그래서 현실경제를 합리적인 논리로 파악하지 못하고 있는 것이다. 경제행위는 우리가 평소에 가장 많이 하는 행위인데 경제학 책을 보게 되면, 왜 그리 이질적으로 다가올까? 그것은 우리의 평소 상식과 맞지 않는 논리와 내용으로 구성되어 있기 때문이다. 즉, 현실과 상관없이 수학적 목적에 의해 말을 가져다 붙인 것에 불과한 것이 주류경제학이다. 따라서 주류경제학은 경제를 위한 것이 아니라, 경제학자들의 욕구를 충족시키기 위한 것일 뿐이다.